U0632462

国家出版基金项目

分卷主编　王建朗

中华民国时期外交文献汇编

1911—1949

第七卷

中

中华书局

杨杰致蒋介石电

莫斯科,1938年3月15日

武昌。委员长蒋:密。二月支、元、铣、有、寝、宥,三月冬、江、支、卦电奉悉。兹将连日与伏帅及其代表商酌之结果详呈:(一)截止本月寒日运华之军火,计开账单为甲、乙、丙三份,甲为壹亿零六万元,乙为廿师兵器二千七百六十五万元,丙为各兵器附件、汽油及运输费三千二百六十万元,除甲单有壹亿借款合同抵销外,余均要现金支付,请将付款办法决定,再商量飞机及增加兵器等问题。(二)中国在某时期内希望苏方供给军火之种类、数量,请详为见告,苏方只要于本身备战无害外,愿极力帮助。一面亦应谈判付款方法及双方指定代表负责商订合同,正式成立文件,以便履行。(三)苏方意见,丙单之款须悉付现金,乙单则付一部现金,余以矿产品、物产品及信用借款。至增加兵器及今后之需要,则俟新合同成立后再办。查新合同实有商订之必要,并祈于谈判时提出借款额数为五亿,订购军火期限为二年,飞机及新兵器之补充为三月一次。(四)现有轰炸机摩托六十个,驱逐机摩托六十个,但要求付现款,若可,即起运。(五)第二批军火已由海、陆分运完毕,对于今后之军火订购及中苏间之提携办法,职甚欲归国面报一次,可否?乞示。职杨杰叩。删。

《战时外交》第2卷,第481—482页

蒋介石致杨杰电

武昌,1938年4月17日

杨次长耿光兄:密。关于今后订购俄货及还货办法,因事关财政经济,由子文兄先后商洽俄使电彼政府请示,兹将内容告知,盼就近协助进行。(一)拟新购飞机及其他军械与飞机厂、炮厂设备,其价值合五万万华币,连前交货值壹万万六千余万元,共为六万万六千余万元。(二)新订货品交货期为两年。(三)华方每年还货价值五千万元,连本带息分期还清。(四)华方供给苏方所需要之矿产、茶、丝、桐油、棉花等。(五)关于详细办法及签订合同,由双方派代表会同办理。附带声明:华方已拨二千万元收买矿砂等运俄,第一批矿砂已装英船TALBTO,于本月十五号由香港运出矣。重轰炸机需要急迫,已请提前让予六十五架,亦请交涉即日飞来。盼复。中正。印。

《战时外交》第 2 卷,第 491—492 页

宋子文致蒋介石
香港,1938 年 4 月 30 日

蒋委员长钧鉴:洽密。昨电计邀鉴及。苏俄丙项欠款并非军火,系其国防部代垫款项,恐须还其他机关者,是以伏帅①坚索现款。据耿光电,伏帅仍欲将借与垫分别办理,我方纵交货品,亦只能作为归垫,无济于事。日前弟与兄及庸兄商榷时,庸兄谓交付国际间可售之出口货品,实无异交外汇,今既不能以货还垫,不若停止交货,付给现款直接了当,俾易续借也。乞察酌。弟子文叩。卅。

蒋委员长批示:复。付给外汇决难办到,此无异强中国为难,未知兄可设法解决否? 中正。

《战时外交》第 2 卷,第 493—494 页

蒋介石致杨杰
武昌,1938 年 5 月 28 日

莫斯科。杨大使并转孙院长:电悉。先续借一万六千万元之数,以后再借之意甚感,请即照此数商借,并请哲兄暂在莫协助耿兄,订约办妥后再离莫,希望速即订定。至于拟购各货当再另详电,所允各项物产已运出者,约有一千万元以上,其余当陆续催运,勿念。中正。俭巳。机号。

《战时外交》第 2 卷,第 495 页

---

① 伏罗希洛夫元帅。

孙科致蒋介石电

莫斯科,1938 年 5 月 29 日

汉口。蒋委员长钧鉴:俭电奉悉。(一)日前会商关于续借手续,史先生问是否在汉或在莫办理。科答可在莫办理,我方签约可由耿兄负责,史、伏均表赞同。(二)科问续借一万六千万元并以后可分期再借之意,可否报告委座?史先生答请详报委座,如同意,当可进行之。拟请委座即来电史、伏、莫三先生,谓据科报告等语,表示接受此项办法,来电仍由耿兄译送,当可促成。(三)德既召回顾问,我方似应乘时改聘苏、法两国军事顾问,以为补救。法年来对我专用德人及多购德械,颇感不快,今若改用法顾问或可同时商订法械。惟购械事最好由耿兄于此间事妥后,赴法一行,密与法军部接洽,因法方不愿经外交方面接洽购械事,科日间返法于此亦有所进行。(四)闻苏方军事以国防军备三分二对德、波,以三分一对日在远东军力,年内将增至七十万人。苏方观察战事,不论在远东或欧洲爆发,势必同时有事,惟在苏本身立场,不愿自苏发动甘为戎首耳。(五)此次借款似宜多用于飞机及重兵器,因此项器械在他国均不易订购,飞机在英、法均感生产不足,须向美、加订购,美若供应英、法,对我自不暇并顾。飞机厂仍请速办,史先生对此特别注意,迭为提出,意似不满我方延后,再三敦促。孙科。艳。

《战时外交》第 2 卷,第 495—496 页

苏维埃社会主义联邦共和国政府与中华民国政府间
关于实施五千万元美金信用借款条约

莫斯科,1938 年 7 月 1 日①

缘苏维埃社会主义联邦共和国政府允予中华民国政府以向苏维埃

---

① 原抄件无日期。这是商定日期,正式签字日期为 1938 年 8 月 11 日。

社会主义联邦共和国购买工业产品与设备之信用借款,苏维埃社会主义联邦共和国政府与中华民国政府特签订本条约,俾便订明上述信用借款之实施方法与条件。双方政府并为此派定全权代表:中华民国政府陆军上将杨杰,苏维埃社会主义联邦共和国政府国家保安中将耿精·赛苗·格利哥来维茨。

第一条

苏维埃社会主义联邦共和国政府借予中华民国政府五千万元美金(按照壹仟玖佰叁拾捌年柒月壹日行市,每元美金合现金0.891693格兰姆),以便中华民国政府在苏维埃社会主义联邦共和国境内购买苏联制造之工业产品与工业设备。

第二条

第一条内所载苏维埃社会主义联邦共和国政府借予中华民国政府之信用借款,自壹仟玖佰叁拾捌年柒月壹日起算,利息为年利三厘,自壹仟玖佰肆拾年柒月壹日起,五年内偿还,每年偿付同额数目,即每年偿付一千万元美金,并同时付清已借用之信用借款之利息。

第三条

为实施苏维埃社会主义联邦共和国政府借予中华民国政府之信用借款起见,双方政府特派定全权代表:中华民国政府全权代表陆军上将杨杰,苏维埃社会主义联邦共和国政府全权代表国家保安中将耿精·赛苗·格利哥来维茨。

全权代表依据本条约各条款,苏维埃社会主义联邦共和国政府借予中华民国政府之信用借款额内,订购各种工业产品与工业设备,有互相订立特种合同之全权。

第四条

苏维埃社会主义联邦共和国政府供给中华民国政府之各种工业产品与工业设备之品名单,以及定货各部份之交付期限,由双方政府全权代表互相酌商,成立各次定货之特种合同规定之。工业产品与工业设备之价格,以及输送至苏维埃社会主义联邦共和国边境所需各用费,由双方协议规定之。

工业产品与工业设备之价格，双方依据世界市场上出售之相当工业产品与工业设备并具有同一品质者之价格而规定之。

第五条

本条约第二条内规定之信用借款与利息，中华民国政府以苏维埃社会主义联邦共和国所需之物产品与原料品偿还之。

中华民国政府为偿还信用借款而交付商品之种类与数量，应于本条约附录第一品名单相符，并于年初按照苏维埃社会主义联邦共和国对外贸易人民委员会之指示，于每年偿还款额内规定之。

中华民国政府为偿还信用借款而供给苏维埃社会主义联邦共和国之物产品及各种原料品，中华民国政府可于全年期内实施之。惟为偿还本年度债务而供给之全部物产品与各种原料品，须于拾月叁拾壹日以前结束。

中华民国政府为偿还信用借款而供给苏维埃社会主义联邦共和国之物产品与原料品之价格，双方依据世界市场上出售之相当物产品与原料品并具有同一技术品质者之价格，而规定之。

第六条

苏维埃社会主义联邦共和国所交付之工业产品与工业设备，均以美金作价，并按照每批产品交付之日之美金合现金之折合市价。

中华民国政府为偿还信用借款而偿付之物产品与各种原料品，亦以美金作价，并按照每批物产品与原料品运至苏维埃社会主义联邦共和国领土之日之美金合现金之折合市价。

第七条

苏维埃社会主义联邦共和国政府供给之工业产品与工业设备，交付中华民国政府或中华民国政府为此而特设之全权机关，其交付地点以苏联黑海港埠或其他相当之边境地点为止。

苏维埃社会主义联邦共和国政府为迎合中华民国政府所表示之愿望计，特表示同意供给之工业产品与工业设备，由苏维埃社会主义联邦共和国之边境运输至中华民国之领土内。

工业产品与工业设备由苏维埃社会主义联邦共和国边境向中华民国政府代表交付之地点起，至中国境内之目的地止，其所需之各种用费，概归中华民国政府。

第八条

中华民国政府输送之物产品与原料品在苏联边境交付。中华民国政府负有全责将上述物产品与原料品运达苏维埃社会主义联邦共和国边境。此项物品输送至苏维埃社会主义联邦共和国之运费，由中华民国政府于信用借款偿还额内拨付之。运费之价额，由双方依据本运输线现行之中等运价决定之。

为偿付信用借款而交付之物产品与各种原料品，于到达苏维埃社会主义联邦共和国境内之日起，十五日期内，苏维埃社会主义联邦共和国政府为此特设之全权机关，或为此而赋予全权之人民委员会，应将偿还信用借款之物产品与各种原料品之验收，通知中华民国政府或为此特设之全权机关。

第九条

本条约第三条内所称之全权代表于执行本条约之过程中，互相发生可能之争执时，由双方政府代表组成之审议委员会按照本条约解决之。

第十条

本条约于双方签字后，即发生效力。

信用借款之债务与利息未完全偿清及与其有关之各种义务未执行以前，双方均受本条约之约束。

第十一条

本条约以俄文与汉文缮制。

两原本同效。在莫斯科制成两份：壹份由苏维埃社会主义联邦共和国执存，壹份由中华民国执存，双方全权代表特签字为证。

附录:第一品名单

一、茶叶

二、皮革

三、羊毛

四、锑

五、锡

六、锌

七、镍

八、钨

九、丝

十、棉花

十一、桐油

十二、药材

十三、紫铜

《近代史资料》总第 89 号,第 191—194 页

蒋介石致杨杰
武昌,1938 年 7 月 10 日

莫斯科。杨大使:庚电悉。俄货合同为何延迟至今尚未签订,俄方究有诚意否? 此间待用甚急,请立催订运,不可再缓,兄须待订约完结再赴法。中正。蒸。机鄂。

《战时外交》第 2 卷,第 498 页

杨杰致蒋介石电(摘要)
莫斯科,1938 年 7 月 11 日

蒸电奉悉,第一、第二两次借款条约草案,苏方审查已毕,伏帅称专候我方认可答复到后即可签字生效。现各货已开始准备,在此准备期内,职暂离此,无碍于事,拟请准赴法进行。

蒋委员长批示:复。莫斯科。中国大使馆杨大使:真电悉。须待签字后运货日期确定时,再行赴法为要。中正。元。

蒋介石致杨杰电

武昌,1938 年 7 月 25 日

莫斯科。杨大使:前致史先生、伏元帅之电,有否转达? 务希速催。有否订约? 为何如此迟延? 请详复。中正。

杨杰致蒋介石电

莫斯科,1938 年 8 月 2 日

武昌。委员长蒋:卅、艳电奉悉。(一)签订信用借款条约,双方代表照例应各交换该国政府给与之全权证书,职因未奉到信任状,只好向苏方声请通权办法,即在华由我方将第一次借款(本年三月一日)、第二次借款(本年七月一日)之两份全权证书,送交驻华苏联大使馆,请其转报苏联政府,职即可在莫签字,顷已得苏方同意,祈迅请国民政府准予办理,俾得早日竣事。(二)日苏关系紧极,苏方内定方针为:现虽不拟攻入敌方境地,惟对日军之任何攻击部队以武力歼灭之,对日方争执之边境高地,认为毫无根据,故无组织边界委员会从事勘查之必要。(三)职与苏联大使会晤二次,彼于一、二日内起程来华,详情由彼面陈。(四)伏帅代表请速汇兰州苏负责人古德金上校法币廿万元,备苏运输人员之用,汇后祈示。职杨杰叩。冬。

蒋委员长批示:第一、速由陈主任与孔院长面商,速即办妥;第四、请孔院长速办。并复。中正。

钱大钧①致蒋介石

汉口,1938年8月12日

顷接黄光锐真电称:"借约今日签字,订货单早经交付俄方,此次订货价约一万万二千万,计轻轰炸机一百二十架、重轰炸机十架、驱逐机二百二十架、教练机一百架、驱逐机材料二百架、备份发动机一百二十架、制造厂机器设备美金一百万、航校设备五十万、零件二百五十万、小高射炮一百门,闻俄方明日开会审查,日内可签复,现又请耿公催俄方速办。"等语。谨呈委员长蒋。职钱大钧呈。

《战时外交》第2卷,第501页

(2)第三个信用借款条约的签订

立法院长孙科致蒋介石电

莫斯科,1939年5月14日

委座:重庆。密。昨晤史太林、莫洛托夫、伏罗希洛夫会商结果:(一)苏联援助中国抗日,始终一致,绝无问题。(二)三次借款美金一万五千万美金,允即照办,日内签约。(三)远东保障和平公约须视英、法、美能否参加,苏联绝无问题,英、法、美若不参加,和平仍无保障。(四)欧洲反侵略互助公约,因英、法要求苏联援助,不愿对俄互助,故未成立。(五)外传苏联改变外交方针,系故意造谣,谨闻。孙科。寒。印。

《战时外交》第2卷,第513—514页

孙科致行政院长孔祥熙电

莫斯科,1939年5月15日

孔院长勋鉴:第三次信用借款已商妥:(一)总额美金一万五千万

---

① 军事委员会侍从室第一处主任。

元。(二)动用期限自本年七月一日起至一九四一年七月一日止。
(三)借款周息三厘正。(四)自一九四一年起开始偿付已用部份利息,
一九四二年七月一日起开始还本,分十年还清。(五)借款本息,以农、
矿产品还之,其余条件参照前两次借款合同规定。科。删。

《战时外交》第 2 卷,第 514 页

立法院长孙科致蒋介石电

莫斯科,1939 年 5 月 16 日

重庆。委员长蒋:密。加表。本日下午应伏帅约会,续商供给飞
机、兵器,结果圆满,正拟电报告,忽于下午九时接外交部电话传莫洛托
夫约于九时三十分在琳宫会谈,当即趋谒。承莫洛托夫恳切相告云,前
夜会商苏联政府应允中国政府请速援助事,今日外交团均已哄传,实于
苏联不便。苏联政府决定将此次交涉暂停,并请贵方即酌为否认,所传
不确,以图息谣。科答以在莫月余,从未与外人接近,此事宣泄,甚为诧
异。莫答贵国使馆中人,或不无关系。科问何时再继商? 莫答未能预
定,并恳切表示苏联政府援助中国政策决不因此改变。科再问外人方
面有来探访此事否? 莫答今日法哈瓦斯通信社记者曾来外交部查访,
故知外交团当亦知之云。现除在此间向外否认外,请我政府对于外人
如有同样探访,亦声明否认,以期息谣,徐图补救。孙科。铣。

《战时外交》第 2 卷,第 514—515 页

蒋介石致杨杰电

重庆,1939 年 5 月 19 日

巴黎。中国大使馆转杨大使耿兄:铣电悉。一、草案全文已悉,此
事应须从长讨论,或待兄回国面商再定。二、请兄速回莫斯科,顷接哲
生铣电第三次借购条件本已完全商妥,而前途突然宣告停顿缓议,究为
何因? 此事重大,请兄速回俄探明真相,继续完成,并先将第二次借款
项下未缴部分,照约催缴,待此事告一段落,请兄速回国面详一切为盼。

中正手启。皓申。机。

蒋介石致斯大林电

重庆,1939年5月24日

莫斯科。孙院长:兹致史大林先生一电,请译转如下:

史大林先生:前接孙院长电,甚感阁下关注之切,重诺之厚,无任钦仰。今闻莫洛托夫先生对商定各件,忽告停止,据称为外交团探悉,未便即时实行,为贵国立场故不得不尔。中所深知,并深信阁下仗义扶弱,决不因此区区关系,有所犹豫,而于中国抗御侵略之革命圣战,必能援助到底也。惟最近战争日激,武器消耗甚大,全国官兵急盼贵国之接济,如大旱之望云霓,实有迫不及待之势,务请阁下照前所允者,提早拨运,以济眉急。兹再托孙院长晋谒台端,商决一切,尚期有以报我也。蒋中正。

孙科致蒋介石电

莫斯科,1939年5月25日

重庆。委员长蒋钧鉴:密。养、敬电奉到。(一)连日密向外交团探听,查英、法、美使馆均毫无所闻,巴黎、伦敦各大报,十四日以来亦未见登载任何消息,或因法访员偶向外部探问,情报司长系新手,致张皇报告,有此误会,因恐宣传于外,对英苏交涉或受影响,暂将停顿,似无他意,对我态度应无改变,已托卢大使向莫洛托夫解说。(二)苏联国会现适开会,当局事忙,拟俟会毕相机进行。伏帅处已去函催运飞机,得复再报。(三)英俄谈判,苏坚持英、法、苏三国军事互助同盟,保障和平,英方迫于法、土催促,及国内舆论一致要挟,提案势须接受,英俄合作可望成功,远东大局当亦受益。孙科。有。

苏维埃社会主义联邦共和国政府与中华民国政府间关于实施 壹万万伍仟万元美金信用借款条约

莫斯科,1939 年 6 月 13 日

缘苏维埃社会主义共和国联邦政府允予中华民国国民政府以信用借款向苏维埃社会主义共和国联邦购买工业商品及工业设备,苏维埃社会主义共和国联邦政府与中华民国国民政府特签订本条约,俾便订明上称信用借款之实施方法与条件,双方政府并为此派定全权代表:苏维埃社会主义共和国联邦政府全权代表为阿那斯塔司·依凡诺维茨·米科扬①,中华民国国民政府全权代表为孙科。

第一条

苏维埃社会主义共和国联邦政府借予中华民国国民政府信用借款总额壹万万伍千万元美金,按照公历壹仟玖佰叁拾玖年陆月拾叁日市价(每元美金合现金零点八八八六七格兰姆),以便中华民国国民政府在苏维埃社会主义共和国联邦境内购买苏联制造之工业商品及工业设备。

第二条

第壹条内所载苏维埃社会主义共和国联邦政府借予中华民国国民政府之信用借款,自壹仟玖佰叁拾玖年七月一日起算,利息为年息三厘,自壹玖肆贰年柒月壹日起十年内偿还,每年偿付同额数目,即每年偿付壹仟伍百万元美金。

信用借款之利息自壹仟玖佰叁拾玖年起付,每年付清实际使用之信用借款实数之利息。

第三条

为实施苏维埃社会主义共和国联邦政府借予中华民国国民政府之信用借款起见,双方政府特派定全权代表:苏维埃社会主义共和国联邦政府为阿那斯塔司·依凡诺维茨·米科扬,中华民国国民政府全权代

---

① Анастас Иванович Микоян.

表为孙科。

上述之全权代表依据本条约各条款于苏维埃社会主义共和国联邦政府借予中华民国国民政府之信用借款额内,订购各种工业商品及工业设备,有互相订立特种合同之全权。

第四条

苏维埃社会主义共和国联邦政府供给中华民国国民政府之各种工业商品及工业设备之名称以及定货各部份之交货期限,由双方政府全权代表互相酌定,以各次定货所成立之特种合同规定之。

工业商品及工业设备之价格,以及输送至苏维埃社会主义共和国联邦边境所需各项用费,由双方协议规定之。

工业商品及工业设备之价格,双方依据世界市场上出售之相当工业商品及工业设备并具有同一技术品质者之价格而规定之。

第五条

本条约第二条内规定之信用借款与利息,中华民国国民政府以苏维埃社会主义共和国联邦所需之物产品与原料偿还之。

中华民国国民政府为偿还信用借款而交付之商品种类与数目应与本条约附录第一品名单相符,并于年初按照苏维埃社会主义共和国联邦对外贸易人民委员会之指定于每年偿还款额内规定之。

中华民国国民政府为偿还信用借款而供给苏维埃社会主义共和国联邦之物产品与各种原料品可于全年期内实施之,惟为偿还本年度债务而供给之全部物产品与各种原料品,须于十月三十一日以前结束。

中华民国国民政府为偿还信用借款而供给苏维埃社会主义共和国联邦之物产品与原料品之价格,双方依据世界市场上出售之相当物产品与原料品并具有同一技术品质者之价格而规定之,其价格之计算以终点交货(中苏陆地边境)时为准,或以中国港埠起点交货(若以伦敦交易所价格为准,则扣除自中国港埠至伦敦之运价)时为准。

第六条

苏维埃社会主义共和国联邦所交付之工业商品及工业设备均以美

金作价,并按照每批物品交付之日之美金同现金之折合市价为准。

中华民国国民政府为偿还信用借款而偿付之物产品与原料品亦以美金作价,并按照每批物产品与原料品运至苏维埃社会主义共和国联邦境地之日之美金同现金之折合市价为准。

第七条

苏维埃社会主义共和国联邦政府供给之工业商品及工业设备交付中华民国国民政府,或中华民国国民政府为此而特设之全权机关,其交付地点以苏联黑海港埠或其他相当之边境地点为止。

苏维埃社会主义共和国联邦政府为迎合中华民国国民政府所表示之愿望起见,特表示同意将所供给之工业商品及工业设备由苏维埃社会主义共和国联邦边境运输至中华民国之领土内。

工业商品及工业设备从苏维埃社会主义共和国联邦边境交付中华民国国民政府代表之地点起,运至中华民国境内之目的地止,其所需之各种用费概归中华民国国民政府。

第八条

中华民国国民政府输送之物产品与原料品在苏联边境交付,中华民国国民政府负有全责将上项物产品与原料品运达苏维埃社会主义共和国联邦边境,并付清运费。此项物品运给苏维埃社会主义共和国联邦之海运费,由中华民国国民政府于信用借款偿还额内拨付之,运价由双方依据本航线现行之中等运价决定之。

为偿还信用借款而交付之物产品与各种原料品,于到达苏维埃社会主义共和国联邦境地之日起十五日期内,苏维埃社会主义共和国联邦政府为此特设之全权机关,或为此而赋予全权之人民委员会,应将偿还信用借款之物产品与各种原料品之验收,通知中华民国国民政府,或为此而特设之全权机关。

第九条

本条约第三条内所称之全权代表于执行本条约之过程中,互相发生可能之争执时,由双方政府代表组成之审议委员会按照本条约解决之。

第十条

本条约于双方签字后即发生效力。

信用借款之债务与利息未完全偿清及与其有关之各种义务未执行以前,双方均受本条约之约束。

第十一条

本条约以俄文与汉文缮制,两原本同效;在莫斯科制造两份,一份由苏维埃社会主义共和国联邦执存,一份由中华民国执存,双方全权代表特签字为证。

> 苏维埃社会主义共和国联邦政府全权代表
> 中华民国国民政府全权代表
> 公历壹仟玖佰叁拾玖年六月十三日
> 中华民国贰拾捌年六月十三日

附录

依据苏联政府与中华民国国民政府于 1939 年 6 月 13 日在莫斯科缔结之条约,中国政府为偿还信用借款及其利息而交付之物产品及原料品之品名单:

一、茶叶

二、皮草

三、羊毛

四、锑

五、锡

六、锌

七、镍

八、钨

九、丝

十、棉花

十一、桐油

十二、红铜

十三、药材

十四、皮毛

孔祥熙致杨杰电

1939 年 10 月 4 日(6 日收)

孙院长即将离莫,第三次借款项下尚余美金一万三千六百万元,此后定货及输送事宜均请吾兄负责办理⋯⋯

中国第二历史档案馆藏杨杰个人档案,3018/37

2.苏联援建西北国际交通线

(1)中苏筹建陆路交通线

苏联驻华临时代办致苏联外交人民委员部电

1937 年 10 月 2 日

我同交通部长张嘉璈晤谈。他告诉我,早在中日交战之前他就奉蒋介石之命把铺设西安至乌鲁木齐铁路的可能性调查清楚,目前,铺设该路的必要性已显而易见了。张请我说明苏联政府对这个方案有多大兴趣。如果持肯定意见,那么他认为苏联和中国应该同时动工筑路:我们——从国境至乌鲁木齐或以远,中国从西安开始。西安至兰州地段已调查清楚,方案已拟就。筑路费用——三亿中国圆,筑路期限——五年。如果苏联因某种原因认为不能参与该工程,那么苏联政府对于修筑兰州至我国国境的公路持何态度? 如果苏联政府基本同意这些方案中的一个,他将提供更详细的意见。

(据档案刊印)

麦拉麦德

卢干滋致苏联外交人民委员部电

1938年1月30日

1月27日同孔(祥熙)会谈。孔提出关于建筑从苏联边界经过乌鲁木齐、哈密、兰州到宝鸡(陕西省的铁路终点站)的铁路线问题。孔询问苏联政府对建筑铁路持什么态度,可否再研究这样一个问题,即建议苏联政府完全承担从边界至兰州的铁路建筑。对此,我回答说,所提问题无疑是可行的,在作出原则决定后,将明确规定双方参与该路建筑的范围。孔声称,近日他将着手仔细研究这一问题[①]。

卢干滋

《苏联对外政策文件集》第21卷,第60页

卢干滋致苏联外交人民委员部电

1938年3月1日

外交部长王宠惠要我向苏联政府转达如下意向:中国政府考虑到必需同苏联有便利的交通联系,认为最方便的道路是上乌金斯克(今乌兰乌德)—乌兰巴托—达兰扎达加德—额尔利济河(эрлицзихэ)—肃州—兰州的路,并向苏联政府提出开辟这条道路与组织该路运行的问题。据中国政府的意见,经新疆的道路长达800公里,极不方便,因为"在两个月的时间里由于积雪溶化不能通行"。不客气地说,理由是虚假的,因为经新疆的路有重大意义的是,比那条需要开辟达兰扎达加德至额尔利济河地段的路耗费少,且经新疆的路,全年完全通行无阻,只需要修缮一些桥梁,在乌鲁木齐至肃州不长的路段需铺砾石。事实上新路是不方便的,特别是如果考虑到,达兰扎达加德至额尔利济河地段是一片沙海(戈壁大沙漠),甚至见不到骆驼的行迹。这是中国政府"舍近求远"的政策。我答应向苏联政府转达中国政府的建议,但当时

---

① 参见《苏联对外政策文件集》第20卷第350号文件,以及本卷39号文件——译者。

我请中国政府注意如下几点：

1. 经新疆的道路耗费少，不放弃这条路对两国都有利，所以应当立即着手整修这条路。

2. 达兰扎达加德至额尔利济河地段，据所有资料说明，不能通行，因为那里是戈壁。

3. 解决苏联与中国之间的公路交通问题不在于比较道路的质量，而是保证燃料，因为两个方向的路程都相当长，在这样的路上用汽车运输商品是绝对不会赢利的。需要在沿路组织汽油供应，而在这方面，新疆的路有优势。请你们指示。

并且，在谈话时，如我已说明的，曾驻新西伯利亚的朱领事参加了谈话；据日本的通讯，此人的身份是值得怀疑的。

全权代表

《苏联对外政策文件集》第 21 卷，第 106—107 页

斯托莫尼亚科夫致卢干滋电

1938 年 3 月 19 日

答复您 3 月 1 日的来电。向王宠惠说明，我们认为苏中两国间的交通联系经过新疆比经过蒙古合适得多。虽然新疆的道路长一些，但该路比未经勘测、没有设备、在其沙漠地段（戈壁）难以通行的经过蒙古的道路，对运输要好得多。因此，我们认为同蒙古当局谈判开辟经过蒙古运输线与组织运行是不适宜的。

值得注意的是，这一建议不是出于蒋介石与军方，而是出于王宠惠以及参加谈话的驻新西伯利亚前领事；据所得情报，此人同日本人有联系。不排除这一提议最终是由日本人策动的，目的在探测用哪一条路完成运输。

斯托莫尼亚科夫

《苏联对外政策文件集》第 21 卷，第 136—137 页

斯托莫尼亚科夫致卢干滋电

1938 年 4 月 3 日

如果中国政府领导人重新向您提出关于修筑铁路的问题,可以向他们声明,孙科在莫斯科同苏联政府领导人已经谈判关于同时从两端修筑铁路的愿望,即从西安至哈密用中国政府人力与资金,从哈密至苏联边境用苏联的人力与资金。然而没有进行进一步的谈判。

斯托莫尼亚科夫

《苏联对外政策文件集》第 21 卷,第 167—168 页

卢干滋致苏联外交人民委员部电

1938 年 4 月 8 日

交通部长送来一份关于修筑西北铁路方案的备忘录。简要内容如下:

1. 铁路长度:第一段(由苏联边境起)—乌鲁木齐—吐鲁番—哈密—肃州,全长 1810 公里;第二段,肃州—张掖—武威—白土门岘(Вай-Туманье)—固原—平凉(甘肃省兰州以北各站)—咸阳(陕西省),全长 1306 公里。

2. 铁路修筑的总价值约为 2 亿 8 千万中国元,其中 1 亿 7 千万中国元由地方开支,1 亿 1 千万元用国外贷款。并且后项 1 亿 1 千万元打算以中等的利率从苏联获得贷款(用物资的形式支付:铁轨、枕木,机车、车厢等等)。贷款偿还预定为 20 年。

3. 修筑时间估计为 6 年,但是,利用苏联的经验与考虑到战争的要求,第一段可能在两年内建成,而全路 4 年建成。

4. 为了修筑与管理铁路,组建铁路公司,称为"西北铁路公司"。资本将主要由交通部提供,并在甘肃、新疆和陕西等省省政府之间平均分摊。按投资比例任命理事会成员,理事会是最高的管理当局。

5. 公司一旦组成,上面提到的物资贷款就将得到保证。

有些不明白,为什么路线的方向改变了:拟定兰州北替代了早先预

定的经过兰州。

卢干滋

杨杰与莫洛托夫谈话记录

1939 年 6 月 20 日

……

使座:本国因产业落后,所有抗战武器均从各国购买,即贵国所帮助者,亦由海道运入,自广州失陷后军运问题遂行严重。由中国与欧洲之交通不畏遮断者,只有西北之交通线耳,中国政府曾有意积极建设此交通线。先生对此意见若何。

莫:此路线经由何处?

使座:经过新疆、甘肃通入腹地。

莫:建设此条交通路线极表赞同,并须从速办理。

使座:观点相同,拟详报蒋委员长积极筹办此交通线。

莫:甚善。

……

中国第二历史档案馆藏杨杰个人档案,3018/31

(2)中苏航空线的开通

鲍格莫洛夫致苏联外交人民委员部电

1937 年 8 月 13 日急件

交通次长彭(学沛)曾来我处,并以中国政府名义正式建议开辟经新疆的直达航线。中国政府的建议可归纳如下:

一、我们正在磋商的由西安经新疆、苏联到柏林或巴黎的航线,由我们斟酌办法。

二、西安至哈密一段航线,由中国政府的飞机提供服务,外国公司不得参加。

三、哈密—迪化—塔城航线,由新疆政府建立的公司提供服务,对此,中国政府准备发给相应的许可证。

四、新疆边境至欧洲航线,由苏联飞机提供服务。

五、彭认为:如果开辟此条航线,将得到巨额盈利,全部邮件将通过该航线邮送。

我问中国政府对我原先提出的关于建立苏中合营公司的建议有何意见,彭回答说,中国政府在原则上反对同外国建立合营航空公司。中国政府原则上已决定同"欧亚航空公司"(德国资本)和"中国国家航空公司"(英国资本)签订的合同一到期,即取消这些公司。合同期限为近三年,因此,他请求不要再坚持我们的建议。

因为"欧亚航空公司"为由北平经南京、上海至广州,由南京经西安、四川成都至云南府①,以及由广州至哈密、云南府至哈密(刚刚开辟)等许多航线提供服务,所以我认为,我们不宜提出取消该公司的问题。所有这一切可视并且应视今后日中冲突发展情况,以及德国所持态度而定。

由于我同彭学沛的谈话实为就此问题进行的第一次谈话,我未作任何答复,只是说,我将报告莫斯科,接到答复后,我即通知他,请赶快予以指示②。

鲍格莫洛夫
《苏联对外政策文件集》第 20 卷,第 460—461 页

---

① 即云南省城昆明。

② 1937 年 8 月 17 日,苏联副外交人民委员斯托莫尼亚科夫打电报给鲍格莫洛夫:"请通知中国政府,我们原则上同意中国政府提出的开辟由西安经新疆、莫斯科至巴黎的直达航线的条件。"8 月 20 日全权代表向苏联外交人民委员部报告说:"今天会见了交通部长俞(飞鹏)和交通部次长彭(学沛),中国人再添乱发表意见,并企图坚持由西安至哈密这段航线利用'欧亚航空公司'的飞机,并说由中国飞行员驾驶。我表示说,我已接到彭(学沛)次长明确的正式建议,此段航线只能用中国政府的飞机,并由中国飞行员驾驶,我也坚决坚持这一建议。最后,中国人表示理解我们的观点,但因为他们现在不得不违反同'欧亚航空公司'签订合同,他们需要一些时间做准备工作。"1938 年曾就此问题继续谈判。

卢干滋致苏联外交人民委员部电

1938 年 2 月 10 日

2 月 9 日交通部次长彭学沛通知说，交通部长以及蒋介石赞成建立汉口—兰州—哈密—乌鲁木齐与苏联的直接邮政、客运航线的方案。这条航线在中国领土上将为中国航线，而在苏联领土上则属苏联航线。因此，显然中苏间将需要签订某种关于交换邮件等方面的条约。鉴于这一决定，彭学沛请求明确下列几个问题：

1. 航线的中国部分应伸展到哪一站：乌鲁木齐、阿拉木图或者边界的某站。

2. 能否由苏联供给从边界至兰州航线的航空用汽油。

3. 能否指望为航线的所有机场购置无线电装置（3—4 套设备）。

4. 在从美国购到杜格拉斯飞机之前，能否以支付使用酬金的办法"供给"他们 2—3 架客机。

5. 同时能否提供必要数量的飞行员与技师的服务。彭学沛拟安排每星期飞行一次。

我认为所有上述问题都能给予肯定的答复，而关于终点站指定为乌鲁木齐。祈速批准。

卢干滋

《苏联对外政策文件集》第 21 卷，第 69—70 页

卢干滋致苏联外交人民委员部电

1938 年 4 月 12 日

交通部航空司司长通知，中国政府准备着手开辟汉口—西安—兰州—乌鲁木齐—阿拉木图航线，回航线是：成都—兰州—乌鲁木齐—阿拉木图。为此，交通部为此航线提供两架"欧亚大陆"①客机，

---

① 中德航空运输公司。

用中国飞行员。飞机将用中国的标志。新航线的开辟将由政府考虑。交通部请我们考虑关于迅速开辟这条航线的可能性。速告你们的意见。

全权代表

《苏联对外政策文件集》第 21 卷,第 189 页

李维诺夫致卢干滋电

1938 年 5 月 3 日

向蒋介石建议开辟一条航线,从苏联至哈密段由苏联飞机与飞行员提供服务,从哈密至兰州及以远由中国飞机与飞行员提供服务①。

李维诺夫

《苏联对外政策文件集》第 21 卷,第 225 页

卢干滋致苏联外交人民委员部电

1938 年 5 月 13 日

交通部长发出关于组织汉口—阿拉木图航线问题的正式通知,提出两点:

1. 汉口—哈密航线,(经兰州)将由中国政府的飞机与中国的机组人员维持运行(为此他们从欧亚航空公司租借两架容克号飞机)。

2. 哈密——阿拉木图航线,按交通部的意见,将以专门为此组织的中苏航空公司的方式实施运行。同时还确认欧亚航空公司提供成都—青海—南疆(不着陆)—喀布尔航线服务。

卢干滋

《苏联对外政策文件集》第 21 卷,第 255 页

---

① 关于苏联方面的建议,1938 年 5 月 10 日全权代表已通报中国交通部长张嘉璈。

斯托莫尼亚科夫致卢干滋电
1938 年 6 月 5 日

1. 有关机关已决定接受中国政府的建议,由苏中公司实施阿拉木图—哈密航线的通航。

2. 建议空军同外交人民委员部共同拟定并向有关机关提出成立苏中公司和由阿拉木图至哈密定期航线的实施草案。

3. 同时决定请中国政府禁止欧亚公司的飞机经过南疆,指出,我们认为定期的德国飞机沿我国边界飞行是不适宜的,我们已向伊朗和阿富汗提出类似的建议。

4. 假如中国政府声明,由于它同欧亚公司有条约关系,它不便禁止欧亚公司飞机在南疆上空飞行,便劝其向德国人声明,由于新疆内战后不正常的状况,地方当局反对欧亚公司飞机飞行。

5. 可能,中国政府将再次借口说,中国不准许欧亚公司飞机在南疆上空的飞行,而准许苏中联合公司的飞机在北疆飞行是不可能或是特别困难的。在这种情况下,建议中国政府撤回其还在 1937 年 8 月 13 日向我们提出的关于由新疆政府组织专门的公司管理由苏联边境到哈密航线的最初建议①。假如中国政府不提出这一论据,那您可亲自询问中国政府,是否并不是因为它难于拒绝德国人,而是因为它同我们创建了北疆的联合公司。因此您有可能从另一角度劝他回到最初的建议,即由新疆政府自己实施在新疆上空的飞行,我们认为是最适当的。

电告执行情况。

斯托莫尼亚科夫
《苏联对外政策文件集》第 21 卷,第 310—311 页

---

① 参见《苏联对外政策文件集》第 20 卷第 295 号文件。

李维诺夫致卢干滋电

1938 年 8 月 29 日

请电告阿拉木图—哈密航线问题谈判的结果。估计有关主管部门会催促我们答复,因关系到所需的资金和材料。

李维诺夫

《苏联对外政策文件集》第21卷,第316号文件

组设哈密阿拉木图间定期飞航协定

重庆,1939 年 9 月 9 日

中华民国国民政府交通部与苏维埃社会主义联邦共和国中央民用航空总管理局,鉴于中苏两国间开办定期航空于双方均有利益,因此签订飞航协定,订明条款如左:

第一条　缔约双方应设立哈密与阿拉木图间往来定期飞航(以下简称航线)作旅客行李货物及邮件之运输。

上述航线经由伊犁及迪化。

上述航线经双方同意不得变更。

第二条　交通部及中央民用航空总管理局为组设第一条所指定之航线应合组一航空公司,名为中苏航空公司(以下简称公司)。该公司之参加者,仅限于协定之双方;公司简称:俄文应为"HAMI-ATA"①,中文应为"哈阿"。

第三条　公司之法定股本应为美金壹佰万元,由双方平均认购,即每方认购上述法定股本百分之五十。

双方对于上述法定股本全部或分期缴付之方式及时期均应按照本合约第四条所组织之公司董事会决定之。

第四条　公司由董事会监督管理。董事会设董事六人,由交通部

---

①　此为英文拼写,俄文应为"ХАМИ-АТА"——李嘉谷。

指派三人，中央民用航空总管理局指派三人。

董事会应设董事长一人副董事长一人，由董事中互选之。董事会并应由董事中互选一人为公司总经理，一人为公司协理。

在本协定签订日起二年以内之组织开始期间，董事长及协理应由交通部提任之，副董事长及总经理应由中央民用航空管理局提任之。

关于前述组织开始期间终了以后，本协定其余有效时期内，公司事务经理部之组织方式，缔约双方同意于前述组织开始期间内决定之。

为监督及管理公司业务起见，董事会应设在阿拉木图，公司办事处应设在迪化。

公司之组织暨董事会与办事处之权限职责，均应详订于公司组织章程中，公司组织章程应先经双方核准。

董事会会议应在阿拉木图举行，但如经与会董事同意，亦得在其他地点举行之。

自本协定签订之日起一个月内，双方应即召开第一次董事会议，并按照上述规定选举职员，订立公司组织章程及其他一切营业上必需之办事细则及章程。

第五条　公司应按双方国内关于注册之法律，分别在中华民国及苏维埃社会主义联邦共和国内注册登记。为注册起见，公司之股本可以平均分为二部分，一部分占股本百分之五十，在中华民国内注册；其他一部分占股本百分之五十，在苏维埃社会主义联邦共和国内注册。公司所有之产业，应用"HAMI—ATA"及"哈阿"字样显明标志之。

第六条　双方谅解公司经营本合约第一条所述之航线，系依专利之基础办理之。

第七条　公司所运之旅客行李货物及邮件其往来于哈密重庆间者由交通部负责担任航空运输。

公司所运之旅客行李货物及邮件，其往来于阿拉木图及莫斯科者，由中央民用航空总管理局负责担任航空运输。

第八条　航空全程之技术设备由公司遵照交通部及中央民用航空

总管理局之条件及规范妥为设置，以保证航务之安全与正常。

第九条　凡备航线使用之一切设备器材，由公司经双方任何一方之国境运入另一方之国境内者，得自运入之日起一年期内暂时免纳进口税。

上述进口器材应由各该方海关当局监管，并应依各该政府关税规定由公司缴纳进口税并办理正常手续后方得自栈房中予以提取。

在上述一年期限满期之后，此项进口材料未经公司使用者，则除非复运出口外，必须按照关税规章即行纳税。

第十条　双方应按互惠原则准许公司之飞机免费使用各该国境内沿航线现有之飞机场及降落场。

双方同意按互惠原则准许公司为经营航线上之需要，在双方国境内使用现有之无线电台电报及电话设备、机场勤务、无线电定向器及气象设备。

沿航线必须设置之机场降落场及经营航运所必需之修理厂、无线电台、无线电定向设备以及其他设备，公司均应于取得双方核准后，按照双方政府法规妥为设置。

公司按上述规定所设置之无线电台，对于一切商用电讯及其他与航运业务无直接关系之电信概不得收发。

第十一条　公司之职员应以中华民国及苏维埃社会主义联邦共和国之国民为限。

公司应以尽量实地训练及任用中国驾驶员、机械师、无线电员及其他职员为其固定政策。

凡旧俄帝国臣民，现时并非苏维埃社会主义联邦共和国国民者，其人及其眷属即已取得中华民国之国籍亦不得引进公司任职。

第十二条　公司之飞机及机上服务人员与乘客在双方之国境内时，应各守所在国之一切法令规章。

双方应将各该国境内现行有关航空交通之一切法令规章通知公司。

第十三条　关于邮件运输事项应由双方政府之邮政管理机关另订协定规定之。

第十四条　双方于必要时,对于按本协定规定在飞行中之公司飞机及机上服务人员与其乘客应给予一切便利与襄助;此便利与襄助应与双方在同样情形下给予本国之飞机及机上服务人员与乘客者相同。

第十五条　本协定一经签字即发生效力。

第十六条　本协定自签订日起以十年为期,在期满前一年若双方之任何一方未经书面通知对方表示解约之意,则本协定于十年期满之后再继续有效五年。

本协定缮备一式五份,各由双方签署。协定双方各存二份,公司存执一份。

中华民国国民政府交通部代表

苏维埃社会主义联邦共和国中央民用航空总管理局代表

中华民国二十八年

公历一九三九年九月九日在中华民国重庆签订

附注

本协定见国民党外交部抄本。

王铁崖编:《中外旧约章汇编》第 3 册,三联书店,1982 年,第 1146—1149 页

哈密与阿拉木图间定期飞航合约之附约

1939 年 9 月 9 日

关于设立哈密、阿拉木图定期飞航合约

附约一:关于搭客、行李、货物、邮件运输及中苏航空公司盈亏分配之规定,双方同意在中华民国国境内目前之战事未结束以前,凡本航线乘客非经公司个别允许者,不得予载搭。双方并同意对于公司因经营航线所得之盈余,应由双方平均分享之,如公司经营航线而蒙任何亏损,亦应由双方平均负担之。

附约二:关于公司股本认付方式,以及公司预算暨开支之管制

　　按照交通部与中央民用航空总管理局所签订合约第三条之规定，双方同意将公司之法定股本分为一千股，每股计美金一千元，双方各认五百股，计占法定股本百分之五十。自合约签订日起两个月之内，双方应各缴付现款美金六万二千五百元，作为认付股本之一部份，上述所缴之现款美金一十二万五千元，应专作公司流动资金之用。交通部得以供给本地或其他材料及支付公司为建筑机场房屋所雇劳工之薪给等方式，抵充其应缴之法定股本余额，惟交通部以本地货币支付之费用，应依法定汇率折成美金。中央民用航空总管理局得以供给飞机零件、修理用机械工具、无线电机、无线电定向设备及其他飞航用材料暨自苏联输入而于本航线为必要之任何材料，抵充其应缴之法定股本余额，上述各项器材及设备之价格连同运入中华民国境内之费用在内，应以世界平均价格为计算标准，并不得超过世界市场上同质地同类出品之价格。由合约双方供给公司之一切飞机航行设备材料、机场房屋建筑暨其他项目，均须为最新式最新制，并合于航运有效经营之用者，且应即作为公司之财产，亦即为双方认付股本之一部份，依上述方法缴付股款以后，尚有未付之法定股款，应由交通部与中央民用航空总管理局于本合约签订以后二年期内支付之。合约双方之一方所供器材价值，如有超过该方应缴法定股额时，则其差额应由另一方在其应缴股款范围以内，于本合约签订二年期内以现款补偿之。公司开办费及常年暨其他经费，必须先行编造预算，呈由交通部及中央民用航空总管理局核准之。公司之董事会、总经理及协理应按照核准之预算监管及经理公司之财务。公司每一购置或开支费用在美金一万元以内，并与已奉准之预算相合者，董事会得自行决定，无须先行请示。但如此项购置或开支费用在美金一万元或超出一万元以上者，即以编入核准之预算内，亦必须先行呈请交通部及中央民用航空总管理局经双方批准方得开支。

　　附约三：关于特定期间特种输入免除入口税之规定。

　　合约双方兹互相同意，在公司成立初期，为公司应用而输入双方国境之设备或材料,应予一律免除入口税,惟所谓成立初期,系自合约签订日起一年期间为度,所称免税入口物品,必须为合约第一条所开航空线建筑暨设备上绝对需要者,各该物品自合约双方之一方国境输入另一方国境其所取路线必须与规定航空线相接近,各该输入物品,如未经公司于前述成立初期终了以前予以使用或装置,则当视为公司输入之寻常材料,须按合约第九条之规定课以关税。合约双方复相同意,凡下开十一项中所述设备材料为公司应用而输入任何一方之国境时,应各免除进口税,惟此项输入品之数量或价值应以附开价值为限,各该输入品应照规定时限并经上述路线输入,又如各该输入品未经公司于下开时限终了以前用于航线时,应视为公司输入之寻常器材,须照合约第九条之规定课以关税。

（一）与道格拉斯 DE3 型式相似,每架约值美金十二万元之飞机,以总数八架为度,得依照下列时间输入之：

年份	数量
一九三九——一九四零	二
一九四一——一九四二	二
一九四三——一九四四	二
一九四五	二
合计	八

（二）为上述飞机应用之备份发动机,不得超过二十一具,每具价约美金一万五千元

年份	数量	年份	数量
一九三九	三	一九四零	三
一九四一	三	一九四二	三
一九四三	三	一九四四	三
一九四五	三	合计	二十一具

（三）为上述飞机与发动机上应用之备份零件,以价值不得超过美金十一万元为限,得依照下时间输入之：

年份	数量	年份	数量
一九三九	一万二千美元	一九四零	一万二千美元
一九四一	一万七千美元	一九四二	一万七千美元
一九四三	一万七千美元	一九四四	一万七千美元
一九四五	一万八千美元	合计	十一万美元

（四）飞机及地面无线电台所用之无线电机及其零件暨各种机场设备，以总值不超过十一万美元为度，得按照下开时间输入之：

年份	数量	年份	数量
一九三九	二万五千美元	一九四零	二万五千美元
一九四一	二万美元	一九四二	一万美元
一九四三	一万美元	一九四四	一万美元
一九四五	一万美元	合计	十一万美元

（五）为前述飞机所用之航空汽油，以不超过四千五百吨为度，得依照下述时间输入之：

年份	数量	年份	数量
一九三九	三百吨	一九四零	三百吨
一九四一	五百吨	一九四二	八百吨
一九四三	八百吨	一九四四	八百吨
一九四五	一千吨	合计	四千五百吨

（六）为前述飞机及公司车辆所用之滑油，以不超过四百零一吨为度，得依照下开时间输入之：

年份	价值	年份	价值
一九三九	五十吨	一九四零	五十八吨
一九四一	三十八吨	一九四二	六十吨
一九四三	六十吨	一九四四	六十吨
一九四五	七十五吨	合计	四百零一吨

（七）为公司车辆所用之汽车油，以不超过三千三百五十吨为度，得按照下表输入之：

年份	价值	年份	价值
一九三九	七百吨	一九四零	七百吨
一九四一	二百五十吨	一九四二	四百吨
一九四三	四百吨	一九四四	四百吨
一九四五	五百吨	合计	三千三百五十吨

（八）一九三九与一九四零年间，得输入每具价值约美金二万五千元之定向电台，其数额不超过六具。

（九）一九三九至一九四零年间，得输入发电机，其数额不超过四座，每座价约美金二万元。

（十）价值不超过美金十二万元之自动运输车及建筑机器，得照下表输入之：

年份	价值	年份	价值
一九三九——一九四零	八万美元	一九四一	一万美元
一九四二	一万美元	一九四三	一万美元
一九四四	五千美元	一九四五	五千美元
合计	十二万美元		

（十一）一九三九与一九四零年间，得输入价值不超过一万美元之气象设备材料。一九四六、一九四七、一九四八各年及一九四九年至合约期满时止之期内，关于前述一、二、三、四、五、六、七、十等项，每年免税进口之数量或价值，应与前述一九四五年内相当各项列举者同。前开一、二、三、五、六、七各项器材之数量价值，系根据下列飞行次数表所估计：

年份	哈密至阿拉木图	年份	哈密至阿拉木图
一九三九	每周来回各一次	一九四〇	每周来回各一次
一九四一	每周来回各三次	一九四四	每周来回各一次
一九四五——			
一九四九	每周来回各一次		

如合约双方同意对于上列飞行次数予以增减，则上列一、二、三、

五、六、七各项免税器材之数量或价值，应比例予以增减。

中华民国政府得指派税务代表常驻公司，对于按照本附约规定输入之器材负责检查登记，并对按照本合约第九条规定暂时免税物品所储栈房负责管理。

附约四：关于以合格工程、技术、飞行人员供给该航线事

（一）为保证合约第八条关于航线技术设备之规定得以达成起见，苏维埃社会主义联邦共和国中央民用航空总管理局担任以必要之合格工程及技术人员供公司办事处指挥，从事哈阿航空线各项调查设计工作，此项人员之酬金由公司董事会斟酌两国现行制度决定之。

（二）为保证合约第一条关于开发哈阿航空线之规定得以达成起见，苏维埃社会主义联邦共和国中央民用航空总管理局担任以必要之飞行人员供公司办事处之用，此项人员之酬金应由公司董事会斟酌两国现行制度决定之。

《中苏国家关系史资料汇编》（1933—1945），第275—279页

中苏首次通航

1939年12月5日

（本报息），贺耀组氏已于昨晨七时四十分由渝乘专机起程赴苏，随员四人同行，在机场欢送贺氏之亲友有二百余人。

（中央社）军事委员会办公厅主任贺耀组氏，原拟乘中苏航空公司所定九月二十五日之首次通航机飞苏沿途考察，嗣以该公司沿途设备未竣，致延行期，中苏航空公司现已筹备就绪，于昨晨开始通航。贺主任特于昨晨乘该机启程前往，到机场欢送者，有何参谋总长应钦，侍从室张主任治中，王外长代表段茂澜，外交部情报司长朱世明，苏大使馆二等秘书巴利施克夫，暨军委会各长官等数十余人。闻贺氏抵莫斯科时，拟访问苏联政府当局云。

《中苏国家关系史资料汇编》（1933—1945），第279页

中苏航线阿拉木图至莫斯科段下月通航

1940 年 5 月 25 日

邮局息,中苏航线阿拉木图至莫斯科一段已定六月一日起开航,凡寄邮此线运递之航空邮件,除收取普通资费外,暂应加收航空资费如下:由国内各地航空运至阿拉木图,重量五公斤或其畸零之数,应纳国币二角五分,苏联亚洲部分各地八角,苏联欧洲部分各地一元一角五分,欧洲其他各国二元。

《中苏国家关系史资料汇编》(1933—1945),第 279 页

(三)苏联对华军事援助

说明:抗战初期,苏联成为中国重要的军火物资供应国,尤其是飞机等重型武器。援华的同时,应中国政府的请求,苏联派遣了军事顾问、军事技术专家和志愿航空队来华帮助中国抗日。这些顾问、技术专家、飞行员具有较高的军事理论素养、较丰富的实战经验和较高的技术,对中国的抗战提供了卓有成效的帮助。据统计,先后来华的军事顾问达 300 多人,在华工作的顾问、专家、技术人员、飞行员等总数达到 5000 多人。他们为中华民族的解放事业做出了重要贡献,多次受到国民政府军事当局的嘉奖。

1. 苏联对华武器援助

鲍格莫洛夫致苏联外交人民委员部电

上海,1937 年 7 月 26 日

张冲来见。他说,昨天他曾与蒋会晤,现奉蒋之命前来。蒋介石请我催促关于军事供货问题的答复。蒋介石认为,任何政治问题的解决都要耗费很多时间,所以要求把军事供货问题与一切政治问题分开,单独解决。蒋介石说,因为现在中日之战势不可免,所以中国不可能再指

望从德国得到订货,因德国是日本的盟国。中国本国的储备只够六七个月用。唯一可能为中国供货的来源就是苏联了。蒋介石要求把这个问题看作纯商务性的。苏联方面不承担任何政治义务。待我得到答复后,蒋介石想与我相见。我回答说我会向我国政府报告这次谈话的内容。

我在谈话快结束时说,只要中国不把策谋对领馆寻衅的白匪团伙清除,我就难以赴南京一行。张冲说,他将向蒋介石报告此事,中国政府定会立即采取相应措施。

我认为应改变我原来的建议,鉴于华北事态的迅速发展,更妥善的办法是不把军事供货同互不侵犯条约搅在一起,从商务方面入手解决这个问题。祈予指示。

（据档案刊印）

鲍格莫洛夫

《近代史资料》总第 80 号,第 201—202 页

李维诺夫致鲍格莫洛夫电
1937 年 7 月 31 日

特急

主管部门批准了向南京提出的建议。与过去相比,目前时机更加不宜签署互助条约,因为这样的条约会意味着我们立即对日宣战。武器的订货拟增至一亿中国圆,一年内交货。至于清帐的期限和条件,则过去的建议仍然有效,不予改变。在供货账目下可给 200 架飞机带装备和 200 辆坦克。拟向南京派一个小的团组,去了解中国的军事需求。准备招收中国飞行员和坦克手接受培训。提供军事物资务必以先签署互不侵犯条约为先决条件。

回答 7 月 29 日电报。拟允准中国军官从满洲里过境。

（据档案刊印）

李维诺夫

《近代史资料》总第 80 号,第 204 页

蒋介石致蒋廷黻电

南京,1937 年 8 月 20 日

莫斯科。蒋大使勋鉴:沈德燮处长想已到莫,请兄介绍其与俄政府洽商飞机交涉,现最急需用者为驱逐机二百架与重轰炸双发动机一百架,先聘俄飞行员二三十人,即请其驾驶飞机到甘肃后,再飞回新疆驾机回甘,如此不过十余次即可运完也。其联络路决取道新疆,并请署派若干武官在新疆购备多量汽油存储以便飞行,盛世才已复电赞成此事。中正。皓亥。机京。

《战时外交》,第 2 卷,第 465 页

鲍格莫洛夫致苏联外交人民委员部电

1937 年 8 月 27 日

特急电报

今天我同陈立夫就军事供货问题达成协议如下:

1. 贷款总额———一亿中国圆。

2. 用英镑结算。

3. 贷款应在货到后六年还清,但第一年中国政府不还债,债务分五年还清。

4. 供货细目内我们答允给予 200 架飞机和 200 辆坦克。飞机、坦克和其他武器的明细表将同杨杰在莫斯科商定。

5. 我声明,我们坚持得到相当贷款额 3/4 的金属和相当于 1/4 的茶叶及其他日用品。中国政府答允近日内将自己的想法和每种金属它能提供的数量告知我们。

6. 详细条约在莫斯科签署。

7. 委员会主任杨杰及其副手我们已认识的张冲①今晨飞往西安。

――――――――――

① 原译作张群,予以更正——李嘉谷。

代表团其他成员已经前往西安。中国政府要求派飞机赴乌鲁木齐接他们前来。为避免拖宕，我已发给他们入境签证。代表团拟在 29 或 30 日抵乌鲁木齐。我认为代表团的人员是十分满意的。

关于从巴黎来的杨虎城将军，陈立夫不知详情。确实打算把从柏林来的沈氏纳入代表团之中，但是因为杨杰本人将来莫斯科，在他抵达之前不要给其他人签证，他是中国政府唯一的全权代表。

8. 近几日内陈立夫将回答我，他们何时能给我们多少吨锡和锑（按您 8 月 22 日电报中所说）。不管怎样，我认为在公布条约之后，最好运 50 架飞机和我国飞行教员（记在供货帐目之下）到甘肃去。这会使中国士气大振。

9. 陈立夫说，他对中国驻巴黎使馆人员不谨慎的行动感到愤怒，因为他本人懂得，事情的成败与保守秘密极有关系。

（据档案刊印）

鲍格莫洛夫

《近代史资料》总第 80 号，第 219—220 页

鲍格莫洛夫致苏联外交人民委员部电

1937 年 8 月 28 日

特急电报

昨天我同蒋介石就国际政治的共同问题进行了一次长谈。他特别关心我国对其他大国在中日战争长期延续的情况下可能采取什么立场。当时只有他的夫人在场。这次会晤的主要意图，看来是他想向我们说明他对中日冲突的立场。他请我转达苏联政府，不管能否得到外国援助，中国政府已决定抗战"到底"。蒋介石强调，即使抗战失败，他也要抗战到底。谈话中他几次说明，中日未曾进行也不会进行任何谈判。

蒋介石提出了两个具体问题：

1. 据他所知，我们不久前从美国得到了 100 架可当轰炸机用的高

速飞机。他问,我们能否让给他一部分,用以顶替马上按定货提供的飞机。

2. 他能否指望,如果不是现在,那么稍晚些时候,苏联政府将允许苏联飞行员以志愿者身份加入中国军队。

同时,蒋介石要求尽快解决立即派遣部分我国飞机和飞行教员前往甘肃的问题。

昨天我还同白崇禧谈过话,他被任命为野战司令部主任。白崇禧阐述了他对中日冲突和国际局势的看法。他的观点是:1. 抗战到底,只有长期顽强抗战中国才能保持独立,对日无协商可言。2. 中国唯一可行的对外政策方针是法苏联盟。

白崇禧自己说,据他看,中国没有任何资料能说明可期望苏联干预中日战争。不过他希望在中日长期持久的战争后,苏联将起到类似美国在上一次帝国主义大战中所起的作用。白崇禧说,蒋介石已下决心抗战到底,没有别的路可走。他相信,在不久的将来,所有亲日派都将被撤离领导岗位。

（据档案刊印）

鲍格莫洛夫

《近代史资料》总第 80 号,第 220—221 页

中国军事代表团与苏联军方五次商谈援华抗日械弹记录稿
1937 年 9 月 9 日—10 月 4 日

1. 商谈购买苏联武器第一次会议记录整理稿
1937 年 9 月 9 日

第一次会议记录

地址:俄京西郊休养所"绿林"。

时间:二十六年九月九日廿一时十分至廿三时。

出席:中国:团长杨杰、副团长张冲。

苏联:炮兵委员拔也夫、空军委员拉宁。

列席:中国:团员王叔铭。

苏联:处长瓦西列也夫①。

记录:团员胡世杰。

拔也夫:今日杨将军会晤苏联国防人民委员会委员长伏罗希洛夫元帅时,业将驾临敝国所拟商榷事项大致确定,元帅兹派余等前来询问贵方拟购兵器之品种、数量及其式样,请详述之。

杨团长:关于敝政府所拟购之兵器,已拟就书面目录,请张副团长诵述之。

张副团长:(诵述原件)关于此事,余在南京时曾与贵国驻华大使鲍格莫洛夫氏商谈,彼曾允让售二百架飞机,但此数似嫌过少,余等以为最好能让售三百五十架,即重轰炸机一百架、轻轰炸机一百架、驱逐机一百五十架,以充实敝国最近之战斗力。

王团员:除飞机外,余等并拟聘请贵国教官、技师,计重轰炸教官十五员、轻轰炸教官十员、驱逐教官八员、飞行教官七员、技术人员三十员。

杨团长:关于飞机上之兵器、器械,如:机关枪及无线电等,请贵国装配完全。此外,飞机之零件及汽油、滑油等,亦请贵国供给。又:关于战车,余等拟购置八十二辆,共编成一营,其编制约如次:

营由四连编成,每连配备小炮战车九辆、机枪战车五辆、烟幕散放战车三辆,计十七辆。此种编制是否切合适用,因吾人对于战车部队尚少经验,并请贵方有以纠正。

张副团长:余等尚拟购重炮一百三十八门、载重汽车六辆、机踏车十八辆。

杨团长:重炮最好为十五公分左右之榴弹炮,其牵引须完全机械化。关于高射炮、探照灯及指挥仪等,俟参观后再决定数量。此外,余等并拟购备防战车炮,未知其口径如何?

---

① Васильев.

拉宁:敝国军队通常所用之防战车炮,其口径为四十五公厘,火力甚强,高射炮之口径有七十六公厘者。

张副团长:余等请购之飞机,务请悉数允拨,至于重炮等,则可依协定余款之多寡,而定其数量。

杨团长:上述各项,除飞机、战车及汽油外,均得于参观各式兵器后,依协定数目之余款再行确定。此外,对于战车及重炮之教练,请贵国派遣教官,前往协助,人数可依各兵器之数量酌定之。再:修理技术人员,亦请由此间派往,其人数亦请按机械数量代为筹定。

张副团长:中苏购货协定第六款规定以锑、钨等金属品及茶、植物油等货值作交换抵偿,唯蒋委员长有以敝国现值战时,交通诸多不便,拟请减低金属品而增加茶叶及植物油之意旨,敬烦考虑。

拔也夫:贵方所提各项意见,当即转呈伏罗西洛夫元帅。惟须加声明者,为此次协定,纯为中苏两国亲善友好邦交之结果,敝国既非贩卖军火国家,亦无后备军火可随时出售,故贵国所提若干兵器式样中,若为敝国所未备者,当以他种兵器代替之。此外,敝国无后备军火之可售,而贵国现复需要孔急,故拟由敝国军队现行装备之兵器中抽出若干,转行让与贵国。此项兵器,日内当可开始参观。

杨团长:深谢贵国厚谊。关于参观各种兵器日程,即请规定示知为感。

张副团长:今日访问伏罗希洛夫元帅时,彼曾称可自即日起参观各种兵器并准余等团员开始练习兵器操作及飞机驾驶等,此事当为贵委员之所深知。

杨团长:现因敝国战事紧急,需要飞机甚殷,故飞机须先设法运往敝国,其他兵器之运搬,可于研究路线及方法后,再行决定。

拉宁:飞机用何方法并由何路线运往贵国?

杨团长:飞机拟由阿拉马德(阿拉木图)经迪化、哈密、安西、肃州至兰州,贵国所派之教官,即在兰州教练,盖兰州飞机场已有相当完善之设备,且亦安全。由此路线输送重轰炸机,续航力甚大,当可不生问题,惟驱逐机续航力较弱,输送较为困难,今日访问伏罗西洛夫元帅时,彼曾谓由上乌金斯克经库伦至太原路线较为短缩,若此线畅通,则驱逐机之输送问题当可迎刃而解。至其他兵器,如:重炮、战车等之输送,则较困难,最好能由海道运至香港,然后由香港经广州送至中国内地。

拉宁:关于运输问题,殊值吾人研究,惟苏联仅能运至边境为止。

拔也夫:由黑海"奥底塞"至香港之海道,未知须航行若干日。

张副团长:约二十五天。此路线较为妥便,惟恐意大利将从中阻碍耳。

王团员:现吾人仅随带飞行员八人,若以此人数输送购备之大量飞机,殊多困难,拟请贵国代为输送至兰州。查由阿拉马德至兰州,中途皆设有飞机场,飞行不至发生困难。

拉宁:余等对贵国将购置各式飞机之数量,虽尚未能作最后之确定,但若假定重轰炸机为五十架,驱逐机为一百架,则其另件及其他附属品之总重量约达三千吨,此三千吨重量之运输,殊为困难。

张委员:余等对此重量,将购备载重汽车,以为运输之用。

拉宁:一部分可用载重汽车由公路输送,其他部分,或可用轮船由海〔路〕输送。

拔也夫:今晚杨将军及诸位之意见,当即转呈伏罗希洛夫元帅。关于参观计划,日内亦当规定奉告。

2. 商谈购买苏联武器第二次会议记录

1937 年 9 月 14 日

第二次会议记录

会谈地址:

时间:二十六年九月十四日上午九时四十分至十一时十五分钟

主席:杨次长

出席:张委员冲、王主任叔铭及全体团员。

记录:胡世杰。

议事日程:检讨九月十三日试验各式兵器之结果。

　　主席:昨日参观并试验各式兵器后,各位当已有相当认识,今天谈话会即系为检讨昨日试验各式兵器之结果,并决定吾人是否购备。今日下午国防人民委员会即将派遣代表来此商榷,故各位应尽量将昨日试验兵器之观概及对此项兵器之态度,提供出来,俾作吾人之参考。

　　委员长曾来电,内谕国内需要飞机甚急,何日能起运,并询数目若干等情。于此,吾人对购备之飞机及其他兵器,应设法从早购定起运,此乃今次会谈之目的也。

　　夏全铎:昨日试验之高射炮,其机构尚完备。惟重量过高,于吾国公路桥梁,似有不合。此种高射炮之总重为十吨,与吾国现备之高射炮重量相差。但苏联高射炮系集中装置于一车上者,故其重量集中,通过吾国公路桥梁,恐有问题。吾国现备之高射炮,因牵车(重六吨)与炮(重三吨半)系分离者,故重心分散,桥梁易于驮载。然昨日试验之高射炮,可用于都市防空,盖都市道路及桥梁较优故也。至于此种高射炮之优点,计有二:(一)炮身灵便,转动迅速,射击方便。(二)该炮之发射机构系用交流电者,故发射时不至发生障碍。

　　主席:汝应决定此种高射炮是否适用? 应否购买?

　　夏全铎:此炮可以购买,惟仅能用之于都市防空。

　　张委员:若可以购买,则其数量若干?

　　夏全铎:何部长曾说购三十六尊。

　　主席:此种高射炮并非仅能用之于都市防空者,其主要用途乃在掩护部队行军、掩护战车前进,故该炮装置于特制载重汽车上,俾便加大运动性能。

　　张委员:吾国公路桥梁之载重若干吨?

　　主席:主要之公路桥梁,其载重量约五六吨。

　　余人翰:据最近试验,吾国主要公路之桥梁,约可载重十吨。

　　夏徐敏:昨日试验之高射炮,按其性能判之,自可应用,惟其重量集中,吾国桥梁多未能抗载,故应加以考虑。昨日,在试验时,苏方代表曾说,尚有用牵车携带者,未知可否将此种高射炮设法参观。

主席:各位皆系专家,对昨日试观之高射炮,应决定是否需要? 是否可用?

王叔铭:吾人对军事学识及经验均甚浅薄,各式兵器是否购买问题,请杨次长决定之。

主席:昨日试验之高射炮,命中率甚大,昨曾问之,彼方说此炮之运用及其效能,多以指挥者技术之精练程度为转移者。据称此炮之命中公算为四分之一,由此可知其优点矣。惟吾人为适应吾国之特殊道路条件计,对别种高射炮(即用牵车牵引者)应设法参观,然后再决定购买何种为宜。

张委员:今天吾人与苏联国防委员会代表晤谈时,可做如下措辞:昨日试验之高射炮暂时保留,履带装置之高射炮,请求再予参观试验。

主席:关于高射炮事,就如此决定,俟参观他种高射炮后,再做最后决定。现在吾人可检讨防战车炮问题。

余人翰:昨日试验之〔防战车〕炮,品质及性能均甚优好,于吾国环境亦甚适用,故拟请购买。此炮较德国制者为优,德制之口径为三七公厘,此炮口径为四五公厘,惟初速则较德制为低耳。

主席:此种防战车炮,系同类炮中之精良者,初速虽较低,但炮之优劣,并非以初速之大小为准。且初速过大者,易使炮膛受损,故初速较小者,不一定为其弱点。

张委员:此种防战车炮,其品质、性能既甚精良,则应购备若干?

主席:此炮用途甚广,不惟可用作攻击敌战车及装甲车之用,且亦可破坏敌机关枪及轻式工程等等。至应购备之数目,余以为须以吾国军队为转移,若每旅配备二尊,则共须购备二百尊,每尊配炮弹一千四百发(穿甲弹一千发,爆炸榴弹四百发)。各位对此数目有无异议? 若无异议,即如此决定。现在检讨战车问题。

余人翰:昨日吾人参观之战车系属于中型者,此战车似系仿英国所制者,该战车总重九吨半,武器为炮一、机枪二(一为高射者,一为平射者),时速为三十公里至三十五公里,与吾人所定之中型战车标准,皆相适合,拟请购备。

主席:此项战车,彼方已答应出售八十二辆,吾人先购此数,将来若有余款,再为设法购买。

〔以下为未加整理之记录稿。〕

余人翰:此八十二辆为基本作战用者,然其附属车辆共计须二百余辆。

杨:基本作战者为最重要,其附属车辆最好少买,至弹药车、工程车、指挥车等,则必须购买耳。战车炮之炮弹数一千四百,机枪弹数〔此处缺漏〕,配件照本身百分之三十。

战车之总数为八十二辆,指挥车、工修车及弹药车,如钱不够,则〔此处缺漏〕。

教官:射击三位,技师七位。

飞机:

王叔铭:昨日吾人所参观者,并非重轰,而是中型,此重型轰机较吾人所规定者较低,惟较轻者则优。此机如防卫海岸则有余,攻击敌国境内则不足。此项飞机之速率,较吾人所预定者为高。此项中型轰炸机,吾人可购。

双叶驱机,其中有四架机枪、炸弹四枚(每枚十公斤—十五公斤),此其优点。惟其续航力太短。吾人亦可买之。

单叶驱机(红色者),此机上升至五千公尺高空,仅须四分钟,速度则较高(五百公里),惟其续航力太短(仅一小时半),此机吾人必须加以注意者,为增设补充油箱。

以上三式飞机均可采购。

为完成委员长之使命,吾人必须购买重轰机五十架。

此项飞机,须飞机师驾驶,吾国机师有限,而此项飞机如运回中国,恐有问题,须加速训练。

弹药:航空会规定为七九口径,此地所有者为七六·二,故子弹须此地购买,若每架飞机每次任务为一千发,则总数为 25,000,000 发,其中须包涵若干燃烧弹、泄光弹。

关于发动机之寿命,如未经硬伤而损坏时,则须由苏方负赔偿责任。

炸弹须多买。

杨:炸弹总吨数,定造一万吨,其中重量及种类,则由王叔铭规定。其运输方法,则最好为由海道。

王叔铭:关于汽油问题,最好即时开始起运。此外,练习问题,须即开始练习,因其机构全系俄国制者,инструктор 即指定。

汽油:每架驱机每次用二百公斤,则一百五十架,须有油量三万公斤。其汽油运输方法,最好须决定。

杨:汽油总量及子弹总量,须即规定后再来讨论。

王叔铭:子弹、汽油、炸弹,此地须运至哈密,然后由航空会设法。

3. 商谈购买苏联武器第三次会议记录整理稿
1937 年 9 月 14 日,第三次会议记录

会议地址:

会议时间:中华民国二十六年九月十四日晚十八时五十分至廿一时。

出席者:中国:参谋次长杨次长杰、中委张冲。

苏联:炮兵委员拨也夫、空军委员拉宁。

列席者:主任王叔铭。

记录:参谋胡世杰。

议事日程:

拉宁:余自接收王主任叔铭所提之案件后,发生若干问题,拟在此次会议中逐一提出,谋求解答。

第一个问题:自苏联国境经迪化至兰州各地之飞机场,其宽广如何?为便利飞机升降计,其宽广最好能在一平方公里(一千公尺宽广)左右。

杨次长:自苏境经迪化至兰州各地之飞机场,其面积均在一平方公

里以上。

拉宁：若各地飞机场之面积在一千平方公尺以上，则飞行自无问题。余尚有第二个问题：贵国飞机场所备汽油之品质若何？若系八十七号汽油，则此问题自可解决。不然，吾人即将遭遇极大困难。盖据专家声称：仅自阿拉马德至兰州，由空中运输六吨重汽油，则担任运输此油之飞机，其所消耗之汽油，已约二十八吨[①]。

王叔铭：我国飞机场所备之汽油，均为八十七号，此节可无顾虑。

杨次长：此次飞机由苏境起运，可否以塔城为起点，盖由塔城至迪化之距离较为短缩也。

拔也夫：由阿拉马德起飞，最为方便，该处飞机场面积较大，设备亦较为完备。

拉宁：贵方之意，由阿拉马德至迪化途中所需之汽油由苏方供给，但不知滑油问题如何解决。若此项滑油亦须苏方供给，则不知所需者为植物滑油（蓖麻油等）抑矿质滑油，现苏联之矿质滑油种类中有“康司唐铁”（константи）牌，品质较高，且与世界最精之滑油相等。此外，关于飞机附件问题，余对王主任叔铭提案中所述者，似有疑问，彼谓购备附件百分之十，但此百数比未知系指何者而言，若系指与所购飞机数之比例，则所开各附件百分数之综和，却为百分之百，即飞机数与附件数相等。余欲求解释者，即此项附件之百分数，是否系对所购飞机之总值而言。

王叔铭：滑油亦须由苏方供给，请备用“康司唐铁”牌矿质滑油。余在提案所述之附件百分数，并非对飞机总值，而系按机数而言者。

拉宁：然则附件之总值将与飞机之总值相等，盖贵提案中所述各项附件百分数之总和却为百分之百。

张委员：飞机附件之百分数系按照所购飞机之总值而言。

拉宁：王主任叔铭之提案中，关于预备发动机、螺旋桨及跑轮等，未

---

① 二点八吨？——李嘉谷。

曾提及,不知是否需要此项附件?

　　杨次长:发动机暂不需要,螺旋桨及跑轮须有后备附件,惟其价值亦包括于附件总值(飞机总值百分三十)以内。

　　拉宁:贵方是否需要弹药?现苏方所备之飞机炸弹,计分十公斤、十五公斤、五十公斤、一百公斤及二百五十公斤等五种重量,И—15式飞机最好用十公斤爆炸榴弹。

　　王叔铭:昨日试验之轰炸机,载弹量为六百公斤,不知可否载五百公斤一个之炸弹?未知贵国采用此种重量之炸弹否?

　　拉宁:关于此式轰炸机是否可载五百公斤一个炸弹,余尚不知,就余所知者,此式轰炸机可载二百五十公斤之炸弹若干枚。二百五十公斤之炸弹,威力已甚强大,实验时曾炸沉铁甲巡洋舰。

　　杨次长:余等拟购备飞机炸弹共六千吨,计分:十公斤及五十公斤者一千吨、一百公斤者二千吨、二百五十公斤者一千五百吨、五百公斤者一千五百吨。

　　王叔铭:机关枪子弹,共拟购备五千万发,计分:穿甲弹百分之三十、燃烧弹百分之二十、爆炸弹百分之二十、泄光弹百分之十、普通弹百分之二十。

　　拉宁:机关枪子弹,总数过大,且其中穿甲弹所占之百分数亦过多,故须请示伏罗希洛夫元帅后,再行决定。

　　王叔铭:若子弹数量过大,则可酌量减低为二千五百万发。惟须迅速解决,俾免拖延时日。

　　拉宁:贵方曾申请飞机起运日期,现规定如次:重轰机自明日起(十五日)至本月二十五日十日内起运一大队,计机三十一架。此后每隔十日起运一大队。此外,教练机八架及И—16式驱逐机(即试验时之红色机)九十三架,在十月一日前起运完毕。其他飞机六十二架于十月二十五日前起运完毕。

　　杨次长:关于飞机起运日期,就照此决定。现在可讨论汽油与滑油问题。

拔也夫：汽油与滑油可托新疆省政府经新苏贸易公司〔俄文公司名称略〕购买，当无若何问题。

杨次长：汽油及滑油之运输，可否经伊犁河输新？此种运输方法，既可省费，复较便利，不知该河可通航否？

拔也夫：此河有一段可以通航，但其全程则不得而知。

拉宁：四五公厘防战车炮不知需要否？

杨次长：请先述价值若何？

拉宁：每门计价七千美金。

杨次长：每炮附炮弹若干？

拉宁：余尚不知，俟后再行奉告。此式防战车炮，贵方拟购若干门？

杨次长：余等拟购二百尊。

拔也夫：此式防战车炮与战车上装置之炮完全相同，不知将购备炮弹若干？

杨次长：关于此项炮弹之数量，请贵方专家代为计算后，再行决定。

拔也夫：战车未知购买若干辆。

杨次长：余等拟购八十二辆，外加指挥车、弹药车及修理车等。

拔也夫：修理车当可附加。

杨次长：战车附件亦为总值百分之十。

拔也夫：当照办。

杨次长：昨日余等所见之高射炮，机构与性能均甚佳，惟炮身与牵引车不可分离，全重量十吨完全集中于一点，于中国道路、桥梁诸多未合，未知贵国另有牵引式之高射炮否？有则愿请一观。

拉宁：昨日参观之高射炮，系装置于载重汽车上者，故其重量集中。惟炮之重量，约二吨半左右。若此式不合，可用牵引式之高射炮。日后当请参观。

杨次长：照空灯及听音机请予参观，并请让售。

拔也夫：照空灯及听音机均有，当请将军参观。

杨次长：战车及防战车炮可否施行实弹射击，藉观功效？

拉宁：当将此意报告伏罗希洛夫元帅，再行决定。

杨次长：飞机师及战车之教练人员人数，贵方有否决定？

拔也夫：因贵方所购各式兵器之数量尚未确定，故教练人员人数亦难规定。

杨次长：现在余等随员中航空官佐共有九员，可在此练习飞行？

拉宁：当照办。惟须派至其他都市之航空学校学习。

王叔铭：我方现拟练习航空者，计分：练习轰炸者六员，练习驱逐者二员，练习技术机械者一员。

拉宁：练习时间若干？

杨次长：练习时间为一星期，学习之对象为我方已购之飞机式样。此外，战车与高射炮，亦请予练习机会。

拉宁：当照办。

杨次长：余等来贵国时，蒋委员长曾命购超重轰炸机，作为空袭日本内地之用，若此项超重轰炸机未能购成，则余等此次来苏任务即不能全部完成，务请贵方允拨。至于机数，并不求多，有五十架足够。若协定款项不够，则可减少其他兵器之购置，并可给付若干现金。

拔也夫：当将此意转呈伏罗希洛夫元帅。

杨次长：关于飞机起运日期，余等将即晚电呈蒋委员长。

拉宁：飞机起运日期可以转呈蒋委员长，吾人已派定民用航空机于日内飞往迪化，视察机场，同时，CБ 式轰炸机一架亦将随往试航。

杨次长：关于教练人员之人数，现规定如下：

飞行教官：每十架一员。飞机修理技师：每队（九架至十五架）一组（每组若干人，由贵方决定之）。战车教练官：由贵方决定之。高射炮教官：一员。

王叔铭：在 И—15 式驱逐机上可否另装一副油箱，俾增强其续航力。

拉宁：当咨询专家后再告。

张委员：关于中苏购货协定中所规定之偿价货物，请减低金属品，增加植物品数量。

拔也夫：此非吾军人商谈范围，但关于购货协定之细节副张，是否将在莫斯科签订？

张委员：可以在此签订。

拔也夫：吾人之工作商榷，已将终结，关于条约之签订，苏方当派专员负责。

张委员：关于此次所购各式兵器之条约，余等准备签订。

拔也夫：今天所谈商之各节及贵方关于购备超重轰炸机之声请，俟伏罗希洛夫元帅回莫斯科后，即为转陈。

4. 商谈购买苏联武器第四次会议记录整理稿

1937 年 9 月 17 日，第四次会议记录

会议地址：

会议时间：中华民国二十六年九月十七日廿时十五分至廿一时二十五分。

出席者：中国：参谋次长杨杰、中委张冲。

苏联：炮兵委员拔也夫、空军委员拉宁。

列席者：洛阳航校主任王叔铭。

记录：参谋胡世杰。

议事日程：

拔也夫：贵方于上次会议席上，曾坚请购备超重轰炸机，此事虽经余等转呈苏联国防人民委员长伏罗希洛夫元帅，然现尚无若何结果，俟确定后，当即奉告。关于飞机炸弹数量及种类，由拉宁君报告。

拉宁：（一）飞机炸弹及其种类，苏俄已允诺如次：

总重量：一千九百吨。内：八公斤者：三万七千五百个，共二百吨。十公斤者：一万个，共一百吨。二十公斤者：一万五千个，共三百吨。五十公斤者：六千个，共三百吨。一百公斤者：九千个，共九百吨。二百五十公斤者：六百个，共一百五十吨。五百公斤者：一百个，共五十吨。

（二）飞机机关枪子弹共一千五百万发。内：普通子弹一千万发，

穿甲弹、泄光弹、燃烧弹五百万发。

（三）上述炸弹及子弹数量过少，自不足敷用。我方拟派制弹工程师五员，协助贵国制造此项弹药。

拔也夫：弹药重量极大，运输诸多不便，若制造上予以技术协助，则困难自能克服。闻贵国制弹设备尚称完备，此后自能在当地制造。

关于飞机附件，已规定为飞机总值百分之十，然苏联专家以为预备发动机仍属必要，其数约为机数百分之十，即二十三个。

杨次长：关于炸弹及机枪子弹数量及其种类，即照贵方原数确定。预备发动机，自属必要，贵方专家之意甚善。

拉宁：起运事宜之准备比较顺利，C—5 式轻轰炸机已有九架起运，约经八、九日后即可达阿拉马德，但装配工作尚须约十天。至于驱逐机之装配，仅需三、四天足矣。现装配技术人员已抵达阿拉马德。又：侦察机场之两侦察机，即将经迪化赴兰州，盛督办①方面交涉，业由苏方办妥，贺主席②方面即烦电请协助，俾侦察机在由安西至兰州途中不发生困难。

张委员：已有电报请贺主席协助，绝无问题。

拉宁：请即电贺主席，并告以侦察机即日可达兰州。该机为 Л—5 式，机上领空为最富有经验之人员，将来可作导飞者。此外，关于各货起运日期，伏罗希洛夫元帅已有命令，着令加速。然据专家称，余方准备之起运日期乃最迅速者，再行提早，恐于技术上不能办到。

拔也夫：由苏境起飞之重轰炸机，据苏联专家意见，须全副武装，并随带弹药。

关于飞机各附件起运之总吨量，共为七百五十吨，此外尚须加上预备发动机之重量。此项货物最好能用卡车输送，未知贵方意见如何？

杨次长：预备发动机可经新省输送，其余则可由海道运输。

① 指新疆边防督办盛世才。
② 指甘肃省政府主席贺耀组。

拉宁:若用卡车经新省输送,则此七百五十吨重量需二百五十辆卡车方能循环运输完毕,但不知新省共有若干卡车?

杨次长:新省大约无此数,我方当设法筹足之。

拉宁:最好电约盛督办及贺主席,派新省卡车至阿拉马德,甘省卡车至新、甘边境接运。

杨次长:前次会议上规定之飞机起运日期,是否能按期实行?

拉宁:已规定之起运日期不至有何变更,但难于再行加速。

杨次长:蒋委员长曾电询关于飞机及其他兵器之教练人员人数,请从速规定,俾敝国可作招待等各种准备。

拉宁:关于教练及技术人员,伏罗希洛夫元帅允诺如次:

(一)属于飞机者:(A)C—5 重轰炸机飞行教官九员,技师六员,仪器教官二员,无线电教官一员。(B)И—15 驱逐机飞行教官六员,技师六员,仪器及其他三员。(C)И—16 驱逐机飞行教官九员,技师九员,其他二员。(D)修理技术人员(每种飞机十员)共三十员。(E)制弹技师五员。(F)总工程师一员。共计八十九员。

杨次长:飞机教官及技术人员之数量即依贵方酌定者确定之。

今有请者,即务请设法将驱逐机之一部约五十架至六十架提早起飞到兰州,以应敝国急需。

拉宁:驱逐机原规定于十月二十五日前运送完毕,现当设法加速,但其可能与否,殊难确定。

拨也夫:由莫斯科起运之飞机虽可增加数量并提早日期,但在阿拉马德尚须装配,新省之汽油亦须运去,同时驱逐机不能单独飞航,凡此种种,均为妨碍加速起运之事实,请注意及之。

张委员:第一批轰炸机三十一架可单独飞航,第二批轰炸机三十一架,请随带驱逐机前去。

拉宁:第二批轰炸机三十一架将分三次起飞,每次当随带驱逐机十五架,三次共计四十五架。

杨次长:顷奉蒋委员长电,关于海运经法国属地运华事,已商请法国政府,不久后当将折冲结果奉告。

拔也夫:关于海运船只,当由苏俄设法筹备。至战车数量已允诺八十二辆,附件为战车总值百分之十,外加修理车五辆(二轻三重),每战车附炮弹一千五百发,共计炮弹十二万三千发。机关枪子弹每架四万五千发,共计三百六十九万发。

拉宁:战车教练及技术人员允诺如次:(一)教官十二员(射击与战术六员,驾驶六员)。(二)修理技师五员。

拔也夫:关于高射炮,伏罗希洛夫元帅允诺五连,每连四门,共计二十门,附加照空灯、听音机及其他仪器全副,每炮附炮弹二千发,共计四万发。教官、射击及技术人员共十二人。

防战车炮(四十五公厘口径)共允诺五十门,每门附炮弹一千五百发(穿甲弹及破片榴弹各半),共七万五千发,此项炮弹,伏罗希洛夫元帅希望贵国自己能大量制造。防战车炮之教练人员规定为三员。此外,关于翻译人员问题,请从速准备。

张委员:关于翻译人员,敝国已有准备,人数约二十人,若贵国有相当人员,请派委。

拔也夫;敝国亦有若干人可派去。关于战车、防战车炮及弹药等海运货物,在十日均可集中。目前问题全视贵国与法方交涉转运海口之结果如何为转移。

拉宁:贵国飞行员练习问题已解决,练习地址,即在前次试验飞机之机场,C—5、и—15 及 и—16 各式飞机,该场均有准备,练习自可顺利进行。教官亦已派定,住宿等事亦已令准备。战车科两员,可在此地某学校练习,住宿则仍在现地。高射炮科两员,须至离莫斯科约一百三十公里某地练习。时期由贵方决定,练习自十九日或二十日开始。

拔也夫:关于签订条约事,我政府认为无此必要,所有敝国已允诺各件,凡口头约定者均当实现。以后贵国收到之件,可开具种类数量,并规定价目。

杨次长:贵国所派之教官、技术人员是否将派一总负责者前往。

拉宁：敝国所派之人员,概由苏联驻华大使馆陆军武官雷平将军指挥。

杨次长：敝国飞行员是否可随乘起运飞机回国?

拔也夫：当加考虑。

杨次长：由迪化至兰州各地机场,敝国当已派员前去照料。

拔也夫：当转陈。

杨次长：关于超重轰炸机,蒋委员长极希望购备。我方拟轰炸日本内地工业,务请再为转发呈伏罗希洛夫元帅为荷。

拔也夫：关于此问题已呈报伏罗希洛夫元帅,结果如何,不日当奉告。

杨次长：余等深知伏罗希洛夫元帅系学问渊博之大军学家,对于我国之抗日战斗及所以欲购买超重轰炸机之用意,当能深切谅解也。贵方所派之教官及技术工程人员,系敝政府聘请者,自当由敝政府给酬。惟其标准如何,请酌定示知。

拔也夫：关于此项问题,余等尚未计及。

5、商谈购买苏联武器第五次会议记录整理稿

1937 年 10 月 4 日

会议地址：莫斯科绿林村。

会议时间：中华民国二十六年十月四日下午七时至八时。

出席者：我方：杨次长杰、张委员冲。

苏方：拔也夫、拉宁。

记录：胡世杰。

议事日程：续前。

拔也夫：此次会议席上余首先欲提出者,为汽车输送队之行程问题,该输送队之行程长度约三千公里,故须随带修理车及大量汽油,方不致在中途发生停滞障碍。照原定计划,本规定由阿拉木图起程,每隔若干距离设站,车辆人员得在站加油、修理、休息。此法虽甚完善,但费时太久,约须一百四十七天方可抵达兰州。现为迅速计,决定增加输送

车辆,共增为七百辆,由阿拉木图直接驶往兰州。因此,输送队之组织得相应改变(除修理车外,更得加带餐车及医药车),人员自亦须增多,约为一千五百人左右。现苏方已请盛督办派轻汽车二辆、卡车一辆,由迪化前进探路。请贵方转饬各地当局从速修理道路。

拉宁:请贵方速电请甘省贺主席饬令各地当局协力修整道路。

杨次长:关于道路问题,已电贺主席饬令沿途各地当局修整矣。

张委员:关于汽车收买问题,由新省我方代表与苏新贸易公司补订商约。

拉宁:关于三百五十辆卡车之收买问题,伏洛希罗夫元帅尚未最后决定。

拉宁:关于轰炸机起飞尚无问题。装配完成后,即可离苏飞华。而驱逐机在航线各站设备及油量未准备妥善之前,起飞殊成问题。

张委员:现在新省已贮汽油十吨。

拉宁:十吨为数太少。由阿城至兰州单就飞机用汽油一项已需四百吨之谱。

张委员:飞机迟飞原因纯由苏方迟疑所致。

拨也夫:飞机之所以迟飞,乃由中途各机场汽油及设备未臻完妥所致。

拉宁:据苏方侦察机飞新、甘侦察所得结果,谓前途各机场均尚未准备妥当,苏方对起飞事关心极切,且亦计较每分钟之宝贵时间,绝无任何延迟情形。事实上,二百余架战斗飞机作三千余公里之长途飞行,诚辟世界航空史之新纪录。然而,当中途各机场未准备妥善之前,此种大批战斗机长途飞行之举,乃属冒险行动,同时,即使冒险前飞,至中途机场时,亦将因燃料缺乏而停进,故苏方希望于最短期内能将各机场扩充至一公里见方,并贮相当数量汽油,俾飞机得以迅速起飞。

杨次长:关于航线各机场之汽油量,据上月廿六日前情况,大致如下:

A、安西　八七号汽油　五〇〇〇加仑。B、凉州　七四号汽油五〇〇〇加仑。C、甘州　七四号汽油　五〇〇〇加仑。D、肃州　七

四号汽油　五〇〇〇加仑。八〇号汽油　一五〇〇加仑。〇号汽油一五〇〇加仑。滑机油　一〇〇〇加仑。

　　除上述各机场已贮之汽油量外,上月廿六日后,又在继续输送。至现今各机场之汽油实数,尚不得而知,俟确查后当即奉告。

　　拔也夫:上述汽油苏方侦察机于侦察报告中并未提及。

　　拉宁:据余意见,飞机迟飞原因绝不在苏方,亦不在贵方,而在乎航线中各机场未能及时准备完妥所致。

　　拔也夫:关于海运轮船问题,约于三、四天后方能解决,以后当奉告。

　　拉宁:关于机关枪问题,现已在原则上解决。伏洛希罗夫元帅允让售一千挺,内"马克逊多格来夫"式(МАКСИМ—ТОКАРЕВА)五百挺,"祺克德来夫"(ДИКТЕРЕВА)五百挺,每挺附弹一万发。

　　杨次长:贵国机关枪口径与我国所用者不同,故子弹数量拟请增多。

　　拔也夫:我国每挺机枪所备子弹数目,亦约一万发,惟贵国机枪口径既稍不同,子弹数量,以后当不再行商榷。

　　杨次长:今接王叔铭由阿城来电,称该地机场长官不准彼入内检视。请多设法。

　　拔也夫:当即去电,令允王先生入内检视。

　　杨次长:我方在阿城飞机师何日可起飞返国?

　　拉宁:当可乘运输机返国。

　　拔也夫:关于让售教练机五十架事不能解决。现可让售者为Y—TNO1式教练机五架。

　　杨次长:关于教练机事,暂且如此解决。

　　拉宁:关于购货账单,现尚未最后结算,二天后当承上。以前所订各货价值,约为一万万元,以后所订购之机关枪一千挺及教练机五架,当已超过协定数目以上。

　　杨次长:货价问题俟账目总结后,再行酌商。

拉宁：汽车运输之货物，总重为二千四百吨，需车七百辆，而此大批车辆每次所运货物，仅约千吨左右（道路不好，汽车不能尽量运载），故最迅便之运输法莫过于海运。然海运在今日之情况下，危险极大，据闻贵方在法国订购之飞机，亦不敢冒然由安南输送之。

杨次长：法国已同意各货经法属安南输送。此外蒋委员长于本年七月间已派专员驻安南，负责办理过境军火运输事宜。

张委员：飞机起飞之日程，请确实规定之。

拔也夫：苏方决不延迟时间，此点贵方应为谅解，盖许多事项（如志愿兵等）贵方虽未提及，而苏联则自动提出商榷，此尤可证明苏方绝无延迟之意向。若航线所经各机场之设备及油量准备妥善，则飞机即可陆续起飞。

《民国档案》1987年第3期，第32—43页

军事委员会参谋次长杨杰、中央执行委员张冲致蒋介石电（摘要）
莫斯科,1937年9月20日

（1）号电奉悉，当即向苏洽商驱逐机应我急需，马日运十六架，其余偕轰炸机陆续运兰。

（2）巨型四发动机超重轰炸机一再交涉，已允拨六架，航力十六小时，可搭载四十武装兵，加聘高级教官、技师六员。

（3）海运物品由苏备轮运往海防，法方如何答复？乞示。莫斯科蒋大使。

蒋委员长批示：复。莫斯科。蒋大使密转杨、张二君：号戌电悉。法国尚无确切答复，待其复到即电告。中正。

《战时外交》第2卷，第468页

杨杰张冲致蒋介石电
1937年10月3日

……（一）孔部长复电租轮包运不能办，仍着俄方派轮运海防，现

俄已允与法接洽换法国旗,即起运。因坦克车载运约十六吨,公路桥梁须先加强。(二)俄试航机由兰回称,各机场除兰州及甘州旧场仍须扩大外,其余均尚可用,惟甘省汽油及机油合用者甚少,希速备妥。新甘各站无修理设备及技师,路远机易损,为确实计,已派五机运技师带件先出发,因此各机尚停留阿城,职已催其尽可能速飞外,并电贺、盛及在阿王叔铭就近督促。(三)飞机附件由俄方派车三百五十辆,连油与车夫负责运至哈密一部,冬日可抵阿城,全部运费,汽车夫薪以及将来购车各事希派专员或令交部到新专员与新苏贸易公司另商订一合同,因此项费用已在万万元之外。又哈密至凉州之路有数处不易行车,恳速派大批工人分段修理。(四)俄国特种飞行人员志愿参战一事,现伏氏决定派遣二百五十人,编成二大队,分别来华用白俄入籍之资格参战,飞行教官及技师不在此数,其待遇请与美德等外籍军官相同。对于食宿行统由我方负责,并叮咛希望务求丰美。(五)俄军部为研究日军战术与装备拟派便衣军官人员到战地观察,以为对日作战之准备,请予方便。(六)购买机枪万架已提出,待答复……

中国第二历史档案馆藏杨杰个人档案,3018/37

杨杰张冲致蒋介石电

1937 年 10 月 27 日

……(一)志愿飞行员及技师现苏方减为二百三十三员,现已起程,又教官等亦已离莫来华。(二)由阿飞兰之机计轰炸机十五架、驱逐机二十架,今晨若气候许可,超重轰炸机六架亦将由阿起飞。双翼机在赶制中,约一个月可全部完工。(三)汽车已出发五百辆,现抵迪化附近,数日内将续发二百五十辆。(四)收买汽车千辆事,苏方允向伏元帅请示后答复,惟现已增拨一百辆,连前三百辆,共四百辆。(五)无线电通讯车,军用电话机,被复线交换机等,已向苏方交涉。(六)海运各物遵谕装两船,已电顾大使,约该船于十一月五日驶抵敖得萨装运。(七)苏方请预支华币五十万元,除已汇迪三十万元外,请再汇二十万元,交盛督办转古赤少校。(八)生锡一节已将南产北运困难情形向苏方婉述,惟彼称,苏联军需工业需锡甚殷,于将来对华续济军火关系尤切,拟恳设法采集,由轮运往南俄,可否? 乞示。……二十六、十、二十八发

此电连同本月灰电一并由阿城刘庚领兄妥寄来莫,原电系张委员起草,经次长杨修正译发后,张委员亲自取去,现将抄件寄来。

二十六、十一月二十四日

中国第二历史档案馆藏杨杰个人档案,3018/37

杨杰致蒋介石密函稿

1937年12月21日①

委座钧鉴:兹将最近在苏工作情形摘要胪陈于下:

(一)钧座〇电嘱向苏方商洽二十个师兵器之供给事,职连日与伏罗希洛夫元帅面商,结果如下:

甲、二十个师之兵器,除步枪由我自备外,苏方供给每师十一公分五重炮四门,共计八十门,每门附炮弹一千发,共计八万发;每师七六公厘野炮八门,共计一百六十门,每门附炮弹一千发,共计十六万发;每师三七公厘防战车炮四门,共计八十门,每门附炮弹一千五百发,共计十二万发;每师重机关枪十五挺,共计三百挺;每师轻机关枪三十挺,共计六百挺,共附枪弹一千万发;双翼驱逐机六十二架,并附武器及弹药全副。飞机及轻武器弹药之一部,已下令即日开始陆运,余仍租轮由海道运华,但伏帅以在海防卸货较为安全,请饬向法方交涉准予通过安南。此项货品需载重十六吨货车约一千辆,请早为筹定,以便接运。

上项每师配备之兵器,与职提陈伏帅面商之原案,相差极大(尤以

---

① 此件与秦孝仪主编:《中华民国重要史料初编——对日抗战时期》第三编《战时外交》(二),1981年台北出版第472—474页件基本相同,但该件日期1938年1月5日,似正确——李嘉谷。

机关枪数相差为多），伏帅以现代师之编制，以富于灵动性及精于运用火力为主，不必过于扩大编制为词，职再四说明敌方装备之优良，请保留请示后再为决定。

乙、上项各武器代价，仍如上次所定。苏方本请我付予全部现金或一部分现金，职再三申述中国在激烈抗战期中，现金筹集既难，消耗复巨，苏联不惟为中国之诚挚友邦，且系我民族抗战之积极声援者，当能理解中国所处之困难环境而仗义相助也，苏方对此深为谅解，但请我尽量供给锡、铅、钨、锑、镍、铜等金属原料，不足之数，以茶、生丝、棉花、羊毛、牛羊皮等补充之。请指定专员，负责办理。

愚见：如能经常供给苏联以上述各项原料，则此后向彼续商接济军火，当较易办到。盖苏联军需工业对上项金属原料甚感缺乏，若能补充其所缺，自可供我所需矣。

丙、双翼机六十二架，已到哈密装配，现又允让六十二架，可编为四大队，已派定人员组织（苏方已派定空军志愿参战员一大队，约百五十人来华），惟到华技师仅三十人，当再增派。又：伏帅对新编二十师之专门人员甚关心，彼曾询问：此二十师是否需要专门人员（如炮兵教练等）。若然，则所需者为何种人员？其数量若干？请示知，以便转告。

丁、订购二百万加仑汽油一节，苏方称：事属商业范围，与军部职掌有别，请与苏联驻华大使馆商务员直接商洽等语。请饬主管机关向苏联商务机关商洽办理，但须提出汽油种类、详数。

（二）前苏方因应我之需要，尽量供给军需各品，彼曾要求对于轻重机关枪一千架、弹一万发、载重汽车陆运费及防毒面具二十万个、通信材料等以现金购买，至今未闻我方之答复，殊以为虑。究应如何答复，乞示，以便转商。

（三）前次报告苏方代为设计在华创办一飞机制造厂，发动机由苏供给，月出飞机五十架至一、二百架。刻苏方一面调查中国飞机制造厂之状况，是否能利用，一面设计，拟在长沙或衡阳设厂，据称半年后可以出品。

（四）炮厂亦为苏方承许在中国旧兵工厂内添设机器,制造各中、小口径之炮,直至能出十五生的重炮为止。如钧座认为可办,苏方当派专家到中国设计制造。

（五）汽油为抗战中不可须臾缺之品,愚见:苏联在新疆已有调查,如钧座以为可以开采,由华自办,利用苏方专家及机器,在短期内亦可采出,以供军用。

（六）由阿拉木图至凤翔间已有公路,如能撤去不用之铁道于凤翔公路向兰州铺设,似于军运有利,在长期抗战中,如欲另辟一欧、亚间之直通交通线,则与苏方商洽合资敷设此段铁道,亦为要图,未悉当否。

（七）总合与苏联当局讨论参战问题,目前苏联不能参战之理由:

1.中日战争,世界皆认日为侵略者,同情于中国,若苏联加入,则变为日俄战争,英美更为观望。

2.苏联原欲造成一反法西斯蒂之战线,奈英、美、法皆存观望。彼认为此战线不能造成以前,彼无保障,深恐应付东西两方之战事,危险殊大,尤以英国为可虑。

3.英不愿华与日及俄胜利,尤其希望日俄战争,日胜或助俄,若俄胜,彼或助日,故苏对于英,颇深疑惧。

4.职曾提出意见,苏联认为对日作战既有种种顾虑,可否另用一有效方法刺戟日本或联合有利害相同之国家出面干涉,以利中国之抗战。伏帅称:于苏联国会开会时提出讨论(一个月后,苏联国会可以开会)。

总之,欲使苏联参战,职见:必须造成使苏联不能不参战之环境。其制造之法:第一、想法使英、美为其后援或使有西欧安全之保障。

第二、中苏关系益密,日方感觉不利,对苏联挑衅,则苏联不能忍受,彼必起而与之周旋矣。谨呈。恭谨

崇绥

职杨杰谨肃中华民国二十六年十二月二十一日于莫斯科。

蒋介石致杨杰

武昌,1937 年 12 月 30 日

莫斯科。杨次长:刻与俄大使谈话结果,关于武器及技术方面之供给:甲、三个月内,准备二十师之全部武器之数量,步枪及轻、重机枪与步兵战车防御炮亦皆甚重要,如其允许,应商量运输方法。乙、每月需飞机总数百五十架,如其最近无此数量,可否于一个月内供给驱逐机三个大队、轰炸机二个大队,请切商速复为盼,中正。卅。

《战时外交》第 2 卷,第 471 页

杨杰致蒋介石电

莫斯科,1938 年 1 月 22 日

武昌。委员长蒋:密。马酉电奉悉。本午与伏帅面洽增加廿师武器及手枪,据称报告政府再决定,惟干第一次海运之两轮颇为焦虑,闻第一艘卸货后,又重装驶港,第二艘尚无确息,若此批货物不能确实接收,则第二次雇妥之两轮亦不能装货及开行,盖在港敌探密布,稍一不慎,机泄生变,危险殊大,应请我方对于海运须特别组织机关办理,以防万一,并能使卸货与接收情形告知苏方,最好编订一种电码以飞机分送与职及驻越、港之负责人,俾得互通消息,因第一、第二批货物价值二亿以上,关系军事前途甚大,非有妥慎之方法办理不可,望职将此意见电呈等语。查伏帅顾虑各节,实有采用之必要,再第二批雇定之两艘,即将到达,若苏方坚持在第一批之两轮无确息以前不肯装载时,不惟船金损失,且有贻误戎机之虞,职焦灼万分,伏乞指示方略办理为祷。职杨杰。养酉。印。

蒋委员长批示:密码准编订分发,并速拟办法呈阅后再定。

《战时外交》第 2 卷,第 476—477 页

孙科致蒋介石转呈杨杰建议电

莫斯科,1938 年 2 月 25 日

杰有下开建议,为增进俄方援助功效及改善接洽手续,请兄密转介

公、庸公,采纳施行:(一)向俄订购军火,最好分批办理,决定种类及数量,一单提出,结果必佳,若零星要求,交涉既不便,且无大效。(二)向俄交涉军火或运输,及与军事相关事项,务先决定交涉中心,若在华与俄武官商洽,则不必再令杰办理,以免重复或不接头,以上问题以由杰或在华之俄武官经手为便,不必向俄使商洽,因彼之路线,不属军事范围,且易泄露而迂缓。(三)俄方谅解我财力不充及矿产不丰,自不能要求我用现金、大量矿产交换军火,倘在可能范围内,常常运载若干矿产品,如铜、锡、锑、钨、铝等,及生丝、牛羊皮、棉花、茶等,亦可运来,如此,俄方认我十分诚意,当甚感动,则应我之供给更多。(四)俄已将机关枪、大炮等先后运华,子弹附件虽多,惟在战时消耗必巨,应速请俄派技师并运简单机器迅到华制造弹药,俾接济便利,不致中绝。(五)汽油,新疆有矿,若提出借款,请俄技师用其机器开采,半年后,汽油必又源源不断应用,在抗战中此为急务,请毅然决然排除万难,积极办理。(六)在肃州地方,请拨一、二个师,向俄订购兵器,组一飞机化兵团,并请俄教官训练,半年后即可供反攻之用,倘蒙采纳,能派柏天民、丁炳权、蒋伏生数人,先往兰州、肃州筹备较妥。(七)甘新铁道,系长期抗战中唯一接济路线,不畏封锁,且可刺激日俄间之嫉视,使俄得一变相参战途径,虽建筑需时两年,然此铁道成功时,即我转攻大胜之日。(八)朱武官世明在未来俄前,俄军事当局认为于中俄间不但无贡献,且有妨碍,曾两次向杰声明,现朱到俄两月,非特俄方不理,且常生麻烦,祈撤回免伤情感。(九)杰在俄工作较烦,常派员点收,常派员押运,随员两人早不敷用,曾借用他处人员,但恐事机不密,请准调陆大教官两人来此帮忙等语。上述如何进行,并请径复耿兄查照,科即日离俄经波、捷、奥、瑞赴法,下月鱼日可到法京,来电由巴黎使馆转。科。有(廿五日)。

杨杰呈蒋介石

莫斯科,1938 年 3 月 29 日

谨将在苏工作近况及应请示各项恭呈于下:

(一)第二届在苏所办二十师军火及双翼驱逐机六十架,已于二月中先后分由水、陆悉数起运回国,至增加二十师武器及续订轻轰炸机与手枪等,苏方尚未正式决定,其未成功之原因已先后电呈,谅邀睿鉴。日前伏帅将我去年以来截至目前为止所订军火及各军火之账目总结为甲、乙、丙三单,交职核对,令职加以证明,并祈转报钧座请示付款方法,以便报告其政府。兹将甲、乙、丙三单译就,报告赍呈。

(二)伏帅声明如下:

甲单付款办法以借款壹亿元相抵(超过之五万九千八百四十一元作为记账)。乙单为廿师武器,其付款方法望付一部份现金,余以矿产品(锑、钨、锡、铜、镍)及物产品(茶、生丝、棉花、羊毛、牛羊皮)交换,不足之数亦可续订借款合同。

丙单为运华军火之打包费、装配费、载卸费、陆路运输费、汽车费、汽车夫费等,当时声明非付现金不可,因起运甚急,曾请政府垫款办理,务望我方详察事实,速予归垫,以清手续。

(三)职对于甲、乙、丙账单,逐一与我验收员之收据核对,尚无不实之处,即于日前加以证明答复伏帅,现伏帅已将报告书调制完毕,专候钧座之复示到来,即呈报其政府。

据伏帅称,第一届之军火,有政府批准之壹亿元借款为根据。第二届(廿师武器及垫款之一部)之军火,完全系应中国之急需,乃权通办理,亦望订立合同,有文件后,一切接济始有根据,否则彼之责任綦重,亦难向其政府进言矣。故职于删电具申意见,请与苏联另订一新借款合同,默察将来之需要,不妨提出五亿之数,曾蒙采纳,务恳仍照壹亿元借款办法,在华与彼代表切商。苏联为中国真实同志,谅能应允,一俟新合同成立,则廿师武器之付款方法,亦可收容其中,即将来之接济计划,庶有着落,而伏帅亦可根据合同予我种种之便利矣。

(四)职于三月十日曾向伏帅提出十二个问题:

1. 增加廿师武器及手枪。

2. 先运轻轰炸机六十五架。

3. 飞机修理厂七所之器具及派遣技师。

4. 各种炮弹及飞机炸弹制造之样板及技师。

5. 空军留学生问题(分初级与空军大学)。

6. 在迪化开设空军学校,教材、教师均由苏联供给。

7. 飞机摩托之补充。

8. 汽车拨足千辆。

9. 在肃州组织机械化兵团约三师之武器。

10. 开采新疆汽油。

11. 再订千吨汽油。

12. 炮兵及唐克等教官之派遣。

伏帅对于上项问题已接受考虑,并称报告政府请示后答复。惟称对于乙丙两账单,先求钧座予以圆满答复,再及十二问题,并谓苏联之军火资源亦感缺乏之品,常以现金向各国购买,中国当谅其困难,亦须给以若干现金,庶接济中国方不致有竭蹶之虞。以上各项祈示方针,俾便遵循。谨呈委座蒋。职杨杰谨呈。

附:甲、乙、丙三种帐单(删)

《战时外交》第2卷,第483—491页

宋子文致蒋介石电(摘要)

香港,1938年3月30日

俄大使谓:

(一)轻轰炸机六十五架事,因我方允给之矿物,迄未起运,故莫斯科方面迟未得有确复,乞催庸兄速将该矿物装出,彼已加电催复。

(二)五万万借款,应由我方通知耿光,指定地点为谈判中心,俾可齐一步骤等语。祈察夺。

苏联驻华全权代表卢干滋致苏联外交人民委员部电
1938 年 4 月 7 日

蒋介石同我会见时打听莫斯科来的消息。我说,很明显,从杨杰将军与中国大使馆的报告,他会了解基本的东西:苏联对中国的态度是一贯的。随后,蒋介石宣称:"中国坚决实行抗击日本侵略的政策,但目前有很大困难。战争将持续很长时间,因此,在此时期内,中国需要经常的援助。"鉴于此,蒋介石提请苏联政府给予经常的物资援助,而为了选定这一援助的具体形式并缔结条约,请苏联政府派代表赴汉口。我答应向苏联政府转达此意,同时要蒋介石注意,迄今为止,中国方面没有起运任何苏联预定发送的货物。蒋介石声称,他近日已发出指示,开始装运,并筹备以后的物资起运。同时由双方代表确定今后发运货物的方式。

关于保证西北道路的畅通问题,蒋介石强调,完全相信将军们的忠贞不渝,其中,他指出,发生过这样的事,关于马步芳军队的供给问题没有同马步芳达成某种协议,但这已设法解决,即国民政府负担了马步芳军队的全部供给。

卢干滋

孙科致杨杰密函
1938 年 4 月 16 日

耿光大使吾兄勋鉴:关于购机事项,经连日与兄商讨,金觉有从速催交及续购之必要,以应前方急需。兹请再向苏方商定驱逐机 E—15 式八十架,E—16 式八十架,轻轰炸机 R—10 式八十架,同时对于去年经订待交之轻轰炸机 SB 式四十架,一并催请起运。所有新旧所订之

机,均希从速分批起运,于本年七月前全数交竣。又:前方希望苏方志
愿军参加作战至为急切,从前招待不周之种种错误,我方自应切实纠
正,敬请吾兄即向苏方详为解释。至待遇条件,可据前年十一月周主任
至柔致兄马电所开各条酌商请派。其各地招待处之管理,如苏方同意,
可由其派员负责办理。所有购机及聘请志愿军事项,敬请吾兄从速进
行商洽,至纫公谊。专此。即颂
勋祺

孙科(亲签)四月十六

蒋介石致斯大林、伏罗希洛夫密电(杨杰转)

1938 年 5 月 5 日

　　莫斯科。极机密。杨次长转史太林先生并伏罗希洛夫元帅:中国
对日抗战,迭承尽量援助接济,俾战局克以支持迄今,敌人消耗甚巨,不
独私衷感激靡量,即全体将士与民众,对贵国仗义相助、抑强扶弱之厚
意,均表示无限之钦佩与感激。现在中国缺乏必需之武器甚多,尤其需
要飞机特别迫切。曾以此意面告贵国大使,并电令杨次长同时洽商,请
贵国借给大批之武器与飞机,并准备订立正式贷款契约,想邀鉴察。中
国此种希望与请求,实基于与贵国精神相契之道义关系,若以寻常商业
手续及普通国际关系而言,直为不可能之举,既不能提供现款,何从取
得物资? 此在中国已明知之。其上次承借与之武器,款未清还,又承垫
付多量之运输费用,亦尚未偿讫,无日不耿耿于心。但中国既深信贵国
主持和平正谊之苦心,又鉴于两国在东亚局势上有共同之利害,认为中
苏两国关系,乃超过了通常友谊之上,实为共患难之友。余深知足下之
卓虑远识,必与吾人同感,故不惮提出此项出于通常手续以外之请
求也。

　　上次垫借之款,未能如期清还,实深歉愧,但请谅解。我国实无外
汇现金可资拨付,苟稍有可能,不待贵方催询,早应全偿。贵国如此热

肠相助,中国为良知与信义计,岂容有丝毫延迟之理? 若在无战事之平时,尚不难于筹给,今则战争正在激烈进行,前线决胜之工具为武器与兵士,而后方所赖以支持抗战者,全在金融之安定。中国现金特别缺乏,如一时汇出如此巨款,则国际汇兑即难维持,整个经济即趋摇动,军队虽有牺牲决心,亦将无以克敌。故我方所希望于贵国者,固为接济武器,更望深谅中国目前之极端艰难而维持其经济力量。惭愧迫切之情,实非言语所能达其万一也。

关于前所借垫三千二百万之货价、运费,余于未接电之前,即面告贵国达武官,中国虽事实上不能立即清还,但必须揭算详细数额,准备可能时清偿。今欲为贵方明告者,中国已决定提出国币三千二百万元尽速购足同额之货物抵运。如此,庶不致影响外汇,而经济得以维持,战事亦可顺利进行。贵国当能谅解中国此种措置之苦衷而予以同意也。并恳将商请拨借之武器及飞机从速允诺,订成契约,分批起运,以发扬我战场之士气与军心。尤其飞机一项,实迫不及待,中国现只存轻轰炸机不足十架,需要之急,无可与比,请先将所商允之轰炸机与发动机尽先借给,速运来华。其他整批契约,亦请早日订立实行,使对日战事不致中途失败,使贵国援助我国之厚谊,不致因接济后时而失其意义,全中国军民将永不忘贵国急难相扶之惠。掬诚奉达,深信本于道义立场,必能慨允我所请。并祈面告杨次长电复为幸。敬颂进步、康健。蒋中正。中华民国二十七年五月五日于武昌。

《民国档案》1985 年第 1 期,第 46—47 页

斯大林、伏罗希洛夫致蒋介石电(杨杰转)

1938 年 5 月 10 日

杨杰上将请转中国陆海空军总司令蒋介石元帅勋鉴:吾人完全理解中国金融财政之困难情况,并亦已顾虑及之。因之,吾人对武器之偿价,并不要求中国付给现金及外币。然吾人愿得中国之商品,如:茶、羊毛、生皮、锡、锑等等,吾人深知此类商品,中国能供给苏联,而对中国之

国民经济与国防无若何妨害。因此,希望中国供给此类商品。

关于苏联方面援助一节,丝毫不必疑虑,苏联当〔尽〕其一切可能,援助在反抗侵略者的英武解放斗争中之伟大的中国人民。

阁下所要求之飞机,当即运送。关于给予中国以新信用贷款问题,将付苏联最高机关讨论,吾人希望能底于成。

请接受吾人热烈敬礼,恭祝康健,并庆在中国解放斗争战线上之迭获胜利。

史太林,伏罗希洛夫

一九三八年五月十日

杨杰致蒋介石电

莫斯科,1938年5月11日

武昌。委员长蒋:密。一、连日与伏帅晤谈,据称苏方决助我到底,惟顾虑其国防之庞大与工业力之不足,只能在可能范围内办理,至军火接济,基于道义立场,毫无商业气味,以物易物,彼此均利,望职转达愚见,购货运苏抵偿非常重要,若我履行信约,一切希望仍易实现。二、苏方极赞成大使之更换,惟以职轻才,恐负使命,然幸得进言可以改善中苏间隔膜之机。职去岁到莫,伏帅设馆招待,嘱勿与使馆来往,其不信任我使馆,致形诸言语,故使馆一切工作无法进行,且足妨碍邦交,余代办铭到后,颇有改善,但苏外交部向直言冀我刷新。次如朱武官世明,伏帅代表于事前两次表示拒绝,曾报告在案,现朱驻苏半载,不但徒耗国帑,无一工作可作,且在在招人厌恶,以上情形,职若知而不言,恐负知遇,故不避嫌怨,据实直陈,若蒙准饬军令、外交两部查其与苏方感情较恶者,调回数人,一新耳目而利邦交,则幸甚矣。职杨杰。真。

蒋介石致斯大林、伏罗希洛夫密电（杨杰转）

1938 年 5 月 31 日

　　莫斯科。杨大使转史太林先生、伏罗希洛夫元帅均鉴：接诵尊电，承谅解中国实际困难，同情中国抗战，并允尽一切可能协助，实深感激。又接孙院长来电称：对于第二次接济一万万六千万元数额之贷款，承蒙慨允，并允以后继续接济，尤为感慰。贵国于中国抗战难苦之中，一再仗义相助，此种盛情厚意，中国人民将深铭不忘，两国民族深厚固结之感情，必永垂于中苏屏藩之革命历史。最近，敌国内阁改组，其对华侵略必益趋急进。各种武器——尤其飞机之补充，需要迫切，刻不容缓，务请将第二次接济之一万万六千万元贷款契约先行订定，此间已令杨大使全权签订。至于应购飞机、军械之种类、数目，当另开单详报。华货供给，前因所需交通种种关系，运输迟缓，甚觉疚心。现在余决亲自严饬办理，兹后必源源输送，照余所允者办到，以副贵国之望。最后对于贵国屡次援助之稀有的高谊，愿代表中国军民重申恳挚之谢意。敬祝康健。蒋中正。一九三八年五月三十一日于武昌。

《民国档案》1985 年第 1 期，第 47 页

蒋介石致杨杰转黄光锐电

武昌，1938 年 7 月 25 日

　　杨大使转黄光锐兄：与苏俄合办飞机厂最要，飞机马达亦能限期自制，务于此特别注重。中正。

《战时外交》第 2 卷，第 500 页

蒋介石致杨杰电

汉口，1938 年 8 月 17 日

　　莫斯科。杨大使：各种货品务于九月中旬运到香港，以资决战，以大战时期必在九月中旬也。此战关系最后之胜负，请以此意转告伏帅，务请设法协助我能如期运到也。各种飞机应用甚急，更望速运为要，如

何？盼复。中正。

蒋介石致伏罗希洛夫元帅并转斯大林电
汉口,1938年8月17日

莫斯科。杨大使:密。即速译转伏元帅并转史达林先生大鉴:前电计达台览。卢大使到汉已与详谈,对于贵国援助我国之种种厚意,实不胜感谢。现第二期借款之约,业承签订,我方所希望供给之物品,亟盼迅即起运来华,预料敌人在九月内必倾全力进攻武汉,九月中之决战,将为中国抗战与东亚安危一最重要关键,故亟盼贵国所允接济之武器,务于九月中旬如数运到,以供此一重要决战之应用,各种飞机待用尤急。余必督励全国军民予暴敌以出其意外打击,而不负贵国之热心援助也。兹再代表中国全体军民向执事表最诚挚之谢意。敬祝健康。蒋中正。筱。

杨杰致蒋介石密电稿
1938年8月22日

委员长蒋:○密。与苏商洽之飞机厂,年出四百至千架之数。厂址以暂设迪化为有利:一、材料供给,旬日内确实可到。二、开办迅速,短期内可出品。三、由出品地运至供给地较近。四、苏境内有华工数千,刻正移新疆及中亚一带,可利用。若在昆明:一、距材料供给地过远,开办较慢,即以后之补给,亦不可靠。二、海运有危险性,每次之供给,非有两月以上之准备不可,且不经济。在抗战中,自以出品迅速而经济、运输确实安全为主。谨申管见,伏乞钧裁。职杨杰叩。廿二日。

钱大钧致蒋介石签呈

汉口,1938 年 8 月 25 日

本月二十三日下午十一时俄大使约职前往谈话,至下午一时始别。兹将谈话大要,摘呈如次:

一、空军轰炸长江敌舰之经过及损失。

二、纪加列夫关于使用空军之意见争执经过,嘱职详告,职当以实情告之。

三、职谓据莫斯科电告,俄方已允日内起运驱逐机百架来华,照所开货单,以后尚有大批续运,拟请催运,并拟请仍派志愿军来华,我方拟接收半数。俄大使谓飞机非已制就存库者,尚须赶造,此点须请原谅,不可催促过急。至华方飞行员何以尚如此不足? 抗战一年来之训练如何?职谓因器材不足及学校迁移,重新设备,故训练迟缓。俄大使谓学校使用何种飞机? 是否请法教官? 职谓系用北美教练机,聘有美籍教官。俄大使谓,闻有法机及法员如何? 职谓此系战斗机聘有法员,并将实情告之。

四、俄大使谓以后尚有其他各国飞机补充乎?

职谓以前订购者,大致已到齐,以后并未订购任何飞机,在空军立场言,现苏俄能订购大批飞机,则为求机种及性能之纯一,不欲再订购别种飞机。俄大使谓在抗战期间,应求实力之补充,如其他各国可以借款购械,应尽力进行,现在有无此种可能? 职谓此系外交事情,我不详悉。俄大使谓借款购械,可增实力,此最紧要,杨杰大使虽非外交人才,但彼能着眼于此,努力进行,即其成功。其他各国大使,只知研究国际间之形势,欲求同情之援助,毫无实益,不能增加实力,此事非由领袖加以强制,使其在借款购械上努力,并可列为考成,或能有效。然实力援助,有关于国策之确定,如有动摇,即不能成功。职谓我委员长抗战到底之策略,任何人不能动摇,任何人均信仰到底,外间谣言系敌方捏造,不足听也。俄大使谓委员长态度坚决,任何人均信任,惟政府中如有一领袖有异样主张,彼可领导一部份人,有一部份力量,即足影响大局,并足影响于实力援助之外交也。

五、后提兰州招待及警戒事宜。谨呈委员长蒋。职钱大钧呈。八月廿五日。

《战时外交》第2卷,第504—505页

蒋介石致孙科电
重庆,1939年5月22日

莫斯科。孙院长:铣电悉。苏俄忽变态度,殊出意外,但无论其如何变迁,我方必照固定方针进行,即使其不予接济,而我亦不以为意,以我国对俄之外交方针,并不以其是否接济为取舍,请兄忍耐进行,继续交涉,以期有成。惟其对德妥协与对倭谅解,以不助我国抗战为条件之消息,则传之已久,中不信此说为真也。近情如何? 最好催耿光回莫协助进行也。中正手启。养。机渝。

《战时外交》第2卷,第412—413页

杨杰致蒋介石密电稿
1939年6月26日

委员长蒋:梗电奉悉。〇密。一、漾午偕哲公与史大林先生、伏帅、莫洛托夫外长晤谈,卡加那维契、米科扬、布尔加宁、沃兹聂先司基等要员在座,史氏阐明中苏间密切合作之重要及一贯到底帮助抗战之宗旨,并有专函致钧座(交职回国面呈),详情已由哲公电陈,祈免赘报。二、本午谒伏帅,哲公在座,据称,在第二次借款项下拨付之陆、空军武器,日前已详告孙院长转报钧座矣。现决定:甲、飞机两百架由陆运外,余均由海道运仰光。乙、航机到兰州后,须有驱逐机保护,故令其先飞到哈密待命。丙、至我希望补充之武器到达后,再定拨付。丁、本日蒙边日军以飞机六十架来袭,交战结果,击落敌机二十架,苏方损失四架,以此观测,苏联不能不积极备战。三、职俟此间各货起运手续完妥,即回国聆训,当否,祈示遵。职杨杰叩。宥。

《民国档案》1985年第1期,第52页

孙科致蒋介石电

莫斯科,1939 年 7 月 1 日

　　重庆。委员长蒋钧鉴:卅电奉悉。(1)蔡、张二员卅晚飞抵莫,当即告知苏方,第一批货务赶于月初启运,计程七月杪可望到达仰光。(2)顷承米科扬面告,史先生对钧座提请派遣党务、政治、军事顾问事,业已慨允,将先更调军事顾问,并考虑党政顾问人选,俟决定续派。(3)昨奉宥电所提增订炮兵所需各兵器,米部长允予照办,分批运送。(4)敬之兄艳电悉,第一批货系苏军部审查我方计划后提经政府决定者,与我所求略有出入,因苏方供给武器,均视其国防需要而后定,须于彼国防实力无损始割让,以济我急,故向苏订货,不能视与商人订货比,我所需步、机枪除一批已订者外,所差尚巨,仍候苏方续为决定。孙科。东。印。

《战时外交》第 2 卷,第 423—424 页

蒋介石致苏联国防人民委员伏罗希洛夫电(杨杰转)

1939 年 7 月 30 日

　　〔杨大使〕转伏元帅:近日国际形势日急,敝国应用武器急待补充,前允接济之武器,闻至今尚未起运,如此项武器不能如期到达,则欧战起后,运输更难,而敝军补充与反攻计划皆受极大之影响,何日起运,务请详复为盼。中正。机。印。手启。卅。

《民国档案》1985 年第 1 期,第 54 页

杨杰致蒋介石密电稿

1939 年 8 月 9 日

　　委员长蒋:JOHHY 密。钧座致史、伏二公函,本日面呈,据伏帅称,当体谅钧旨,向史公商定于最短期内答复,对于购货运苏抵偿丙账似已同意,并决定先运轰炸、驱逐、摩托各六十具来华。职杨杰叩。青。

《民国档案》1985 年第 1 期,第 54 页

杨杰致蒋介石密电稿

1939年8月9日

重庆。委员长蒋：宥、卅两电奉悉。○密。（甲）惟致伏帅卅电及史、伏两公江电四日始奉到，除与伏帅定期面转外，昨贸易部长米科扬约商，据告运械迟滞原因：一、前拟雇熟悉商轮以便保持机密，嗣因吨量过小不敷装载，现改雇英船，本月廿日可抵阿德萨埠，已准备密商运输方法。二、运华货品向由阁下与国防部会办，故顺利迅速，此次因孙科博士坚请代办，不便拒绝，但本人系生手，诸加审慎，故迟延至今，嗣后请照旧案办理为宜。三、雇船虽为本人代办，但雇主究系中国，所有运费、奖金之规定、支付，应如何办理？四、装载以及途次各种技术事项，应与阁下商定。（乙）职比答称：此批武器，伏帅两日前即已拨定，迭奉蒋委座催询，万难再延，总以愈快起运为要。至运费及奖金，据孙科院长回告，已请贵部代垫，如须更改，反又迟滞，仍请照办。俟起运后，垫付若干，即当负责依据电请政府拨还。又：装载暨运输途中技术各项事务，请随时约商。（丙）米部长随答称：甚善。如无孙博士之新请求，一切由阁下经办，想早已将起运手续办竣矣。兹请求三点：一、代垫各费，须由阁下负责在最短期内由中国政府汇还。二、装载、运输等项，明日即开始会商。三、雇船契约，请阁下或派代表签字。（丁）职为迅速起运计，自不便稍涉透卸，除已完全接受外，谨将商洽经过情形详陈，伏乞准予照办，并候示遵。职杨○叩。青。

《民国档案》1985年第1期，第54—55页

杨杰致蒋介石电

莫斯科，1939年8月20日

重庆。委员长蒋：寒、铣两电奉悉。密。一、与苏国防、贸易两部办妥之点谨呈于次：（甲）借款动用起息之契约，于本日签定完竣。（乙）俄货运船租金计一九二五镑，本日由苏贸易部垫出交职，当即电汇伦敦，直接交该公司，惟租船签约，苏方仍坚持用中国之贸易公司名义签

字,方能保密,职已去电与郭秉文,请其在伦敦与船公司签定,恳即电饬郭遵办,以利事机。(丙)英、法、苏谈判内容,伏帅已告知一部,坚约不用文电,由职返国面陈,余再约期面告。又称苏运华之飞机计 E 十五三十架、E 十六三十架、SB 三十六架、远航重轰炸机十二架,余亦陆续起飞机等语。二、阿氏提供各货,刻积极打包,并租定五千吨之商轮(Boug aroni)装载,但要求职赴波兰签一信约。查阿氏提供之货,约值百六十万镑左右,包运等费皆系一人垫出,我即无官厅担保,自应前往签字,以重信义,期在必行,已电复廿四日前往面签外,恳祈准予照办。三、职原呈明廿一日由莫起程,现因上述两项要务赶办未完,且均非他人所能代办,势不能不稍延数日,并乞俯鉴愚诚,一并核准,不胜感祷。四、苏外交部本午正式向职提出巴牛士津①为驻华大使,嘱转请我政府予以同意,并称巴牛士津系骑兵学校及陆军大学校出身,有师长衔,在中国抗战期间,该员必能以其军人本色,忠实诚密,贡献于中苏两国,该员现已到渝,即苏国务院派赴中国之实行中苏商约问题临时代表等语。职杨杰叩。号。

《战时外交》第 2 卷,第 519—520 页

杨杰、苏联外交人民委员莫洛托夫谈话记录

克林姆林宫,1939 年 9 月 10 日下午 3 时

……

　　使座:兹奉到蒋委员长密令有数问题嘱向史先生及先生请教,因深知史先生政务繁忙,未便请谒,特来与先生面洽,开请转达史太林先生。

　　莫长:即请贵大使告知,不必客气。

　　使座:基于中苏特别友好关系,蒋委员长嘱向史先生及先生请教者有二点:(一)英法因波兰事件与德国业已开战,关系世界大局极为重大,苏联对此英法波德之战事态度与方针如何。(二)近来盛传英日将

---

① А. С. Панюшкин,潘友新。

妥协,倘此种谣传果然实现,与我国抗战极为不利,吾国自应讲求紧防其妥协之方法以打破之,但使英法美等国不援助日本,是中苏共同之政策,未悉采用何种方法为良?

请告知者:(一)传闻日方有向苏联提议订立不侵犯条约之事,未知真象如何。(二)中国自抗战以来,苏联帮助我国者甚大,人力、物力,大半均赖贵国,仅百分之二十则所给英美等国。现欧战争开始,英法自给尤不暇,更无余力以接济中国。在产业落后之中国,目前仅于步枪子弹自力制造,但重兵器则非在抗战期中所能办到,故以后关于武器方面,尤以重炮坦克车,飞机等为最,尚望贵国予以更大之帮助,庶我抗战始有办法。(三)欧战恐非短期间所可结束,英法封锁海岸,德国长期作战,在物力方面必不能支持,必向贵国求助,贵国想已计及,未悉能否予以援助。

莫长:(一)我国此次对英法波德之战争不愿助德以反英法波,亦不愿助英法波以反德,此种政策,前在第四届最高院非常大会上业已声明,直至今日,亦未变更。(二)英日间之关系极为复杂,恐不易接近。中国抗日战争愈顺利,则英国在远东之利愈有保障,可以说英日愈不易接近。总之国际关系最为变化难测,在中国抗战顺利形势之下,似英日接近不易成功。(三)关于日苏不侵犯条约一节,日本迄今并未向苏联提议,所传种种完全不切事实,苟有此种酝酿,必请贵大使转报蒋元帅。(四)苏联助华为已定政策,在可能范围内必竭力协助中国,已往如此,将来亦必如此,至加大协助一节,应视本国处境为如何而定。现德波战争已渐至吾国边境,故吾国政府亦有相当充实边防的计划,将来进展如何,当不得知。至重兵器之补充,中国对于运输一节如何,似颇感困难。(五)苏德间现有两约,此为贵大使之所知,一为不侵犯条约,一为商约,凡商约之所规定者,苏联必将履行。

使座:将先生所告知者及指教者,详转蒋委员长。

莫:中国近来抗战情形可否简单告知。

使座:中国抗战两年颇有进步,目前虽未大举反攻,但在各战争区不断的占在主动姿势,常予敌以小规模之打击,一般士气甚旺,有必胜之信念,人民深知最后之胜利在我,故颇团结。在政府指导之下,工作甚为努力。此外尚有两点附告:

(一)中国争取最后胜利之准备,是在强大部队之编练,故新兵之训练亟为重要,以四川一省论,已完成三百万之兵士,其他有完成数十万者,有百余万者,故战斗员之补充,完全不成问题,所苦者仍为武器不足耳。

(二)目前中国抗战之阵容本不坚强,但在此统一基础巩固之时,若彻底的改革整理,诚恐偶相十足之摇动份子走入反革命之途,为日利用,反于抗战不利。

予现奉到蒋委员长训令,不必还国述职。

……

中国第二历史档案馆藏杨杰个人档案,3018/31

杨杰与伏罗希洛夫晤谈记录

1940 年 1 月 8 日下午 2 时

使座:予奉蒋元帅训令回国一行。余在此工作两年有余,承元帅厚爱眷顾,诸事协助,公务方面无不得到圆满的结果,私人生活有如在家一般的舒适,兹将离莫特来致谢,并有请教之处,尚乞指示为幸。

伏帅:请说。

使:予回国后,蒋委员长询及苏联今后帮助中国情形如何,应如何禀陈。

伏:本国政府对中国抗战甚为同情,极力帮助,此种政策并无变更。不过近数月来,国际情势已大转变,苏联处境较昔困难,且已交付战事,此层对于中国之帮助不无影响,但苏联必尽其力之所能及,仍一贯的援助。阁下返国述职,人民委员会莫委员长必要晤谈关于苏联今后如何帮助中国之处,彼得详告。

使:蒋元帅派贺耀组将军来此,带蒋委员长函件与阁下,已由外交部那次长转呈,并代恳约定时间会晤,想已鉴及。

伏:不日即可定期会见。

使:予离莫后,与贵元帅接洽事件,统由贺将军办理。贺将军为蒋元帅的重要干部,与予同学、同事,故知之甚深,彼对于中苏合作颇有信念,且为诚实、精密,特为介绍,尚恳贵元帅以协助本人者协助贺将军。

伏:贵元帅[按:杨杰不是元帅,似为尊称]为人诚实,负责,为苏联真正朋友,与中苏结合及巩固中苏之友谊有莫大的贡献,本人极为钦佩,现已为极相熟极相得之朋友,办事极为方便,深不愿贵元帅去而不返,未知阁下何日可返莫京。

使:予为军人,在疆上杀敌为本人素志,但个人无自由选择工作之理,一切行动均听命于政府,来否不能预定。

伏:个人间之感情固然重要,但中苏间之事务乃国家最重大之政策,贺将军来,本人亦极愿帮助,请放心。依此看来阁下回莫之希望甚少,深为怅惘。在疆上杀敌的工作可让他们青年军人去干,你我间所办之工作非老诚深算公忠体国者不能办的,贡献于抗战的方法甚多,阁下在此间所办之工作,增加抗战的力量,致敌死命之效果,胜过在疆上杀敌不啻倍蓰,而且甚望阁下早日返莫。……

中国第二历史档案馆藏杨杰个人档案,3018/31

杨杰致蒋介石电

莫斯科,1940 年 1 月 9 日

重庆。桂林。委员长蒋:华密。本午苏外部拉次长约谈:(一)去夏孙博士代表中国政府与苏联政府商定之迪化飞机厂,苏联应中国之希望,下令与主管,并限于六个月完成,预期每年可出驱逐机三百架,将来亦可加造轰炸机。(二)此厂所订中苏组织混合公司经管,资本各半,现苏政府已暂定出资二千五百万卢布,刻在迪积极筹备,望中国方面加紧进行等语。详情容面陈外,谨陈。职杨杰叩。佳。机渝转灰已。印。

贺耀组致蒋介石电

莫斯科,1940 年 1 月 20 日

重庆。委员长蒋:密。本晉日午后二时见伏帅,代谢后,向彼申请接济,此项申请书根本解决,前文约分:(甲)谢其过去之帮助。(乙)报告战况要点,在我军已得到摧灭敌军之自信力。(丙)请求继续接济要点在:(一)今年必须摧灭颓势之敌人;(二)苏联工业伟大;(三)中国工业破坏,原料缺乏,不得已而请求。最后谓苏联之援助,引起华人之感激,蒋委员长认此为中苏合作之英明,抗战完成必能结果云云,附呈请求文书四类。伏帅答:(甲)中国如此感谢苏联,我觉荣幸,但恐估价太高,然苏联上下,无不望中国胜利,亦确信能胜利。(乙)苏联人民极同情中国,也愿发展帮助,但苏联、芬兰纠纷,不得谓无影响,且汝之请求,系政府事,我无法解决。(丙)汝已见莫洛托夫,此事仍须找伊解决。(丁)军事上人的、物的接济均由政府解决,我可提出报告,如会议核定,我即遵办,请汝报告蒋委员长。(戊)感谢蒋委员长对我之称赞,并祝中国胜利云云。至此,职称当更谒莫洛托夫,解释误会。伏帅故惊云,有何误会?职谓系国联事。伏帅谓此乃代表之事,当非中政府意。职遂述前呈要领,只及前三项时,伏帅插言云,中苏等于同盟,而代表只虑封锁海口而不站在苏方,乃非友谊的表示(此语莫洛托夫亦说及),且代表惧英日联合之辩白,皆无根据。随又云此系政治,非吾辈所能问,也许此事甚小云云。职请指定人员接洽,伏帅答以前提未解决前,由彼自行接洽,比收受所交请求书,承认先交审查,职乃辞出。如上各节,是职前呈五项要领,亦非能满苏联之意,究何所欲,无从揣度,祈交参与各位加以研究,指示机宜为祷。贺耀组叩。晉亥。

《战时外交》第 2 卷,第 367—368 页

蒋介石致贺耀组电

重庆,1940 年 1 月 31 日

莫斯科。贺主任:戌电悉。望兄注意此次赴莫之主要任务为:一、

面送中函交史先生,密商中苏二国外交一致之方针,如能面洽,乃可谈及二国以及政治、经济问题及聘请顾问等事,如不能见面,则此等事以外交整个前提既难解决,则其他政经无由商洽,更不必与其外交人员商讨,系兄非政府所派之普通外交官,而为中之私人代表也,此点兄更须注意。二、请兄将我国最近需要接济之武器单纸带交伏帅面商解决,以济急需。即兄此去是继续交涉合同内苏方应交拨我武器之手续,而能有此新要求与新交涉也。此时飞机需要更急,中正托总顾问电伏帅转催,如其有诚意,当不难办到,否则我方强求亦无益。故兄不必躁急,以后凡政治、外交与经济关系,如能见史先生则可面洽一切,否则不必多商,盖普通外交非兄分内之事,并将此意属淮南①托潘大使转达其外部矣。中正。世。

《战时外交》第 2 卷,第 521 页

蒋介石致孙科条谕

重庆,1940 年 4 月 13 日

孙院长:E 一六机性能太慢,不适于今日之用;SB 机飞程太短,实不应我国之需要。如设制造机厂必须制造最新需用之飞机方可,否则旧式飞机直等于不设厂也,应请苏俄谅解。中正。四月十三日。

《战时外交》第 2 卷,第 522 页

贺耀组致蒋介石签呈

莫斯科,1940 年 4 月 28 日

抄录四月二十八日提交苏联人民委员长莫洛托夫,请转致斯太林先生函。敬呈钧座备查。

我最尊敬的斯太林先生:我这次奉了蒋介石元帅的命令,到莫斯科来向先生道谢。因为中国将近三年的对日抗战,得到友邦苏联极大的

---

① 即张冲,张冲字淮南。

同情和人力物力的援助的地方很多,而友邦苏联的这种援助,又完全出于苏联伟大领袖斯太林先生的人类同情心和其制裁侵略的政策之表现,所以蒋元帅要我来代表他和中国抗战军民向先生道谢并致敬。

其次,蒋元帅他要我向先生申述的,概括起来,有关于远东政治问题与请求继续援助两点。兹综合本人出发时他所面述的,和最近来电所指示的,分为下列各节转述并请求。

第一　远东政治问题

甲、中国与苏联关系密切,利害一致,而且中国抗战之成败,苏联政府与人民备极关心,故在外交政策上,无论何时,中苏两国皆有共同一致之必要。他命我来谒见先生,就是请求指示以下的问题是否可行。

乙、自欧洲战事发生后,苏联为发展和平政策对波罗的海采取之措施,中国舆论一般认为,依苏联立场甚为正当,苏芬和约成立,中国人士尤称道不置,并且希望苏联于适当时期能以积极政策适用于远东,以制裁侵略者。届时中国政府准备与苏联政府立即协议关系远东永久和平之政治的、经济的,乃至军事的诸临时措施与永久建设,而担负一部分光荣的责任。

观于过去蒙伪划界之破裂,确信苏联始终站在正义的立场,此足以寒侵略者之胆,而坚定四万五千万抗战民众之信心。设苏联更用种种方法牵制日本在伪满兵力,则亦等于直接援助。

上述问题至为复杂,惟如一旦成为事实,则中苏间诸种关系,将发展无限,尤以经济的发展为然。但又因此问题极为复杂,至宜预行检讨,因此苏联如能先遣一经济专家至中国,则中国政府当联聘为客卿,即请彼先研究中国本身之经济,与中苏两国各期间之共同经济利益,而随时商讨,如此相信于我两大民族未来之发展,必甚有益。

丙、当本人去岁出发时,蒋元帅原就远东的国际环境,及日本国内的恐惧不安与遭遇我国坚决抗战的打击,曾对日本可能采取的外交戏剧,加以种种推测,并作一种断语,就是谓日本将利用其地理的优越与蓄谋的久远,企图离间与远东关系密切之列强,而即于此时期高压中国,最后亦有号召英、美反对苏联的可能,因此列强如对远东局势获得一种共同的谅解,则狡猾的日本将无所施其计。他以上的意见,并曾于上年十二月中旬请潘又新大使转报过。惟关于此层,蒋元帅最近的训令说,近数月来,因欧局变化甚多,太平洋中亦正起波动,与当时情形已自有别。在此期间,日本之狡计虽仍在着着进行中,然苏联运用其智力与武力对待横蛮,丝毫不为所动,而美国之反日心理,日见高昂,亦必不为其所欺。日人惶恐的情形,较之去岁,似又加甚,是盖日本所素视战争为其国策之工具,而于兹彼平日所疯狂般认为其陆海对象之两大国,日即强盛;反之,其本国之地位则日益衰落故也。蒋元帅又云,当此之时,苏美两强设能平行的对日采取监视态度,或两强间竟获得一种谅解,配合中国之坚强抗战,则太平洋问题之解决,更不必假手他人,此当为中国国民所馨香祷祝者也。

第二　请求接济问题

甲、远东侵略者——日本军阀,经中国近三年间之抗战,其国力已亏,军力已颓,虽一时侵占中国广大土地,然日本实已陷于泥淖,不能自拔,现已无力威胁任何国家,若中国能坚决抗战到底,直可使其即行崩溃,而消灭远东永久祸患。然中国为达此目的,不得不希望苏联继续予中国以人力的和物质的援助。

乙、敌人经济崩溃之期已近,因此其军阀孤注一掷,摧毁我军之毒计,在所难免,此种毒计在本一九四〇年实现之成分为最多,因此中国自不得不坚强抵抗,反之,中国欲打破其毒计,又以选定要点,予以反攻为最善。故在本年间,尚拟请加强并多方的给中国以援助,俾能完成此种任务。

丙、本人前次携来请求接济兵器的方案,于进谒伏罗希洛夫元帅时,业已呈出,此案虽系中国军部就苏联曾经允许的数目立案的,但当时未将迪化工厂之设备费与材料费计入,自可随时修正。目前拟请先生先就中国军队急切需要的批准一部分,其余部分,可候次期再行接济。兹将先期请求者开列如左:

一、驱逐机 E—16 一五〇架

二、轰炸机 DB 二〇架,SB 三〇架

三、轻机关枪一〇,〇〇〇挺,弹一〇〇,〇〇〇,〇〇〇发

四、步枪一〇〇,〇〇〇枝,弹一〇〇,〇〇〇,〇〇〇发

五、山炮一三〇门,弹二六〇,〇〇〇发

六、野炮一八〇门,弹三六〇,〇〇〇发

七、高射机关枪五六〇挺,弹二,八〇〇,〇〇〇发

八、战车防御炮一六〇门,弹一六,〇〇〇发

九、伊宁航校请维持原状,并赐修理飞机,该校扩充案,俟本期学生毕业后,请赐实行。

十、迪化工厂依据协议结果,赐予核准。

十一、顾问之增遣。

更有请者,关于油类及交通通信器材与卫生材料之购求,中国目前实甚需要,其中某类可予供给,及某类须付款或易货等条件,拟请饬主管部赐予详细指示,以便统筹,实所企祷。

我于陈述上列诸事后,谨请赐予指示,并因奉令返国,不日离莫斯科,特向先生致诚挚的敬礼。贺耀组谨启。四月廿八日。

《战时外交》第 2 卷,第 372—375 页

邵力子致蒋介石电
莫斯科,1940 年 6 月 14 日

重庆。委员长蒋:文电敬悉。本日至外部,由拉次长接见,遵据钧旨详达,拉允即日报告莫外长转陈史先生,惟谓中国需要既甚急迫,何以迪化延不开办,此项迟误之责不在苏联,经解释经过,并托其巴代表请示各点转请迅即答复,俾早解决此问题,拉亦允转陈。职邵力子叩。寒。

《战时外交》第 2 卷,第 523 页

蒋介石崔可夫①谈话记录

1941 年 1 月 16 日

时间——三十年一月十六日午前十一时

地点——重庆曾家岩德安里官邸

(寒暄词略)

崔武官:前次承问南京敌情,今日得到消息,敌军统帅部为实行南进计划,决定在南海各岛屿集中十七个师团,及大量空军、海军,敌人造出此种空气,恐其意不在南进,而在掩护其于贵国境内集中军队,准备向华中或华北进攻。且前日(十四日)敌机侵袭四川,其目的显系侦察贵国内地动静,而不仅在轰炸也。究竟最近敌人是否在华中、华北调动部队? 此点请委员长指示,并请特别注意。

委座:余意料敌人春季必将在华中或华北蠢动。

崔武官:敌人既有此计划,事先必调动部队,运输弹药,准备其他各种军需品,贵国方面,自亦须监视敌人动静,及早准备抵抗。

又敝国此次援助贵国之军需品,已否运到内地使用? 数目是否确实无误? 今天愿再就手册所记面为报告:(下列军需品数目为俄大使所不知)

一、飞机　最新出品快速中型 SB 式双发动机轰炸机壹百架,最新 E16 式驱逐机七十五架,153 式驱逐机七十五架,此种飞机每架装有机枪四挺,每分钟可射击一千五百发子弹,曳光弹、燃烧弹皆备,射中敌机即可锯成两截,威力最大。以上三种飞机合共二百五十架,并附有十次作战用之装配,各种炸弹数量较少,只供三次作战之用,因贵国已能自制也。

二、大炮　七六米口径野炮二百门,装甲炮拖二百套,炮弹二十万发,高射炮共五十门,内七六米口径者二十门,附炮弹三万发,三七米口径者三十门,附炮弹七万发。

①　В. И. Чуйков.

三、机关枪　轻机枪八百挺，重机枪五百挺，子弹共一千八百万发。

四、车辆油类　载重三吨之汽车三百辆，汽油机若干，现尚不能举出其确数。

以上军需品，余离莫斯科时，已大半运到中途（地名生未听清楚），余现抵重庆已半月，尚未见其运到使用，如上项飞机与高射炮能及早配备于内地，则日前敌机空袭重庆时，必不敢如此横行无忌，此点不知是否运输上有何困难？请予指示。

委座：此项军需品尚未能运到，原因有二：一、按时计量行程，尚不克如此迅速运到；二、运输之车辆与汽油甚感缺乏，除此以外，别无他因。

崔武官：余最近所得消息，贵国飞航人员尚不能驾驶上项飞机，而能驾驶一五三式驱逐机者至今尚只有四人。

委座：李白可夫①空军顾问已航抵哈密，彼可告汝敝国空军人员之在哈密受训者，今日已可单独驾驶上项飞机飞航矣。

崔武官：李白可夫顾问在敝国原隶我部下，彼作战甚勇敢，曾参加一九二〇年敝国对波兰战役，及近年敝国对外各次战役，如波兰、芬兰等战争是。

委座：李白可夫顾问在此服务甚好，贵武官适所询各项军需品之运输，依原定时限，输送尚不觉如何迟缓，惟汽车尤其汽油至感缺乏，前此虽在贵国大量订购汽油，现在亦尚未运到。

崔武官：此事敝国商务代表曾为催促，在哈密余并与欧阳司令谈及。敝国现有一种木炭汽车，不须汽油亦可运输，贵国汽油缺乏，即可以木炭汽车代替，此事余已与贵国交通部长商及矣。

委座：木炭汽车甚好，交通部已派员赴贵国考察学习，将来拟向贵国大量购进备用。

崔武官：此种汽车，他国亦有发明。

---

① Рыбаков.

委座：敝国亦已能自造，惟因原料少，所造成者不多，且亦不及莫斯科出品之优良。

崔武官：一般司机对于木炭汽车，不乐意驾驶，因其不若汽油汽车之洁净也。

余昨天闻说委员长所领导统率之部队，在皖南发生内部战争，此事真象如何？请示知，余拟报告敝国大元帅。

委座：此事真象尚待调查。

崔武官：现在事既发生，情况如何？请委员长简单示知，以便于敝国大元帅问及时，提出报告，余离国赴任时，敝大元帅曾语余："余必随时支持中国蒋委员长"，现在贵国处此寇侵国危之日，全国军队应一致服从委员长之领导，精诚团结，不可有丝毫内部冲突，此乃贵国胜利之必要条件。

委座：此理诚然，凡属一国军队，必须绝对服从命令，严守纪律，要求统一团结，即须作到此点，只要全体军人，人人能服从命令，遵守纪律，则未有不统一、不团结者。

崔武官：最近之将来，贵国军队内部是否再有此类冲突事件发生？

委座：只要大家能服从命令，遵守纪律，即可不致再发生冲突，吾辈军人皆知任何国家军队决不能不听命令而自由行动，否则即不能认其为国家之正式军队。

崔武官：余此次来到贵国，闻说贵国军队有不服从命令，不遵守纪律之行动，使余完全不能了解，余服务军队多年，对于命令只知服从，对于纪律，只知遵守，而认为应无丝毫问题之事，但贵国现既发生此类事件，特请示委员长，愿闻其详，以便报告敝国政府。

委座：此事俟调查完毕后，再派员与贵武官详述其经过。

崔武官：贵国军队究竟有无不服从命令，不遵守纪律之情事？外传已发生冲突之说，是否属实？请委员长示知。

委座：一年以来有少数部队已发生此类情事，实属无可讳言。致外传内部发生冲突之说，余尚未得到前方确实报告。

崔武官：贵国军队倘使大家皆能服从命令，严守纪律，则内部冲突之事，即可消弭，委员长之意然乎？

委座：然！

崔武官：余在城内听得许多谣言，谓此次贵国军队之参加皖南冲突者，多至七万人，双方皆有损失，甚至有军长、参谋长被俘虏者。

委座：余昨接一函，亦如此谣传，实则绝无此事，即或不免小部队之冲突如过去苏北、鲁南、河北一样，亦决不致有如许大军行动。

崔武官：余对此谣言，亦不置信，希望委员长能早派员告余此事经过情形。

委座：俟余获得前方报告时再派员通知贵武官。

崔武官：谢谢！尚有一事须请示委员长者，即敝国新闻记者三人在延安工作已一年半，其中一人现因病须用手术，拟与其余二人一同调回医治，另派记者三人、医生二人带行李、食物前赴延安，请允彼等搭乘渝兰线飞机及兰州至延安之汽车。

委座：可！

崔武官：今天承委员长赐予接谈，至为感谢，敬祝委员长健康，并祝贵国军民于委员长贤明领导之下，团结一致，获得抗战胜利！

委座：祝贵武官身体康健！

《战时外交》第 2 卷，第 525—529 页

行政院对外易货委员会关于动用苏联贷款向苏购军火武器的账略
1941 年 3 月 4 日

（甲）动用借款之数额

第一批　二十七年三月五日至六月十日

号码次序	品名	数量	以美金计算	
			单价	总价
1	СБ 式飞机	62	110,000	6,820,000
2	И—16 式飞机	94	40,000	3,760,000

续表

号码次序	品名	数量	以美金计算	
			单价	总价
3	И—15式飞机	62	35,000	2,170,000
4	Ути—4式飞机	8	40,000	320,000
5	ТБ—3式飞机	6	240,000	1,440,000
6	备用之发动机飞机及发动机之附件及零件暨特种器件			653,079
7	汽车运输汽车起动装置器汽油机器等			420,742
8	备用武器及飞机上战斗设备	40		6,960,437
9	Т—26式坦克车连用无线电设备	82	21,302	1,746,764
10	备用发动机零件及修理厂			374,076
11	牵引机及 3А,3иА 两种挂车			582,387
12	七六公厘一九三一年式高射炮	20	20,000	400,000
13	备用之炮膛衬管	40	1,500	60,000
14	四五公厘射击坦克车炮	50	7,000	350,000
15	炮弹箱	100	1,425	142,500
16	辕马套具	182	198	36,036
17	军用仪器			32,800
18	炮兵用坦克车之弹药			3,178,810
19	上述货价二九七二六六三一元之百分之二组织费			594,533
	共计			30,321,164

　　上述货价，为美金三〇，三二一，一六四元，以〇．八九二，三五四折成现金二七，〇五七，二一二格兰姆。

　　第二批　二十七年三月十五日到六月二十日

号码次序	品名	数量	以美金计算	
			单价	总价
1	玛克西姆脱卡辽夫式机关枪	500	180	90,000

续表

号码次序	品名	数量	以美金计算	
			单价	总价
2	劫各且辽夫式机关枪	500	225	112,500
3	机关枪子弹	10,000,000	（每千）25	250,000
4	七六公厘野战车炮	160	6,580	1,052,800
5	一一五公厘野战车炮	80	12,000	960,000
6	三七公厘射击坦克车炮	80	1,330	106,000
7	玛克西姆式机关枪	300	600	180,000
8	劫克且辽夫式机关枪	600	225	135,000
9	七六公厘炮弹	160,000	13	2,080,000
10	一一五公厘重炮弹	80,000	30	2,400,000
11	三七公厘射击坦克车炮弹	120,000	3	360,000
12	步枪子弹	100,000,000	（每千）25	250,000
13	经铁路之军火运输			202,892
14	两只轮船装搬费			40,167
15	一至十二货值美金七，九七六，七〇〇元百分之二之组织费			159,534
	共计			8,379,293

上述货值，为美金八，三七九，二九三元以〇.八八八，七四五折成现金七，四四七，〇五五格兰姆。

第三批　二十七年三月二十五日至六月二十七日

号码次序	品名	数量	以美金计算	
			单价	总价
1	И—15式飞机	60	35,000	2,100,000
2	YT—1式飞机	5	19,500	97,500
3	备用飞机发动机及他种零件			3,642,469
4	二百四十八架飞机之航运			953,724

续表

号码次序	品名	数量	以美金计算	
			单价	总价
5	二百三十二架飞机整套武装设备、特种汽车运输工具与飞机及发动机附件等之铁路运输,共用货车一二九八辆			323,247
6	汽车运送 И—15 式飞机特种包装费,及由铁路运输其他飞机之包装费			749,676
7	И—15 式飞机一二二架与零件及十套飞机上武装设备用汽车运输之运费			1,195,489
8	ЗиС5 式汽车	400	1,120	448,000
9	四百辆汽车开送费			10,416
10	一二九辆火车运送坦克车之运费			27,897
11	炮兵财产由铁路运输计二四四辆火车之运费			87,932
12	飞机武装设备三十套坦克车及炮类各种共装两轮之搬运费			40,253
13	修理队派遣费			54,547
14	一、二、三、八各项货品总值美金六,二八七,九六九元百分之二组织费			125,759
	共计			9,856,979

　　上述货值,为美金九,八五六,九七九元以〇.九九一,六九三折合现金八,七八九,一六六格兰姆。

　　第四批　二十七年七月五日至九月二十八日

号码次序	品名	数量	以美金计算	
			单价	总价
1	СБ 式飞机	80	110,000	8,800,000

续表

号码次序	品名	数量	以美金计算	
			单价	总价
2	备用 M—100 式发动机	60	15,150	909,000
3	СБ 式飞机整套零件	8	25,314	273,000
4	ШКАС 式机关枪连同装备	120	742	89,040
5	战斗机各项备用零件修理用具装备材料及甲板等			758,823
6	运输机各项备用零件修理用具装备材料等			1,286,755
7	达阿式、派凡式及舒卡司式机关枪在飞机上使用之子弹连同子弹带			1,140,867
8	И—15 式飞机	100	35,000	3,500,000
9	И—15 式飞机之附带装备	10	14,300	143,000
10	М—15 式飞机发动机	46	6,200	285,200
11	И—15 式飞机各项零件			158,296
12	劫各且辽夫式机关枪	1500	225	337,500
13	玛克西姆托卡辽夫式机关枪	500	180	90,000
14	三七公厘炮连同装备零件修理器具附件及马匹套具等	100		813,400
15	三七公厘罗真别各及各留真维尔克式炮连同备用零件修理工具及附件	4900		200,000
16	三七公厘炮之炮弹	490,000	3	1,470,000
17	七六公厘炮之炮弹	160,000	13	2,170,000
18	一一五公厘重炮弹	46,861	30	1,405,830
19	步枪子弹	20,360,000	（每千）25	509,000
20	ЗиС—5 式汽车	200	1,175	235,000
21	ЗиС—6 式汽车	100	1,470	147,000

续表

号码次序	品名	数量	以美金计算	
			单价	总价
22	四百辆汽车基本修理所需之零件及已用过一年,三百辆汽车修理所需零件			139,071
23	各种货载经铁路之运输:计飞机及飞机上之装备各种备用零件修理工具、战斗机上之装备与材料,飞机发动机及其零件、СБ式、И—15式两种飞机之武器与空战应有整套之设备、各种炮兵用品、汽车及零件			506,062
24	И—15式飞机用汽车运送之特种包装费			967,742
25	一只轮船货载之搬装与运费			20,140
26	И—15式飞机装备工作费 СБ式五十架飞机及 И—15式飞机一百架由空中飞送费			192,931
27	关于送志愿飞行士、运输员、装配与修理飞机之工人、飞机上武器安装之工班顾问等而经营航空线之费用,与运送各项货载及军火费用			877,768
28	用汽车运送一百架 И—15式飞机所需之运费、СБ式飞机各项装备、各式飞机所需用之发动机,连同整套零件或某项另件运送、各种零件及材料修理工具及军用飞行经营上有关财产,运送三百辆汽车及该汽车之零件			868,180
29	志愿兵顾问等之派遣费及服装费等等			810,395
30	一至二十二各项财产共值美金二四,八六〇,七八二元百分之二之组织费			497,215
	共计			29,601,215

上述货值为美金二九，六〇一，二一五元，以〇.九一七，九三五折合现金二七，一七二，五四一格兰姆。

第五批

自二十八年六月二十五日至九月一日

本批未有详单，共计美金二一，八四一，三四九元。

本批组织费若干？因无详单，无从查悉。

上述货值，为美金二一，八四一，三四九元，以〇.八八八，六七一折合现金一九，四〇九，七七三格兰姆。

第六批

自二十八年六月二十五日至九月一日

本批未有详单，共计美金一八，六二二，〇二四元。

本批组织费若干？因无详单，无从查悉。

上述货值，为美金一八，六二二，〇二四元，以〇.八八八，六七一折合现金一六，五四八，八五三格兰姆。

第七批　自二十八年十月一日至十二月一日

号码次序	品名	数量	以美金计算	
			单价	总价
	(一)飞机类			
1	飞机 YT—2M—11	15	39,500	592,500
2	上述飞机整套零件	2	22,350	44,700
3	飞机 И—156ис	8	35,000	280,000
4	飞机 YTИ—4	4	40,000	160,000
5	飞机 СБ	10	110,000	1,100,000
6	上述飞机整套零件	1	15,214	15,214
7	飞机 P—10	8	81,700	653,600
8	上述飞机整套零件	1	23,350	23,350
9	СБ 机学习用之舱位	2	5,000	10,000
10	И—16 飞机	8	40,000	320,000

续表

号码次序	品名	数量	以美金计算	
			单价	总价
11	M—103 飞机	6	15,150	90,900
12	M—11 式发动机	5	4,350	21,750
13	виш—2 式之金属螺旋桨	2	2,100	4,200
14	M—25 式之金属螺旋桨	3	925	2,775
15	YT—2 式木质螺旋桨	5	150	750
16	виш—16 式之金属螺旋桨	3	5,000	15,000
17	飞机及发动机各种零件			173,600
	共计			3,508,339

号码次序	品名	数量	以美金计算	
			单价	总价
	(二)汽车类			
1	ГАЗ—AA 式载重汽车	8	1,710	13,680
2	ЗИС—5 式载重汽车	6	1,175	7,050
3	M—1 式轻便汽车	6	3,060	18,360
4	ГАЗ—AA 式工客大汽车	2	4,465	8,930
5	救护卫生车	4	4,400	17,600
6	CT—3 牵引车	2	4,190	8,380
7	Чт—3 牵引车	2	6,130	12,260
8	汽车用始动机	2	2,800	5,600
	共计			91,860
	(三)其他各种财产			
1	飞行员及技术人员服装费			3,246
2	教室内各教授用财产			160,438
	共计			163,684
	(四)上述各项输送费			
1	铁路运输装载及搬卸费			39,869

续表

号码次序	品名	数量	以美金计算	
			单价	总价
2	汽车牵引机及其他财产输送费			673
3	飞机之飞送费			2,098
4	飞机教官之飞送费			27,925
	共计			70,565
	(一)(二)(三)各类财产总值三,七六三,八八三元百分之二组织费			75,277
	总共			3,909,725

上述价值美金三,九〇九,七二五元,以〇.八八八,六七一折合现金三,四七四,四五九格兰姆。

以上七批工业品等总值,共计美金一二二,五三一,七四九元。

附注:查核上列七批清单之意见列左

(一)第四批第三及第十七两项之细数与总数不符。

(二)各批所列项费用,仅有总数而无细单又无证件,似嫌太简。

(三)第五六两批仅有总数,而无货品清单。

(四)第一、二、三、四、七各批列有百分之二之组织费,共计美金一,四五二,三一八元,第五、六两批,因无详单,所列组织费若干,无从查悉。查借款合约未有此项之规定,不知有何依据。

(五)按中苏借款合约第六条规定:货品之价值,应以美金作价,再照美金合现金之市价折成现金若干格兰姆。查七批货品之美金货值折合现金之折合率,除第五、六、七三批均为〇.八八八,六七一外,其他各批之折合率,各有不同。惟美金合现金之折合率,向为固定,似无市价,而各批之折合率,不知根据何种报告。

(六)第三、四两批美金货值折成现金,计算稍有错误,第三批货值为美金九,八五六,九七九元,若以〇.九九一,六九三折合现金,应为九,七七五,〇九七格兰姆,第四批货值为二九,六〇一,二一五元,若以〇.九一七,九五三折合现金,应为二七,一七二,五二四格兰姆。

（七）自第七批以后,尚有动用借款若干,已电请邵大使查复,俟确定后再行续报。

（乙）三年来应还债款本息之数额(略)

（丙）三年来还款之帐略(略)

国民政府行政院档案,近代史研究所抄件

军事委员会参谋长何应钦呈蒋介石报告

重庆,1941年3月28日

案奉钧座皓申川侍参第五〇〇号代电,并附抄件,敬悉。关于向苏联洽购第四批军械案(即最后之一批),查该批订货清单,曾向苏方前后提出四次,其关于军械部份,经过如下:

次数	提出年月	提出人及提出经过
第一次	二十八年六月廿六日	由委座电孙院长送交俄方。
第二次	二十八年九月	卅日由俄总顾问在衡阳用无线电向伏洛希洛夫元帅提出。
第三次	二十九年一月二十日	由贺特使耀组面呈伏洛希洛夫元帅。
	同年三月中	贺特使于宴会中面交苏方,请以前次所列购买兵工材料之美金三千万元,改购步枪八万枝及十五公分榴弹炮九十六门。
第四次	二十九年八月末	由本会将贺特使所提前后两次加以修正,列成总表,交邵大使力子携赴苏联交涉,旋于九月四日得邵大使电称"何总长所交货单早经提出"云。

以上前后四次所提请求供给军械清单,其内容及数量,大致相同,

惟贺特使第一次交俄方清单一分，列有兵工材料约三千万美元，后因苏方不能供给兵工材料，乃改购步枪八万枝及十五公分榴弹炮九十六门，此项修正表旋由邵大使赴苏提出，兹奉钧电前因，关于苏联商务代表所称，以前订购与以后追加等语，经饬主管检查全卷，并无其他追加等案，恐即指贺特使前后两回提出而言。又查最近运到之各项军械，其种类及数量，虽与该批订货单不同，想即系该批军械之一部分，除航委会方面由该会径复，并一面将全卷抄送行政院对外易货委员会外，谨将向苏联订购第四批军械经过情形，呈报钧鉴。谨呈军事委员会委员长蒋。职何应钦谨呈。三月廿八日。

附呈：一、贺特使于二十九年一月二十日面呈伏洛希洛夫之洽购军械表一份。二、邵大使所提出之修正总表一张。

附：贺耀组特使于二十九年一月二十日面呈伏罗希洛夫之洽购军械表

表之类别	表之番号	内容	价格概计（美元）
第一类陆空军作战兵器器材及油类表	第一表	野战军用械弹数量需求表	四四,二六一,四四〇
	第二表	高射兵器弹药数量需求表	一五,二五一,〇〇〇
	第三表	战车之拖车及装甲汽车等需求表	二,二三六,一三〇
	第四表	空军武器弹药燃料等需求表	二六,六〇五,一五七
	第五表	各种铁丝数量需求表	六四,〇七八
	以上五表价格总计美金八千八百四十一万七千八百零五元		
第二类	共十表内容：请扩充伊宁航空学校，所需教育兵器器材油类等表，因其内容琐细，故从略。		
第三类	只一表内容：请求加派顾问，与兵器供给问题无关，故从略。		
第四类	共五十三页内容：请接济兵器原料及半成品表，其总价格计美金三千万元。因内容琐细，故从略。		

附：驻苏大使邵力子提出之修正总表

第四批向俄订货种类数量及价格概计总表		
项目	总价	附记
一　野战军用械弹	六七,二五六,八八〇美金	见分表一

续表

第四批向俄订货种类数量及价格概计总表			
二	高射兵器	二二,二八一,〇〇〇	见分表二
二	战车用之拖车及装甲车等	二,二三六,一三〇	见分表三
四	空军用之飞机炸弹油类等	三七,五〇〇,〇〇〇	见分表四
五	总价	一二九,二七四,〇一〇	
备考	修正表与原表不同之点如下: 一、原表拟订购兵工材料美金三千万元,嗣接贺主任本年一月八日由俄来电称,俄方对于兵工材料,不能以借款抵帐。当复电"如俄不能供给兵工材料,则原定订购兵工材料之美金三千万元,改订购十五榴炮(九六)门,每门配弹二千发,一三.二公厘高射机枪(八八〇)挺,每挺配弹五千发,步枪八万枝。" 二、原表一所拟订购步枪十五万枝,依照前项增订八万枝,合为二十三万枝。原表无一五重榴弹炮一项,依照前项增订一五重榴弹炮九六门,炮弹一九二,〇〇〇发。 三、原表二所拟订购一三二公厘高射机枪四四〇挺,依照第一项增订八八〇挺,合为一三二〇挺。弹同。 四、以上共增订约美金三〇,〇二五,四四〇元,合与所移兵工材料价款三千万元大略相符。		

《战时外交》第 2 卷,第 530—533 页

2. 苏联军事顾问团与志愿航空队

(1)苏联军事顾问团

蒋介石致杨杰电

武昌,1938 年 6 月 2 日

莫斯科。杨大使:苏俄可否派一得力总顾问如嘉伦①者来华协助,请与史、伏二先生密商速复。中正。冬巳。

《战时外交》第 2 卷,第 341 页

---

① 布留赫尔,汉名:加伦。

苏联顾问优列聂夫[①]等视察前线报告书
1938 年 6 月 23 日

鄂东皖西敌军态势及其判断

1. 寿县、桐城、潜山、望江一带之敌军如下：

荻洲师团（步兵第十三师）

畑俊旅团及某一联队

冈本联队（步兵第六师第十三［二十三］？联队）

高桥旅团（第十六师）

李守信部一团

海军第三舰队所运送之步兵部队

海军第三舰队

2. 截至 6 月 23 日止，敌之攻击方向如下：

A. 敌第十三师团占领寿县后，分两路续进：一路经新店埠攻霍邱，一路攻郭家店。

B. 敌畑俊部队（一旅又一联队）于 10 日占领舒城后，以其主力（步兵八营、炮兵二连）攻陷桐城，同时以步兵二连、炮兵一连进犯中梅河。

6 月 12 日，当敌军占领桐城中梅河之际，同时进占安庆。

C. 敌第三舰队，计有兵舰约三四十艘，加运输舰等，共约 100 艘，于 6 月 10 日集结于安庆东 20 至 30 公里处，以其炮火掩护高桥旅团步兵第六师之冈本联队，及李守信部登陆在其陆海空军协同动作之下，于 6 月 12 日占领安庆后，复新增野炮一营，于同月 18 日占领潜山，并续向西南进犯。19 日，该敌曾进至太湖附近，被我击退至小池驿（潜山西南 30 公里），现在该处于我对峙中，其另一股（约二个连）于 6 月 18 日占领上石牌（安庆西 30 里）。

D. 第三舰队之兵舰，约 12 至 14 舰，沿江进犯，以其海军步兵占领

---

① 即加伦。

东流,迄 6 月 13 日末,仍与我在望江一带对峙(安庆附近第三舰队,概由巡洋舰三艘、驱逐舰八艘、炮舰七艘、扫雷艇五艘、小型扫雷艇 37 艘、绘图舰一艘、运输舰六艘编成)。

3.依地形及敌军态势观之,敌最近目的在占领太湖、黄梅、九江。其进攻路线为潜山、太湖、浠水(即蕲春),南路则沿长江进攻九江,此地点之占领,颇足威胁武汉与南昌。惟潜山、英山、罗田、浠水等处,山路崎岖,形势险要,敌之进展殊属不易。故就目前言之,安庆沿江方面,似为敌进攻武汉之主要方向,敌颇有在此增兵之可能。

4.依据地形,敌军可能前进之道路,与其武器之运用条件观之,敌或将在安庆一带增兵至二个或三个师团之众(部队番号为第六师与李守信部,此外第一师及第十六师颇有可能)。

5.北路寿县,光州之线(第十三师团),亦系敌军独立活动之地带,其目前任务在占据固始、六安,借以促成南北两路战局之进展。

6.桐城、舒城一带之敌,其目的系在保卫寿县、光州与安庆方面敌军之翼侧,彼将在山地一带活动,以达牵制我军之目的。

7.敌第三舰队将沿江积极协助安庆之敌向前推进,其陆战队颇有沿江南岸进攻湖口之可能

8.因关于敌情材料缺乏,故对于第五战区当前敌军之分析与其企图之判断,未能作出充分的有系统的报告。

9.前方各部队之情报工作,缺点殊多,兹举其要点如下:

A.各级参谋处对其当前之敌人,未能加以深切之研究。

B.谍报工作,显系不足,因之敌军后方部队之调遣,各级参谋处未明了,故敌方新部队之出现战场,往往出我意表。

C.战斗搜索工作,缺陷殊多:

(1)对于俘虏未能充分利用,前线俘虏多就地消灭,其运至后方者,殊不多见.因之就使各级参谋处无法利用俘虏口供,以证实敌军番号部署及人数等。

(2)所俘敌军文件(如地图、命令等),亦未能充分运用之。

（3）各级参谋处之情报组织,缺乏密切联系。

《抗日战争》第 4 卷(上),第 840—842 页

蒋介石致张治中等
1938 年 7 月 6 日

急。蕲春施师长、九江刘总司令、李军团长汉魂、李军长玉堂、南昌薛总司令、熊主席、长沙张主席:密。俄顾问余洛夫,率翻译、参谋等,于鱼晚乘船至田家镇、九江,再转赴南昌、长沙视察地形及各部队情况,希招待,派员陪往各处视察,并将对日作战有关事项,尽量告知商讨可也。鄂。中正、06、15 令一元。

《抗日战争》第 4 卷(上),第 842 页

张治中致蒋介石
长沙,1938 年 7 月 9 日

急。武昌委员长蒋:鄂 06、15 令一元电奉悉。居 0001 密,遵当妥为招待,并经派员届期随往视察,凡与对日作战有关事项,亦经准备与之商讨矣。谨复。长职张治中。佳卫参印。

《抗日战争》第 4 卷(上),第 842 页

蒋介石电令
1938 年 7 月 28 日

委座 7 月 28 日、11 令一元电

据俄国顾问报称:

1.我军少数部队,尚有不守军纪,拉夫强买,无所不为,军行所至,百姓逃避一空。

2.少数将领,缺乏自信力,不谓防区过广,兵力不敷,即谓新兵太多,人力薄弱,摇动必胜信念者。

3.师以下各部队之兵力部署,缺详细配备要图。

4. 多在图上决定工事位置,而多不侦察,致完成后不合战术要求。

5. 各种重兵器之使用,从无射击计划。

6. 部队换防,不待接防部队到达时,即行撤退。

7. 炮兵、骡马、车辆,白日停留桥梁及河堤上毫无对空顾虑,致泄漏阵地位置,徒招损害。

《抗日战争》第4卷(上),第842—843页

蒋介石发布苏联顾问视察九江、南昌、长沙报告之电令
1938年8月5日

委座05、12令一贞电:

据军令部苏籍顾问视察九江、南昌、长沙后之报告:

1. 须加强战地情报组及其工作,盖情报为军中耳目,务必排万难以行之,情报工作之不良,作战之牺牲必大。

2. 前方各防御工事之地点,务必慎重选择。构筑阵地时,尤须注意伪装。各防御工事,应由专家设置,然后按图构筑。九江、南昌等地,因无专家指导,所作工事,多有不切实者。

3. 两军防御接合部,为防线中最弱之点,敌军每善以重兵突破之,故对此点,须加强防御力量。

4. 阵地应作纵深配备,纵使第一线为敌突破,尚可守第二线。如此节节抗战,消耗敌力,待其疲惫,然后用有力游击部队,扰其后路,并相机击其侧翼。

5. 九江、南昌等地,人民多逃去,故作战时,征用民夫,采办给养,均感困难。疏散妇孺,固应积极从事,对于壮丁,则应设法劝导,使尽保卫乡梓之任务。万一某地失守,其地之壮丁,应先有组织,备为袭击敌之后方。例如苏联自革命爆发后,内受白军进攻,外遭国际武力之干涉,军中武器,以及作战技术,均不如人,而卒能击败强敌者,因其时军民合作,民众为军队侦察敌情,敌之举动,均可洞悉。斯时民众组织游击队,于其适当地点,适当时机,施以猛烈反攻,故敌人卒被击溃。我方对侦

察敌情及组织游击两事,似甚忽略,应特别注意。

6. 作战第一须熟悉敌情,而后为通盘之计划,何线当守,何线当攻。我方徐州会战后,马当失陷,即我因全力注意徐州,致马当疏于防范,故我军应详探敌情,为通盘计划之根据。

7. 输送军队应守机密,沿途所见情形,则殊于此相反。军行列车在各站停歇时,小贩民众集设其中,如杂有汉奸,则我军情即被其一览无余。且此运输军队,臂章多有未卸除者,故尤易被认识其番号。此后军运,须注意下列三点:

A. 各军官兵,一律卸除臂章。

B. 军行列车到车站时,民众小贩,一律不准进入车站。

C. 官兵茶饭,应责由运输司令部预先妥为筹备。

《抗日战争》第4卷(上),第843—844页

蒋介石致程潜①等

1938年8月6日

急。洛阳程长官、屯溪顾长官、宋埠白代长官、西安蒋主任、武昌(代电)陈长官、樟树汤总司令并转所属各军、师长:密。据俄顾问视察前线后报称,我军前线各工事伪装,仍属幼稚,甚易被敌看破我整个阵地之组织,殊值注意等语。查阵地之伪装,为避免敌机炮之轰击,减少我军伤害,及使敌攻击计划龃龉之最要手段。仰饬属一体确实改善为要。郑。中正006、16 令一元

《抗日战争》第4卷(上),第844页

蒋介石致何应钦等代电

1938年8月13日

何总长、徐部长勋鉴:据报俄顾问班果夫自前方归来后,对于前方

---

① 第一战区司令长官、河南省政府主席。

作战意见如下：(一)战地情报，截至现在止，仍是毫无组织，影响抗战前途非浅，今后急应慎择干练军官，编练战地情报搜索队若干队，出发最前线，担任判断敌情责任，同时并须携带通信用具(如无线电台及军用鸽等)，俾能随时报告司令部，作为决战之最好资料。(二)下级军官，如营连排长等军事学识根底太差，应由高级军官随时随地监督指导，尤其对于空袭时，应令特别沉着处置防卫及隐蔽等勤务。(三)南方甚缺乏防空武器，如高射炮及高射机枪等，前方敌机飞行高度仅三四百公尺，可用普通机枪仰射之，即有效力，因机枪过少，致敌机能低飞肆虐，反之，后方如长沙等市空袭时，各处用机枪乱射，因敌机飞行太高，致毫不发生效力，应将后方机枪，多移至前方应用，使敌机不敢低飞，减少威胁，至为重要。(四)炮兵指挥官应特别机警，如敌机在炮兵阵地上空盘旋，即系侦查，应速将阵地移动，再在原地设置伪装，以欺瞒敌人，否则必遭敌机轰炸，此种情形，在前方各地，曾屡见不鲜，应特别注意改正等语等情。希即参考改进可也。中正。元七侍参鄂。

民国政府军令部战史会档案，近代史研究所抄件

蒋介石致何应钦

1938 年 8 月 16 日

何总长勋鉴：兹抄发第九战区第一兵团司令部苏籍顾问保葛达诺夫视察江南战线之观感一件，其第六项，应速电沿江、沿湖各师长改正，余希与徐部长切实研究，通令各总司令、各军师长切实改正为要。中正。铣四侍参鄂。

附件：中华民国二十七年八月十六日发

第九战区第一兵团司令部苏籍一般军事顾问保葛达诺夫上校，于七月十二日奉命赴南昌第一兵团司令部服务，于十五日晚到达。十九日与该兵团司令部各高级将校会晤。二十一日自南昌出发，先赴七十四军五十四师及五十八师防地，继赴六十六军一百五十九师防地一部，详细视察。八月初因病，七日返武昌就医。兹将该顾问此次视察结果，

对我军缺点及应改善之建议,分呈如下:

(一)各阵地构筑,应自挖土起,即应设法伪装,不应阵地构筑完竣后,再加伪装。盖挖土时,土色或黄或褐,与周围草地,显然可分、敌人可利用飞机照像,即知为将来阵地.由此亦可判断将来作战计划。

(二)轻重机关枪,及小口径炮阵地,射角太小,不能发挥其整个威力。

(三)轻重机关枪阵地配备位置,务使其火力应于左右两方均成为交点。我军现筑各阵地,其火力交点,只在一方(此点已由顾问建议改正)。

(四)轻重机关枪阵地,有时死角太大。

(五)轻重机关枪座,多不适合机关枪手之运用。

(六)沿湖岸之阵地,应在离岸 50 公尺地点构筑,不应直筑于沿岸。

(七)炮兵与步兵须有协同动作,各指挥官尤当特别清楚彼此情况。

(八)师旅团营防区分界处之防御。应确实规定,以免贻误。

(九)各下级指挥官,均无地图,道路不熟、影响行军匪浅。

(十)各军谍报通讯不健全,应速设法整理。

(十一)各军多无武装情报侦察搜索队。

(十二)与友军谍报通讯,应有确实联络。

(十三)各小部队作战时,在短距离内,应利用旗语,以待传令。

(十四)各地无线电台之呼号及电波,应时常变换(此点与其他通信顾问意见一致)。

(十五)各军师旅团等番号及驻在地点,应改用暗号,以防传令时敌人间谍在电话上窃听。

(十六)各部队如临时奉命在某地构筑工事,设该地将不由该部防守时,每多敷衍从事,有误军机,应严令切实注意。

(十七)与友军防守一地时,指挥官应彼此密切联络。

（十八）各军司令部之参谋，及高级将校，应常赴前方，视察地形，实地指导。

谨按：保葛达诺夫上校，现年四十二岁。幼年曾参加欧战，充机关枪手。壮年参加国内战争，作战经验丰富。革命成功后，复入该国陆军大学深造，学科亦颇有根基，与中共无关系。

《抗日战争》第4卷（上），第845—846页

白崇禧转报炮兵监刘翰东与苏联顾问毕诺乌索夫视察长江南岸情形致何应钦
1938年9月2日

据本部炮兵监刘翰东呈称：

窃查自抗倭军兴以来，各炮兵部队，所负任务綦重，对于教育，时虞废弛，为督促炮兵，虽在战时战地，亦应切实实施机会，及实地教育计，乃于8月18日，奉命偕同俄顾问毕诺乌索夫，沿长江南岸一带视察，30日返部。

谨将视察所得情形，译陈于下：

一、视察区域

马头镇，回家镇，丰壁山，石灰窑，黄石港，鄂城，葛店。

二、视察部队

炮十团一、二营，炮八团二、二营，炮七团一营，炮十一团一、二营，炮十六团三营，炮兵第六营，田家镇要塞，黄鄂区要塞，炮校侦测队。

三、教育要点

1. 远隔观测诸法则。

2. 对兵舰射击要领及法则。

3. 阵地遮蔽及伪装

4. 步炮协同

5. 武器、车马之节用、爱护及保管之要领。

6. 俄式炮及附属观测器材之教授。

7. 考察其工作勤惰,及确实与否,并在实地,予以详切之指示。

8. 射击图之调制,及情报纪录。

四、意见

1. 由武昌至阳新公路,有钢轨障碍物数处,致碍炮兵运动,及汽车输送。因距敌较远,目下宜饬主管机关,暂行除去,至必要时,再行设备。

2. 炮校侦测队,现时沿江实地测量关于消耗品之补给,及士兵给养等,宜按战时待遇,以资鼓励,而免向隅。

以上各点,均系实地视察所得情形。至部队成绩,另表附呈。等情。据此,查所呈各节属实,理合备文转呈。鉴核示遵。谨呈参谋总长何。

附部队成绩考核表一纸。

军训部部长　白崇禧

《抗日战争》第4卷(上),第847—848页

蔡西庚①致王文宣②

1938 年 9 月 11 日

军政部军务司长王钧鉴:机密。职团奉命增加两战炮营一补充营,因过去无额外军官学习,战炮无法教授。请饬俄顾问(阿夫介也夫)留团教授。如何? 蔡西庚叩。真。

《抗日战争》第4卷(上),第848页

贺耀组致王文宣

1938 年 9 月 23 日

军政部军务司王司长勋鉴:铣炮电奉悉。"奉渝:派步校倍里谷夫、倍洛夫两教官,与五十三团蔡团长合作,训练五十一、五十三、五十四团各补充营。除电知外,请查照为荷。"军委会办公厅主任贺耀组。

---

① 炮兵第五十三团团长。

② 军政部军务司司长。

漾办外鄂印。中华民国 27 年 9 月 23 日。

《抗日战争》第 4 卷(上),第 849 页

赵继和①等致王文宣

1938 年 9 月 25 日

军政部王军务司长钧鉴:机密。职团等新成部队,因炮种口径,与现有者不同,仍须促教官别里阔夫等,继续教授。步校张教育长.已答复军委会贺主任,校方不需要。闻该教官等,或将他调,查事实难能。除电贺主任,并问教育长,仍请留用外,祈设法仍派来团,继续担任教授,以利训练为祷。炮五十一团赵继和,五十三团蔡西庚,五十四团张权叩。漾成。中华民国 27 年 9 月 25 日。

《抗日战争》第 4 卷(上),第 849 页

军政部致军委会办公厅

1938 年 10 月 10 日

军委会办公厅勋鉴:查炮五十一、五十三、五十四三团,现已设有一战车炮教导总队部,统一指挥训练。前由贵厅派往炮五十三团之俄顾问倍里谷夫、倍洛夫两教官,请转知总顾问饬与炮五十四团张兼总队长合作,训练炮五十一、五十三、五十四三团新成各营干部。希查照办理见复为荷。军政部。灰鄂务炮。

《抗日战争》第 4 卷(上),第 849 页

贺耀组致军政部

1938 年 10 月 16 日

军政部勋鉴:灰鄂务炮代电奉悉。已令倍里谷夫、倍洛夫两教官,

---

① 炮兵五十团团长。

与张兼总队长合作矣。请查照为荷。军委会办公厅主任贺耀组。铣办外鄂印。

中华民国27年10月16日。

《抗日战争》第4卷(上),第850页

罗卓英①致蒋介石

武昌,1938年10月2日

武汉卫戍区工事地带,经派俄籍顾问郭夫东等前往视察完毕。兹据呈送武汉卫戍区阵地视察情形报告及建议书一份,尚有见地;惟间有未能适合目前实际情况,除关于各部队应须注意及改正事项,拟饬照办外,理合检同原报告及建议,呈请鉴核。谨呈委员长蒋。职罗卓英。

武汉卫戍区阵地视察情形报告及建议(报告部分略)

(五)建议

1. 指挥组织之意见

(1)武汉卫戍区,分为两大部分,北部自阳逻至大军山一带,南部自金口至葛店一带,自大军山至纸坊一带阵地,即由第3集团军担任防务,南北两岸运输补充,极感不便,且指挥不灵,并无着定之成算,应饬改善。

(2)武汉卫戍区,南北两岸之阵地防军内,应各设炮兵指挥官、工兵指挥官、通信指挥官、医官、化学部队指挥官以及防空指挥官等,以专责成。

(3)江北岸阵地,每段应派专员,负其职务,而便指挥。

2. 江北阵地工事设备之意见

(1)江北各阵地,每段阵地之前缘,应即确实划分,并应统筹全部之计划。

(2)每段阵地之各长官,对于所设之工作,限于20日至30日间预定完成之计划。

---

① 武汉卫戍总司令。

（3）每段阵地之长官,对于工事设备之器材,应详审其数量(例如洋灰、铁筋、铁轨、木材、钉铁丝、地雷及其他爆炸物)。

（4）各阵地中所有机枪之掩体及指挥所之上面,应覆以盖,而散兵坑前面,宜设胸墙。

（5）永久工事内,应即派机枪手以资练习作战、射击,并随时应有作战之准备,应将其中积水淘出,加以伪装,清除视界及射击中之障碍物,更应装设机枪架铁门反射孔铁门等项,傅资利用。

（6）阵地纵深应有 5—6 公里,并应构筑斜交阵地。

（7）装设之步兵障碍物,与散兵壕之距离,应大于 50 米。

（8）每段阵地外,应设备各种障碍物。

（9）应在主要防线前方,设置地富,及其他之爆炸物。

（10）凡湖沼及江岸,预料敌人必经之点应设备水雷,以及其他水中障碍物。

（11）应备工事、设备、机枪阵地、炮兵阵地与障碍物之详图。

（12）沿战线之地带,积极建筑永久工事,并须注意火力交叉点,以便组成火网

（13）多建筑道路,以利军运。

（14）沿湖沼及江岸之阵地,宜多设轮渡码头。

（15）凡轮渡码头,宜备 2—3 汽船及 20—30〔艘〕木船。

（16）各段阵地中,应选择炮兵阵地,并须积极设备之。

（17）江南及江北地带之阵地,宜各派遣工兵一团. 并须与以相数量之器材。

3.江北阵地防御之意见

（1）阳逻东方之最前线,应向团风方而移进,以便于对岸葛店之阵地取军事上之联络。

（2）团风新州,及其以北地带应有准备。

（3）仓子埠一带之前进阵地,应划归第五战区,同时沿沈家干河岸一带,亦应布防。

（4）第五战区之部队，应于黄陂、孝感等地，以及宋埠黄安间，联成一巩固之阵线

（5）第五战区之部队，如转移阵地时，应将其附近之道路桥梁，及其他建筑物，全部捣毁之，犹不能稍留。

（6）每段阵地前方，10—15公理内，设掩护体，并以少数部队防守之，于转移阵地时以便作破坏工作。

（7）在襄河南岸构筑阵地，以便凭河固守。

（8）将湖沼沿岸之阵地，向其岸边移近，或在其岸边选数个有利之据点，此外各湖沼岸上之据点，亦应有军事上之联络。

（9）各湖沼之北岸，须配置相当之炮兵，以便在双重炮火之下，掩护湖泊及其沿岸。

4. 军备上之意见

（1）须发给各部队简单之防毒面具。

（2）营部以上之指挥所，应设防毒掩蔽部，因之宜备通风机及滤过器。

（3）每团中应备高射机枪10—20挺。

（4）宜备必须之器材（洋灰、铁筋、木材、铁丝等）。

上述各项意见，希予采纳，以期完成保卫大武汉之计划，而各处之缺点，应饬改正之。

顾问郭夫东

翻译陈士廉

《抗日战争》第4卷（上），第850—852页

苏联总顾问切列潘诺夫对"武汉城市防御战斗指导计划"的意见

1938年8月

武汉城市防御战斗指导计划

（一）方针

一、军团以确保抗战中枢，争取最后胜利之目的，于武昌、汉阳城廓之周围，构筑坚固工事，长期固守，消耗敌之兵力，疲惫敌之攻击精神，

以待外线各军之协力夹击,包围敌人于武汉附近地区而歼灭之。

(二)指导要领

二、以一部占领汉口市内各要点,吸引敌之兵力,俟敌侵入市区时,以泛滥掩没敌人,并对重要建筑物,根本破坏,使不能利用。

三、武昌及汉阳两地之守备部队,应各不期待外援,独立作战,长期固守其阵地,江岸部队,尤应极力拒止敌之登陆。

如敌一部登陆时,即应乘其立足未稳,逆袭而歼灭之。

四、敌如侵入市内时,各守备部队,应以多数之独立战斗群,利用坚固家屋,顽强抵抗,务使敌之成果,不能扩张,或埋伏截击,将敌歼灭于街市之内。

五、敌舰如侵入武汉江面时,除以空军施行轰炸外,应于武昌、汉阳各准备一部炮兵,专任对敌舰之射击,其他炮兵仍应直接协同步兵之战斗

六、为防止敌之汽艇利用湖沼泛滥自由活动,应于深水之泛滥区内,配置多数之装甲汽艇,以应阵地前方及侧后方之警戒。

七、城市防御之防空,除以空军直接协力外,应配置多数之高射兵器,任地上之直接防护。

(三)兵团部署

(四)交通

(五)通信

(六)补给(包括水电)

(七)卫生(包括市民)

(八)消防

(九)防毒

(十)警备(防止汉奸)

以上各项俟方针指导要领核定后再拟定呈核。

第十五军团军团长　万耀煌

中华民国 27 年 8 月 6 日

总顾问意见

1. 不应以泛滥为根据,应以工事及守兵为主,若防守困难,同时水位甚好时,可用泛滥。

2. 对于武汉人民之处置,应尽量疏散,因战时须同时顾及军民食粮甚为困难,且疏散后可利用住房构筑工事。

攻者因街道不熟,进攻困难,而防者亦可利用已破坏之房子材料,在坚固房子内增强之。

3. 攻者大部队来时,则相机撤退,小则歼灭之;此与防御列宁城,略相似彼时办法。

A、将城划分数防区,每区有数条防线,各区互相支援。

B、每街上设防御工事,用水泥及沙包构筑之。

C、当时利用住民协同防守,甚为得力

《抗日战争》第4卷(上),第852—854页

苏联炮兵顾问谢罗夫报告摘要

1939年2月

军令部代电2月23日

铨叙厅公鉴:奉交下炮兵顾问谢罗夫报告。第三战区冬季攻击时,各炮兵指挥人员对于情况判断大多错误,且动作寡断,部署欠洽,种种缺点及其不力情形,揭述甚详(另附抄件),并奉委座亲批开:娄指挥官应处罚,炮十五团赵团长、炮十四团彭团长、炮二团李团长与该团二、三两营长均应严处,但该顾问热心任事指导周详,应予明令奖勉等因;奉此,以事关惩奖,相应检抄该顾问。报告内有关事项随电送达,请查照办理,仍盼见复为荷。军令部梗申一元(渝)。附摘抄炮兵顾问谢罗夫报告一份。

第三战区冬季攻势炮兵顾问谢罗夫报告(摘要)

一、对前方情况不解,不经常侦察敌情,因之情况判断错误,致生惧敌之心。

二、于会战准备期间，第三战区炮兵指挥官娄绍铠之动作即不甚坚决，拟保留大部炮兵为预备队，并拟置阵地于距敌较远之地区内，以备减少损失。

三、由于情况判断错误，动作寡断及受各师长意见之限制，以为炮兵只为掩护本师作战等为出发点，第二战区炮兵指挥官，对炮兵区分之意见颇不适合于攻击之任务，然经详细研究之后，始有正确之决心。

四、炮兵指挥官、炮十四团团长、二团团长，未能充分利用所有之武器，炮二团四连未赴预定之阵地，十四团之高射机枪未能使用，四十二团之高射炮未能及时向敌射击，及敌机飞去始开始射击，然已晚矣。

五、炮兵指挥官对部队指挥不健全。

甲、五十一团赵团长，于会战期间滞留屯溪后方未能指挥。

乙、十四团彭团长未赴预定之观测所，而滞留于指挥官之指挥所内。

丙、高射炮从未向敌射击。

丁、二团四连未赴预定阵地，致会战第一日未能参战。

六、缺乏攻击精神，炮兵位置以距前线较远始觉安心，此种情形在会战前及会战中，可于各炮兵军官之行动察觉之。

七、部队训练方面有下列各缺点：

甲、多数军官对于战术及射击无充分之训练（以炮二、十八、五十一团为尤甚），炮二、五十一团器材管理亦不明了。

乙、对工兵作业知识不甚丰富（如对观测所及阵地之构筑），不注意进入路，轻视观测所及阵地内之伪装，虽于战斗时间亦然。

丙、于观测所内无敌情搜索之记载，且对敌情亦不加侦察及搜索，负射击责任之军官对弹药之消耗无统计。

丁、工作惟求迅速，而不详加分析（如会战准备时之侦察）。

戊、军官夜间不识方向（12 月 5 日，炮十四团军官因于黄昏赴观测所 2 时 40 分钟后始得寻到）。

己、器材保管不佳,多有生锈者亦不擦洗,且有损坏之处(炮二团二、三营为尤甚)。

庚、马匹不佳,无力且脏。

八、步兵军官未能随时将前线情况通知炮兵

九、若干步兵军官以为炮兵之任务应将敌人全数消灭,方谓达成其任务,且有炮兵准备射击已完成,而步兵不仅不开始攻击,而反要求炮兵继续射击,以便将敌人全数消灭而后已。

十、因此将来对炮兵之训练,应按下列各项实施之。

(一)对军官战术及射击之训练,应有系统。

(二)对器材之研究应加注意。

(三)在研究协同动作时,步炮应会同实地练习之,对于观测所阵地进入路之构筑,应特别训练。

(四)在不影响作战之下,炮兵应轮流训练之。

(五)器材马匹,应保持良好状态,否则将影响于炮兵之战斗力。

(六)弹药系由兵战总监部补给,于战斗急紧时弹药不敷应用,此颇有碍于炮兵作战,因此应采取下列手段:

(1)总监部内应设一弹药补给处,直辖于炮兵指挥官。

(2)补给处应委任军官炮工数人(现在总监部管理弹药者,对口径及种类尚不清晰)。

(3)补给处之位置,不得远于 30—40 公里,以便于补给。

《抗日战争》第 4 卷(上),第 854—856 页

行政院会议颁发苏联空军顾问特贺尔勋章决议案
1939 年 4 月 25 日

临时讨论事项(密)(五)

军事委员会函:请颁给航空委员会俄顾问特贺尔四等云麾勋章案

勋绩调查表

隶属	官阶	职务	姓名	西文原名	年龄	国籍	勋绩	拟给勋章	备考
航空委员会	上校	顾问	特贺尔			苏俄	服务努力,对于空军建设颇多俾助	四等云麾勋章	

决议:通过

《抗日战争》第 4 卷(上),第 856 页

军委会对苏联顾问幅尔根(K. M. 卡恰诺夫)空军作战意见书之意见概要

1939 年 10 月

关于福尔根意见书之意见概要

一、原意见书之意见,系综合近来阿尼西莫夫①、伊犁因②及本会之意见,故原则同意,而皆可以实施,其利害如下:

甲、利点:

1. 可收到振作士气、民气之效果。

2. 可予敌空军以相当之损失,但不能扑灭敌空军。

3. 与其长久消极待机反攻,不如以此等力量加诸敌方。

乙、不利点:

1. 全部出动,预计将有百分之三十的损失。

2. 若陆军企图作大规模攻击时,空军难于协助充分之力量。

3. 设损失过大,有限于民国 26 年 10 月间之无空军状态,更增敌空军之横行气焰。

二、为持久计,将主力分置于各战场,出敌不意,相机奇袭各个目标,作不时之机动,其利害如下:

甲、利点:

---

① 空军顾问。

② 优列聂夫,苏联空军志愿队参谋长。

1. 损害较少。

2. 对各个目标收效时,综合效果亦大,此类似潜艇之使用法。

3. 若陆军采攻势时,比较的可能协助大力量。

4. 以数量劣势之空军,不宜与数量优势之空军决战,因补充不易也。

5. 因机数少,多数机场皆可使用。

乙、不利点:

1. 亦有相当损害。

2. 须有灵活之指挥官。

三、两案并用尚有下之两方式:

1. 以志愿队实施第一案,以本国务队实施第二案。

2. 先实施第一案,再实施第二案。

四、其他地面设备,均可以补缀之。

五、关于指挥问题,原来各路司令部即为此等机动而设,各司令对所在区域内之部队有绝对指挥权,但主力方面,本会主任自可率必要幕僚前往监视督促。

《抗日战争》第 4 卷(上),第 857—858 页

军令部第一厅第一处致军令部部、次长
1940 年 2 月 18 日

民国 29 年 2 月 18 日

签呈于第一厅第一处

查工兵顾问塔拉索夫报告:第三战区沿长江攻击时,关于工兵使用上所得结论,甚为详尽,拟移工兵指挥部参考,藉资改进。但该顾问亲临战地,热心指导,应予明令奖勉,拟请铨叙厅核办,是否有当,伏乞钧核。呈部、次长阅。

苏联工兵顾问塔拉索夫关于第三战区切断敌人长江交通线工兵作业报告书(略)。

《抗日战争》第 4 卷(上),第 858 页

蒋介石致顾祝同

1940年2月22日

上饶顾长官:极密。据总顾问福尔根1月26日报告最近中国军队作战

结果一份,内容关于第三战区冬季攻势作战情形,颇为详尽对于我军缺点,阐述亦甚中肯,亟应虚心深切猛省,认作善意批评,引为借鉴。合行随电抄发原件,仰即切加检讨纠正,力图改进为要。

中(正)

《抗日战争》第4卷(上),第858—859页

蒋介石致徐永昌

1940年7月1日

军令部徐部长勋鉴:兹抄发苏联顾问巴尔杰耶夫之建议一件,即希研究。

中正。东川侍六。附抄发件一件。

情报　7月1日

第八战区苏联首席顾问巴尔杰耶夫,对我军事情报搜集之不灵活,颇表不满,曾建议每师应配属一侦查连或侦查排,专司情报之搜集,或派赴敌后从事谍报侦查,或用于小部队之威力搜集,此项侦查连或排,应配备便于携带之轻兵器,必要时应配有无线电机。巴氏称:苏联军队中每师准有此项侦查连或排之配属。

《抗日战争》第4卷(上),第860页

徐永昌致蒋介石

1940年7月6日

奉钧座东川侍六代电,附交苏联顾问巴尔杰耶夫建议一件,饬研究等因,谨呈复研究意见如下:

一、查国军各军师,已于本年3月规定,凡无骑兵连者,成立建制之

徒步搜索连,旋经军政部改称为徒步骑兵连,并以武器补充困难,改为分期设置(第一期已设置 70 余连),其尚未设置者,则抽组搜索队,现各军师均有此项搜索部队似毋须再行办理。

二、关于搜索队,应携带之轻兵器及轻便无线电机,业由本部请军政部办理。

右呈总长何、委员长蒋

职徐

《抗日战争》第 4 卷(上),第 860 页

徐永昌致蒋介石
1940 年 7 月 25 日

奉钧座交下总顾问对此次宜昌失陷原因检讨一件,令本部研究修正后,通报等因。奉此,除关于宜昌会战,对本会命令之下达,及部队奉行程度,现正检讨,另呈钧座核示外,兹先就总顾问意见,加以修正。至对原文字句间之取舍,是否有当?伏乞鉴核示遵。如蒙裁可,拟即以本部名义,通报各战区参考。谨呈总长何,转呈委员长蒋。职徐永昌呈。民国 29 年 7 月 25 日。

附总顾问原意见及修正案各一件(略)。

《抗日战争》第 4 卷(上),第 859 页

中国驻苏大使馆致苏联外交人民委员部照会
莫斯科,1940 年 7 月 31 日

根据中国大使馆参赞刘泽荣先生与外交人民委员会远东局负责人列扎诺夫先生关于为伊宁航空学校派教官问题的私下谈判,中国大使馆受本国政府委托,有幸请求苏联外交人民委员会证实,苏联政府同意将中国前大使杨杰先生与苏联政府代表在 1939 年 8 月签订并生效的关于邀请苏联教官到伊宁航空学校工作的君子协定的有效期延长

一年。

《民国档案》1991 年第 1 期,第 58 页

中国驻苏大使馆致苏联外交人民委员部照会

莫斯科,1941 年 7 月 29 日

　　中国大使馆向苏联外交人民委员会致意。受本国政府委托,恳切请求苏联政府同意:1939 年 8 月前任中国大使杨杰先生与苏联国防人民委员会签订的苏联教官在伊宁航空学校工作的条约有效期继续延长一年,即从 1941 年 8 月 20 日延长到 1942 年 8 月 20 日。对此,中国大使馆预先表示深深的谢意。

《民国档案》1991 年第 1 期,第 58—59 页

苏联外交人民委员致中国驻苏大使馆照会

莫斯科,1940 年 8 月 3 日

　　外交人民委员会向中国大使馆致敬。就中国大使馆 1940 年 7 月 31 日的照会复照通知如下:苏联政府同意将 1939 年 8 月前任中国大使杨杰先生与苏联国防人民委员会签订的关于苏联教官在伊宁航空学校工作的条约延长一年。

《民国档案》1991 年第 1 期,第 58 页

卜道明①致蒋介石

重庆,1942 年 6 月 9 日

　　本年五月二十六日,奉钧座面谕:"俄顾问服务期间,已满合同规定者,应速办续订合同手续,并于十五日内办妥具报。"等因。奉此,谨遵于同月次(二十七)日,与苏联大使馆代理武官罗申,及代理总顾问

---

①　顾问事务处处长。

古巴列维赤分别面洽,当经该武官等径电苏联政府请示去后,旋于本月六日,准该武官罗申面称:"接本国政府复电,关于顾问一切问题,在总顾问未到渝以前,请径与古代总顾问洽办。"又于本月七日,准该代总顾问古巴列维赤面称:"已奉本国政府复电云'总顾问不久即将到来,其姓名及起程日期,候另通知。关于顾问换班事,原已由崔克夫将军回国时提出,现在遴员接换中,俟总顾问到渝即可解决'。故关于顾问服务延期合同,本人无权签订,拟俟总顾问到渝时商办,请一并呈报委座。"各等语。查古代总顾问所称,未奉该国政府训令,无权续订顾问服务合同,请俟总顾问到渝商办一节,似可照办。至现在服务已满一年以上之顾问,经职查明共有五十一员,并拟一律暂自本年六月十五日起延长服务期间三个月,以完手续,而资衔接。所有以上各情形,理合签报钧核,批示祗遵。谨呈主任贺,转呈委员长蒋。

蒋委员长批示:一、顾问处所为何事?连聘约亦未订送,此为最大失职之事,应议处。自今应即照原议办法,必须照本来所规定者,顾问以一年为限之聘约,即日实施。为何顾问处不照此遵办?以后无聘约之顾问不能作为顾问待遇,应即作为未聘。凡未经中国政府邀请者,不能由苏俄擅自遴员接换,以后中国如需要顾问时,必由中国自动要求,如未有要求,则不能派员接替也。以后顾问新旧交接或辞去,必须由本委员长亲自批准方得作数,否则应作为顾问处有意之舞弊论。已满一年以上之顾问如无聘约者,不能再聘,即以其满期之日为止,未满日期之顾问,应即送聘书至其到期一年之日为止可也。顾问处以此为主要工作,不得贻误,否则应以违令误事论罪。中正。二、先将所批抄送何总长核办,为何俄顾问至今不聘约之事,何总长不加注意,此最为不可也。中正。

（2）苏联空军志愿队

苏联空军志愿队与中国空军击落击毁敌机总计一览表

1937 年 8 月—1945 年 7 月

敌机在我境内损失总计一览表								
原因 年月	被我盟空军击落者	被我盟空军炸毁者	被我地上高射器部队击落者	被我陆军袭击毁损者	被我炮兵击毁者	敌机自行迫降者	被我击落而行踪不明或受重伤迫落敌阵地者	总计
二十六年八月至十二月	91	43	40	54	10			238
二十七年	130	136	43	53	1	19	27	409
二十八年	33	71	31	14		21	7	177
二十九年	16	14	19	18	8	29	3	107
三十年	5		14	46	19	30	4	118
三十一年	118	38	3	8		20	6	213
三十二年	149	53	7			17	175	391
三十三年	254	169	5	2		23		453
三十四年一月至七月	12	1				29		42
合计	808	545	162	195	38	178	222	2148

附记

一、本表之数字均有可靠之证件为据。

二、敌机之损失如于本表制成后续有查明证实者于次月调制时改正之。

三、一月份迫降敌机中有三架系伪航员架来投诚者。

四、二十六年十二月即有盟国俄机参战，故在十二月以前敌机损失均属我军击落者。

五、本表根据参谋处第二科敌机在我境内损失总计一览表调制。

〔原编者注〕此件选自国民党政府军令部战史编纂委员会所拟之

空军作战总计表中。

原件无年月日,文中年月是编者后加的。

《抗日战争》第 4 卷(上),第 863—864 页

苏联空军志愿队参加轰炸蚌埠、安庆、台北及
鲁南峄县等地之敌的"战斗要报"
1938 年 2 月—10 月

空军战斗要报:2 月 17 日

第一,南昌方面(略)。

第二,汉口方面。

......

八、本(17)日 8 时 55 分以 CB 轰炸机八架轰炸安阳敌机场,至黄河上空时,遇敌驱逐机六架,分两分队,自前面左右两方,向我机横截。我机两个四机小队,向右梯次前进。敌机在我后方,交互飞过,追赶不及至新乡附近,遇敌驱逐机三架,掩护敌轰炸机四架,迎面飞来。我第二小队之右翼机,与敌轰炸机互射。敌轰炸机左翼一机,忽自我机后下方,向西下降于道清铁路南侧,结果未详。

11 时许,到达安阳,见各机场均无敌机,遂自 4000 米高度,降至 2000 米,见漳河南侧车站,停有部队,车站北,停火车一列。漳河北有火车一列,自北向南驶,遂分头轰炸之。归途在驻马店加油后,14 日安返汉口。

九、8 时 55 分之同时,以 CB 机四架,轰炸蚌埠之敌,以两机轰炸临淮关东侧之敌及停留之汽车,以两机轰炸临淮关西南约数公里公路之敌汽车队。同时,遇敌驱逐机两架,向我攻击。至 11 时 35 分,我机两架受轻伤,飞回,伤一人。

15 时 05 分,据报:一架迫落六安,其余一架,后闻落寿县保佑寺,正派员处理中。

十、10 时,汉口闻敌机侵袭,结果未至。

第三,长沙方面(略)。

第四,广东方面(略)。

2月17日我方空军飞机损耗表

隶属	驾驶员	机名	号码	机数			地点	原因	报告者	备考
				待查	可修	全毁				
	俄员	SB	3-1555		1		寿县东保佑寺	迫降	本部调查	
	俄员	SB	3-1558		1		六安	迫降	同	
第四大队		E15			1		汉口	着地不慎失事	同	
小计					3					
总计					3					

空军战斗要报
民国27年2月24日

2月23日战斗要报如下:

一、我CB新轰炸机,8时,由汉口起飞。8架于12时5分,2架于12时25分,先后到达台北。该处敌机场停敌机甚多,被炸命中,棚厂亦被炸起火。事前似全无防空准备,既无高射炮射击,亦无飞机起飞驱逐。

我10机于任务完毕后,回经丽水加油,除2架陷入泥中桨坏,候明(24)日可飞回汉口外,均于17时30分安返汉口。

二、我CB新轰炸机11架,内5架由我国飞行员驾驶,于8时30分,由南昌出发,距台北约尚有20分钟航程之处遇云,仍折回,经丽水加油后,均返南昌。

附:飞机损耗及现数表共三纸

飞机现数表及新机现况表(略)

隶属	驾驶员	机名	号码	机数			地点	原因	报告者	备考
				待查	可修	全毁				
	俄员	S.B	4/44B-1605		1		丽水	着落失事	南昌电话	人无恙

隶属	驾驶员	机名	号码	机数			地点	原因	报告者	备考
				待查	可修	全毁				
	俄员	S. B	4/44B-1509		1		同	同	同	同
小计					2					
总计					2 架					

空军战斗要报
民国 27 年 6 月 10 日

本(10)日,我志愿队驾SB机5架,各带100公斤弹4枚,8公斤弹20枚,于13时,由汉口出发,抵黄梅,改航东北,向至巢湖,复折向东南,以示侵袭芜湖企图,抵荻港江面上空,忽回航西向,至铜陵对岸凤凰镇附近,发现江面兵舰,大小七艘,遂以4000米高度,关闭油门,减低声响,出其不意,于3000米许,一齐投弹爆发,随即爬升云上,俄复降至600米侦察:敌舰一艘着火,渐沉;另一舰上之敌,纷纷跳水。敌舰高射炮,乃于此时,开始射击。我机以任务完成,整队沿江西向,见大通有敌舰六艘,贵池有三艘,均无弹轰炸,殊为可惜。于16时15分安返汉口。谨闻。

附略图一纸(略)

空军战斗要报
民国 27 年 6 月 19 日

本(19)日,我SB机八架(分两队),由志愿队驾驶,于15时20分,自汉口机场出发,抵达安庆上空,发现江面敌舰50余艘,即连续投弹我第一、二两分队,各命中两敌舰起火,另一舰附近中弹受伤我机以任务完成,回头西向。其时有敌驱逐机12架追来攻击,我机未受损。至17时40分,安返汉口机场。

9月份我方空军轰炸成果统计表

日期	隶属	领队	机名	架数	炸弹			目标			爆炸概况	报告者	备考
					重量(公斤)	个数	信管	地点	种类	数量			
7	志愿队	习美脑光	SB	6	2280	78	延期	九江上游龙坪镇附近	敌舰	甚多	三大型舰受伤冒烟,小型撞坏数目未能判明	张延孟	
27	志愿队第一大队	俄员	SB	7	3220	182	碰炸	罗山西北罗山西,罗山东竹竿铺后	炮兵阵地密集部队分进梯队		全数爆发命中炸毁敌炮兵阵地死伤敌军甚多		
27	第二十四队、第二十六队	苏显仁	E16	9				同上			机枪扫射		该两队系掩护任务
附记													

9月份我方空军战斗成果报告表

日期	隶属	得力战斗员	级职	击落敌机			击落地点	证实者	备考
				机种	番号	架数			
7	志愿队			驱逐		2	待查	第一路司令部	
28	官校	姚杰	少尉军官	重炸		1	宜良县之狗街	周至柔2820参丁龙电云俭电	
28	官校	周庭芳苑金函	上尉军官中尉军官	重炸	台湾号	1	昆明路南	同上	
28	官校	杨绍廉黎宗鳖		重炸	2679	1	同上	同上	
总计				5架					
附记									

10月份我方空军轰炸成果报告表

日期	隶属	目标		轰炸状况	机种	机数	弹种	总弹数	证明者
		地点	种类						
2	志愿队	罗山	敌阵地	数处起火损失不明	C.B	8		238	第一路司令部
2	第二十六、二十四队	罗山	敌阵地及公路上之马车	扫射后死伤不少	E16	12			第一路司令部
3	志愿队第一大队	阳新	敌桥梁及炮兵阵地	因云雾甚低误认目标，未达目的	C.B	8		222	同上
5	同上	罗山	敌炮兵阵地	浓烟四起成果甚佳	C.B	9		252	同上
5	第二十六、二十四队	同上	同上	低空扫射	E16	10			同上
6	第一大队志愿队	同上	同上	因云低成果不明	C.B	7		178	同上
6	第十三队	箬溪瑞昌间	敌后方部队	因云低未投弹仅散发传单	北美48	1	180公斤	10	该队报告
10	同上	武穴田家镇	敌舰	因夜间云低成果不明	同上	1	180公斤	10	同上
10	同上	田家镇	同上	轰炸五枚成果不明并散发宣传品	同上	1	180公斤	10	同上
11	同上	瑞昌	敌阵地	云低未能判明目标仅散发传单	同上	1	180公斤	10	同上
12	同上	万家岭张牯山	同上	投弹时敌我炮战甚烈因天黑成果不明	同上	1	180公斤	20	同上

《抗日战争》第4卷(上)，第865—870页

薛冀弘①致钱久孚②

1939年7月15日

久孚处长我兄：一别月余，想念为劳。弟此次赴西北处，故历时较久，日昨始由成都回渝。兹有重要之事，请兄相助。苏联空军两大队，约100余人，日内即飞渝，常驻重庆成渝公路拍市岩新飞机场。弟昨曾赴附近寻觅住所，遍觅无适当房屋，且多破陋不堪，独有三春堂(地名)第一补充兵训练处团第2团第15连连部驻地内，驻军约一百数十人，较为可用，距时太促，事不得已，拟请该连迁址。昨晚曾与陈教育长武鸣面洽，已承电话贺处长，转饬迁让，惟谓该连现归经公总司令节制。

请求经公总司令下令更好，事关志愿军招待，及保卫重庆空防、事不得已，尚乞婉陈。

总司令俯准，不胜万幸，如承许可，拟于十六七日，即行着手布置。专上，并候回音

顺问

勋祺

弟薛冀弘

7月15日

《抗日战争》第4卷(上)，第870—871页

苏联空军志愿队参加轰炸南宁之敌的"战斗要报"

1月份我方空军轰炸成果报告表

1940年1月

日期	隶属	目标		轰炸状况	机种	机数	弹种	总弹数	证明者	备考
		地点	种类							
4	志愿队	南宁	敌机场	投弹命中炸毁敌机四架	C.B	4	爆破弹	2400公斤	第二路司令部战斗要报	

① 军委会战地服务团重庆招待所组长。
② 即钱郁恒，时任重庆卫戍总司令部副官处处长。

续表

日期	隶属	目标		轰炸状况	机种	机数	弹种	总弹数	证明者	备考
		地点	种类							
7	同上	同上	敌阵地	轰炸成绩良好。曾目睹南宁火焰冲天	同上	5	同上	2000 公斤	同上	
7	第六大队第十九队	同上	同上	同上	同上	4	同上	1600 公斤	同上	
8	志愿队	同上	市	投弹于南宁市区北部	同上	6	同上	3600 公斤	同上	内有三机因时间迟误未将弹投落,原弹带回
10	同上	同上	敌机场	炸毁敌机三架	同上	6	同上	同上	参谋总长室元月16日函。据白主任真电报
	附记									

《抗日战争》第 4 卷(上),第 875 页

国民党政府空军第三路司令官 1940 年 4 月份空军作战报告

1940 年 5 月 2 日

极机密　第 4 号　空军第三路司令官田曦(官章)

空军第三路四月份战斗要报

五月二日于成都

一、我志愿大队 SB 八架于四月二十八日上午九时二十分由温江机场出发,其携带炸弹量:50kg 卅枚,10kg 百另八枚,预定轰炸目标为运城敌机场。

二、当天十时四十分降落南郑加油,于十一时二十分由南郑起飞,高度为七千公尺,过西安后,因云降低至三千五百公尺,至潼关附近,复盘旋升高至五千公尺,终因天气关系不能飞往运城,遂于十二时五十分

在虞乡车站附近(此地有敌仓库)投弹,均命中起火。当时有敌驱逐机三架,因不及攻击,尾追至渭南,始逸去。

　　三、十四时五十分降落天水加油,旋即飞降兰州,于三十日十二时二十五分由兰起飞,十五时安返基地。

　　四、参加作战人员姓名如附表。

　　右报告

军政部长何

　　我空军参加作战人员表

　　二十九年四月二十八日

隶属	职级	姓名	飞机种类及号码	备考
志愿队	总领队	吴瓦洛夫	SB1 号	
	领航员	波他年阔		
	射击士	卢金		
	代理队长	史才尼阔夫	SB4 号	
	领航员	基勒司基		
	射击士	莫轧也夫		
	副大队长	特鲁深	SB9 号	
	领航员	别特里参阔		
	射击长	克里棉阔		
	分队长	马克西棉阔	SB5 号	
	参谋长	喀切林楚克		
	射击员	列别了夫		
	飞行员	阿布拉司金	SB3 号	
	领航员	扎多罗内衣		
	射击员	苦得俩错夫		
	飞行员	葛雷楚诺夫	SB6 号	
	领航员	普拉索洛夫		
	射击员	特洛非诺夫		

隶属	职级	姓名	飞机种类及号码	备考
志愿队	飞行员	普罗特尼诺夫	SB7 号	
	领航员	顾斯岑		
	射击长	喀史岑		
	飞行员	别特罗先	SB8 号	
	领航员	李西岑		
	射击长	皮聂诺夫		共 24 员

《民国档案》1985 年第 1 期,第 63—64 页

汉口苏联空军烈士墓

　　抗日战争期间,有 100 多名苏联空军志愿队的指战员,为中国人民的民族解放事业献出了宝贵的生命。武汉人民永远不会忘记在武汉抗战期间牺牲的苏联空军志愿队的烈士。1951 年,武汉市政府在汉口中山大道原"万国公墓"内埋有苏联空军志愿队烈士骨骸处修建了烈士纪念碑。1956 年 3 月,又将烈士遗骸迁到汉口解放公园,重新修建了苏联空军志愿队烈士陵园。

　　这座占地约 150 平方米陵园的正中,竖立着高达 8 米的纪念碑,碑的正面刻有"苏联空军志愿队烈士墓",背面是"在中国人民抗日战争中牺牲的苏联志愿队烈士们永垂不朽"的题词。纪念碑后约 15 米处是烈士公墓,墓高约 3 米,宽 4 米,长约 30 米,墓上种有 7 棵柏树。墓前一排大理石上,用中、俄两国文字刻着碑文和 15 位烈士的姓名、出生年代、牺牲时间。碑文是:

　　1938 年,当中国人民正遭到日本法西斯疯狂侵略的时候,苏联人民无私地派遣了自己的优秀儿女——苏联空军志愿队——来到了中国,援助了中国人民反抗日本法西斯侵略的伟大的正义斗争。

　　苏联空军志愿队与中国人民一道在反击日本法西斯的斗争中创立了无数的英雄战绩。他们以武汉为基地,曾英勇地远征台北,猛烈地轰

击过长江中的敌舰,并顽强地参加了保卫武汉的斗争,严重地打击了日寇的疯狂气焰,鼓舞了中国人民的战斗意志,在激烈的战斗中有许多名志愿队员献出了自己的生命,其中有重轰炸机大队队长库里申科和战斗机大队队长拉赫曼诺夫。为了中国人民的解放事业,苏联空军志愿队的烈士们的鲜血和中国人民的鲜血溶结在一起了。他们将永远活在中国人民的心里。

让这种属于工人阶级的高贵的国际主义精神永远发展和巩固着中苏两国人民兄弟般的牢不可破的友谊!

烈士们永垂不朽!

1956 年 3 月

大理石上,镌刻着苏联空军志愿队 15 名烈士的姓名:瓦连金·谢尔盖耶维奇·考兹洛夫(1912 年生,1938 年 2 月 15 日牺牲)、瓦西里·瓦西里耶维奇·别索茨基(1907 年生,1938 年 2 月 15 日牺牲)、乌拉基米尔·伊凡诺维奇·巴拉莫洛夫(1911 年生,1938 年 2 月 15 日牺牲)、莫伊塞·伊萨阿科维奇·基吉里什登(1913 年生,1938 年 2 月 15 日牺牲)、米哈伊尔·德米特里耶维奇·师什洛夫(1908 年生,1938 年 2 月 8 日牺牲)、德米特里·巴甫洛维奇·马特维耶夫(1907 年生,1938 年 7 月 16 日牺牲)、伊凡·伊里奇·斯图卡洛夫(1905 年生,1938 年 7 月 16 日牺牲)、德米特里·费奥法诺维奇·库列申(1914 年生,1938 年 8 月 21 日牺牲)、马尔克·尼古拉耶维奇·马尔琴科夫(1914 年生,1938 年 7 月 9 日牺牲)、乌拉基米尔·格拉西莫维奇·多尔戈夫(1907 年生,1938 年 7 月 16 日牺牲)、列昂尼德·伊凡诺维奇·斯柯尔尼亚科夫(1909 年生,1938 年 8 月 17 日牺牲)、菲利普·杰尼索维奇·古里耶(1909 年生,1938 年 8 月 12 日牺牲)、柯西扬·柯西扬诺维奇·楚里亚柯夫(1907 年生,1938 年 8 月 12 日牺牲)、尼古拉·米哈伊洛维奇·泰列霍夫(1907 年生,1938 年 8 月 12 日牺牲)、伊凡·尼科诺罗维奇·古罗夫(1914 年生,1938 年 8 月 3 日牺牲)

《抗日战争》第 4 卷(上),第 877—878 页

（四）《苏日中立条约》的签订与国民政府的因应

　　说明:1941 年 4 月 13 日,苏联与日本签订《苏日中立条约》。苏日两国同时还签订了所谓相互尊重蒙古人民共和国与"满洲国"的领土完整与边界不可侵犯的宣言书,严重侵犯了中国的领土主权,中国外交部为此向苏联政府提出了抗议。但蒋介石出于继续争取苏联援助的现实考虑,决定采取克制态度,不恶化两国关系,苏联政府也宣称对华政策不变。

1.《苏日中立条约》的签订

杨杰致蒋介石电（摘要）

莫斯科,1939 年 9 月 2 日

　　连日与苏外部密谈,据称(1)外传德、意诱策日向苏提议订立互不侵犯条约,此间尚无所闻。(2)但泽问题,虽已剑拔弩张,表面上紧张已极,但据本星期英、德及德、波间之情形观察,和平之成分较上星期为多,将来或彼此让步,将来即可得到解决之途径等语。又据某大使面称,据驻苏日大使告彼,近来苏维埃增大远东兵力。(3)苏维埃最高院第四届非常会议,今晚莫洛托夫作外交报告,职亦被邀请旁听,谨将其要点摘呈:(甲)英、法、苏谈判为时四个月,军事代表团虽到莫,既无全权证书,又属次等人物,且无诚意,故作延宕,因此谈判中止。(乙)求苏助波,但不许军队入境,其用意在增强英、法之力量,只求片面之利益。(丙)苏德不侵犯条约之签定,是适合苏、德人民之利益,即将来大战爆发,亦可减小范围。(丁)苏对外政策完全建立于自身利益之上,不受他国之利诱。再,国际政策之技术,在减少敌人,今日为敌,明日亦可为友,凡对我友好之国家,均可缔结此类之条约。

外交部致胡适电

1939 年 9 月 5 日

莫斯科路透社电称,苏、日有开始商议不侵犯条约之说,德国驻苏联大使正从中拉拢,最近曾与日本大使会晤三次云云。深望此说与苏德签订不侵犯条约前之传闻不同,完全不确。但切盼注意探查密报。外交部。

《胡适任驻美大使期间往来电稿》,中华书局,1978 年,第 23 页

张冲致蒋介石函

重庆,1939 年 9 月 5 日

总裁钧鉴:路透社所传苏日不侵犯条约事,职除向俄大使转达钧示外,今晨分别访问塔斯社、萨意将军及伊代顾问,嘱代探听,并将中国人民对此约之反感预告之。职又访外部当局,请渠根据中苏不侵犯及国联议决之精神,由部长正式转请苏方注意,惜部、次长皆不在官舍。兹职谨恳钧座用电话通知王外长,请渠斟酌进行,并请赐电孙院长、杨大使就近努力。敬请钧安。职张冲谨呈。九、五。

《战时外交》第 2 卷,第 346 页

外交部致胡适电

1939 年 9 月 6 日

据报:路透社盛传苏、日将商订互不侵犯条约,希向驻在国政府探查真假。如有此事,并希设法阻止,并将办理情形报部。外交部。

《胡适任驻美大使期间往来电稿》,第 23 页

杨杰致蒋介石电

莫斯科,1939 年 9 月 23 日

重庆。外交部。一六〇六号。廿二日。并请转呈委座:一二二四、

一二二五、一二二六、一二二九,四电奉悉。连日与苏联外部密谈,谨将外次拉代夫司基所称,摘要录陈:(甲)蒙伪边境事件,因日方请求停止军事行动,其性质正与哈桑湖相同。日俄悬案正多,如承租权、煤区暨渔业各项问题,皆为两国间悬案,如日方继续请求谈判,苏联亦可讨论,惟决不能违反中国之利益及危害中国之抗战。至不侵犯条约,目前日方并未提出。(乙)海通社之消息,极为离奇怀疑,想国外莫斯科任何通讯社均无拍发之可能,必系捏造,该项消息性质极关重大,苏联如果确有此事,必请贵使转达,或事后驻华苏使转告,何至借口通讯社,向外传播,想系汪精卫之流,藉此离间,使人心发生裂痕,以遂其私。且苏联政府对外主张,向皆公开,如伏元帅之言论、莫外长之广播,及史先生与美记者谈话,均在报端发表,即其明证。所谓东亚新集团,即日本所称之亚新集团秩序,直言之,即系听日本吞并中国,危及于苏联之意,苏联政府岂肯为其利用,苏联之希望,系在中国能得解放,就是望中国抗战到底,得到最后之胜利,深愿中国在此种国际情势之下与英国维持必要关系,能得彼等一分协助,即算受一分好处,此乃中国应取之态度,苏联从未劝过中国政府舍弃连英政策。至苏联对中国之协助,日前莫外长已向贵使郑重声明,过去如此,将来亦如此,绝不能有所改变。顷接沪报上海大英报,中国行政院副院长张群与近卫同时到港,意在讲和,此种消息是否可信等语。除(乙)项末段当即严词否认外,谨复。职杨杰叩。

附注:一二二四号去电——日苏停战不侵犯条约亦在进行中,希探询详情,又苏以后对我态度由。

一二二五号去电——向苏方提醒关于中苏订立不侵犯条约时之了解等由。

一二二六号去电——日苏现仍继续谈判边境纠纷以外之问题,希注意探报由。

一二二九号去电——关于苏方亲华高级人员谈话事。电报科谨注。

蒋介石在重庆接见苏联驻华大使潘友新谈话

1939年11月8日

时间——二十八年十一月八日上午十一时

地点——重庆委座官邸

委座：昨日为贵国国庆纪念，特向贵大使祝贺！

大使：谢谢盛意！

委座：大使身体好否？

大使：尚好，谢谢！敬候委座暨夫人安好！

委座：谢谢！贵体似较前清瘦，得无恙乎？

大使：近来稍感不适，已痊，余体虽瘦，尚觉结实！

委座：这次总顾问回渝，大使已与见面并询悉前方情形否？

大使：已经见面，前方情形，已得简要报告。

委座：最近国际方面有何新的情况？

大使：在国际方面，最近各国都很注意于苏俄的态度与行动，这是由于欧战发生以来，苏俄在国际地位倍增重要之所致。但敝国的政策，是一贯主张和平的政策，昨日莫洛托夫外长在十月革命二十二周年纪念日演说，已将此态度表明。至对于现在世界所发生之战事，究竟谁是挑战者，在上月三十一日莫洛托夫外长演词中亦已指摘甚明。简言之，在欧洲方面，敝国对于英、法之以种种口实延长对德战争，实不满意；在远东方面，对于日本侵略中国的战争，亦极不满。

委座：除此以外尚有其他消息否？

大使：除莫洛托夫外长最近两次演说以外，未得其他消息。

委座：对于敝国抗战，贵国最近有何表示？

大使：余前于未离莫斯科时，曾迭与斯塔林先生谈话，彼曾明白表示，敝国对中国政策甚真诚，决不致改变，中苏从前是友邦，现在是友邦，将来亦永是友邦。

委座：最近彼还有何新表示否？

大使：仍持一贯政策，未有变更。

委座：国际上对于最近贵国与日本的关系，颇有所传说，尤其敝国一般民众对此亦怀有许多意见，不知贵大使已闻悉其大概否？

大使：贵国民众对此表示何项意见，尚无所闻！

委座：一星期以前国际即盛传，苏俄与德国、日本将联合起来，瓜分中国，此项消息，大使曾闻悉否？

大使：此是谣言，甚真实，而此谣言究由何方发出亦甚明显。

委座：究竟贵国与日本最近有无妥协可能？

大使：此在敝国外长上月三十一日演词中已有说明，即苏、蒙、日、满边境诺门坎冲突，已由九月十五日莫斯科苏日停战协定予以结束，并已成立共同划界委员会，进行解决边界争执之谈判。

委座：商务谈判事如何？

大使：此点莫洛托夫外长演词中亦有说明，日本最近颇倾向于与敝国通商贸易，但此不过是一种倾向，日本国内舆论已有何预备，尚不一定，日本方面之意见是否可靠，尤不能预断。敝国方面认与日通商，无何妨碍！但最近尚不可能！

委座：贵国对国际外交政策甚明显，尤其对日本的政策不变，此点敝国政府知之甚稔！但一般民众颇看不清楚，故今天特将我的意见对贵大使说一说。

自从莫洛托夫外长在贵国最高苏维埃第五届临时代表大会发表演说以后，演词中所表示之贵国态度，实给日本一大生路，益国际上对此已发生两种观察：第一，日本一定借贵国对彼态度之缓和抬高其对英、美之讨价；第二，在中国方面，足使英、美对日妥协，而容易促成汪精卫组织之出现。而此二者对远东之影响实皆不利，此普通一般人之心理和观念，贵我两国皆应密切注意。我想贵国与日本之关系甚明显，不致有何妥协之可能，但诚如贵国外长演词中所表示之态度，日本方面颇可藉此以出卖苏俄而对英、美说话，英、美有鉴于此，亦将与日本拉在一起，将来结成反共阵线，转以对付贵国，盖日本现行政策无论对内对外必为反共无疑。如此，贵国对日态度转变之结果，徒然促成日本与英、美之妥协,进而形成英、美、日之反共阵线,而贵国即欲与日妥协犹不可得!

　　我现在再将中国之政策对贵大使重新说明。敝国政策,向与贵国一致,一九三七年以前之情形且不必说,即自前年贵我两国签订互不侵犯条约以后,贵国对远东问题,主张召开远东会议,以求觅取远东和平,敝国自来亦如此主张,且对美国迭次表示,仅美国一国,不能解决远东问题,远东问题欲求解决,不能离开苏俄,如果离开苏俄而举行之任何解决远东问题之会议,必不免流为欧洲之慕尼黑会议,敝国政府,实有此确切之认定,忆前年贵国前任外长李维诺夫亦曾与孔院长如此说,前任贵国驻华大使鲍格莫洛夫来见我时亦如此说,故贵我两国最好助成美国出面来共同解决远东问题,此乃敝国近几年来对于远东问题之政策,实与贵国一致,且一贯未变。现在美国对远东政策已日趋积极,如前此之废止美日商约,格鲁①大使反对“东亚新秩序”之东京演说以及日昨参院外交委员长毕德门②之谈话,皆可表明。美国对日态度既如此积极,是贵我两国从前所预定之计划与步骤,几已促其成功,美国已经快要挺身而出了。但如贵国最近表示态度谓可与日本妥协,则美国对日,必将退缩不前。何以言之?比方说贵国表示可与日本进行商务谈判,签订商约,则美国对日之经济封锁——断绝其军火原料与军械、军需用品等之接济,即将停止实施,因在苏日妥协情况之下,即令美国不接济日本,日本亦可向贵国购买,故现时美国压制日本藉以解决远东问题之唯一武器——经济封锁,能否有效,完全系于贵国态度如何以为断,如贵国不与日本成立商务经济上之妥协,则美国之经济制裁有效,否则便归无效。故贵国最近态度之表示,无异予美国一大打击,亦即对远东问题之解决予以大不利之影响。日本得此声援,以后地位提高,而美国行将被迫转而与之联合了!

---

① Joseph C. Grew,美国驻日本大使。
② Pittman.

再说日本现在之政策，亦甚显明，即彼可就贵国对日态度之转变以对付英、美，如英、美施彼以压力，彼可明示以有恃无恐，一方面又可要胁英、美承认其在中国之战争状态，而不反对其在东亚之所为，彼即可与英、美妥协，将来进而促成英、美、日反共阵线。同时彼更可藉此促使汪精卫伪政权之成立，图打击国民政府，以求中国事件之结束。如此计得逞，日本以后即可全力对付贵国，故此事对于中国抗战与远东前途极为不利，余虽知贵国在事实上不会与日本妥协，但贵国既有此态度表示，实不无顾虑！希望贵大使将余此意详告贵国政府。

大使：我必将此意报告敝国政府。

委座：余之意见再简要说明，第一点，敝国政府对贵国在远东之态度与政策甚了解，其无不利于中国之处，亦深信不疑。惟最近国际传说谣言流布，实令人不能不予以深切之注意！尤其敝国一般民众凭其直觉观感，不免滋生疑惑！如传说贵国将联合德、日瓜分中国，此明为可笑无稽之谣言，然一般反动份子和汉奸如汪精卫之流，即可藉此煽惑，故殊堪留意也。

第二点，敝国政府亟盼贵国对于远东问题的态度，能与美国一致，而不相反对，一如贵我两国从前之所希冀者。盖此不仅与敝国有利，与贵国亦极有利，因在远东如暴日得势，彼必视贵国为敌，而美国为保持其权益与地位，唯求压制日本之侵略，而决不致于贵国有何妨碍。再进一步言之，今后要解决远东问题，如贵国出而主张，而美国不动；或美国出而主张，而贵国不动，此即日本之胜利。是以敝国迭向美国表明欲求解决远东问题，不能无贵国之合力，离开贵国即无从谈判，美国方面亦深知此理，必须美、俄一致，始能解决远东问题。余意必求贵国理解及此而付诸实施，才是贵国真正援助敝国抗战之道。

第三点，此次莫洛托夫外交演词中所表示贵国对远东之态度，自余观察，实毫无足异，惟日本即可借此以提高其地位，而影响所及，将迫使英、美与之妥协共谋牺牲中国，此即所以共谋对付贵国也。故特请贵大使将余此意详告贵国政府。于此，余并可郑重宣言，敝国政府之外交政策已如前述,当与贵国一致,而无变更,深盼贵国之外交政策,亦能开诚相告,如有何意见,不妨随时对敝国说明,以求两国国民之完全了解,使敌人与汉奸无所施其技。

第四点,现在日本的政策无论对美、对俄或对其他国家,必暂取缓和态度,而惟求迅速解决中国问题。他所谓解决中国问题,即欲于中国境内扶植一傀儡之伪组织出现,企图打倒国民政府,然后挟此以对贵国和美国。余意日本政策必不出此一途,希望贵国政府对此特别防备。盖此不仅中国抗战成败之关键,亦即贵国远东政策成败之关键也。

大使:委员长高见,余必转告敝国政府。

委座:对余所言各点,贵大使以为如何?

大使:现在社会上各种谣言传说,其真象如何,用意何在,皆极显明。敝国外长演说提及苏日贸易关系之增进一点,仅谓有此可能性而已。委员长意以为此与美国对远东之政策不合,但余甚怀疑美国对贵国之援助究已至何程度,且日本在对贵国进行战争期中所需求之一切军火原料多由美国输入……敝国在远东不仅有许多权益,而且须保障在远东之疆土,故敝国对远东政策甚为积极,委员长以及贵国政府对敝国此种外交政策甚明了,余甚满意,至贵国一般民众之怀疑,由于过去缺少解释,今后可设法多加说明。(此段生有未听清晰之处)

委座:余之意见,请即电告贵国政府与斯塔林先生,并盼即有回讯,以便再加讨论。

(以下大使所提一项情报与两点请求,从略)

大使:所示甚当,再会!

委座:再会!

《战时外交》第 2 卷,第 350—355 页

贺耀组致蒋介石电

莫斯科,1939 年 12 月 19 日

重庆。密。委座钧鉴:皓电敬悉。职原应遵办,但此间对英、法因

国际联盟关系,感情异常恶化,同时对我政府未能在国际联盟代为辩护,亦表不满,故钧座甲函,此时似不宜提出。职于今日会面管理远东问题之苏联外交次长拉代夫斯基,彼答杨大使耿光问,称满蒙划界问题,俟解决再订,并定明年一月派遣商务代表团来莫斯科,商订商约。综合观察,日俄似有逐渐接近可能,请钧座顾虑及之,该外交次长又请将给史太林、伏罗希洛夫、莫洛托夫三函交彼转递,再定接见日期,职比允其请,拟明日提交乙函,以免泄漏而留不易变换之痕迹,再看史太林接见时期之空气,妥为转达甲函内容,料无妨也,谨呈。职贺耀组。皓。印。

《战时外交》第 2 卷,第 360 页

杨杰致蒋介石电

莫斯科,1940 年 1 月 9 日

桂林。委员长蒋:鸭密。兹将与伏帅及莫兼外长晤谈情形摘呈:(一)昨午刻晋见伏帅,作以下谈话:甲、余奉蒋元帅训令回国述职,今后接洽军火接济,统由贺将军[①]办理。乙、今后苏联对中国接济腹案,请详告,以便面陈蒋元帅。(二)伏帅答复如次:甲、即于日内接见贺将军。乙、两月来国际形势有重大变化,苏联处境较昔困难,接济一层,当本既往帮助之精神,尽力之所能据行办理。(三)酉刻晋见莫兼外长,作以下谈话:甲、余奉命回国述职,一切事务由贺将军主持,请速接见贺将军。乙、中国抗战以来,多得贵国援助,希望继续源源接济,以期争取最后胜利。丙、苏日间商约之谈判,是否涉及广泛政治问题,请见告。(四)莫氏谈话如次:甲、日内即可接见贺将军。乙、已往及截至现在,均系帮助中国,将来亦可觅得方法帮助,但一方面亦视中国之态度如何。丙、苏联对华政策,仍是一贯,但国联开除苏联会员籍时,如中国代表反对,决不致有此结果,此次中国出席国联代表之举动,无异帮助英、

---

① 贺耀组,军事委员会办公厅主任,陆军上将。

法打击苏联，是何用意，令人难解，截至今日止，中国方面未见有任何人向苏解释此次用意之所在，希望贵使报告贵国政府。丁、苏芬问题，中国舆论毫无表示，缘苏为保障列宁堡之安全，以十六倍之国土，换芬兰弹丸之地，并愿给偿此地带内之建筑物代价四万万余马克，但因芬受外界之驱使，致使两国人民涂炭，殊为惋惜，幸芬兰人民政府与苏订立互助条约，不久即可结束，希望中国舆论有此认识。戊、苏日间之谈判仅及于商约，但结果如何，全视日方之态度而定。（五）此外伏帅及莫兼外长所谈尚多，以上仅就其大意报告，详细容面陈外，职仍照微电所陈，十日离莫返国，谨呈。职杨杰叩。青巳。渝机转灰。印。

《战时外交》第 2 卷，第 362—363 页

邵力子致蒋介石电（摘要）

莫斯科，1940 年 10 月 5 日

今早仍由拉次长接谈，谓史先生对钧座电即将直接电复，职重述钧意，并据英美两使所谈，拟就援华问题与苏协商，请其予以鼓励。次询日俄不侵犯条约之传说，又详陈我国之顾虑与愿望，拉未肯明白否认，即绝对不缔结该约，但谓传说与推测不能作为事实讨论，缔约系双方问题，非片面企图所能达到，似至少目前尚未决定。克爵士昨晤莫洛托夫外长，所得印象亦认苏日间尚无新变化。外传德、苏运用压力，德外长有来苏说，苏处境甚困难，正根据中立政策慎重应付，我似难作奢望，必须与英、美分途努力。敬请钧察。

《战时外交》第 2 卷，第 381 页

邵力子致蒋介石电（摘要）

莫斯科，1940 年 10 月 6 日

今（六）晚十一时外部次长约见，亲交史先生复钧座函，嘱为转呈，内文词意亲切，对外交方针，似因情势困难，未直接作答，俟译竣立即电陈。再今晚又见克爵士，彼谓近日所得印象，苏方渐与我等之期望接

近,又谓苏即使对日缔结不侵犯条约,亦只为其避免某潮流压力之不得已办法,故必徒具形式,无关实际,且据彼所知苏正尽力延宕,劝我不必过于重视,仍宜对苏表示信任,谨附陈。

《战时外交》第 2 卷,第 381—382 页

郭泰祺致胡适电

1940 年 10 月 17 日

英外长面告:苏联畏德殊甚,恐将与日本妥协,以免东西受敌。吾人欲防止日、俄妥协,端赖美国。盖美力足制日,可去苏东顾之忧。故英国对此点在华府正有所致力,盼中国大使亦能于此致力,以期收效更大云。特洽。祺。

《胡适任驻美大使期间往来电稿》,第 76 页

邵力子致陈布雷电

莫斯科,1940 年 10 月 19 日

陈主任布雷兄:筱电奉悉。昨今呈委座两电想邀阅,及史先生答复迟缓似因那考虑之故。弟认为其函内最亲切处为(在若干部份对苏俄亦能)一语,此为其对外表示从未说过者。对英、美援华制日特别详说,亦隐有可与一致之意。对继续援助虽未提及,惟既期望我军力加强,自可乘机与之再商,倘委座认有需要,拟请先邀总顾问面谈。至苏若对日订约,损伤道义感情已甚,弟迭与拉次长等详言,最后告以果有此约,对于中国人民精神上之打击将甚于一千架敌机之轰炸。惟克爵士之意见,弟认为至有价值,尊意如何?上述各节请酌转呈。弟力子。皓。印。

《战时外交》第 2 卷,第 383 页

蒋介石致斯大林电

重庆,1940 年 10 月 22 日

莫斯科。邵大使:皓午电悉。兹复史先生函,希即译转。史太林先

生阁下：接诵十月十六日尊翰，至感恳切之厚谊，不胜欣慰。尊论精确周详，尤其对于希望我中国军力坚强之一点，实为革命救国之真谛，读之令人兴感不置。余可奉告阁下者，即吾人正在于此努力，以克服任何之困难，必有以副阁下之望。日本无论如何必为我中苏两国共同之敌人，此为余于获诵尊函后所得明确之信念，而此相互的信念之加强，足使日本任何之野心与阴谋，根本粉碎。至此后国际大势之观察与共同奋斗之方针，甚望时时赐教，必当衷诚领受也。蒋中正。酉养。

《战时外交》第 2 卷，第 383—384 页

王世杰为请适当时机发表张季鸾关于苏日中立条约文章致王芸生函

1940 年 10 月 23 日

芸生先生鉴：昨函计达。附稿系季鸾先生所撰，给予缮清（并略有更易）之件，拟请贵报于建川抵莫斯科时发表，想荷同意。匆匆。即颂

撰祺

王世杰敬启

十月廿三日

将来本文发表后，万一尚有续论此事之必要，仍望不致伤及苏联友感，或先行洽商如何。

附及：关于苏日签订中立条约之说帖

一、观察

预料中之苏日政治协定业已成立。日本已自苏联得自由南进之机会。日本今后究将进攻马来、新加坡、荷印等地，或先进攻滇缅一带，以切断中国海外交通线，虽不可知，但日本发动南进之时机已愈益接近，似无可疑。

自德义日三国同盟成立以来，日本即有意与苏联成立谅解，德义亦希望日本与苏联成立谅解。此次松冈赴欧以前，德驻日大使奥特先松冈过莫斯科。在松冈由柏林返国，滞留莫斯科期中，苏联驻德大使曾于

四月九日晤德国外长与日本驻德大使,于此可见苏日协定在事前必已获得德方之默契,甚或德方之斡旋。

苏日协定虽可增强苏联对德国之地位,但苏联之主要目的似不在此。苏联之主要目的在促使日本南进,与英美冲突。苏联在苏日协定下之义务为:(一)对日本维持和平友好关系;(二)不侵犯日本与伪满之领土;(三)并与日本成为第三国战争之对象时,保持中立。但上述之第三点是否适用于中日战争(因依照公法,条约之效力不溯既往)?苏联与中国间有互不侵犯条约存在,苏联在该条约下对中国之义务为:不得直接或间接与侵略国以任何协助,并不得为任何行动或签订任何协定,致该侵略国得用以施行不利于被侵略之缔约国,严格而论,苏日协定无疑的与中苏条约冲突。然苏联亦可强辩,谓两者之间并无冲突,因苏联并未给予日本以往任何协助。纵苏日商约成立,苏联仍可如此强辩。且中苏条约在文字上并未指明日本。

苏联此后是否将继续援助中国?在目前,苏联一时似不致完全停止对华之援助。苏联此后之行动将视国际形势为转移。苏联此后若完全停止对华之援助,必将在中国业已获得大量之援助,日本对华作战之地位业已相形见绌,或美日战争业已爆发之后。因苏联现阶段之外交政策为:保持苏联之安全和平,并促使其他各国间之战争扩大与延长。苏联对中共之指使与操纵亦不必以此种政策为枢纽。换言之,苏联一时似不愿见中共与我国国民政府完全破裂。在现时中,中国抗战力量之削减绝对无利于苏联。

此次苏日协定,对日本较对苏联为有利。苏德两国间虽有暗潮存在,但目前苏联决无进攻德国。德国在现时亦决无强迫苏联应战之理。德国之作风,似在恫吓苏联,使苏联与轴心国家(包括日本在内)合作——至少消极的合作。为安定后方(东南欧)并获得作战之物质起见,德国不惜干犯苏联之疑惧,对巴尔干与近东一带用兵,但除意外之冲突外,德国于最近期间似仍将避免使苏联非应战不可。因德国必将先对英伦三岛予以闪击。在闪击英伦前,德国仍将避免与苏联作战也。

在苏日协定签订以后,莫洛托夫、松冈与近卫曾表示,此项协定将有助于解决苏日两国间之一切悬案。日本铁道当局最近亦曾表示,德日两国经过西伯利亚之运输必须获得圆满之进展。德国新派之商务代表团已赴东京,在不久之将来,苏日两国间之商约必将成立。而德日两国间之物物交换制度亦必将与两国对苏之商务协定取得联系。

此外,苏日两国间似尚有他种谅解,或业已秘密成立,或尚在交涉中。此种谅解,或有问边界领土,或有问鱼权油田,其谅解之内容,对苏必将较对日为有利。以平衡此次政治协定之影响(因此次政治携带,对日较为有利,已如上述)。

二、对策

今日之国际形势已日益明朗。中国之抗战除自力更生外,比较最可靠之友好邦,自为美国,美国此后对华之援助,将与苏联在远东之态度成一反照。苏联愈使中国失望,美国对华之援助比愈益积极,苏联愈将示好于日本,以鼓励其前进。因此,我国目前之外交对策似应注意下列数点:

(一)对苏联能利用一日,即利用一日,能利用一分,即利用一分。我即不依赖苏联,亦不必积极采取反苏之态度。

(二)设法在军事上,在外交上,巩固滇缅运输路线,严密防止日本以武力切断。务使英美与中国之交通不至完全隔断。

(三)促进美国之物质援助,并加强运输能力。

(四)与英国及其殖民地政府保持密切联系。

(五)加强后方经济,准备长期战争。

中国第二历史档案馆藏外交部档案,十八/131

邵力子致蒋介石电(摘要)

莫斯科,1941年3月26日

今午晤拉次长,据答史、莫接见松冈纯为礼貌问题,因松冈为日本外交部长,道经苏联,欲求谒见,至难谢绝。职告以最近日本国民新闻所载,日本应向苏联建议在中国建立一独立之苏维埃国,以免中国再发生内战等消息,谓日本现尽力造谣,离间中、苏,应请注意。拉答中国亦应有坚强之头脑,勿因谣言而眩痛。职谓本人有一信念,苏联不仅不能与日本商谈任何不利于中国之事,且并未与日本谈及中国问题,此在中苏友谊与苏联独立自由之外交政策,均应如此看法。拉答贵大使此种信念系以事实为根据,当然正确。拉态度诚挚,似无隐瞒。职意我国此时对苏日关系一方应表示深切之关怀,一方应认苏之信任。是否有当?敬乞钧察。

张冲呈蒋介石报告

重庆,1941 年 4 月 11 日

职今午与苏联大使潘友新见面,该使表示:(一)苏联对外政策不变,史太林在十八次联共党大会,及莫洛托夫在第五、六次最高苏维埃大会上,均已明白记载;(二)苏联决不为自己而牺牲人家的利益;(三)松冈过苏,因苏、日并未绝交,照例予以招待。

职问:松冈见莫氏,谈话至三小时,是否系商约问题。

潘答:并无所闻,过去所商洽者系新渔约,至于商约案,照莫洛托夫过去表示,如日本有诚意解除两国间矛盾与纠葛,并经苏联认为有诚意时,方可考虑。

在座之黎萨诺夫参事说:苏日间悬案之多,非三小时可以谈得完。

职最后表示:苏联之一举一动影响中日战局甚大,个人及全国社会人士,切盼苏联慎重,有克服日本之欺骗外交。

大使说:这是吾们很清楚的。以上数节,谨择要录呈钧座参考,敬呈委员长。职张冲呈。

苏日中立条约

1941 年 4 月 13 日

最近几天苏维埃人民委员会主席兼外交人民委员莫洛托夫与日本外相松冈洋右先生在莫斯科进行了谈判,谈判结果于 4 月 13 日签署了苏日中立条约以及相互尊重蒙古人民共和国与满洲国的领土完整与边界不可侵犯的宣言。

参加谈判的有斯大林同志,日方参加谈判的有日本驻莫斯科大使建川美次。

苏维埃社会主义共和国联盟和日本中立条约

苏维埃社会主义共和国联盟最高苏维埃主席团和日本天皇陛下,极愿加强两国之间的和平与友好关系,决定缔结中立条约,为此目的,双方各派全权代表如下:

苏维埃社会主义共和国联盟最高苏维埃社会主席团指派:苏维埃社会主义共和国联盟人民委员会主席兼外交人民委员 B. M. 莫洛托夫;

日本天皇陛下指派:外务相松冈洋右,从三位,一等圣宝勋章获得者和驻苏维埃社会主义共和国联盟特命全权大使建川美次中将,从三位,一等旭日勋章与四等金鵄勋章获得者。双方全权代表相互校阅全权证书认为妥善后,议定下列各条:

第一条

缔约双方保证维持两国之间的和平与友好关系,相互尊重缔约另一方的领土完整和不可侵犯。

第二条

如缔约一方遭受来自一个或几个第三国的攻击时,缔约另一方保证在整个冲突时间内保持中立。

第三条

本条约自缔约双方批准之日起生效,有效期 5 年。如缔约一方在本条约有效期届满前一年未声明废止,则本条约应视为自动延长

5 年。

第四条

本条约须尽快批准,批准书也应尽快在东京互换。

双方全权代表在本条约上签字盖章以资证明。

本条约用俄文和日文写成,共两份。

1941 年 4 月 13 日,昭和十六年四月十三日订于莫斯科

维・莫洛托夫　松冈洋右

建川美次

《抗日战争》第 4 卷(上),第 896—897 页

宣言

按照 1941 年 4 月 13 日苏联和日本所签订的中立条约的精神,并为了保证两国的和平和友好发展的利益,苏联政府和日本政府庄严地声明,苏联保证尊重满洲国的领土完整和不可侵犯;日本保证尊重蒙古人民共和国的领土完整和不可侵犯。

1941 年 4 月 13 日于莫斯科

《国际条约集》(1934—1944),世界知识出版社,1961 年,第 304 页

2. 中国的反应

中国外交部长王宠惠声明

1941 年 4 月 14 日

(中央社讯)外交部王部长对于苏日共同宣言,昨(十四)日发表声明如下:本月十三日苏联与日本签订中立协定时所发表之共同宣言,内称日本尊重所谓"蒙古人民共和国"领土之完整与不可侵犯性,苏联尊重所谓"满洲国"领土之完整与不可侵犯性。查东北四省及外蒙之为中华民国之一部,而为中华民国之领土,无待赘言,中国政府与人民对于第三国间所为妨害中国领土与行政完整之任何约定,决不能承认,并

郑重声明，苏日两国公布之共同宣言，对于中国绝对无效。

《抗日战争》第 4 卷（上），第 898 页

王世杰致胡适电

1941 年 4 月 15 日

胡大使：日、俄协定事，除由外部就满蒙问题声明立场外，我将不对苏作其他批评，以免造成反苏印象，为敌利用。请密嘱有关人员注意。杰。

《胡适任驻美大使期间往来电稿》，第 101 页

胡适致陈布雷转蒋介石孔祥熙王宠惠王世杰电

1941 年 4 月 15 日

布雷兄：乞呈介公及庸之、亮畴、雪艇三兄。昨访财长摩根索①，彼谓自苏、日协定②后，美国政府对中国之同情只有增浓，决无减退。又谓，总统十六日将出门休假，可即请谒一谈。

今年适与子文兄同访总统，在座有摩财长、财次长及居里君。总统谈，苏、日协定并非全出意外。所不可知者，苏俄此后是否仍继续资助中国抗战，其盼中国政府有确切消息见告。子文因向总统陈说中国远东形势之严重；我国望援之迫切；至盼在援助抗战国家新法案之下，能得着大量之实质援助；并盼总统能于最近期中发表援华具体方案节目。总统允于今日下午白宫报界谈话时有所表示。子文又略陈滇缅铁路及缅康公路计划，并表示将来能有中、英、美合组之交通委员会，统筹铁路、公路运输问题。子文又略述去年所提中、英、美合组空军教练队问题。总统对此诸事，均甚表关切。此次谈话约十五分钟。

---

① H. J. Morgenthau.

② 1941 年 4 月 13 日苏联与日本在莫斯科签订中立条约。

适退出后，又赴外部与政治顾问洪百克①君详谈。彼对苏、日协定观察点与总统所见相同。但谓最可虑者是日本乘此时机增加兵力攻压中国。又云上月敌西尾大将归国后，即倡并力向中国再作一次大进攻。其论在军人中颇有赞同者。望陈蒋公特别防范云。

又本日下午白宫报界谈话，总统声言：美政府援助被侵略国家之政策绝无变更。当然中国亦在其列。今晨与中国大使及宋子文先生商洽援华详细办法。中国所需各项物资已加以分析考虑，现正在筹办中。并闻。适。删。

《胡适任驻美大使期间往来电稿》，第 101 页

《中央日报》社论：论苏日协定
1941 年 4 月 15 日

苏日中立协定及共同声明，业于十三日在莫斯科签订，并且同时发表，协定内容，含有互不侵犯及中立性质，已为该协定第一第二两条所规定。当松冈赴德之时，道出莫斯科，竟能于极短期间中，与苏联当局会谈，识者早知其必有政治的磋商。及松冈由德返日，再过莫斯科，留四日不足，延长三日，因其逗留时间之长，远过柏林。苏日缔结政治的协定之议，在一九三一年末，即由苏联向日提议，以后虽迭经提及，而迄无成就，此次暴日进而采取主动态势，则其成立，自非意外事。惟暴日动机，在逃避在三国盟约上对德的义务，其为显然。东京政府于协定成立之后，颇形满意，据我们看来，这种协定是否于暴日有利，尚待事实的答复。

苏日协定，是两国间的事，我们原不必加以任何推测及解释，惟一九三七年八月所缔结的中苏互不侵犯条约，其第二条曾明白规定："倘两缔约国之一方，受一个或数个第三国侵略时，缔约国之他方，约定在冲突全部期间内，对于该第三国不得直接或间接予以任何援助，并不得

---

① S. K. Hornbeck.

为任何行动，或签订任何协定，致该侵略国得用以施行不利于受侵略之缔约国"。中国受暴日侵略，历四十五个月，已为举世所共知之事实，苏联政府及人民不但同情于我国抗战，且时予以精神上的鼓励，与物资上的援助，按照中苏互不侵犯条约的规定，在中日战事未终了之前，苏联似不应与侵略的暴日，缔结任何协定，致于中国抗战，有不利的影响，乃苏日协定竟成立于中国正在抗战的途中，而且在苏联累次声明反对侵略行动之后，这不免予中国国民以奇异的感想。

更可惋惜的，在共同声明之中，苏日互相保证外蒙与伪满的领土完整与不可侵犯性。外蒙是中国的领土，乃苏联所一再承认的，尤其一九二四年五月中俄解决悬案大纲第五条，明白规定："苏联政府承认外蒙为完全中华民国之一部分，及尊重在该领土内之中国主权"。苏联不但承认外蒙是中国领土，而且切实声明驻在外蒙的苏联军队，限期撤退，俾中国得在该领土内，行使主权。在该条第二项，曾经规定："苏联政府声明，一俟有关撤退苏联政府驻外蒙军队之问题（即撤兵之期限及彼此边境安宁办法），在本协定第二条所定会议中商定后，即将苏联军队由蒙古尽量撤退"。根据该协定第二条规定，应于该协定签字之后一个月内举行会议，可惜经过六年之久，始终未能如约开会，致我国统治权尚未能行使于外蒙，诚为深憾。惟外蒙为中国领土，乃确定不可更易的事实，既为中国领土之一部，则未得中国同意，不能擅称为一国，而中国的友邦亦不能承认其为一国，彰彰明甚。苏联向暴日索取对外蒙的保证，实为错误。伪满是暴日所操纵的傀儡组织，三千万东北同胞在暴日及奸伪压迫之下，过其奴隶生活，为举世所昭知的事实，中国国民誓必恢复失地，亦为友邦所共鸣的决心，苏联当局屡次发表外交政策，皆曾郑重提及苏联政府在法律上或事实上决不承认伪满，言犹在耳，事岂忘心，而此次竟予暴日以这种保证，未免费解。这种侵犯中国领土主权的第三国相互间的声明，当然无效。

我们深知此次暴日缔结苏日协定的动机虽甚简单，而环境的作用，则极复杂。暴日对于国际条约，向无信义，朝订夕废，习为固常。今日如希图逃避其在三国盟约上的对德义务，不得已而与苏联签订协定，一旦环境变迁，势必将采取与协定相反的行动，已无疑义。当三国盟约成立之时，何尝不轰动一时，按其实际，则盟约至今尚未发生作用。假使暴日果有诚意，何至现时尚徘徊观望，不能决定路线！从暴日的传统的外交策略而言，当其签约之时，即怀破约之念。方其结交之日，已存绝交之意。任何条约，若以暴日为对手，是不能信赖的。

《中央日报》1941年4月15日

侍从室抄发日苏协定请参考研究致参事室快邮代电

1941年3月27日

参事室王主任勋鉴：顷据确报日苏间现正进行贸易谈判矣，不久即将签订贸易协定等情，并据抄呈该项协定条文一份前来。合将原件随电抄发，即希参考研究。中正。宥川。侍六。抄件一件。

中华国民三十年三月廿七日发

情报三月廿七日

日苏间即将签定之贸易协定条文及关于协定协定第一条第四条之双方换文

一、日苏贸易协定之条文

第一条苏联之物产应订立每一条约年（TREATY YEAR）之种类及价值，并应在该条约年内，遵照苏联之法律及条例运往日本；同时日本之物产应订立每一条约年之种类及价值，并应在该条约年内，遵照日本之法律接条例运往苏联。

关于前两段所指之物产之价值，应以货价保险费及运费在为原则以计算之。

第二条依照第一条第一段，苏联输出日本之物产价值之总数，必须相等于日本依照第一条第二段输出苏联之物产价值之总数。

第三条第一条所指定两国物产之种类及价值，必须缔约国双方遵当官厅协议变更之。

依照前段规定之物产种类及价值,得由缔约国双方遵当官厅协议变更之。

第四条在第一条规定之两国物产的成交之每一契约,应以日元为单位及以日元支付而签订之。

依照前段所支付之日元,惟在第一条第一段所规定之苏联物产所成交之每一契约,可随时转换货币。

支付第一条第一段所规定之日本物产所交之每一契约,应照本条第二段所规定以日元支付或由外币换日元支付之。

第五条缔约国双方为使第一条此规定之物产之成交保持正常价格起见,应采取适当手段,并常时研究在国际市场之同样物产之价格。

第六条缔约国双方将常时注意相互间之贸易进展及加以约束,俾获满足本协定各条所规定之要求,关于此层,各缔约国所派之代表应于三个月在东京或莫斯科会谈。

第七条执行本协定必要之专门事项,应由缔约国有资格之权威间商议决定之。

第九条本协定所订之条款适用于缔约国各领土及属于缔约国之领土或由缔约国管辖之领土。

第十条本协定所签字之日起发生效力,并以五年为期,本协定除缔约国中一方最迟于本协定期满前六个月通知废除外,得视为默认再延长一年,以后如此类推。

第十一条在本协定中关于贸易支付等事项,如于本协定终止时而仍未了结,得处以违反协定所规定之条款之处分。

(原文缺第八条)

二、关于第一条之换文

机密换文为照会事,关于日本苏联间今日所签署之贸易协定第一条,本大臣兹奉本国政府命令,确定两政府间之下开协定以下所指之第三国物产,应认为因执行上述协定而运往苏联之日本物产。

1.由日本输出运入苏联之物产;

2.由日本商店或商人此供给而自第三国输出运入苏联之物产。

相应照会查照,并对上述协定予以确定可也。顺至照会者,为照复事,接准贵大臣本日来照内开,关于等由。本大使对于上项两国间之协定,谨予相应照复查照可也。须至照会者。

三、关于第四条之换文

机密。换文为照会事,关于日本苏联间今日所签署之贸易协定第四条,本大臣兹奉本国政府命令,确定两政府间之下开,协定为便利及保证本协定第四条之处理起见,苏联政府将在一日本银行开一特别户口。相应照会查照,并对于上项协定予以确定可也。顺至照会者。

为照复事,接准贵大臣本日来照内开:关于等由。本大使对于上项两国间之协定,谨予相应照复查照可也。顺至照会者。

中国第二历史档案馆藏外交部档案,十八／132

张忠绂所拟关于"日苏即将签订之贸易协定"之意见

1.关于"日苏即将签订之贸易协定"之意见

甲、秘报之真实性

一、以今日之国际局势观之,日苏即将成立贸易协定,极有可能。因:

(1)日本在南进前,必须与苏联成立谅解,尤其希望获得苏联之物质;

(2)日本现时对苏之外交,侧重在先成立个别问题之协定(例如渔约、商约等),而后成立普遍政治性之谅解(例如互不侵犯保证);

(3)日苏商约谈判,迄今已有相当时间;

(4)苏联现时之外交政策,在保卫苏联之国防和平;

(5)为保卫本身之国防与和平,苏联利于日美作战。

二、秘报中之条款是否完全正确,局外人无从断定。但在大体上,秘报似属文靠,所缺之第八款,其中规定必相当重要

乙、秘报条款之分析(侧重外交方面)

一、本约之柔韧性(依据第一条与第六条规定),对于日苏双方均有利。日本可视其经济与外交发展之情形,每三个月或每一年得一机会,修订交换物产之种类及价值。苏联亦如之,且苏联可藉此对日本操纵,促成太平洋上之长期战争。

二、约中之规定虽为互惠性质,但以日苏两国此时在国际上之地位而论,本约对于日本自尤为有利。此约若果签订,日本在政治或领土上(例如萨哈林岛南部)对苏方必另有让步。

三、苏联之目的既在促使日本与英美正面冲突,本约成立后,苏联迟早将给予日本以不侵犯之保证。具方式如何,无从逆料。

四、本约第九条中之规定其在政治上之意义,殊属暗昧。日本嗣后必将解释为,苏联已承认日本在"管辖领土"上之主权,但苏联一时当不致承认此种解释,或即因此而两方故作含糊之规定。

五、关于第一条换文中之规定,只提及日本一方面,而未提及苏联,此或因技术上之原因:(一)苏联对外贸易概归国营,故勿须有类如换文第二点中之规定;(二)苏联可直接自英美获得物质,而日本不能(以后尤其如此),故日本需要苏联转为供给。不特别提及苏联方面者,故所以欺骗英美也。(换文虽属机密,但难保他日不外泄)。

六、日本于此约成立后,若再获得苏联不侵犯之保证,对英美之政策必将强硬,日本南进之期亦必将日益接近。

七、此约成立后,固可增强日本之经济与政治地位,但因促成日本南进,使英美与中国之关系愈益密切,未始于中国无利。

丙、中国之对策

一、我方若欲阻止日苏贸易协定之成立,在事实上决不可能,且以亦无此必要。

二、我方可以与苏联交涉,不使中国易货之物产转供日本。但尤要者,须与英美交涉,使英美仿止英美之物产,经由苏联转运日本。(因为日本需要之国防物资,多为英美及具势力范围内之产品)

三、最重要者,我政府须认定,苏联现时之政策,决非有爱于德日等国。其现时之目的为：（一）不愿与德日冲突，固对之敷衍，以保卫苏联本身之安全与和平。（二）促使日本对英美作战，使各"帝国主义"之实力对消。倘一旦英美有获得胜利之可能时，则德日等国之实力转弱，苏联自勿须再畏惧德日夹击，届时苏联究将加入英美阵线，以获取战后与英美合作之地位，抑将加强以物质供给德日等国，使战事长期延续。此时殊难断言。

上述之观察若确，则我此时应付之方策首在：

（一）加强内部机构（尤其经济机构）；

（二）勿使我之物产不为敌用（沦陷区中之物产亦然）；

（三）加强英美对我之经济与物资之援助；

（四）在外交上与英美加强联系，但同时不必开罪苏联。务使我能长期作战，以静观国际事态之变化。

2. 参事室批复

4月16日

此件暂密存。

世杰。

四、十六

本人意见与张参事同。

郭斌佳

四、二二

中国第二历史档案馆藏外交部档案，十八/132

外交部致胡适电

1941年4月16日

苏、日协定事，部长已于十四日对共同宣言发表声明。关于协定第二条之解释，本部正询问苏政府。目前我国政府对该约暂不加以批评。特洽。外交部。

《胡适任驻美大使期间往来电稿》，第101页

中国共产党对苏日中立条约发表的意见

延安,1941 年 4 月 16 日

关于苏日中立条约,中国共产党方面发表意见如下:

一、苏联根据其一贯和平中立政策,于 4 月 13 日与日本签订了中立条约,这是苏联外交政策的又一次伟大胜利。这个条约的意义,首先在于巩固了苏联东面的和平,保证了社会主义建设的安全发展。而苏联的这种和平与发展也即是全世界劳动人民与被压迫民族的利益。

二、苏日条约使苏联的国际地位极大的提高了,苏联无论在东方在西方都增大了他的发言权,这对于一切反动派都是不利的,而对于一切爱好和平的人民与被压迫民族则都是有利的。

三、苏日条约没有限制苏联援助中国进行独立的正义的对日抗战,只要中国政府的方针是坚持民族解放的独立战争,只要中国政府对于苏联的援助是用以反对日本侵略者,而不是用以反对国内同胞,例今年一月在皖南消灭新四军及目前在安徽、湖北等省大举进攻新四军之所为,只要不是这样,我们根据苏联的国策,深信苏联是会继续援助中国的。苏联的外交政策,是独立自主的外交政策,决不为帝国主义的利益束缚自己援助被压迫民族的正义行动的手足。日本此次对于限制苏联援华的目的没有达到,是表示失望的。中国人民的希望,只要说到外援,便是首先寄托在苏联身上的,而苏联在这次条约上并没有使中国失望,也永远不会使中国失望。

四、至于苏日声明互不侵犯满洲与外蒙,这也是题中应有之义,因为所谓满洲国者,早为日本用为扰乱苏联与外蒙边疆的工具,张高峰、诺蒙坎两次战争,便是证明。苏联既与日本订立和平中立条约,便不能不把这一问题同时加以解决。在苏联,根据其和平中立政策,无论与日本订约与否,都是不准备侵入东四省的,而日本却屡图侵犯外蒙,而外蒙是与苏联订立互助条约的,现在苏日声明,却保证了外蒙不受侵犯,这不但对外蒙有利,即对全中国争取解放也是有利的。说到东四省的收复,原是我们自己的事,绝不能像有些投机家,总是希望苏联同日本打起来,以便坐收渔人之利。及见苏联声明不打满洲,他就认为苏联不对,这些人至少也是毫无志气的家伙。我们必须收复全国一切失地,必须打到鸭绿江边驱逐日本帝国主义出中国,这是中国全民族的神圣事业,社会主义的苏联也必是赞助我们这种事业的。

五、在苏日条约之后,中国必须坚持抗战团结进步三大方针。第一,任何对抗战的动摇是不许可的。第二,国共合作必须继续,解散新四军一类的分裂行动必须取消,以后再不可发生此类行动。第三、各种反动的对内政策必须停止。循此以行,外援方有附丽,抗战才可期胜利。如果反其道而行之,则必至众叛亲离,危亡可立而待。我们共产党深望国民党当局实行深切的反省,善处当前的时局,则非仅国民党之利,民族解放事业实利赖之。

《中苏国家关系史资料汇编》(1933—1945),第372—373页

美国宣布立即增加对华援助
1941年4月17日《申报》报导

【华盛顿】罗斯福总统今午在白宫接见记者两百名以上,首次宣布美国决立即予中国以具体之援助,各记者以中国银行董事长宋子文,今日正午曾偕中国驻美大使胡适访问罗斯福总统于白宫,特就此提出询问。总统称:渠曾与宋氏等交换意见,并就若干细目加以讨论。总统并进一步宣称,中国所需军火之详单,已经依照军火租借法案之机构,予以分析及考虑,并谓,渠已核准以若干现有之军火转让中国,现已可供给中国,此外,政府将命令制造商定造新军火,供给中国。按,宋子文与胡适两氏,今日正午曾访晤罗斯福总统于白宫,此事适在苏日签订中立条约以后,各方或认为具有极大之重要性。另悉,美国政府之援华机构,业已开始发生作用,中国立即可以获得具体援助,以继续作战,胡大使于辞出白宫时称,今日会谈集中于军火租借法案方面,宋氏则照例未作确切之表示。(十五日电)

【华盛顿】罗斯福总统昨日宣布,美国已开始于租借法案项下开列

援华之物品,总统之谈话,系在报界例会中答复新闻记者之问题,事前,此间之中国领袖尝表示,总统已同意出以新行动,增加物质援华。罗斯福总统告新闻记者称,于租借法案下之援华物品,系提自目前之存货或觅致新原料,然渠拒绝说明何种货品。（十六日合众社电）

【华盛顿】罗斯福总统昨称,任何事件均不能变更美国援助被侵略国之政策,总统此语显对苏、日中立条约而发。总统称,扩大此种援助之机构,现已成立,而关于中国所需援助之表册一种已经收齐,且在处理中,当有他种亦将收到而予处理。（十六日合众社电）

【重庆】罗斯福总统宣布,立即按照军备租借法,切实援助中国,此间闻悉之余,极感兴奋满意,并因此事适在苏、日条约签订之后发表,尤加重视,美国每在日本一有举动,即宣布加强援华,去年日本签订三国同盟后,美国即以一万万美元贷款给予中国,其中半数,用以稳定汇兑,可为明证。（十六日哈瓦斯电）

《申报》1941 年 4 月 17 日

外交部致驻美大使胡适电

1941 年 4 月 18 日

一百二十八号电计达。兹据驻苏联大使馆电称:苏联政府已向我方表示,此次苏、日订约,基于保持苏联和平,并不涉及中国问题;双方谈判时亦毫未提及中国关系;又称,苏联对中国继续抗战问题毫无变更等语。如驻在国政府询及,可酌告。外交部。

《胡适任驻美大使期间往来电稿》,第 102 页

蒋介石论《苏日中立条约》

1941 年 4 月 24 日

《苏日中立条约》之缔结迄今已越十日,经此十日来之观察,其中真相渐明,故其利害得失亦不难分析判别而获得一正确之概念。

自十三日苏日条约订立以来,事实上苏联对我各种武器之接济,一

切如常，均无异于往时。十五日苏联外长莫洛托夫约见我邵大使及十九日苏联大使潘友新前来访余，均声明"《苏日中立条约》并不涉及中国问题，苏联对中国之政策与态度始终一致，毫无变更，对于我国抗战之援助，仍必一贯继续，且当满足我国之所望"，等语。由此可以断言，此约将来对苏日两国之本身究竟孰利孰害固不可知，而于我国方面，至少在抗战之现阶段上实无任何之影响，唯此事为国际局势上之重大发展，其于世界大局与敌我之利害关系，自不能不加以研讨。兹综合所得材料，究其内容，判其利害，为我党政军各同志分析言之，俾得窥之此约订立后所能发生之影响与最后所得之结果也。

第一，此约之订立，其主动全在苏联，亦可谓为苏联对日计划之成功。其于敌寇，实有害无利，且适足以增加其失败之因素。盖苏联订立此约之用意，不外四点：（一）为欲消灭敌国之海军而策动其南进；（二）为欲消耗敌国在我东北整个之陆军，不得不鼓励其南进或转用于中国之战场；（三）为预防德国攻击苏联，俾解除本身东顾之忧；（四）其最深刻之用意，则在以此一举而动摇德、意、日三国同盟之基础，使德国认清日本之不惜背盟弃信，因而加深对日之疑忌。证以德、意方面之报告，日本已不复能得德国之信任，德日关系，已因此约而渐见疏隔，他日将更以此约而根本恶化。即此一举，使日本更陷于孤立地位，已为苏联最大之成功。而敌国表面，仅得一纸空文，实际失一个最有力之盟友，其为失败已不言而喻。

第二，就敌国方面，在远东对英美与侵华战事言之，此约在精神上之号召力，不过为威胁英、美。然英国今日之外交，尤其对太平洋上之举措，势不能不以美国之马首是瞻。美国在太平洋上今日之设防，不仅在关岛，而且已在菲律宾积极增防，以示固守远东，决不放弃在太平洋霸权之决心。至于英国在新加坡方面之增强防务，数月以来未尝中辍。且美、英、澳、荷之联防，日见密切而坚强，此一对日之防线，以自关岛、菲律滨经马来亚而扩展于我国抗日之阵线。故敌人如虚张声势，固决无任何国家受其诱胁而与之妥协。敌如实行南进，则英、美诸友邦已早作迎击之准备。至泰、越两方和约，完全出于日方之威胁而订立，敌国以为此乃其近年投机最大之收获，而为其南进惟一之基础。然泰越和约，至今逾期已久，犹未实行，可谓仍无任何之把握。若敌寇果实行大规模侵略，南进之时，泰、越终不能不计及其本身之生存，而加以毁弃。是以今后敌人无论先以全力侵华，抑或发动南进，而太平洋联系之防势已成，敌国海陆军实已处于整个包围之中，而陷入被动之地位。至就敌国在此约中实质上所得之利益言之，至多为其驻屯我东北陆军之一部分，自此可有抽调之自由。然根据最近调查，敌在我东北驻军，共存九个师团，驻在朝鲜者，两个师团，其总数亦只十一个师团。即使苏联之远东红军大部西调，但敌军为维持东北治安与防止朝鲜革命，仍不能不驻防相当军队，故预计其可抽调之最大数额，不能超过在六个师团以上。此六个师团，用于中国之战场，当然不能解决中国之战事。若以之用于南进亦无济于事。反之，因此项《苏日中立条约》之订立，已使英、美对日备战益亟，敌视益深。默察此十日来远东形势之发展，已有不少事实为之明证。是敌国为换取其六个师团抽调之自由，而不惜在太平洋上造成最强大之敌势，其得不偿失，又不待言而自明。

第三，就我国在外交上及对敌政略上而论，苏日条约，其最遗憾者，当然为苏联与我敌国承认所谓"外蒙共和国"与"满洲国"领土完整、不侵犯性共同声明。此乃我国所料不及，但此事纯为实际问题，只要我独立自强，战胜暴敌，则收回失土，恢复主权，势所必至，理所当然。区区苏日一纸不法之声明，岂能定为我国领土与主权完整之障碍。且我政府已作严正之声明，即为表示我主权领土之绝对不能放弃，故就此事而论，在苏联对我国不免损失其道义邦交上及条约信义上之立场，而于我国固毫无损伤，且可使我军民知立国于今日，所有外交政策，固均以本国利害为首位，正足以警觉自悟，策励自强。然《苏日中立条约》，对我抗战自亦不能谓毫无利害关系。若果此约订立于一年或二年以前，则我在外交上与抗战形势上，自不免受极不利之影响。但今日远东之形势，英美之联防已成，其立场且甚显明，太平洋上对日整个之警备，至此实已完成。而且敌国陆军实力，已在我国战场消耗大半。而我中国在太平洋上所占军事地位之重要，更非昔比。余尝谓中国战争发展至今，我单独一国之力量，已足以战胜敌军而制裁强寇，并非过言。况我国对于抗战资料已作最艰苦时期之准备，即使国际路线完全封锁，外来接济皆被断绝，亦足以支持三年以上。独中立条约订立于今日，只有增加我在太平洋上地位之重要，而绝无妨害于我国抗战之全局也。

第四，就我国军事上直接所受之影响言之，日本在东北所能抽调六个师团，如实行移调，其可能使用之途径，不外三路；一为由宜昌以进迫重庆；二为袭取昆明，以切断我西南国际交通线，三则进窥西安，以截断我西北国际交通线。然证明过去战事，敌人在前年自安庆以攻袭武汉，自皖至鄂，江流深阔，地势平衍，彼可配合海陆空军之全部兵力而运用自如，尚须使用兵力至十三个师团以上，耗时一个月之久，然亦并未能消灭我军之主力，而仅得占领我武汉为止。今彼若由宜昌至重庆，在里程距离上，较之由皖到汉，延长一倍以上。而其地形之困难，且十倍而不止。敌军今在各战场，均已为我大军所吸引，只须我各战区严密准备，伺其动静，时时袭击。则彼之新调入关可能加上抽换之兵力，至多不过六个师团，如仅以此兵力进窥川省，姑不论地险路遥，所如辄阻，而其所需之消耗与时间，将数倍于攻击武汉之时也。惟吾将领于此更应积极准备，及时迎击。孙子所谓"无恃其不来，恃我有所备也"，实为我军人随时随地所宜服膺之宝训。如我军果能部署适宜，而再如四年来经过之战役，节节设防，寸土必争，不但我陪都可固若金汤，敌必无法进取，将见敌人全力犯川，方在与我鏖战之中，而太平洋形势，必已丕变，则各国皆乘隙以袭其后矣。盖世界整个战局，与太平洋形势之突变，最多不能延至半年之外。而此半年之时间，敌寇无论使用任何全力，断不能解决中国战事，其理固甚明也。如此敌军首尾既不能相顾，自无所逃于整个之崩溃。至其第二可能，即为扰乱滇缅、次□昆明，然我国此数月来，早已洞烛其奸谋，且已完成军事之部署。今西南交通运输与英美补给日见改善而增强。滇省由南而北，亦复地形特殊，且自越南国境进入我昆明，距离最短者，亦在八百华里之上。敌如欲犯昆明，必非区区六个师团兵力所能达成其目的，而我精锐部队，正可乘机邀击之于中途与我既设之阵地，必可使之遭受莫大之挫折。若在西北方面而言，彼之目标，如欲截断我西北国际运送线，不仅须攻占西安，且必袭取天水，始能达其目的。然如此战线延长，深入内地，正我磁铁战术，愈吸愈深，予以彻底消耗之惟一机会。是以敌人在军事上，任采何种途径，均不能与我抗战全局以若何之妨害。惟我军民所宜洞识者，敌谋愈张，则吾人之精神宜愈振奋，守备宜愈坚强，而后成功乃愈伟大。须知在此半年期间，实为世界大势之安危福祸，与敌我胜负成败之最大关键也。

第五，苏日条约订立之后，敌寇可能之动向，世人多纷纷揣测。以余观之，约有三途：（一）敌国自此约订立以后，必待苏联抽调一部兵力回欧，或德军攻英得势而不积极对苏之时，则彼必投机南进。然吾人须认识敌寇之南进，乃奉行德国之指示，以牵制英美，非昧由于对苏谅解而获得行动之自由，敌寇昔日所向德国宣称，以规避南进行动之理由，为恐苏联袭其后，故日苏关系之接近，与日本所期望苏日订立互不侵犯协定之议，最初由于德之居间，今其所订立者，虽非当时德国所仲介之互不侵犯条约，然其中立条约，固已成立，且附以共同之声明。而敌寇日本，亦正在诱取德国之物资与技术之援助，是则德国正可以北顾无忧为理由，而对日本之南进加以迫促，因之敌寇将不能不悉力南进，以赌其全部之国运。此观于近日敌寇向我闽浙沿海之福州、温州、宁、台等处据点积极侵占，以为其南进之准备而可知者也。惟日本海军，决不能与英美相敌，世所深知，而其陆军，则早已探陷于中日战争之泥淖而日见消耗。如敌寇欲舍北进而南进，无论其皇室、政府、财阀、甚至军人之间，争论不一，势有必然，即或勉强能克服其内部之纷争，亦可断言其对美作战之出于被动与压迫，是则其海陆军即有全部覆灭之危机，而岛国命运，自必归于整个之灭亡。（二）敌国自此约订立以后，或自以为其对英美已较有自由运用之余地，则必观望英德战局与苏联关系之发展，决不肯轻调全部兵力南下，仍待德国在欧得势而进攻苏联时，彼则对苏乘机夹击,以实行其明治以来多年梦想,所谓传统北进大陆政策。此点在苏日条约与共同声明发表后,骤视之若无可能,但一加考量,则此着当为暴寇将来必然之行径。吾人首应明了敌寇近年来所□计以求于苏联者,为订立互不侵犯协定,然结果乃得一苏联所提出之中立条约而归。统观约文内容,只规定缔约国一方受他国攻击时,对方应遵守中立,而并未规定两缔约国防御,不得互相侵袭或攻击。则所谓友好邦交者,只为外交辞令,毫无条约保障。苏日壤土相接,又为世仇之国,而其约文之精神,其基础乃薄弱至此,是明明在苏联为限制日本追随德国以攻苏。而松冈则于签字之时,即根本无守信之诚意。以敌国政策一为南进以制美,一为北进以攻苏。所谓制美考,盖敌国自始不敢以其岛国命运所托之主力,与英美实力相角逐,而为孤注一掷。至今敌国朝野,十分之八仍畏惧美国之海空军实力,而思避免或延缓对美之战争。若就对苏而言,敌国军人与其国民,由于其多年来所受之传统思想与一贯训练,其反苏意识,实根深蒂固,且亦十分普通。敌国朝野,军民之反苏者,盖亦十分之八以上。反苏力量必表现为对苏之进攻。而其所以自为解释者,必为条约明文上并无互不侵犯之规定也。故德国侵苏之战而不发动则已,如德实行侵苏,敌国必随之而起,以表示其对三国同盟之忠实。此意苏联必能查知,故其远东红军,决不能全部西调。是以深刻观察《苏日中立条约》,在改善日苏国交之根本关系,可谓不能发生任何之作用。(三)此外又一可能之对策,即敌寇既不北进,亦不南进,而专用兵力以对我中国,以达其全力解决"中国事变"之目的。此当为敌寇目前所自认为最便捷,最有利之途径,吾人不能不严为戒备。然其对我作战,只能全用陆军,而其海军,则无能为役。我国四年之抗战,已牵制其陆军全兵力四分之三于中国战场。今即再加上其余未用四分之一之陆军,而以我各战区最近整训之加强,作战准备之充实,国际援助之日见增加,彼如倾国而来,亦明为行险而无可侥幸。只须我全体军民,知胜利之日近,明责任之重大,贯彻命令,悉力战斗,不惮艰苦,不惜牺牲,将见其师老兵疲,愈战愈竭,既不能达其结束中日战争之目的,而其侵华兵力，且必为我军所消耗以尽。旷日持久结果，国际环境则日见开朗，太平洋上联合防御之力量，又日见增强，敌如出此一着，不仅为自寻绝路，且可使之尽失其南进、北进一切投机之时机，而其主要关键，自在于我全体军民之加倍奋勉耳。

综上五点而言，苏日条约之订立，一方面又只是增深敌国所已造成之危机，敌人任采何种途径，可谓尽是绝路。综观世界形势，我国最后胜利之时机确已成熟，兵法有云："先为不可胜，以待敌之可胜"。吾人今日之为一要务，全在紧扎稳打。而以现在之战线，为制敌死命之基础，进而求所以最后胜敌之方，实乃绰有余裕。至于敌后城市与沿海据点一时之得失，实以无关于今后抗战全局之成败矣。盖我国抗战之国策，认定只有在世界整个局势发展中，方能求得我最后之胜利。故联合太平洋上各国，以制裁敌寇，澄清远东之局势，乃为我国一贯不变方针耳。吾全国军民唯当正视森严之事实，确认今日世界惟能自力更生、不摇不夺，无所冀幸、无所倚赖，乃能善用国际变化而不为国际任何变化所支配。本委员长自抗战以来切认此义，迭次勉我军民守定一贯国策。迄今四年，终因我国能以弱敌强，独立抗战，有持之不懈，刚毅不屈之精神，使友邦观感，一致兴奋；国际正义，为之伸张；敌寇狡计，均归徒劳。英、美、澳、荷联防成立以后，更证明我国抗战为期系太平洋安危之至要而必不可少之力量。是以苏日条约，就整个局势而论，对于我国抗战，与其谓有害，无宁谓其有益矣！盖苏联自有苏联一贯之政策与其整个之打算。惟日寇实已陷于最大之困境而犹不自觉耳。吾人今日所尤应特别注意者，即美国自在远东设防以后之立场，若非达到其恢复国际正义与中国门户开放之目的，决不对日妥协。此又可以断言。故自苏日中立协定订立与英、美、澳、荷联防以后，远东形势，益见光明。在太平洋上，无论英美与苏联之任何国家，断无不重视中国抗战力量，更无任何国家肯卖我背我而毁我抗战力量之理。我国抗战胜利基础，实已十分稳定，敌寇处此形势，失败已属必然。凡我各战区官兵与全国同志同胞，务必振作精神，切实准备，加倍刻苦，加紧生产。尤其我全体官兵对于战略技术,应随时随地不断研究,认真改进,共同一致,急起直追,以养成反攻力量。总之,我国抗战最后胜利之宏观条件,已由此四年来军民牺牲之代价而完全具备,吾人只须戒慎警惕,自励自强,继续不懈,努力奋斗,使时机日趋于成熟,敌寇更陷于困危,以期及时出击,完成歼寇全功,求得最后胜利,乃始无负我总理及已死袍泽之英烈,与抗战牺牲之军民同胞。更须知军民协力为制胜必要之条件,而政治、经济一切战时设施之确实推进,尤必使事事与军事要求相适应,临此重要时机,我中华民族对东亚祸福与世界安危,实已负起重大之责任,而只有待于吾人能努力以完成之也。兹特剀切说明《苏日中立条约》之真相,务期诸同志互相督勉,逐层密谕,俾我全体军民,咸明斯者,共同努力焉!

《抗日战争》第 4 卷(上),第 901—906 页

苏日中立条约,苏日同时批准
1941 年 4 月 25 日

(塔斯社莫斯科二十五电)日本天皇已于一九四一年四月二十五日批准一九四一年四月十三日由苏日双方代表在莫斯科签字之苏日中立条约,并批准同日由相同代表签字之宣言。苏联最高苏维埃主席团亦于一九四一年四月二十五日同时批准一九四一年四月十三日由苏日中双方代表在莫斯科签字之苏日中立条约,并批准同日由相同代表签字之宣言。故遵照苏日中立条约第三条之规定,自一九四一年四月二十五日起,苏日中立条约即发生效力。

《中苏国家关系史资料汇编》(1933—1945),第 381 页

《中央日报》社论:日寇最近军事动向
1941 年 5 月 17 日

自四月十三日苏日签订中立条约后,日寇自以为在外交上已离间了中苏邦交,于是在中国各战场纷纷发动攻势,企图对中国更进一步作军事之压迫。自四月十六日开始以两个师团以上之兵力分途在浙闽海

岸登陆进攻绍兴、台州、温州、福清、福州等地；在晋南方面，自四月下旬调集第三十五、三十六、三十七、四十一、四个师团及第三独立旅团约十万人于五月七日开始行动，分六路围攻我中条山之部队；在豫南、鄂北方面，同样在四月下旬在应山、随县、京山、钟祥、荆门、当阳、宜昌一带，集中第三，第四、第三十九、第十三各师团及第十八独立旅团十余万人，于五月六日开始行动，分八路围攻我大洪山及沭阳一带阵地；又在粤东方面以第十八师团与第三十八师团于五月十日开始行动，分途围攻我博罗、惠阳各城邑。

　　以上敌在四个战场之军事攻势，我军均在坚强抵抗与奋斗反攻。浙闽沿海一路，我军于四月二十五日克复台州，二十六日克复黄岩及福清，五月二日克复温州及海门，敌乘船逃窜，歼杀无数。目下残敌蟠踞宁波、诸暨及福州三点，意图固守，我军正以全力进攻中。鄂北一路，我军于五月十日开始反攻，以历次反包围制胜之战术，围歼敌人数万于襄花路上，目下枣阳、宜城、远安以东各城镇已次第克复，残敌均已退回原线固守，我军正在追歼中。至粤东一路，敌于五月十二日攻陷博罗、惠阳、平山，而我军则由西北反攻而东、于十三日攻克花县，现正向东进攻中。以上三路之敌军处处挫败，所谓准备数月之敌五月攻势，不数日已均被我击退，足见敌力已疲，虽各战场尚未完全肃清，而形势于我有利已甚明显，至晋南一区，敌以十万之众，包围我中条山一隅之地，我军以众寡悬殊，乃放弃河岸守御，深入敌后游击，是敌虽达到黄河沿岸，终以我军在其背后牵制，无法再事南进；而黄河南岸，目下我大军云集，正期待敌军之渡河，而将展开黄河之会战也。

　　观察敌军此次在各战场所发动之攻势，由战略上言，初无一定目的，而其准备亦似不甚充分，其目的似在依赖外交上日苏中立条约表面上之成就，欲以闪击战的姿态求得军事上少许之胜利，以为威胁中国并为离间中国与英美苏联间友谊之凭藉，观于最近同盟社之谣言百出，与广知时报之和平攻势，则知日寇此次之军事攻势，实与其各种明谋相连系，已不言而喻。

当前敌人的种种企图,似乎都已显得失败了。苏联不变援华政策之声明,与禁运军火过境,给与日寇严重之打击,而远东不撤兵,尤使敌人无兵可调,不能不以仅有之侵华部队八十万人永远在中国泥淖中打滚。而英美之援华,反因敌人在外交上与在军事上进攻之猛烈,转趋积极,最近英外相艾登之严正声明,尤可扫除一切无稽之谣言。日寇既在外交上处处碰壁,而其最近军事上之进攻,又有浙东及鄂北之惨败,则其内心之若闷可想而知了。

至目下我国之外交形势,确已臻最有利之境,此种外交形势之有利的转变,一面固由于英美苏联痛恨日寇之贪婪无厌,惧其侵略凶锋交将次及于自己头上,而我军四年来之坚强抗战与奋勇反攻,力足以阻遏日寇之侵略,却给与各友邦以坚强之信念。所以我国外交之转趋有利,乃数百万兵员在战场上奋勇牺牲之结果。我们亦惟有努力再求在战场上获得更大之胜利,则在外交上必更可获有利之形势。目下日寇所谓五月攻势尚在开展,我们且不说如何反攻,以期迅速获得军事上之最后胜利,我们此时须以戒慎小心之处置与勇猛坚忍之支持,保持现战局于不变,使敌既无力南进,又无力结束对华战争,踟蹰泥沼,终必趋于经济崩溃之途,则我们的最后胜利就真可以到临了。

《中苏国家关系史资料汇编》(1933—1945),第 382—383 页

四、中英、中法关系（1937 年—1941 年）

说明：抗战前期，由于欧洲时局的紧张，英国不得不将其主要注意力集中于欧洲，而对日本表现出比较严重的妥协倾向。尽管中国政府一再提出呼吁和抗议，但仍阻止不住这种妥协趋向。从 1938 年的英日海关协定到 1939 年的"有田—克莱琪协定"，再到 1940 年封闭滇缅路，都是英国姑息日本的集中表现。虽说这在很大程度上是迫于无奈，但它毕竟损害了中国人民的利益，也损害了英国本身在远东的影响和权益。

太平洋战争之前的英国政策既有对日妥协的一面，也有援华抗日的一面。因为从长远来看，援助中国才符合英国的战略利益。因此，随着法西斯侵略阵线和反法西斯阵线的对立越来越明朗化，英国在作出妥协的同时，也开始了援华活动。英国在太平洋战争爆发前共向中国提供了四笔贷款。中国政府在 1939 年就提出了进行军事合作的建议。1941 年，英国开始作出回应，双方开始进行军事合作的初步磋商。

抗战爆发时，法国在华拥有广泛的政治、经济和文化利益，加之法属印度支那毗邻我国西南诸省，故两国又有密切的地缘关系。日本发动侵华战争，不仅使中国遭受蹂躏，也损害了法国在远东的利益和地位。中国方面积极展开对法外交，力促法国遵照中法之间有关条约规定，予中国以假道越南运输的便利，并提议与法国进行军事合作，抵抗日本的侵略。法国虽然对中国颇表同情与理解，但迫于欧洲局势和日本的压力，对中国的态度摇摆不定。1940 年 6 月，法国战败，维希政府成立之后，法国对日更加妥协，中法关系日趋恶化。最后，中国于 1943 年 8 月宣布与法国绝交。

本章主要资料来源：

中国第二历史档案馆藏财政部档案

中国第二历史档案馆藏外交部档案

中国第二历史档案馆藏行政院档案

中国第二历史档案馆藏外交部驻滇特派员公署档案

中国第二历史档案馆藏中国驻河内总领事馆档案

中国第二历史档案馆藏国民政府资源委员会档案

中华民国外交问题研究会编：《卢沟桥事变前后的中日外交关系》，台北，1964 年（以下简称《卢事前后》）

中华民国外交问题研究会编：《抗战时期封锁与禁运事件》，台北，1967 年（以下简称《封锁与禁运》）

中国国民党中央委员会党史委员会编，秦孝仪主编：《中华民国重要史料初编——对日抗战时期》第三编《战时外交》，台北"中央"文物供应社，1981 年（以下简称《战时外交》）

中国国民党中央委员会党史委员会编，秦孝仪主编：《先总统蒋公思想言论总集》第 38 卷，台北"中央"文物供应社，1984 年

中国近代经济史资料丛刊编辑委员会主编：《1938 年英日关于中国海关的非法协定》，中华书局，1983 年（以下简称《海关协定》）

顾维钧著，中国社会科学院近代史研究所译：《顾维钧回忆录》第 2、3、4 分册，中华书局，1987 年

W. N. Medlicott and Douglas Dakin ed. , *Documents on British Foreign Policy* (1919 – 1939) (《英国外交政策文件》，以下简称"DBFP"), Second Series, Vol. 21 (London, 1978); E. L. Woodward and Rohan Butler ed. , *Documents on British Foreign Policy* (1919 – 1939) (《英国外交政策文件》，以下简称"DBFP"), Third Series, Vol. 8, Vol. 9 (London, 1955)

英国国家档案馆藏英国外交部档案（以下简称"FO"），原件存英国国家档案馆，中国社会科学院近代史研究所存有复印件

Documents Diplomatique Francais,1932—1939,Paris,1972(葛夫平译)

木户幸一日记研究会:《木户幸一关系文书》,东京,1966 年。

本章所收英、日文资料,部分由天津编译中心翻译,部分由编者译出。

其他资料来源文中注明。

(一)英、日达成关于中国海关的非法协议

说明:日本发动侵华战争之后,企图夺取其占领区中国海关的收入。由于英国长期把持中国海关总税务司以及大部分海关税务司的职权,有关中国海关税款的谈判在英国和日本之间进行。日本首先向华北的天津、秦皇岛两海关发难,要求将一向存于英国汇丰银行的津、秦海关的税款改存日本正金银行。英籍税务司梅维亮越权与日方达成协议,将税款存入正金银行,却又放弃了要求日方拨款支付内外债的条件。此后,日本又提出了修改中国现行税则的要求。英国政府劝说国民政府接受日本的要求,并建议主动减税,实行 1931 年税则。国民政府命令各地海关不得实施伪税则,但华北海关依然实施了伪税则。不久,日本要求援例解决江海关的税款问题。为此,英日之间进行了长达半年的交涉,谈判范围也由江海关扩大到整个沦陷区海关。5 月 2 日,英国与日本达成了有关中国海关的非法协定,英方不仅同意将海关税款存入正金银行,还同意将中国自 1937 年 9 月停付而存于汇丰银行的日本部分庚子赔款交给日本。但是,日本人在夺取海关税款之后,拒绝从税款中摊拨外债赔款。中国政府最后不得不宣布暂时停止偿付一切外债。

1. 日本夺取津、秦海关税款

梅乐和致关务署呈

1937 年 8 月 30 日

第 11933 号呈。兹据津海关税务司梅维亮卅电称："本日据驻津日总领事口头通知，日方对于海关并无干涉之意，惟海关在日本占领或管理区内，应照以下三项办法办理：(甲)海关税收除应摊付外债部分可照常汇解外，其余税款在全部问题尚未解决以前，应存于日方认可之银行，暂为保管；(乙)海关在前项区域以内，所有中国当局进口之军火，即领有国府护照，亦不准放行；(丙)上项余款应暂存横滨正金银行保管，否则应另筹日方认可之方法，担保该项余款不移作不正当用途。以上条件海关如能照办，日方对于海关及关产允予充分保护，并制止日人在上项区域内私运，且在双方可举行交涉以前，亦不提出要求修改现行税则。倘海关不予照办，日方恐必将上项区域内之海关接收，由日方完全管理。至关税应摊付内债部分，除与外籍人民或团体有关系之内债外，暂不能考虑，俟关系各国持票人商有办法，再行办理。现在日方对于上项办法，仅限于津海及秦皇岛两处，惟尚拟扩充至胶海或甚至于江海及其以南各处。职意现在只有接受日方甲乙两项办法，一方面仍设法交涉将多余税款由国际担保交汇丰银行暂行保管。又上项办法系由日军司令与总领事拟定，或不致有所变更"等情。据此，查津、秦两关所辖区域，现均在日军势力范围以内，处此特殊情势之下，势不得不有特别应付办法，俾维现状。该税务司所拟各节，实属不无见地，职以为日方所提甲乙两项办法，应予暂行由海关接受。兹将其利害关系，谨为钧座缕晰陈之：

一、津、秦两关应摊付之债赔各款部分，仍得照旧汇解上海，由职照付，因之中国对外债信，即可藉以维持。

二、海关为中央政府所属机关，津、秦各地海关如能照常执行职务，非止海关行政完整得以维持，而中央主权亦得藉资表现于各该区域。

三、所有余款，中国政府在战事未结束以前，因不能动用，而日方亦不能予以处置，候将来战事结束，该项余款自仍属中国政府所有。

四、所有津、秦两地海关所需之经费，自当就地由所收税款内截留开支。

五、如接受其所提办法，则所有该两区域内走私漏税情事自当减少。

六、日方所提乙项要求，无关轻重，缘现时在各该口岸已无中国当局报运军火进口。

设使对于日方所提要求拒绝接受，则其结果必致各该处海关被劫，非止该两关全部税收悉归损失，即上述种种利益亦将根本不能保持。职权衡轻重，窃以为该项提议，甲乙两项似应予以接受，如以由中国政府特许照办，事属未便，可由职令该关税务司就地接洽办理。

又细绎原电，详加考虑，窃以为对于日方所提甲项办法. 我方应提出加入内债部分，缘所有以关税担保之内债，已经政府发行，散布民间，而持票人则无论中外人民及公私团体皆有，即现在处于日军势力范围内之人民团体亦大都持有此项债券甚多。故津、秦两关税收. 应摊付内债部分，亦应继续由各该关于所收税款内照旧拨付，以全债信而维持票人之利益。

……

《海关协定》，第2—4页

梅乐和致关务署电

1937年9月7日

第337号代电。案查日方对于津、秦两关提出三项要求一事，兹又据该关税务司电称："现日方当局对于前提要求催促从速答复。查关于在津、秦一带海关缉私事务，日方已予以相当协助，并经决定办法，取缔私运，但如对日方所提要求，不予从早解决，恐彼所予海关之协助，不克继续照办。现准秦皇岛关税务司报告，伪冀东自治政府日方首领，已在设法煽动反对海关，驻榆日方当局在对于海关所提要求未得解决以前，不愿制止冀东浪人反对海关之举动等语，为此电请转呈政府，对日方所提要求迅赐考虑，予以接受，以挽危局而免纠纷，并乞电复"等情。据此，查对于日方所提要求应予考虑接受之各种理由，职已于前呈内缕晰陈明，其中最关重要者，首为保存中央政府在津、秦一带之主权一端，维持税收犹居其次。至对于拨付内债基金一节，职亦于前呈内述明，应由日方承认加入。惟为中国在津、秦一带最大利益即中国主权起见，窃以为其他一切牺牲，未尝不可让步。况此事如能迅速解决，该两关之税收余款，可得日方同意暂由中立国银行妥为存储，一俟中日事件解决，该项存款自仍当拨作内债基金之用。是以恳请迅赐酌核，准由职令饬津海关税务司，根据日方所提要求，并加入拨付内债基金一项，与之商洽，如日方坚决反对加入内债，可将此项声明保留，以便解决而保主权。除呈请财政部核示外，理合电请鉴核。

《海关协定》，第5—6页

关务署致梅乐和
1937 年 9 月 15 日

关沪字第 127 号代电。奉部本年 9 月 14 日密令，以前据该署长转据总税务司梅乐和呈，略以驻津日总领事口头通知，日方对于海关并无干涉之意，惟海关在日本占领或管理区内应照所提三项办法办理，并据该总税务司附具意见六项前来。查日领所提三项办法，碍及国家主权，且自敌方非法封锁我国海岸之后，对于海关巡船任意毁击，显已干涉海关行政。关税收入，关系担保偿还内外债务及赔款，该总税务司责任重大，自应于不妨碍国家主权及关政统一范围之下，力为维护。如遇有某关不能执行职务时，应即将该关宣告封闭，立于附近相当地点，另行设关征税。同时并应预筹由他关代收该关税款办法，以图补救。其封闭时应有对外之必要文告，及其他必要布置，均应预为筹拟，呈候核夺。

仰即密饬该总税务司,分别妥为准备,仍应将各关执行职务状况,随时陈报,俾应事机,切切等因。合亟电仰该总税务司遵照办理,并将遵办情形随时呈由本署核转,是为至要。

《海关协定》,第6页

梅乐和致梅维亮
1937年9月23日

第632号电原译文。关于日方所提要求,应遵照下列范围与之交涉:(一)所有税收,应由非日籍之中立银行收解存储;(二)扣解征收费用;(三)扣解津、秦两关应摊付赔款及内外债基金;(四)扣除以上各项外,余款暂存第一条所指之中立银行,以待战事结束。对于拨付内债基金事,应以内债关系中国金融基础、维持中国金融之稳固于各国均有相当利益等语为词,极力要求对方赞同照办。以上各节仰即妥为办理,并将办理情形具报。

《海关协定》,第7—8页

梅乐和致关务署
1937年9月25日

第354号代电。兹据津海关税务司梅维亮本月24日电称:"电令均悉。职一再遵照钧令意旨与对方交涉,而对方态度坚持不变,所有以前提出条件系日方军事当局所拟,日总领事拒绝转请修改。据职观察,如无外力压迫,恐难使日军当局变更态度。即使有外力干涉,如非积极而有效力者,亦恐无补时局"等情。据此,查按该税务司电陈各节,现时津、秦两关问题甚属严重。职刻拟再行电令该税务司,务再竭力设法与对方折冲,以维海关完整。如将来一切方法均归失败,为保持中央政府对于津、秦两关之主权起见,职拟电令该税务司于可能范围内尽力设法在于中国有利益条件之下,就地解决。据电前情,理合电请鉴核示遵。

《海关协定》,第8页

梅乐和致梅维亮

1937 年 9 月 27 日

关于天津海关问题的第一个来电（第 429 号）到达时，我立刻转给关务署，并建议接受条件。在当前情况下，我过去认为，现在仍然认为，这些条件是合理的。但是，如你所知，却不许我接受这些条件。政府继续摇摆不定，过去和现在，意见都有分歧，"面子"始终是重要因素，例如我曾听到诸如此类的说法："华北属于中国"，"他们没有权力劫夺"，等等。此外，对于外国反对劫夺海关的抗议，未免估价太高，我已屡次指出，这种抗议对于独断专行的日本军方是不起什么作用的。关于这个问题，我同宋子文和徐堪谈过不知多少次，同郑莱①更不用说了。昨天早晨宋子文又找我去开会，参加会议的除他本人外，还有徐堪（财政部次长）、孔令侃（孔祥熙的儿子和代表）和郑莱。我又一次指出，不应该过高估计美、英、法三国在南京和东京的抗议，应知这种抗议只能是一般性的。我说，日本军方大概会得出如下结论，即这种空洞的抗议并不预示要发生战争，因此不必太认真对待。由于现在北方只有津、秦两关标志着南京的主权，应当尽一切努力不使脱离，时间愈长愈好。不要忘记，河北省实际上由日本人控制，因此他们提出的条件不算太苛。据我判断，"关税余款"问题在最近不见得会发生，因为扣除征收费用和应摊债款以后，也就没有余款了。既然如此，为什么不舍虚文，讲实际，而要对于目前实际上并无重大关系的条件（关税余款的处理）斤斤计较呢？如果北方的海关被劫夺，再恢复管理就不容易了。在这个前提下，就应该不惜任何牺牲，避免海关被劫夺。如果海关真被劫夺，就一定会造成非常危险的先例；等等。接着我把下面的电稿交给他们看，建议由我立即发出，这个电稿是我昨天早晨拟的。

"关于来电第 429 号丙项及 456 号：建议接受第 429 号电丙项原提条件，但拟作日方可能同意的修改，即在战事期间将关税余款存入中立

---

①　财政部关务署署长。

国银行,使该款在实际上得到安全保管。希照此方针继续谈判。"但是徐堪说不行,他必须先送给委员长。这样一来,还要讨论,不免又要耽误了。

第 457 号来电,我以代电转呈关务署,并建议准我指示津海关税务司:如他不能照我去电方针求得解决,由他于可能范围内尽力寻求最有利的办法,就地解决,即不惜任何牺牲,避免海关被劫夺。

……

《海关协定》,第 9—10 页

梅乐和致关务署

1937 年 10 月 18 日

第 376 号代电。兹据该税务司电称:"钧电奉悉。日方完全拒绝接受任何辩论或解释,日方原提条件,即将税款直接存于正金银行,必须接受,否则彼方即将自由行动。现职得允予时间,再电钧座请示。如钧座复示仍行托词,而无确实承认,则所有一切希望均成泡影。此时日军当局愤懑异常,碍难再行忍耐,并要求即刻予以回答"等情。据此,查按照该税务司电陈情形,此时已到最后关头,万难再事拖延。为保存中国在华北之主权,维持关政完整及税收,并免除华北私运复炽、日货充斥起见,亟应即为决定,接受日方原提条件,将津、秦两关税款直接存于正金银行。否则时机一逝,挽救为难,必致津、秦两关被其劫夺。该两关全部税款损失,税则破坏,日货充斥,于国计民生均影响甚巨。……

《海关协定》,第 15 页

梅乐和致梅维亮

1937 年 10 月 19 日

第 678 号电原译文。第 677 号电计达。如该税务司仍不能根据中国政府所提办法与日方洽商解决,为体谅该税务司处境困难起见,部座非正式特准该税务司得自由斟酌,将津、秦两关税款存于当地有相当地位殷实可靠之银行,以作最后之让步。但所有该两关所需经费及应摊付内外债赔各款,并就地应拨款项,如治河及检疫经费等,应照常如期拨付,其余款如该税务司认为必要,得积存于该银行,仰即遵照办理。

《海关协定》,第16页

梅维亮致日本驻天津总领事堀内函

1937年10月22日

海关总税务司已经授权我同你解决有关津、秦两关的悬案。今天我采取了必要措施,在天津正金银行开立账户。自今天起,津、秦两关征收的全部关税,即进口税和进口附加税、出口税和出口附加税、复进口半税和复进口半税附加税将存于该行。

在目前中日战事持续期间,上述关税将继续存于天津正金银行,直到因中日战事而发生的问题解决为止。约定向该行提出的款项应包括本地应拨用各款。至于指定摊付债务的款项,因目前战事而发生的问题未解决以前,我不拟提取,因此并不发生任何问题。

常务税务司赤谷由助将代表我逐日监督这些关税及时存入正金银行,我已授权他采取必要措施,以便对这些税款进行适当的审核。

《海关协定》,第16页

梅乐和致梅维亮

1937年10月29日

(未编号)英国代办10月19日发给英国外交部的第588号电已转天津总领事。从该电所引用的蒋委员长的意见看来,你同正金银行达成的临时协议还不便认为有效。在这种情况下,必须考虑到第678号去电中孔部长的意见也可能被推翻,因此就要留下继续谈判的门路。此外,临时协议也必须规定按期将津、秦两关应摊付的外债、内债和赔款全部汇解上海,才能符合部长的指示。一般意见认为第663号去电中的六项条件是解决目前问题最好的办法,将来还可以向南方推广,我同意这种看法。因此，如果临时协议被推翻，而你又不能根据六项条件继续谈判下去，你应该请求英国总领事协助设法在东京谈判解决。据我了解，不久以前东京方面已经为谈判作好了准备。

《海关协定》，第 18—19 页

郝伯枢①致阿弗莱②
1937 年 10 月 30 日

根据驻日大使馆致外交部第 573 号电和驻华大使馆致外交部第588 号电以及驻天津总领事致财政顾问第 36 号电，我又同总税务司进行了讨论。天津总领事的电报是不能令人满意的。梅维亮也许是超越了总税务司第 678 号电所给予他的自由决定的权限。因此总税务司已通知梅维亮留下继续谈判的门路并同你一致行动。

《海关协定》，第 19 页

梅乐和致梅维亮
1937 年 10 月 30 日

第 688 号电。……按日方原来要求，津、秦两关应摊付外债赔款仍应照旧按时拨解，乃该税务司今竟称暂时不克拨解任何款项，殊难索解。如将该税务司来电转呈政府，恐该税务司难辞越权之责，而与本署第 678 号电令示知该税务司，得将津、秦两关税款存于当地殷实可靠之银行，但必须照常如期拨解应付债赔各款等之规定，亦有不合，尤难为该税务司向政府解释。故该税务司应即遵照本署第 678 号电令指示条件办理，或按照该税务司第 478 号来电内所称不承认内外债分别之原则，即刻恢复拨解债款。如以上两项办法均不克办到，应再行设法向日方重行提出中国政府所提六项办法，妥与洽商。据报东京方面英、美、

---

① E. L. Hall-Patch，英国驻华大使馆财政顾问
② J. B. Affleck，英国驻天津总领事。

法各国外交家及日本某方当局对于此事甚为赞助,仍仰该税务司竭力维持,免至交涉决裂,并即具报……

《海关协定》,第20页

梅维亮致梅乐和
1937 年 10 月 31 日

第491号电。……窃以职所采之步骤,已将危险局势予以挽回。关于钧电所责职有越权之处一节,职深盼钧座谅解职所处地位困难。缘津、秦一带日军所言高于一切,职以一人之力,而与强敌折冲,其能稍有所获,已属倍感困难。现按钧电所示,东京方面英、美、法各国外交家及日本某方当局对于六项办法既表示赞助,窃以为应请由日本外务省将该项赞助意见,转达驻津日方当局,并告知应静候东京解决。如此办理,职及日军方面自当各自静候命令,以待最后解决。此时职可否通告日方,谓嗣后关于此事之解决,应由钧座办理。如蒙照准,则应使驻津日总领事亦奉有日外务省同样命令,将来此项问题一经按照六项办法解决后,此时与正金银行所定之办法,自不难迅速按照六项办法将存款银行更改,并即刻恢复外债解款。至关于存放正金银行款项之安全问题,窃以为东京方面所表示之好感,似足以保障。究应如何办理,应请鉴核示遵。

《海关协定》,第21页

梅乐和致梅维亮
1937 年 11 月 1 日

第690号电。……第491号电悉。维持华北海关完整,而所收税款不能自由拨解偿付债务,则此项维持海关完整办法,实仅于日方有利,而于中国无益,况按该税务司第429号来电,对于外债赔款可自由拨解之原则,日方原已承认在案,惟该税务司所处困难亦已谅解,此时虽可再行设法得东京方面之赞助,但在当地仍应设法推动,俾得圆满解决,合再电仰该税务司继续谈判,勿使交涉中断……

《海关协定》,第 21 页

2. 华北海关实施伪税则

财政部致梅乐和
1938 年 1 月 7 日

津、秦两关现处特殊环境,该税务司等悉心应付,勉维现状,殊足嘉尚。惟须注意:(一)不得接受伪政府命令及与商订任何条件;(二)海关现行章制及办事手续不得变更;(三)现行税则不得擅行变动。以上各点,系维持海关行政权之最低立场,无论在何种情形下,不得稍有迁就,仰即严电密饬各该关税务司遵照为要。部长孔。阳汉关。

《海关协定》,第 32—33 页

阿弗莱致英国驻华大使馆
1938 年 1 月 18 日

我对目前华北海关局势有下列见解:北京临时政府主席王克敏和日本方面的关系好像有点紧张。王克敏不大听日本军方的话,而且听说尽管中央政府反对他的政权,他同孔祥熙和宋子文还是有联系的。值得注意的是,日方要求对某些项目减税,王克敏还没有表示同意,这个税则原定 1 月 1 日实施,后来改在 1 月 15 日,但至今还没有公布。……

在税则问题上,最好中央政府能趁此机会主动地恢复 1931 年税则,爽爽快快地减低一些出口税率,在目前来说,这一措施一定会鼓励贸易,增加税收偿付外债,而且先下手为强,还可以使日本陷于被动。实施一个大大减低的税则,特别是以出口税为重点,不论由谁下令实施,一定会迅速解除许多困难,大受欢迎。

津、秦二关照常执行任务。据今天日本报纸所登的一个通知说,冀

东非法贸易在本月 20 日以后将停止。已经起运或起卸的货物在本月
30 日以前可以按冀东海关税率完税，以后应完纳正式的关税。

《海关协定》，第 33—34 页

财政部致梅乐和

1938 年 1 月 23 日

查本部前为维持海关行政完整起见，曾指示原则三项，以阳汉关电
饬该总税务司转饬各关税务司遵照在案。兹据报载，伪组织擅订关税
税则，宣布实行，此种非法行为，显系破坏海关行政之统一，依照政府宣
言意旨，自应认为无效。合亟电仰转饬津、秦各海关税务司恪遵阳汉关
电指示原则，对于该项非法税则，拒绝施行，仍照现行税则征税，不得违
误，并将遵办情形随时具报为要。

《海关协定》，第 34 页

梅乐和致孔祥熙

1938 年 1 月 24 日

据天津英国总领事转来津海关税务司梅维亮电称：一二日内即将
宣布减税，减税项目为：

　　（1）人造丝　　　　每吨改征 31 个金单位
　　（2）开矿机器　　　免税
　　（3）冶炼机器　　　免税
　　（4）农业用种籽　　免税
　　（5）电机及灯泡　　从价 25%

出口税以从价 2.5% 为原则，但棉花出口暂时免税。上述税则改动将
通知总税务司并在全国实施。梅维亮还说，他不能反对这种减税，因为
如果反对，华北海关立刻就会完蛋，而且现行税则不照减，也无法继续
实施。他认为这种情况确实是一种不可抗力。我已电复该关："根据
国际惯例和条约，只有各国承认的合法政府有权制定和修改税则，在未

经政府批准前,我不能同意实施上述修改的税则。"

以上情况已通知法、英、德、美等国使节。

《海关协定》,第 34—35 页

梅乐和致孔祥熙
1938 年 1 月 25 日

我在 1 月 12 日电中曾提出修改税则的问题。现经考虑,为了推动贸易和恢复全国的经济,拟请政府批准将 1931 年税则稍作修改后恢复实施。这样既可以抵销华北伪政权擅自修改税则,又可保证各国商人享受同等待遇,使一向认为现行税率太高的外国官商感到满意。各国最关心的是待遇平等,减低现行税率有利于他们的国民,他们不见得会反对。如果政府拒绝此项建议,原从上海等地进口的货物将改从天津和青岛进口,并通过铁路和公路渗入沦陷区,使政府的威信和税收都受到损害。

《海关协定》,第 35 页

贺武[①]致梅乐和
1938 年 1 月 28 日

关于华北临时政权实施新税则问题,现接外交大臣来电说,对于梅维亮应该如何应付新税则,他不准备提出意见,至于是不是不可抗力,必须由梅维亮自己判断。

同时我奉命劝告财政部长采纳你的建议,实施 1931 年税则,因为你的建议看来是切实可行的;另外,我还奉命向华北日本当局提出强硬抗议,反对他们修改税则,理由是根据我们的条约权利,中国各口岸应实施统一的税则,因此,一个地方政权,不论它是否获得各国承认,如果擅自修改税则,都是不合法的。我已向派驻北京和汉口的代表以及天

---

① Robert G. Howe,英国驻华代办。

津英国总领事发出相应的指示,并由总领事转告梅维亮。

英国驻东京大使已向日本政府提出抗议。

本函已抄送法国驻华大使那琪安①和美国驻上海总领事高斯②。

《海关协定》,第 37 页

阿弗莱致英国驻华大使馆
1938 年 1 月 31 日

我已奉命进行交涉。日本领事说,减税表是新成立的临时政府公布的,他不便干预。他承认由于新政府发布的新税则不能在全国实施,提出抗议在原则上是合理的,但是由于所减税率对各国并无歧视,减税项目限于某些必需品,目的是为了解除水灾和战争所造成的痛苦,他认为有关各国(包括日本在内)提出抗议还不是时候。

鉴于日本领事采取这种态度显然是由上级决定的,因此我认为在当地进行交涉毫无效果,尤其是 1 月 22 日已经实行减税,据梅维亮说,青岛以北各地都已实行了。

《海关协定》,第 38 页

财政部致梅乐和
1938 年 2 月 2 日

顷据郑署长感电转呈该总税务司请政府改用民廿(1931 年)进口税则,以期抵制伪货侵销,恢复国内经济各节,用意未尝不善。惟查民廿税则远低于现行税则,又比之伪方税则为高,若竟懵然改行,殊有种种窒碍:

一、现时税收短绌,已不敷偿付内外债务,每月须有数百万元之透支。若税收更减,又改采较低之民廿税率,不特难偿内债,即外债赔款

---

① P. E. Naggiar,即那齐亚。
② C. E. Gauss,亦译高思。

亦将不敷,此影响于债信者至为重大。

二、伪方税则多有较现行税则减去百分之七十五者。政府即使改采民廿税则,仍比伪定税则为高。税则高低歧出,其结果商货避重就轻,势将悉趋伪关,更向内地走私。因之,伪方税收递增,我方税收递减,即无法维持债信,尤有妨国民经济。

三、我国前以尊重外商利益,未行进口统制。改行民廿税则以后,必至促成洋货侵销,消用大宗外汇,国防必须品之购买力亦将为奢侈品及消费品所夺,结果或将影响外汇,摇动金融。

四、近自津、胶、淞、沪先后陷敌,长江下游沦入战区,本国工商业已受重大损失。若竟改用民廿税则,国内必成洋货尾闾。内地一般企业,目前固无竞争余力,战后更失复兴基础,实足使国民经济陷于绝境。

五、依照民廿税则,如美国之煤油、汽油、柴油、棉花,英国之呢绒、棉布,法国之洋酒、化妆品等,其税率仅较现行税率稍低。惟日本进口之人造丝、白糖、海产、水泥、橡胶等项,则均可大受优惠。欧美货物,因成本及运费关系,在我国市场本难与日货竞争,若果采用民廿税则,徒足使仇货畅销于占领区域,侵销及内地各省,对于欧美销路,可谓有损无益。且现时若改用对日优惠税率,外耸国际观听,内失军民信赖,尤足以发生绝大反响。

以上所列五点,不仅为一时的税则问题,亦不仅为单纯的关务问题。该总税务司亟应从关系各方妥慎筹维,详晰议复备核,仰即遵照为要。

《海关协定》,第 39—40 页

梅乐和致梅维亮

1938 年 2 月 16 日

现在接到部长的电令如下:"不能容许海关人员继续实施伪税则。如果无法实施合法税则,全体关员也应当拒绝实施伪税则。向日本当局说明:根据中国的对外条约义务,海关人员有责任在中国各口岸实施统一税则,并将税款解交总税务司偿付关税担保的债务;他们不仅要对中国负责,而且也要对在中国有贸易和投资关系的各缔约国(包括日本)和它们的商民负责;在这种情况下,日本应该了解,海关人员只能实施中国合法税则,不便实施任何其他税则。税务司应该通告公众,凡按伪税则缴纳的关税,中国政府概不承认。海关在目前困难条件下继续忠诚不渝地服务,我很满意。如果不幸由于执行政府指示的结果,日本竟以实际行动使海关人员不能执行职务,这是极为遗憾的事,但不能因此指责有关人员。"

《海关协定》,第 43 页

梅乐和致寇尔[①]函
1938 年 3 月 4 日

承你在本月 2 日来信中将孔祥熙上月 25 日关于处理华北海关一般原则问题的来电附送给我,谨致谢意。你回电时请向他指出:他在来电中提到的条约和协定本来是为了在正常条件下指导如何进行对外贸易和办理海关手续而制定的,在目前特殊情况下还想完全照这些条约办事,这是对当前华北政治军事局势缺乏认识的表现。而且也不要忘记,中央政府在那里已毫无实权,显然无法履行国际条约义务。沦陷区各关税务司不执行中国合法政府的命令,不能认为是不忠于海关的优良传统。海关人员得不到政府的支持,同时又不断受沦陷区日本当局的武力威胁,很难想象他们怎样能够服从政府的命令。目前,财政部自己尚且不能在黄河以北或上海地区行使职权,这些地区的所有其他中国政府机关也早已没有了,还要沦陷区的海关(政府的一个部门)继续在财政部领导下照常执行职务是不合情理的。因此,如果当地政权不同意,中国政府就不能强使海关照它的意志行事。我昨天已和你谈过,我认为政府只有两条路可走:(甲)命令我封闭沦陷区海关,或(乙)为

---

① A. C. Kerr,英国驻华大使。

了中国和同它有贸易关系的其他国家的根本利益,准许我和有关各国商量从权应付,以便在可能取得的最有利条件下保全海关。

目前华北各关所收税款确实还没有汇来偿付债务,但是,不论目前对中国政府的利益有多大的损害,我认为他们最好还是承认暂时不能控制海关,而不应当采取僵硬的态度来分裂海关。因为这样做的结果只能使日本当局不理中国政府,自行派员管理海关,最后不仅中国的财政利益遭到损害,而且也影响同中国有商务关系各国的贸易和航运利益,这些国家是愿意维持"门户开放"政策并由海关继续管理灯塔和港务部门的。

……

《海关协定》,第45—46页

3. 日本夺取江海关税款与英国对日妥协

卡尔致蒋介石

重庆,1938年5月2日

敬启者:忆在汉时,弟答应由沪奉函解释英政府须与日政府谈论海关问题之理由,及至到沪时,此问题已变成万分急要,盖据日方表示,如到5月3日未能成立协议,即日方拟将占领区域内之海关行政一切完全攫取,但弟意料所提协议约在5月3日成立。

中日两方对于海关问题不能洽议解决,其势颇为明显。在英方立场,如不自动采取办法,日方必至完全攫取占领区域内之海关行政,改为日本行政机关,以日方利益为前提,是则海关机关为过去及将来华方信用之基础必遭破坏。

在交涉此项问题时,吾人故意不向贵政府洽商,实有用意。盖日方对于华方所视为最低之条件(如存款银行及内债等项)不肯接收(早已表示显明,事在意料之中),故吾人以不如不通知贵政府为佳,拟俟协议成立之后,视为已成事实,华方得以否认责任。但弟极希望贵政府关于此项协议，虽是否认对于本身有束缚之效力，同时不致采取任何举动，以使其不能实行，假如协议不能成立，结果必至海关行政完全破坏，而由日方占取以谋便利自己之利益。

协议对于华方之益处有三：（一）日方承认拨付关税担保外债之相当部分（借以维持国际上中国之信用）；（二）以中国法币而不以任何新行之伪币付税（借以维持法币对伪币之地位）；（三）海关行政以及外国人员，贵政府素认为华方利益之最要保障得以保留。

以上各项，英政府因经数月之交涉，方得日政府之保证，明知由贵政府立场观察，虽有不利之处，但敢信该办法乃在可能范围内之最优条件。阁下如细心研究协议失败之结果，必能予以同意，有此协议比较日方任意霸占海关，对于贵政府似为有利。

《战时外交》第 2 卷，第 97 页

日本外务相广田弘毅致克莱琪照会
1938 年 5 月 2 日

根据最近阁下与堀内先生商谈关于偿付以中国关税为担保的各项外债以及其他有关事项的结果，我荣幸地通知阁下，日本政府在征得占领区中国当局的同意后，现愿按照附件中所提出的方针处理这些问题，并准备执行附件中所订明的措施。双方同意，这是目前战事进行期间的临时性措施，当这些措施所依据的经济条件发生剧烈变化时，将重新加以考虑。我相信英国政府会接受这些办法。

顺向阁下致最崇高的敬意。

1. 日本占领区各海关所征一切关税、附加税及其他捐税，应以税务司名义存入正金银行，在该行未设立分行的地区，应存入双方同意的其他银行。

2. 所有进口税、出口税、转口税及救灾附加税按前项规定存入后，每隔若干日，最多不超过十日，应将应摊外债份额解存正金银行总税务司税款帐内，以便在 1937 年 7 月尚未还清的以关税为担保的各项外债赔款到期时,如数偿还。

3.偿还以关税为担保的各项外债和赔款,应作为全国各关所征关税的第一项开支,但经总税务司证明的海关经费(包括由各关分担的总税务司署经费)以及其他照例拨付的款项(过去一向在偿付外债以前从总税收中拨付的)应尽先扣付。

4.(甲)各关应摊外债份额应按照本关税收在上月份全国税收总额中所占比例逐月核定。

(乙)应摊外债份额以中国海关的选口税、出口税和转口税的总数为计算的依据,摊付数额按照上列(甲)项规定,由总税务司署征得日本及其他有关各国同意后确定。

(丙)华北和华中日本占领区某关税收不足应摊数额时,应由各该区内其他海关的税收补足。

5.(甲)自1937年9月起停付的日本部分庚子赔款,现存于汇丰银行暂付帐内,应即付给日本政府。

(乙)日本部分庚子赔款和1913年善后借款,以后应照以关税为担保的各项外债赔款偿还办法同样办理。

(丙)1938年1月初2月应摊外债赔款(计3,966,576.32元)现存于上海汇丰银行,应即发放,以归还以该款作担保的透支款项。

(丁)日本占领区各口岸汇丰银行海关税款帐内,如有余款,应改存当地正金银行分行海关税务司帐内,以便将来用于支付应摊外债份额。

上述办法应自1938年5月3日起生效,并适用于自1938年3月起征收的关税。

《海关协定》,第98—99页

克莱琪致广田照会

1938年5月2日

我荣幸地收到阁下5月2日关于偿还以中国海关关税为担保的各

项对外债务及其他有关事项的照会。

英国政府认为目前局势引起了许多重大的困难，为了有关各国的利益，迫切需要谋求一项解决办法，为此我奉命声明，英国政府不反对实施阁下的照会和附件中所提出的临时措施。

我还奉命再一次向阁下着重指出，我国政府对于从各方面维持海关的权力和海关的完整，极为关切。

顺向阁下致最崇高的敬意。

《海关协定》，第 99—100 页

梅乐和致寇尔函

1938 年 5 月 3 日

江海关税务司今日来函说，据本地日本当局通知，日、英两国政府业已换文，日本政府对于占领区海关事务提出某些建议，例如江海关在正金银行开立税款帐户；江海关税务司原存汇丰银行的税款，除支付规定的款项外，改存正金银行，以后税款由正金银行经收等等，英国政府表示不反对。从该函可以看出，日本当局要求立即履行上述条件，否则他们就要"无条件接收"江海关。

英、日两国政府业已换文，换文的内容在江海关税务司的信里已经提到了，这件事经你口头证实后，我得出以下的结论：面临海关即将被无条件接收的威胁，江海关税务司除了暂时同意在正金银行开立帐户并将以后税款存入外，别无其他办法，因此我已经准他暂时在正金银行照开帐户。我顺便向你说明，根据我的理解，英国政府认为，除了答应日方要求外，没有别的办法。法国政府也认为现行的总税务司制度必须保持。我根据它们公开表示的态度才作出以上决定。另一方面，我也关照江海关税务司，上述办法如果为中国政府所反对，应予撤销。

我知道中国政府不会正式同意这种措施，但是我希望他们了解本地的困难局面，至少表示"不反对"。现在我请你先打听一下中国政府对于实施英、日两国政府换文中议定的条件，特别对于存在汇丰银行的江海关税款约 1600 万元转存正金银行,有什么意见。我已向你表示过,对于移交汇丰银行存款问题,除非我确实知道中国政府不反对,我不打算让罗福德①把这笔属于中国政府的款项交出去。

《海关协定》,第 103—104 页

梅乐和致孔祥熙电
1938 年 5 月 7 日

　　遵照你的指示,我继续与有关各国大使保持密切联系,本月 2 日我会见英国大使时告诉他,听说如果不将江海关积存在汇丰银行的税款移交正金银行,并将该关今后所收税款存入正金银行,日方决定夺取江海关。我请大使注意,我们必须分清日本在它的权限内可以做什么,以及中国在它的权限内可以做什么。比方说,如果日本夺取了江海关,日本当局就有权将该关以后所收的税款存入正金银行。至于总税务司已经代中国政府存在汇丰银行的款项,总税务司有权拒绝交出去,除非中国政府不反对这样做。在会谈时,我们一致认为,夺取海关的危险既已如此迫近,最好还是由总税务司授权江海关将今后所收税款存入正金银行,此项临时性措施在必要时可以立即予以撤销。同时我还向英国大使明白指出,除非保证中国政府确实不反对,否则决不将汇丰银行的存款交出。

　　江汉关税务司安斯迩②转来你的电令,说上海税款应当存放汇丰银行的前令并未取消,这说明你可能不同意将以后所收的税款暂存正金银行,因此我准备立即取消上项办法,恢复税款存入汇丰银行的原来办法。

《海关协定》,第 105—106 页

---

① L. H. Lawford,江海关英籍税务司。
② E. N. Ensor,亦作安斯尔。

英国驻华大使馆致英国外交部电

1938 年 5 月 23 日

中国政府的反应既不出乎意外,也不算太不满意。我们逼迫中国政府实行协定,已经够厉害了,再逼下去会使中国方面采取行动破坏协定。

因此我建议通知日本政府,我们已经尽力设法取得中国政府不反对的保证,使各口岸汇丰银行的存款可以按照协定移存正金银行,但是我们失败了。日本政府曾明确表示将此项存款用于偿还应摊外债,为了实现日方的这一意图,我们提出一项变通办法(在下次电报中说明)。

……

变通办法经同意后,就可以实行,中国政府不必采取行动,但是要通知他们一下。

日本政府大概会提出偿付日本部分庚子赔款问题,这是和各关税务司名下税款截然不同的一个问题。如果他们提出,我们应该坚决要求中国政府把上海汇丰银行暂付帐内积存的专款付给日本政府,将来对日赔款应按其他各国赔款偿付办法同样办理。

《海关协定》,第 108—109 页

孔祥熙致麦琪洛[①]函

1938 年 5 月 28 日

关于日方企图在沦陷区修正实施 1931 年税则问题,我请你把下列意见转达贵国大使:

1. 按照现行条约规定,各国同意中国关税自主和行政完整,日本这种行动,将是又一次破坏条约,并影响中国按照条约义务在全国实施统

---

①　D. Mackillop,英国驻华大使馆参赞。

一税则。

2. 在这个时候减低税率,原则上是错误的,因为这样会鼓励输入,而目前为了减少对外贸易支付的逆差,是不应该鼓励输入的。输入增加了,会使通货受到不利影响,这是违反中国和外国利益的。

3. 降低关税在表面上好像能使其他国家有机会多做生意,但是,必须着重指出,1931年税则是在1930年中日关税协定签订后不久实施的,按照协定规定,主要由日本进口的许多种商品必须维持原税率,因此恢复实施1931年税则,对于日本对华贸易,比其他国家更为有利,这实际上等于在长江下游一带实施伪税制。

4. 在这种情况下,中国政府自然不能同意实施1931年税则,而且还有可能被迫采取措施保护自己的重大利益,抵制日本计谋。

5. 日本计划破坏各项现行协定,并只许各国按照日本的条件从事经济和财政活动。外国政府默认日方实施1931年税则,就是使日本的计划合法化。最近英、日签订的协定,目的是为了维护海关完整,日方实施1931年税则,同那个协定恰恰是相抵触的,这将为日方继续破坏各项协定造成危险的先例。

根据以上情况,我希望贵国政府对于日本进一步侵犯中国和外国政府及其人民权益的企图提出反对。

《海关协定》,第113—114页

国民党政府外交部致英国驻华大使馆函①
1938年6月6日

根据本部接到的报告,江海关在日方压力下已经从6月1日起实施伪税则,日本商人已按照伪税则纳税,其他外商也相继照办。日本方面这种行动不但破坏海关制度的完整,而且由于目前江海关税收占全国税收的百分之三十以上,连同沦陷区其他各关税收占总税收的百分

---

① 麦琪洛将此函以464号电转达寇尔。

之六十,如果各国商人都按照伪税则纳税,关税收入必将大减,内外债的信用也将受到严重影响,谨提请大使馆注意。中国政府现在愿意把本国全部关税交由各债权国组成的国际委员会共管,债款的偿付由该会和总税务司共同管理。这个方案完全以保持海关制度完整和保护华洋人士合法利益的观点出发,请大使馆转请英国政府考虑。如果对于实施伪税则不加反对,中国政府对于偿还外债的办法将不得不重新考虑。

《海关协定》,第 115—116 页

财政部通告

1939 年 1 月 15 日

……目前战区海关税收,被日人暴力劫持勒存于日方银行,名为存储,实则利用以夺取我外汇,增加其侵略力量,故其存储之款,本为我各关税务司税收存款,而并不依照汇拨,其侵害友邦利权及中外债权人之利益,已属无可讳言。政府在此情形之下,不能不有正当之措置,故对于总税务司最近呈请照旧透支还债办法,已不再准予通融,并饬应就各该关所存税款内提拨摊付。嗣后对于海关担保各项长期债务,凡在战前订借而尚未消偿者,当就战区外各关税收比例应摊之数,按期拨交中央银行专款存储。惟此项摊存办法,原系应付目前非常情势之暂时措置,如战区各关将已存欠缴之应摊债赔款及嗣后税收应摊之数额如数照旧解交总税务司时,政府自当仍即同时照旧拨付债赔款基金,以恢复战前原状也。

《海关协定》,第 140 页

(二)租界问题

说明:1938 年 2 月,日本向上海公共租界工部局提出五点要求,其核心为允许日本军警可随时随地在租界内采取行动,加强巡捕房中日本巡捕的力量。经过会谈,工部局同意增加日本巡捕,但不同意日本宪兵或警察在租界内单独采取行动。英国表示,任何政府都无权单方面干涉租界的行政。美国和法国政府也对日本提出了相同的抗议,日本对上海租界的企图暂未得逞。

1938年5月,日本派兵在鼓浪屿登陆,并向租界工部局提出了增加日本在工部局的高级职员及租界禁止抗日活动的要求。对此,英、美、法采取了共同行动,各派出与日本相同数目的部队登陆鼓浪屿。列强拒绝了日本意欲分享租界控制权的主要要求,但同意控制租界内的反日活动。日本在鼓浪屿的行动未获预想的成功。

1939年4月,日本要求天津英租界交出四名刺杀汉奸涉嫌者。交涉未果后,于6月14日正式封锁了天津英租界。在日本的高压面前,英国作出妥协。英日达成所谓"有田—克莱琪协定"。该协定承认日本有镇压抗日活动的"特殊需要"。这一企图以牺牲他人利益来保全自己的既得利益的协定,受到中国政府和人民的强烈反对。

1. 上海租界交涉

菲利普斯[①]致英国驻华大使馆
上海,1939年2月22日

今天下午,日本总领事携同日本海军陆战队将官和陆军将官拜访了工部局总董,留下了一份包含5项要求的照会。在提出这份照会之前,日本总领事强调说,这些要求是怀着真正的合作精神和善意而提出的,他要求工部局能迅速接受这些要求。他补充说,现在的恐怖活动很令人怀疑是为了引起日本和工部局及一些第三国(尤其是英国)之间的直接冲突,因此,双方都应仔细行事,不要被这种阴险的战略所困。

---

① H. Phillips,时任英国驻上海总领事。

2. 照会声明,尽管不断发生反日暴行,日本当局仍一直深深地依靠工部局来维持和平与秩序。但是,现在迫切需要采取适当的和有效的措施来维持和平与秩序。日方提出如下 5 项要求:

(1)工部局 1938 年 7 月 19 日颁布的有关逮捕租界内犯罪分子的紧急通告,应该得到严格地执行。

(2)包括宪兵和领事馆警察在内的日本警察机构,必要时可于任何时间在国际租界内的任何地点采取必要的措施,以保护日本国民和镇压恐怖主义,并在这方面与工部局巡捕进行合作。

(3)当日本当局认为有必要时,他们应在工部局当局的合作下,搜查从黄浦江和苏州河进出租界的中国人及其携带的物品,必要时予以拘留。

(4)工部局的日本巡捕力量应迅速得到加强。

(5)应立即在租界的重要地点对中国人进行搜查。

3. 照会还指出,日本当局在有关这一事情的问题上保留提出其它要求的权利。

DBFP, Third Series, Vol. 8, pp. 464–465

菲利普斯致英国驻华大使馆

上海,1939 年 2 月 25 日

在昨天与日本领事的会谈中,该领事强调说,无论是在上海还是在日本,他们都对上海的恐怖活动感到焦虑不安。这一问题已经在日本国会提出,并激起了公众舆论的愤慨。他和日本陆海军当局急切地等待着对他致工部局总董照会尽快作出回答。他说,如果 2 月 27 日(星期一)之前得不到答复,恐怕会出现麻烦。暗杀事件现在在上海层出不穷,如果在收到工部局的答复之前再发生别的暗杀事件,"我们对和平谈判的努力可能将要受挫"。他要求我帮助促使工部局尽早作出回答。

2. 在与大使、美国领事和我磋商之后,工部局起草了一份答复,并于今天下午的全体会议上通过。该答复可能将在今晚送交日方……

5. 关于 5 项要求,工部局作出如下答复:

(1)工部局已经执行了 1938 年 7 月 19 日关于反日恐怖事件的紧急通告,并将继续执行这一通告。

(2)工部局不能接受除了上海工部局巡捕房之外的任何警察机构在租界采取独立行动的任何提议。但是,他们将继续欢迎日本宪兵和领事馆警察在侦查恐怖主义方面的合作。有关的合作措施应由日本宪兵、领事馆警察与巡捕房总巡通过直接接触来作出安排。与上海工部局巡捕房合作的日本宪警应着便服。

(3)工部局正在加强现已实行的对从水路进入租界的中国人的搜查。身着便衣的日本观察员将应邀察看这类搜查。

(4)正在采取措施使工部局巡捕房的日本警员达到规定的满员人数,只要能够获得补充人员。

(5)工部局同意在租界的重要地点进行搜查,进行这类搜查是巡捕房的正常工作,现正加强这类搜查。

DBFP, Third Series, Vol. 8, pp. 471–472

卡尔致哈里法克斯

上海,1939 年 3 月 14 日

今晚,上海工部局将向新闻界发表如下公报。考虑到有关最近在日本宪兵和上海工部局巡捕房之间达成谅解的令人误解的报道,很有必要对已经发生的事情作一个简要总结。在 2 月 22 日至 3 月 3 日中,日本当局和上海工部局就国际租界的恐怖主义和暴行问题进行了谈判。工部局的态度如下:

1. 工部局已经执行了 1938 年 7 月 19 日关于反日恐怖事件的紧急通告,并准备继续执行这一通告。

2. 工部局不能接受除了上海工部局巡捕房之外的任何警察机构在国际租界采取独立行动的任何提议。如果没有所有有关列强的同意,工部局无权将根据土地章程委托给它的警察权利和责任转托他人。但工部局声明，它准备继续欢迎日本宪兵和领事馆警察在侦查恐怖主义方面与上海工部局巡捕房合作。任何合作措施必须得到巡捕房总巡的同意，并由他作出安排。

3. 在这些谈判开始之前，为履行其采取措施防止暴行的职责，工部局已开始对从水路进入租界的人进行搜查，并准备加强这种搜查，还准备邀请身着便衣的日本观察员察看这类搜查。

4. 在工部局本年度中，工部局巡捕房已经雇佣了 45 名日籍新警员。工部局声明，工部局已采取措施征召 33 名以上的日本人，以使日本警员达到规定的满员人数。

5. 工部局声明，在租界的重要地点进行搜查，是巡捕房一直在进行的正常工作，这类搜查目前正在加强。为了确定上述合作的细节，总巡与日本官员进行了会谈。在会谈过程中，双方就以下各点达成共识：

（1）关于对由水路进入租界的人进行搜查，工部局巡捕房欢迎日本宪兵和领事馆警察的合作，但是，具体的搜查须由工部局巡捕房进行。

（2）当工部局巡捕房从日本当局获得情报，指出恐怖分子在租界的具体地点，并提供了具体的理由，使巡捕房认为有充足的根据可在某一地区限制交通以便进行搜查时，巡捕房准备予以合作。

（3）总巡准备对在刑事处的现行框架内设置一个综合科的提议予以同情的考虑，该科将由一位日本高级警官和几位经过挑选的日本下属组成。……必要时，该科将就有关反日活动问题担当与日本当局之间的快速联络工作。

（4）上海工部局巡捕房大体上准备给予日本当局审查因其提供情报而被捕的与恐怖事件有关的犯人的便利。但是，工部局巡捕房保留根据事实依法断案的权力，困难的案件将在双方的警方之间进行讨论。一些新闻报道中出现的有关工部局巡捕房将委任日本宪兵或日本宪兵将驻扎在巡捕房的说法是毫无根据的。有关总巡已同意由日本宪兵监督中国巡捕的报道也是毫无根据的。

DBFP,Third Series,Vol.8,pp.514-515

有田八郎致克莱琪备忘录

东京,1939年5月3日

2月28日,英国驻东京大使阁下向外务次官口头表达了他关于上海国际租界问题的看法。英国大使在他的谈话中谈到了日本驻上海总领事与上海工部局当局关于在镇压租界内的恐怖主义方面进行合作的谈判。从那时以来,谈判已经取得了良好的进展,并大体上取得了和解性的协议,只是在工部局巡捕房中增加日籍人员的提议至今仍然悬而未决。……

3.英国大使阁下谈到了改变租界的行政状态和工部局的构成的问题。关于这一问题,我愿利用这一机会提醒大使注意以下各点:

(1)人们普遍承认,其历史已非常久远的租界的行政结构和制度,包含着许多不适合今日新形势的缺陷。土地章程就是一例,租界的行政管理正是建立在这一基础之上的。现仍实行的土地章程的条款,除少数几点外,与1866年纳税人会议通过、1869年得到北京的大臣们同意的土地章程完全一样。换句话说,租界仍由早在1866年就制定的一套基本的条例所治理着。那时候,租界的面积还不足如今租界面积的三分之一,在此居住的外国人不超过2200,中国居民也不过90000左右。毫不奇怪,租界现行的行政结构和制度在许多方面将不适合于处理在新形势下所出现的事情……

(2)除了怎样根据正在东亚形成的新形势来处理有关租界未来的基本问题之外,一般认为,为了能使租界适应现已出现的具体的局面,并能真正恰当地履行职责,只对租界的行政机器和这一机器的运转进行少量的改良和革新是不够的。

可以回想一下,几年前,上海的舆论界对工部局的改革问题展开了广泛的讨论。那时,人们指出工部局的选举制度仍像过去那样,是不民主的;英国人几乎垄断了工部局的比较重要的部门,并在其它部门也占据压倒性的多数……公众舆论强有力地支持了这一观点,即土地章程应该修改,以适应现代的要求。

(3)为了能使租界的行政机器平稳地运转,很有必要改变工部局的结构,以使其能适应现时的需求。所有在中国拥有权益的国家的公民在工部局的事务中享有公平合理的发言权,也是很有必要的。然而,考虑到有关日本投资的庞大数量,日本社团的声音在很多方面未能在工部局行政中得到充分而公平的表达。这从日本董事的人数、工部局巡捕房中日本官员的地位或整个行政机构的其它部门中日本人的地位便可一目了然。因此,为了在租界的行政管理方面有可能获得日本方面的积极合作,为了确保行政机器的平稳运转,对于上述不能令人满意的现状进行合理的调整是绝对必要的……

DBFP,Third Series,Vol.9,pp.49-51

克莱琪与有田八郎谈话备忘录

1939 年 5 月 19 日

英国大使及时向英国政府提交了外务次官阁下 5 月 1 日关于管理上海公共租界问题给他的来函。他受命表示,英国政府已对日本政府的意见进行了仔细考虑,并转达英国政府的意见如下:

1.在正常情况下,英国政府愿意参加所有有关国家参加的、关于改变上海公共租界土地管理条例的友好谈判。这种谈判似乎是必要的。然而,现在情况仍然不正常,英国政府认为目前就任何谈判中提出的问题达成对各方都公平合理的永久性决议几乎是不可能的。因此,英国政府认为当前不适宜讨论此项问题。

这一对于有关租界行政的土地管理条例问题的看法,同样适用于中国法院问题。

2.关于对租界行政作一些非根本性的调整问题,在过去,为了适应变化的形势,尤其是为了满足租界内日本侨民及日本企业提出的所有公正和合理的要求,租界行政已作了许多变更。日本政府无疑会对此表示同意。而且,尽管目前情况极不正常,此项原则仍未改变,更没有任何理由认为将来租界当局会忽视日本公民的合法要求。

至于公共租界内工部局选举和各种公众会议使用的选举制度问题,我们的立场是在土地管理条例下,所有外国纳税人一律平等,选举资格的最低要求是在估计收入的基础上,每年缴纳市政税 500 两（大约 700 元法币）。按照这一制度,日本侨民享有大量的、日益增多的选票。事实上,这些选票在总选票中所占的比例远远高于日本侨民所负担的市政税和土地税占公共租界的全部市政税和土地税的比例。

3. 关于日本政府提出的,与周围地区受日本军事支持的政权合作的意见,我们中肯地指出,在当地没有正式的、公认的政府的情况下,租界当局已经并正在做出一切努力处理他们所面临的困难局面。英国政府认为租界当局应该得到日本民政和军事当局的关照。值此,人们最好回顾在公共租界建立初期租界当局即已实行的一项必然政策:在周围地区动荡时期,避免卷入由租界边界之外的原因引起的争端。实际上,这种不偏不倚是租界的国际性质所固有的。

尽管如此,租界当局仍然尽力与日本当局进行一切可能的合作。然而,本来已经由于上海周围地区的非常情况而变得复杂的工作,又由于邻近租界地区的负责当局放任非法活动的泛滥,以及日本当局未能将构成租界一部分的苏州河以北地区的有效控制权交还给工部局而变得更加困难。

4. 上海租界是许多国家的侨民本着对各方都有利的原则建设起来的。在它的发展过程中,许多国家的侨民在为共同利益而进行合作的公共租界中起过重要作用。鉴于英国侨民在这一事业中所起的作用,英国政府对租界内的形势一直极为关注,不会放任任何一个有关国家利用外界情况损害租界之国际性质的企图。

DBFP, Third Series, Vol. 9, pp. 88−90

克莱琪致哈利法克斯

东京,1939 年 5 月 26 日

昨天①下午,日本外务省发言人对日本新闻界发表了一个非正式的声明:

在中国的外国租界自然应被视为处于中国的主权之下,这是一种虽然暂停行使但却没有丧失的主权。因此,这一主权理所当然地应像日本占领的中国其它地方一样置于日本的控制之下。日本占领区的反日活动完全可以被日本消灭,即使是使用武力;在这一点上,没有任何承认外国对外国租界的行政进行干预或干涉的余地。在这一意义上,日本自然可以诉诸武力以确保它的权利,如果必要的话。应该避免出现这样的行动。日本没有任何理由仅仅因为目前的中国事件,就对着手进行国际租界行政制度的改革迟疑不决。日本希望列强对实现这种改革予以合作。

《朝日新闻》所发表的发言人的声明,其语言更为激烈。据报道,发言人曾说,日本在华行动的目标就是要把中国的主权置于日本的控制之下……

DBFP,Third Series,Vol. 9,pp. 108–109

克莱琪致有田八郎口头声明

东京,1939 年 6 月 13 日

据同盟社所发表的 5 月 24 日本外务省发言人的声明,河相达夫先生称,在中国的外国租界自然应被视为处于中国的主权之下,占领区的中国主权处于日本的控制之下,因此,租界和租借地的中国主权理所当然地应置于日本的控制之下。据报道,河相达夫先生还说,日本完全可以消灭日本占领区的反日活动,即使是使用武力,在这一点上,没有

---

① 即 5 月 24 日,该电报起草于 5 月 25 日。

任何承认"外国干涉"的余地。并说日本没有任何理由仅仅因为目前的中国事件,就对着手进行国际租界行政制度的改革迟疑不决。

对于以上声明,本大使奉命如下看法:

英国政府只能假定,这一声明尽管是由日本政府的一位官员作出的,但它并不代表着日本政府的观点。然而,英国政府愿意就此机会提醒日本政府,关于国际租界,大不列颠、日本及其它列强有着各种明文规定的权利和义务,任何政府都没有权利单方面地干涉这些租界的行政。英国政府愿意进一步强调指出,即使日本在其占领区接管了中国的主权(英国并未承认这一点),这也不能使日本对在华外国租界和租借地拥有比中国人自己所拥有的更大的权力。在这一点上,英国还记得,在这场战争发生之前,没有任何国家像日本那样更为顽固地排斥中国当局干涉外国人居住区的行政的权力,而日本外务省发言人现在所希望得到的正是这些权力。

至于具体的局势,日本政府应该看到,各外国租界和租借地当局最近正强化其努力,以取缔反日活动,在其控制的地区保持中立。

DBFP, Third Series, Vol. 9, pp. 176–177

2. 鼓浪屿租界交涉

菲茨莫里斯①致英国驻华大使馆

厦门,1939年5月15日

日本总领事对鼓浪屿工部局提出如下要求,并要求尽快答复:

1,对抗日活动实行严密控制。

2,鼓浪屿工部局的秘书、警长这两个职位以及总助理和翻译员应由日本人担任。鼓浪屿工部局办事处和巡捕房应尽可能使用日本人。

3,台湾人有权在所有纳税人的公众会议上参加投票表决,并有资

---

① Fitzmaurice,英国驻厦门总领事。此为克莱琪致日本外务省的照会。

格参加鼓浪屿华董竞选。

4,工部局董事会中三名华董的空缺应尽快补齐。

5,允许日本领事馆警察在与鼓浪屿工部局巡捕合作的情况下对抗日反动分子进行搜查、逮捕。

DBFP,Third Series,Vol.9,p.70

卡尔致哈利法克斯

重庆,1939 年 5 月 16 日

我收到了中国外交部一份照会,称日本占领鼓浪屿无疑是一种试探性行动,这将对上海和天津租界的未来产生重大影响。该备忘录表达了中国政府的深切关注,并要求我提请英国政府对此予以高度重视。

外交部长称,中国驻伦敦、巴黎、华盛顿的大使也已受命作同样的陈述。

我建议考虑派出一支英国海军分遣队到鼓浪屿。

DBFP,Third Series,Vol.9,p.78

克莱琪致哈利法克斯

东京,1939 年 5 月 16 日

照会正文如下:

"1.如阁下所知,继厦门商会会长洪立勋 5 月 11 日在厦门鼓浪屿被暗杀后,日本一支武装部队已在公共租界登陆,士兵在租界巡逻,搜查住宅,进行逮捕。

2.我遵照英国外交大臣的指示,强烈抗议日本对鼓浪屿公共租界行政的强暴干涉。英国政府对这种毫无合法理由的行动予以严重关注。

3.阁下如能采取措施确保登陆部队尽快撤出,我将不胜感激。"

DBFP,Third Series,Vol.9,p.79

福建省政府致外交部

永安,1939 年 5 月 31 日

急。重庆外交部,元电敬悉。密。鼓屿公堂不能通电。探据福州美领得鼓屿美领电:敌水兵 200 名带械登陆,捕华人第一批约 10 名,二批约 20 名,英、美舰一到,敌即撤退 160 名,留 42 名。英、美向其交涉尽撤无效,各派 42 名登陆,法舰续到亦派 42 名,将该岛分三区,由三国驻防。惟敌之 42 名未划定区,混在岛上,并要求工部局董事会主任秘书及警长由日人充任。现三国正交涉中,态度明显,即不许以暴力造成事实,将来增防或撤退人数,悉以敌方行动为标准等语。特复。福建省政府引秘二永

《卢事前后》,第 456 页

克莱琪致哈里法克斯

东京,1939 年 6 月 15 日

第五巡洋舰分队指挥官关于鼓浪屿的第 1435/9 号电报[①]。

6 月 10 日,美国代办向日本外务次官表示了他对不稳定的局势继续发展下去的担忧。他对日本人的方法提出抗议,日本人似乎在以不断的武力威胁来对待所有提出的解决方案。外务次官向他保证,在 6 月 16 日日本领事返回之前,局势将不会有任何恶化。

美国代办根据美国政府的指示于 6 月 13 日进一步表示,美国政府准备接受合理的地方解决,其前提如下:

1. 租界的国际利益得到保护。

2. 国际管理得以维持。

---

① 　未收入本文件集。这一 6 月 9 日的电报报告说,工部局在 6 月 8 日就日本总领事的要求的第 1 条和第 5 条的细节取得了一致意见,并决定暂不采纳第 3 条和第 4 条,至于第 2 条,将很快任命 3 名日本警官到巡捕房,而在财政情况得到改善时再考虑任用一名日本监察官和 10 名台湾人——原注。

3. 土地章程不得改变。

在任何情况下,美国都不打算在威胁面前让步。

DBFP,Third Series,Vol.9,p.178

卡尔致哈里法克斯

上海,1939 年 7 月 17 日

以下报告来自厦门……

我和我的法国同行及美国同行坦率地告诉日本总领事,我们不支持他关于立即任命一个日本监察官的要求。工部局的答复是,这样的任命只能由纳税人会议来批准。

日本人[此处电文不清]最近加紧了对食品供应的限制,租界已有两至三天得不到鱼了。

反英情绪正被煽动起来,在当地的中文报纸上,每天都出现攻击性的文章,其中一家是由日本人拥有和控制的。

台湾人已经举行了一次反英集会……

DBFP,Third Series,Vol.9,pp.288−289

3. 日本封锁天津英租界

贾米森[①]致哈利法克斯

天津,1939 年 6 月 1 日

我请求你在对这个问题作出决定的时候还需充分注意到下列几点:

(a)我们之所以如此坚持将四人交出的主要原因是我们(及此间的其他人士)认为,如不交出他们,对日本人是不公平的。日本人在对被当场抓获的人进行了好几个月的审讯之后,已经从这些审讯中掌握

———————

① Edgar G. Jamieson,英国驻天津总领事。

了存在于我们租界之内的这个恐怖组织的情况。无疑,这四个人是这个组织中的成员。他们在我们的租界里……（此处电文不清,原注）由这个组织的头目按月提供开支。该组织中的另两个成员（头目的兄弟和参谋长）因非法拥有炸弹被我们的巡捕逮捕。这说明了这个组织的目的。我们认为这两个人和那四个人都不值得关照。

（b）虽然毫不含糊地宣称自己是热情的爱国者的李汉元［音译］坚称日本人是靠严酷刑讯获得口供的,但他也肯定说这四个人是恐怖主义组织成员,并且认为他们还可能应对其他恐怖活动负责。正是他建议由天津地方法院发出一张逮捕状,以避免根据他们所获得的证据立案审理时租界警务处承担责任。

（c）日本人坚信那个组织对谋杀他们三个士兵负有责任。实际上,被捕四人中的一个已向日本人供认他是杀死其中一名被害人的凶手（后来在有英国工部局警务处外国警员在场的情况下重述犯罪事实）。

（d）本间将军①是日本军队中众所周知的亲英的将军。我们相信他正在尽最大努力避免发生尴尬局面。但正是上述（c）的情况迫使他采取了行动。

（e）我们请求勋爵阁下仔细考虑最初给我们的关于交出和扣留政治犯的指示。我在 5 月 20 日致大使的电报和致阁下的第 190 号电报中谈到过这一问题。本电报的目的是希望得到新的指示使我能更果断地处理罪犯。我对有关已逮捕人员的现有指示的理解如下：

1,被发现非法拥有武器,完全不用经过审讯即可驱逐出境。

2,犯有散布政治宣传品,拥有无线电发报机等罪者,警告后释放。如按照从前的指示,1 和 2 两种人员至少要被拘留。

（f）我想如交出上述四人及另外两人（王文［音译］的兄弟和齐年华［音译］参谋长）,日本人会非常满意。但是,我认为还应交出那些拥

---

① 本间雅晴,天津日本驻军司令。

有武器的人,驱逐其他的人。只有采取如此严厉的行动,我们才会使那些不良分子知道不能利用我们的租界而不受惩罚。

(g)刚刚收到的卡尔爵士致阁下的第 494 号电报①称:当关于四人问题出现僵局的时候,日本当局迫切要求交出王文的兄弟和参谋长。因此,四人问题便被暂时搁置起来,但不久的将来无疑还会再提起。我和布里格迪尔都认为应该交出那两个人,因为按照给我的最初指示,他们属于"严重罪行"之列。所以提前做好准备比等待别人强迫我们接受要求要好得多。这种姿态大大有助于恢复友好关系。事实上,我是从阁下致上海的第 409 号电报中获悉阁下授权我交出四人的。

DBFP,Third Series,Vol. 9,pp. 122–123

哈利法克斯致卡尔

伦敦,1939 年 6 月 1 日

1. 在第 94 号电、未编号的 5 月 22 日电和第 409 号电中,我已定出解决恐怖分子案件的总方针。对今后所有案件我已指示应事先发布警告并根据这些原则和总领事认为充足的证据处理。如有疑问,应按惯例与大使馆商讨。我认为这会满足日本人的那些合理的要求,并使总领事馆在商议那些在押的恐怖分子的问题中处于有力的地位。这些恐怖分子是造成目前困难局面的症结之所在。

2. 在前面提到的案件中最重要的似乎是根据日本人的情报拘捕的、被指控犯有共谋杀害程锡庚的四人案件。我从未得到任何证据,贾米森先生也从未得到任何证据,足以证明我们有理由根据上述的总方针把这些人交给日本人或地方当局。我们也许不能断言他们是在严刑下招供的,但若不是在胁迫下,谁能相信会向日本当局承认两次谋杀罪行? 无论如何,似乎他们中只有两个人已经招认(见天津第 180 号

---

① 未收入《英国外交政策文件》。卡尔 6 月 Z 日电中指出王文兄弟和齐年华不是被指控与谋杀稳案有牵连的四人中的二人。但他们于 1939 年 2 月被拘留。

电)。

3. 至于天津第 194 号电中提到的另两个人,我以前曾说过,这两个人应该交出。

4. 如上所述,以上二人的引渡,以及对今后案件的更加严厉的处置,应使我们在天津的当局处于有利的讨价还价的地位。但很明显,目前还未能利用这些让步来检验当地日本人的反应,或缓和报告中所说的高度紧张的空气。这些工作应在局势尚未发展到你第 486 号电中所描述的情势之前进行。

DBFP, Third Series, Vol. 9, pp. 123–124

哈利法克斯致卡尔

外交部,1939 年 6 月 7 日

……

中国大使 6 月 6 日转来蒋介石的呼吁,要求不要交出在天津扣留的恐怖分子。他提到了你"巡视系列报告"中第 18 号电报第五段中的一段话,并转述了蒋介石的承诺,不会在英租界内再出现任何引起麻烦的事件。

2. 大使已获悉 5 月 22 日致香港的未编号电报中倒数第二段所述及的我们决定采取的原则及天津第 203 号①电①中提到的步骤。我们提醒大使阁下去年 7 月中国政府的保证(见上海第 119 号电及 1938 年第 1138 号电)及英国驻天津总领事馆 5 月 11 日的通报(天津致阁下第 132 号电)。因此,如果英国政府采取强硬路线,中国政府没有任何理由抱怨。因为,日本当局已威胁如不采取措施控制租界内的抗日活动,他们将采取严厉行动。形势非常危急。中国政府采取的任何可能使租界落入日本人手中的行动都是不明智的,因为人所共知,外国租界是日

---

① 未收入《英国外交政策文件》。在 6 月 5 日电中,贾米森指出在过去的 22 个月中,英国工部局通常都交出被审人员并执行地区法院签发的逮捕令。

本在中国推行经济计划的最大障碍。

3. 中国大使对此表示同意,并表明他将尽力向中国政府说明上述观点。

DBFP,Third Series,Vol. 9,p. 144

卡尔致哈利法克斯

上海,1939 年 6 月 10 日

1. 今天收到的从太古洋行和怡和洋行负责人发来的情报,证实了天津英国当局关于日本人真的要采取行动的印象。

2. 我觉得个友好的、文明的政府如此恫吓另一个友好的、文明的政府的国民是无法容忍的。我认为,进行这样的恫吓,必会招致直接的报复行动。

3. 英国政府也许到目前已有时间……①我觉得那些经过反复考虑的为在上海对付发生类似情况而制定的任何措施,现在如有必要都可用来应付天津可能发生之情况,这种形势发展下去将会损害我们在远东的威信和地位。

4. 然而,如果我对英国政府的意图认识正确的话,他们目前不希望卷入任何与日本有关的事件中去,因为这会增强极端分子的力量。

5. 如果事实如此,摆在我们面前的有两条路:

(1)屈服于日本的恐吓,做令人厌恶的、违背我们理智和正义的事情。

(2)努力找出一种为双方都能接受的、摆脱目前僵局的方法。

6. 我想勋爵阁下不会考虑第(1)条路。因此,我冒昧地提出如下建议:将四名涉嫌者提交一个由英、日和中立国各一名法官组成的特别法庭来判定这四个人是否有罪。如有罪,就将其交出;如无罪,就将其归还英方工部局处理。

----

① 　此处电文不清。

7. 我估计,这样一个特别法庭在法律上会遭到一些反对意见。但我认为,无论如何,最好不要去理睬这些反对意见。如果我的意见得以采纳,我建议派莫索普法官①去天津。

8. 我认为,即使目前日本政府的情绪激动,但他们也难以拒绝这样的提议。

DBFP,Third Series,Vol. 9,p. 156

卡尔致哈利法克斯

上海,1939 年 6 月 14 日

1. 按照我的指示,英国驻天津总领事向日本总领事通报了此项建议。今晚收到了日本的答复,表示不能考虑。

2. 总领事还通知我,今天下午早些时候,日本向新闻界通报了他们限制措施的细节。该措施将于明天(星期三)上午 6 时开始实施。

3. 在采取以上措施之后,只将美国总领事愿意参加一个委员会之事通知了日本人。

4. 我建议向新闻界发表我们建议的细节,并认为你也会采取同样行动。

DBFP,Third Series,Vol. 9,p. 169

卡尔致哈利法克斯

上海,1939 年 6 月 14 日

你可能已从路透社的报道中看到,日本在天津的军方发言人昨天就有关封锁的问题说:"这当然是针对英国拒绝交出四名杀人涉嫌者而来的,但此事还只反映了问题的一个方面。"他继续说:

"箭已离弦,因此,只交出四名涉嫌者已不能解决问题。

"日本军队绝不会罢休,除非英国租界当局的态度发生根本的转

---

① 　Mossop,英国在华最高法院法官。

变,即与日本在建立东方'新秩序'中合作:放弃其'亲蒋介石'的政策,
这些政策包括保护抗日分子和共产党分子;以牺牲联银券来支持中国
货币;囤积居奇;默许非法分子使用无线电以及允许使用抗日课本。"

DBFP,Third Series,Vol. 9,p. 169

哈利法克斯致克莱琪

伦敦,1939 年 6 月 17 日

下面是今天见报的外交部声明的正文。

由日本封锁天津所引起的争端似乎(原文如此)还没有得到充分
的重视。因此,有必要再一次表明英国政府方面的立场。

首先,天津目前的局势是由于日本要求引渡被日本当局所指控、与
4 月 9 日在英租界谋杀另一中国人的罪行有牵连的四个中国人这一事
件造成的。英国当局的立场是,迄今为止还没有足以立案的初步证据
证明应该将目前在押的四人由工部局警务处移交当地地方法院。应该
注意的是日本当局始终拒绝提供证据。然而,正如以前曾清楚地表明
的那样,英国当局同意将该问题提交一个由一个中立国成员为主席的、
三名受人尊敬的法官组成的独立的顾问委员会来处理。日本可以派一
名代表参加该法庭。美国政府已同意指派一名成员。该委员会的作
用,是就他们是否认为对四个被指控者现有的指控证据足以证明他们
应该被交出受审提出意见。英国政府早已准备接受该委员会可能做出
的任何结论。

我们的建议没有得到天津日本当局的赞同,他们在继续执行他们
强行封锁英、法租界的计划。然而,英国并未撤回向这个顾问委员会提
交指控证据的提议。

与此同时,在中国当地的日本当局发表声明,使问题更加严重。我
们还记得,最近,英、美、法国政府认为有必要向东京外务省抗议日本外
务省发言人 5 月 24 日之声明。该声明严重威胁了外国在华的条约权
利。近来,日本在天津的发言人在这类声明中采取的威胁态度更加

强烈。

从这些声明中可以看到四个被指控者的引渡已不再是日本对英国租界施行强制措施的原因。他们要求的是"英国当局与日本在建立东方'新秩序'中合作;放弃其'亲蒋介石'的政策;这些政策包括保护抗日和共产党分子;以牺牲联银券来支持中国货币;囤积居奇;默许非法分子使用无线电以及允许使用抗日课本"。

因此,尽管对四个在押中国人的立场未变,英国方面不得不对于日本提出的进一步要求采取非常严肃的立场,因为这些要求极大地损害了其他国家的在华条约权利。这些要求意味着英国政府慑于威胁放弃过去奉行的政策,这些政策与远东其他有关大国的政策是相同的。我们仍然希望日本当局不要坚持拒绝考虑为使该事件限制于一个局部的建议。

但如果不幸华北的日本当局坚持他们的新要求,可以肯定地说,将会立即出现一个极其严重的局面,英国政府势必考虑采取直接的积极措施以保护英国在华利益。

DBFP, Third Series, Vol. 9, pp. 194–195

4. 英日达成"有田—克莱琪协定"

哈利法克斯致克莱琪
伦敦,1939 年 6 月 19 日

第 301 号。

1. 经过仔细考虑之后,国王陛下政府注意到采取报复行动的困难,尤其是是否会导致实际的敌对行动。他们认为这种可能性不可忽视,不过,他们对此事正予以密切关注。

2. 因此,如有可能,找到一种通过谈判解决问题的方法是最为可取的,并授权你按你电报中所提出的以个人名义进行的方针着手进行。我认为谈判内容应只限于我们与日本之间所有的地方性争端,不要涉

及影响到其他国家的问题。

3. 关于我们一般的条约权利,你可参照我们 1 月 4 日的照会,在该照会中,我们提出与其他有关国家商讨,考虑修改关于中国的多边条约。然而,我从你第 597 号电报和新闻报道中获悉,日本不打算将这些较大问题纳入他们希望作地方性解决的争端之中。

4. 我期望在几小时后收到美国对于我们致华盛顿第 270 号电的确切答复。我希望在你就这份电报采取行动之前能再次与你联络。无论如何,我今晚会再发电报。

DBFP, Third Series, Vol. 9, p. 200

哈利法克斯致克莱琪

伦敦,1939 年 6 月 19 日

第 306 号。

1. 你可能已见到美国总统今晚声明的报道。① 我认为,当我们向他们通报你与日本外相会谈的结果之后,美国政府愿意给予我们一些力所能及的帮助。

2. 因此,你现在可以继续进行我第 301 号电报中授权的工作。当然,如果你能实现你第 595 号电报倒数第二段 2(b)项下提出的建议,我将很高兴②。但这不必推迟进行我第 301 号电报第二段提出之事。

3. 我今天下午见到了日本大使,在对天津的英国公民遭受侮辱及食品供应受干扰之事提出抗议之后,我们对总的局势进行了会谈。

---

① 这显然是指科德尔·赫尔先生在 6 月 19 日记者招待会上的声明。赫尔指出,尽管美国政府与要求交出四名中国涉嫌者的天津事件无关,但它非常关注“这一事件随后在更广泛方面发展的性质和意义,以及过去和现在在中国其他地区的行动和言论”。因此,美国政府“以极大的关切注视着中国局势逐日发生的一切有关情况”。另见 FRUS, Japan, 1931－1941, Vol. 1, p. 652。

② 克莱琪在第 595 号电报中要求哈利法克斯同意他向日本外相提出建议:日本取消封锁,英国即准备与日本讨论有关问题。2(b)内容为英为将采取一切措施以保持租界的中立。

4. 日本大使说,他的政府不能接受有关组成调查委员会的建议,因为,这会使人们怀疑,我们有意使其他国家卷入。

5. 我告诫他,如要避免产生更坏的结果,双方都需要有所克制。并按照你第 595 号电报 2(b)的意思向他作了保证。

6. 谈到四人案件,我对大使说,我了解日本当局掌握着某些证据,他们不愿拿出来,是担心落入不适当的人之手。因此,我请求大使询问他的政府现在是否准备将他们所掌握证据的要点私下转告你,以便我在这里能进行考虑。大使好像不愿采纳我的这一建议。因此,如果你同意,可向外相再次提出这个问题。

7. 如果日本人在证据这一点上做出任何使我们满意的事,我们准备立即重新考虑这个案件。这仅供你个人参考。

8. 我想,如果我们的要求得到满足并确实认为应该引渡这四个人,这将是包括立即解除封锁在内的全面解决问题的一个组成部分。

DBFP, Third Series, Vol. 9, pp. 202-203

克莱琪致哈利法克斯

东京,1939 年 6 月 24 日

第 641 号。日本外相要求我今晚晚些时候前去拜访,并作如下口头声明:

"承蒙阁下上周三向我提交英日两政府间磋商解决天津问题的建议。我很高兴地通知阁下,我国政府已对贵方建议给予仔细考虑。

关于对天津英国租界交通的军事限制,我愿奉告,采取这些措施完全出于当地的军事需要。我可以保证,当采取这些措施时,我们的地方当局十分小心,并不故意干扰租界内任何公民的生活、人身自由和食品供应。我相信我们当前计划进行的会谈将会使那些措施得以缓和。

在贵方备忘录的第二段中,阁下建议在该段提出的两点基础上进行磋商。为了早日解决天津问题,我们认为最好避免事先规定谈判的基础。基于这个观点,我将于近日内向阁下提交我们的具体建议,并希望通过讨论此项建议而实际上达成解决。

关于贵方备忘录第三段提出的建议，我非常赞同。谈判将由阁下和我本人开始，然后在我们的监督下，由双方分别选出的来自中国的代表，继续进行此项谈判。

另外还有一点，我希望在开始进行谈判时，能得到阁下的充分理解。

如你所知，天津的局势是由于引渡几名已确认为恐怖集团成员的人而引起的。但事实上，其根源在于目前当地多方面的复杂情况。因此，必须从天津本身寻求解决争端的途径，而我国政府的建议自然将涉及与保护我们当地军队安全有关的军事、政治和经济方面的要求。阁下建议在东京邀请英国驻津总领事的代表，在你的监督下举行谈判。按照该建议的精神，我国政府准备让其代表在其监督下在此进行谈判。值此，我愿指出，我们一直认为，若非贵国给予蒋介石以援助，中国的危机本来早就可以结束，我们国内一致希望，为支持我们的事业，贵国要下决心，在适当的时候放弃对蒋介石的援助，调整你们的政策，使其与我们在中国的政策相一致。我希望阁下在处理天津这一非常突出的问题时，不要忘记我们国内的这种情绪。"

我归结我的正式答复为一项声明，我很高兴获悉日本政府同意现在在东京讨论天津问题的建议，并立即将所有情况通知勋爵阁下。

关于外相在其声明的最后向我提出的询问，我决不会忽视他所提到的日本国内的情绪。

DBFP, Third Series, Vol. 9, pp. 219–220

哈利法克斯致克莱琪

伦敦, 1939 年 6 月 25 日

1. 我赞成你建议采取的总的态度，并祝贺你在处理这件困难和微妙的事情中取得的进展。

2. 如有可能劝说日本政府向天津下达停止损害和歧视英国公民的

命令。这是非常重要的。

3. 我不想让你将这一要求作为正式议程提出从而延误谈判进程，并愿由你们自己决定初步谈判的一般做法和进程。

4. 本政府要求你尽可能注意区别地方问题和一般问题的重要性。首先，我们注意到，在你第 642 号电报中所提到的外相保证，即除了造成天津困境的地方性问题之外，不涉及任何其他问题，不提出任何与维持租界内英国充分权利相抵触的要求。对于一般问题，一旦提出关于货币的问题，我赞成你第 646 号电报上中建议采取的方针。

5. 关于四人问题，看起来很清楚，确实存在误解，致使日本驻天津当局相信这四个人会被交出。这个事实无疑又使他们重新考虑我们拒绝交出这四个人的事。但如果日本拿出证据来，事情就会容易得多。此项内容仅供你个人参考。

6. 在更为广泛的问题上，例如货币问题和所有影响我们与第三国关系的问题，我注意到你已经认识到与后者的代表事先商讨的必要性。因此，我们同意你对这个问题的看法，在一定的时候有必要重申和强调英国政府的看法，即存在着通过谈判达成和平解决的可能性，既满足日本在中国的合法要求，又保护后者的主权和独立。同时，我们并不认为现在的条约是不可改变的。我们随时准备与其他有关国家一起讨论修改条约。

如果日本政府决心要以侵犯英国的利益来解决他们的困难，此间公众舆论将迫使英国政府开始实行他们不愿意采取的但事实上正在予以考虑的报复性政策，另外还要给中国更多的援助。你和我们今样，实际上不同意采取这样的政策，但是，你会判断在什么时候暗示一下采取这种政策的可能性是否比较有利。

DBFP, Third Series, Vol. 9, pp. 225–226

卡尔致哈利法克斯

上海，1939 年 6 月 26 日

1. 现在中国的流行说法和大多数在中国的外国观察家普遍认为，

日本已经尽了军事上的最大努力，并且应验了他们最后将在中国内陆遭受挫折、陷入泥津的预言。过去九个月的许多军事情况证实了这一说法。

2. 在日本方面，日本人也能列举一长串的胜利，在通常情况下，它本来足以征服被进攻的国家。但是，日本人承认他们受到了挫折，因为尽管如此，中国仍未被打垮，继续抵抗，积极进取，虽然处于战争中，仍在着手建设一个新中国。在汉口陷落前，日本坚信，一旦该城被攻破，战争实际上会结束，中央政府会垮台，许多有名望的中国人将愿意为他们工作（没有他们的合作，日本的计划就必定失败）。在这点上他们失望了。他们曾为这项计划投入了大量的人力、财力，但时至今日，他们失败了。他们正在为此寻找一种解释。

3. 他们不会或不愿认识到，直到目前为止，他们的计划之所以失败几乎完全是由一股新兴的力量造成的，而这股力量的出现他们自己要负主要的责任。我指的是中国毫无疑问地接受了蒋介石的领导，由此而产生的团结一致、民族精神的增长及中国人民最终驱逐日本侵略者的一致决心。这种决心使人们进一步加强了必胜的信心。

4. 我去年所接触到的日本人中几乎没有人愿意承认这一事实。他们还死死抱住旧观念不放，认为中国一直如此这般，不能自己改变自己。已经发生的一切都和这些观念不符，一定有些什么事情错了，一定有某些外部力量在起作用。

5. 由于显而易见的策略原因，日本将美国放在一旁，而把矛头指向我们。在某种程度上，他们是对的。当几个月前中国人手足无措时，是我们继美国贷款之后，给予中国帮助，使他们增强了信心。从这点上说，我们负有责任。这就是日本人为什么把矛头从他们转向我们的原因。因为我们对中国的财政援助阻碍了日本战争中一次重要的行动，对日本构成了挑战。

6. 这样，迄今日本在两方面都遭受了挫折，一是在中国战场上，另一个是在与我们的货币战场上。

7. 由于日本人牢记这一挫折,似乎产生了下列两种明显不同的反应:(1)商界人士希望停止战争使自己不致破产;(2)军人则担心他们难辞其咎的失败就在他们面前,而迫切希望挽回失败。目前,军方占了上风。

8. 因为目前已经证实对鼓浪屿和上海的强行突击非常具有威胁性,他们认为对我们的攻击最容易取得成功,遂在天津再作尝试。许多问题将取决于这一事件的结果如何。

9. 我们在远东地位的巩固有赖于日本目前冒险的失败。对此,几乎没有什么异议。可以说战争的第一回合已经结束,我们和中国人一样,在第二回合中将首当其冲。第二回合的结果将取决于它的打法。如果我们不能坚持我们的立场,中国人将会被打败并被日本人所统治。但是,如果我们一如既往继续支持中国人,并且阻止日本对我们权力和利益的一次次进攻,他们最终将放弃战争,中国将成为一个独立的国家。换句话说,迄今为止,中国人民几乎是在孤立无援地打一场战争,而这场战争的胜负与我们利益攸关。似乎从今以后,我们势必与中国共成败。

10. 有两种阻止日本人的方法:进攻性的和防御性的。进攻性方法指的是全面、有效的经济制裁。这种方法可以立见成效,但我猜想,这方法定会遭到反对,除非像克莱琪爵士常常提起的那样,得到美国的全面支持。不过我认为,只要在单纯防御策略上再稍加其他措施即可达到预想的结果。我们应该迎击并打退日本的每一次连续进攻。这就是说,我们应该继续阻止日本破坏中国货币,在他们占领地区把持商业,抵御他们夺取我们租界领土和行政权以及在公共租界中权益的企图。我们应该竭尽全力随时帮助中国。这将会是个缓慢的过程,但从长远来看,这将很有效,并且有使我们冒最小战争危险的好处。

11. 我不排斥所有对日本实行报复的主张,因为我们可能看到,在天津事件中,我们不得不求助于报复性措施。但这种报复是防御性的。应说是具体问题具体对待。

12. 我们不要期望日本对我们的进攻会因天津问题的解决而停止。远不会停止。但如果每次进攻都遇到坚决的抵抗,我想,这些进攻会以他们自己的失败而告终。

13. 同时,我们的国民和贸易不可避免地会遭受损害。但我们的国民无论如何会充满信心地期待未来。

DBFP, Third Series, Vol. 9, pp. 230–232

关于天津租界问题日英交涉要领大纲

东京,1939 年 7 月 12 日

第一方针

一、本交涉范围为与现下天津事态有关之各种问题。其目的在于使英国改正对中国事变的态度,使当地英国方面对强化维持当地治安以及有关日军生存上必需事项,予以合作。

此外,为处理与本交涉相关联之一般问题,中央应一并施行必要的对英政略施策。

第二要领

一、在天津租界问题进行具体折冲之前,须对以下事项取得谅解。

谅解事项

英国方面须确认目前中国的现实事态,认识到事变中,出于维持当地治安及日军生存上等需要,日本有着理所当然的要求。在此期间,现地日军必须排除利敌害我之行为及原因,对于妨碍日军此项工作的一切行为,须予以控制。

二、天津租界问题作为局部问题进行交涉,其要求限于现地日军在治安及其生存上不可缺少事项的范围内。坚持其目的及限度,极力使交涉在短期间解决,避免迁延时日。

为使交涉取得迅速且有利之解决,须采取各种措施。同时,如难以看到对方之诚意时,即酌情停止在东京之交涉。

三、当具体谈判开始时,关于我方交涉之基础,日英之间须取得谅解。

四、为开始交涉，不以缓和封锁天津租界为条件。

我方应采取适合之要领，一切有待现地军队自主处置。

五、关于天津租界问题，鉴于其要求事项之实质，委之日英现地方面之间进行交涉，中央根据需要进行必要的斡旋。但原则上，现地问题之原则性事项之讨论应在东京，其有关具体实行事项之讨论则在天津。

六、中央推进前项现地方面交涉之同时，并为处理一般问题，对英施行必要的政略措施。

七、中央分担交涉事项概要如下：

1. 牢固掌握要领第一项之谅解；

2. 交涉基础事项之概略规定；

3. 从侧面斡旋现地方面之交涉；

4. 其他有关全面之事项。

八、现地方面分担交涉事项概要如下：

与天津租界相关联之强化维持当地治安及现地日军生存上必需之要求，与现地英国方面进行交涉。

但关于诸如经济问题中亦与中央有关之事项，必要时，中央予以协助。

九、日英现地方面之间进行谈判时，有关维持现地治安及经济事项之要求，其原则性事项在东京商定。

十、根据在东京日英间决定之原则性事项，其具体的可直接发生实效之事项，在现地（天津）进行交涉。

十一、英国如承诺我主要要求，经我方自行认定，适时解除封锁。

一二、处理事态出现迁延或恶化情况时，应迅速做好各项准备，尤以整备经济对策，须采取必要措施。

参考资料一：日英交涉基础事项

一、关于天津租界问题，由日英现地方面之间作为局部地区问题，进行谈判。其原则性事项在东京，具体的实行事项在天津进行谈判，以此为原则。

　　二、有关上述会谈,以大臣、大使为中心举行会谈,消除引起天津问题之根源,为加深对事变之谅解进行必要的讨论。

　　三、关于现地交涉基础事项我对英国提案之对策要点。

　　在下列基础上,讨论关于在天津所有日英间之悬案。

　　(甲)天津英租界须防止被以妨害日本在现地之军事、政治及经济利益等为目的者所利用,且尽可能对日本之对华政策采取协调态度。

　　(乙)关于在天津英租界之英国权力,在此项交涉期间,虽对具体问题进行讨论,但须承认,在事变期间存在维持当地治安及现地日军生存上等必要的特殊要求。

参考资料二:在东京进行的日英现地方面谈判中我方要求的原则性事项

　　一、消除英租界内的抗日共产活动。

　　(甲)不使抗日共产分子利用租界;

　　(乙)引渡抗日犯人;

　　(丙)罢免抗日人员;

　　(丁)禁止抗日共产的设施、言论及文件等。

　　二、停止在租界内扰乱经济的行动,并对华北金融、经济工作予以协力。

　　(A)禁止扰乱经济之根源的旧法币在租界内实际上流通。

　　(甲)缴纳捐税、手续费以及一切交易结帐,仅限于使用联银券。

　　(乙)将以旧法币支付结帐,改为以联银券支付结帐。

　　(丙)为实施以上各项,英国方面或工部局须采取有效妥善的措施。

　　(B)白银之运出。同意将平、津两市现银管理委员会保管的现银运出租界。

　　(C)检查监督中国方面银行等。同意由中国联银检查监督租界内的中国方面银行、银号及钱庄的资产及营业。

　　(D)对中国联银现在或将来采取的一切汇兑政策,予以协力。

三、为维护治安,协同进行租界内之取缔行动及搜查。

(甲)抗日共产活动之取缔及搜查;

(乙)取缔及搜查旧法币之流通;

(丙)中国方面银行、银号、钱庄及商社之取缔及搜查;

(丁)在码头等必要场所取缔扰乱治安、经济等行为。

《木户幸一关系文书》,第 457—460 页

哈利法克斯致卡尔

伦敦,1939 年 7 月 17 日

很清楚,目前美国比任何其他国家都更适合扮演中日之间的调停者。我们希望在东京谈判的某个阶段,有可能将美国和法国政府拉入讨论,以期达到召开一次国际会议来讨论解决远东一般问题的方法。因此,我赞成你的建议,私下通知蒋介石将军,他们应该按照你"巡视系列报告"第 52 号电报(b)中的建议与美国大使进行协商。

至于你提出的我们应该与日本和其他有关国家一起复审各项条约的建议,你会记得,我们已于 1 月 14 日的照会中向日本政府提出。美国和法国政府也发了同样的照会。关于克莱琪爵士对这个问题所建议的方针,见他给我的第 756 号电报及我第 372 号给他的指令。

DBFP, Third Series, Vol. 9, p. 288

哈利法克斯致克莱琪

伦敦,1939 年 7 月 17 日

答复第 788 号电。

1. 我同意你的意见,提出要求可能会使事情变得更糟。我们应尽可能谨慎地在初步方案上满足日本外相。我希望我们承认现实,并以此基础而展开活动的做法能使日本人满意,而又不使我们自己在原则问题上处于尴尬境地。你是否认为能说服外相同意下列原则:

"英国政府充分认识到在中国正进行大规模的敌对行动的实际情

况,并且注意到,只要这种状态继续下去,日本驻中国的军队当然认为保卫他们的安全,维持他们统治地区的治安是必要的。因此,他们希望第三国的地方当局和公民不要进行任何阻碍日本军队的行动,或进行任何有利于他们的敌人和不利于维护公共秩序的行动。至于英国政府,在维护他们与其他有关国家享有的一切合法权利的同时,无意支持任何有碍日本军队安全或有碍日本军队维护他们统治地区治安的行动。他们特此重申他们曾经向英国驻中国当局明确提出过的原则。"

2. 我希望你能顺利地将我第 372 号电报第 8 段最后两句话加入上述方案中,以便提醒日本政府我们也有意见要提出。但我不坚持将这些作为达成协议的代价。

3. 以上内容严格地遵循日本方案,尽管为了英文行文明确,在某些方面的措词上作了变动,并且提及其他有关国家,以便清楚地表明不仅仅是对英国当局的行动存在争执。我想加进保留我们权利的词句,你可能做不到。无疑,在以后讨论方案实施办法的会谈中,我们可以明确表示,在未得到其他有关国家同意之前,我们不能同意做任何违背我们对其他国家责任的事情。当然,真正的困难在于他们在公共秩序和维护治安的范围内所采取的这样或那样措施的合作如何使英国当局满意。因此,作为提出要求一方的日本当然有责任证明那种合作不违背英国政府现有的义务,而且英国政府有权加以判断。

4, 我意识到必须加紧进行,并希望上述意见将使你获得充分的灵活性,以便在这些前提下达成协议。只要不违背原则,你不必拘泥于原有的词句。

DBFP, Third Series, Vol. 9, pp. 289–290

哈利法克斯致卡尔和克莱琪

伦敦,1939 年 7 月 21 日

天津会谈。

1. 日本人的主要目的就是从我们这里得到某种承诺或保证,使他们能向中国人表明英国已背叛中国,暗示蒋介石不要再希望从我们这里得到帮助。我认为我们应该抓紧时间考虑如何稳妥地向中国政府说明防止日本人在初步方案公布时进行篡改和曲解。我们之所以同意日本提出的必须要有一个初步方案的建议,是因为对我们来说,这似乎是避免就交战权利和中立问题发生危险争议,以及为处理实际局势制定初步标准的最切实可行的方法。如果存在着正式战争状态,日本可能会要求占领租界,并坚持要求第三国的武装力量撤出。同时还会引起一个麻烦问题,即我们如何能把履行中立国义务与执行国联所通过的决议协调起来。因此,在处理由天津问题引起的特殊问题之前,初步制定一个有关现实形势的、不带偏见的一般方案对我们是有利的。这个似乎即将形成的方案,在我们看来恰当地反映出我们根据现实,在不损害中国和第三国利益的情况下,满足日本人愿望的程度。

2. 在没有批准这一阶段的任何行动之前,我欢迎你和克莱琪爵士提出建议,我们该在什么时候、如何向中国人说明,以确保我们与日本可能达成的任何协议在中国人看来都不是英国对中国的背叛。很明显,我们不能直说中日不正式宣战对我们和其他国联成员国有利。但我想我们应该起草一封信通知蒋介石,这将有助于防止中国人过分灰心。

DBFP, Third Series, Vol. 9, p. 307

有田—克莱琪协定

1939 年 7 月 24 日

英国政府完全承认正在大规模战争状态下之中国之实际局势,在此种局势继续存在之时,英国知悉在华日军为保障其自身之安全与维持其控制区内公安之目的计,应有特殊之要求。同时知悉凡有阻止日军或有利于日军之敌人之行为与因素,日军均不得不予制止或消灭之。凡有妨害日军达到上述目的之行动,英政府均无意加以赞助。英国政府将趁此时机对在华之英当局及英侨说明此点,令其勿采取此项行动与措置,以证实英国在此方面所采取之政策。

杭立武[1]致蒋介石

重庆,1939 年 7 月 24 日

谨密呈者:关于英日谈判公布原则,今日已由英大使馆驻渝办事处送外交部王部长转呈钧座,裨德本[2]代表于下午以副本示武,询问意见。武当告以个人以为所商定之原则,虽较一般传说及推断为优,但自我国立场,亦不能认为满意,希望能照昨谈办法,请卡尔大使再向英政府建议,另予我国以明确之保证,渠当即照电英大使。至今日夜 10 时,渠复来谈,谓得英大使电,渠亦深恐此项原则,或使我方相当失望,已建议英政府即予我以确实之保证,并拟一保证电稿,并送英政府核定,此电稿大意略为:我国(指英国)愿向贵国(指我国)政府保证英日所商定之原则,丝毫不变更以前之情形,对于贵国事件,仍照一贯政策等语。此稿英政府或略有修改,但大意不致有更动。又此项保证电,将专供政府之参考,不必公布。裨德本代表又云:希望政府今明日即可有训令,当将此项保证电呈送我外部王部长转呈,惟为求免钧座不致或有疑虑,嘱为预呈,并声明此系至密事件云云。渠临行时,复两次说明,英驻华使馆对英日商定原则,认为丝毫不变更以前情形,即"战事"与"中立"两名词,均避免引用,实属英方胜利等语。附此报告。杭立武谨呈。

哈利法克斯致卡尔

伦敦,1939 年 7 月 25 日

1.中国大使[3]7 月 24 日拜访我时称,他已收到重庆的电报,表示中

---

① 时任管理中英庚款董事会总干事。
② H. L. Prideaux-Brune,英国驻华大使馆代理参事。
③ 郭泰祺。

国政府对来自东京的关于英国政府与日本政府就天津问题达成协议的消息极为关注。他们已收到你寄去的初步协议的正文,但即使这样,他们仍很担忧。虽然该声明表明只解决天津地方争端,但在他们看来却包括了总的形势,而这种形势怎样理解都可以。如果理解为只涉及天津局势,中国政府认为这个方案还不够。如果更深入些,就要涉及日本的侵略事实,这是英国政府和布鲁塞尔会议所谴责的。因此,中国政府认为,由于这个协议,日本现在不用正式宣战就享有了交战权。大使质问,这是否意味着事实上承认日本军队在中国的地位呢?

2. 我答复大使,这个方案既不意味着宽恕日本对中国的侵略,也不影响国际联盟或布鲁塞尔会议支持中国的决议。本国政府想做的是用一种能顺利解决天津争端的方法来处理实际局势。解决这些地方争端不仅有利于我们,也有利于中国。在我看来相当肯定的是日本会尽力宣传想使中国人相信我们所做的不止于此,中国已被我们抛弃。这一切都是为了削弱中国人民的士气。中国人民若相信这种宣传,必会受到危害。无疑,有关方面会极力曲解这个方案,但大使所说的那些含义是它所没有的;并且也不是我们或日本政府所打算让它含有的。

3. 中国大使承认听信不友好方面的宣传是危险的,并说他已尽力说服他的政府相信英国政府的意图,但在过去的几天里,他们感到不安和忧虑。大使说他愿意将我的保证转告给他们。

4. 我告诉大使,阁下东京的初步协议并不意味着英国政府对中国的总政策有任何改变。任何人如果仔细阅读该协议,就会很清楚地看到它是明确地限制在任何军队都有权去做的范围之内的。我们从未打算将我们在中国的租界用作威胁日本军队安全及其占领地区公共秩序的基地。中国政府应该认识到这一点,并尽力避免将租界用作抗日活动基地。

5. 中国大使询问他是否可以转告中国政府中国法币和天津租界的白银储备问题不作为地方问题进行考虑。大使说,对这个问题的任何保证中国政府均表示感谢。我答复说,这些问题不仅与我们,也与其他国家有关,因此不作为地方问题。但这并不是说不讨论这些问题,一旦讨论时,我们会考虑其他国家和其他方面的利益。

6. 我强调我们与日本军队直接冲突对我们自己和中国的利益都没有好处。我们所做的一切是为了保持我们的地位不受损害,以便一旦什么时候情况允许,可以用来寻求整个远东问题的解决。郭博士说,他赞成这些说法,但除非给日本施加某种压力,否则战争会拖延很长时间。如能施加经济和财政压力,会使日本人更理智些。不这样就不可能使日本军方的思维较为理智些。不使日军声誉受损,它就不会默认任何合理的解决方法。对这个问题,我答复说,如果我们能着眼于主要目的,避免陷入可能出现的危险之中,我们就更容易为我们自己、为中国政府和所有有理性的日本人所盼望的前景做出贡献。

7. 中国大使的话题重新又回到对协议的理解上。他确信日军有他们自己的观点,但预言将会出现许多麻烦。我说我们非常清楚这些困难,因为这个协议必须合理地运用,而且我们还得看看它的效果如何。我们会密切注意大使阁下所提到的危险以及那些从协议中推断出它原来没有的内容的企图。防止我们和中国人之间的误解很重要,我们应该互相信任。我们的总政策不会受协议影响,这个协议不过试图解决现实问题。在这方面,大使阁下应该牢记首相对这一问题的声明,我们坚持遵循这个声明,并希望该声明能消除中国政府的疑虑。

8. 中国大使在离去时认为即将签字的出口信用贷款协议是英国政府继续援助中国的证明。他提到该协议签字的一个困难。因为全部采购都将由根据中英庚子赔款协定建立的中国购料委员会负责处理。在处理这些订单时,购料委员会成员似乎认为他们是在越权行事。这可能阻碍协议的达成。大使阁下希望我们尽力疏通。我说对此我一无所知,但我会调查一下。

王宠惠致蒋介石

重庆,1939 年 7 月 28 日

委员长钧鉴:昨日英大使馆代理参事裨德本到部,口头传达英大使对于英日东京会议之意见,并谓此可作为渠个人密告之语,兹将该意见英、汉文纪录各一份,抄呈钧座,敬祈鉴核。专此肃叩。崇绥。王宠惠谨上。

附:口头声明(中文纪录)

中国政府对于引起此次东京会谈之各项事件,想早切实注意。中国政府当已明悉现有困难之起因,大都由于中国人在租界内之活动,此项活动妨碍租界之不偏袒,并使租界当局与日本军人之关系趋于恶化。

英国政府在此次会谈时,意欲得到一种协定,俾租界之不偏袒可以维持,租界之宽容不致利用,而租界与日本占领军队之现有某种困难亦可消除。租界当局之应维持其不偏袒态度,实属不成问题。至现有困难之解决,实无妨碍中国利益之处。

为寻觅关于天津谈判之约略背景起见,英方不得不与日政府约定一方案,其原文已送达中国政府矣。此项方案承认现有之事态,并承认成立一适当机构,以应付租界与日当局日常间所遇困难之必要。

此项方案,或有认为涉及英政府政策之变更,此显非事实。中国政府当已认清,此方案并未对英国政府加诸何种义务,使其必须放弃其过去之一般政策。且英首相已于 7 月 17 日在众议院声明:英国不欲亦不能因他国之要求而根本变更其外交政策。况英政府亦并未接到日政府此种要求。

《战时外交》第 2 卷,第 104 页

哈利法克斯致克莱琪

伦敦,1939 年 7 月 25 日

1. 关于你第 726 号电报所述东京谈判中的货币问题。

2. 待经过认真考虑后,我很快将对你第 726 号电报给予答复。同

时,在收到你第 845 号电报前,曾产生过这样的想法,如果能按你建议的方针进行,可能就不会出现那种麻烦,但现在让你了解这一点仍不无用处。

3. 我们还未研究过货币问题将来会产生什么深远后果。如果东京谈判的关键可能是货币问题,那么在做出政治决定之前,应该仔细研究技术细节。

4. 因此,在谈判的适当时机,你最好指出货币问题不但错综复杂而且技术性又强,最好任命一个确有能力的第三国专家毫不拖延地立即研究其技术细节。

5. 从高度机密的非正式会谈中,我们了解到,如得到中日两国的邀请,沙赫特博士①早已准备好出访远东。现在他乐于立即对货币问题作专题研究,向双方政府提出关于这一问题的技术意见。作为一个德国人,沙赫特博士虽然不是纳粹,无疑也是一个受日本人欢迎的人,按照他自己的说法,他也必然会为中国人所接受。他是世界上最著名的货币专家之一。我们和德国在中国的金融和商业利益依赖于中国市场的复兴,而除了一般的商业竞争,在任何方面都不会相互碰撞。尽管沙赫特博士的建议对德国人的好处可能比对我们的好处更大,但是如果真能解决问题,这将对大家都有利,这个险还是值得冒一下的。

6. 处理这个问题的方法要仔细加以选择。沙赫特博士的名字自然不能由英国政府提出。聘请专家的事如在谈判中没有提出,可以由你提出建议;当然,你会指出,除非这个专家能够接近中国政府,而且得到中国政府的认可,货币问问题才能得到全面的研究。我想如有必要,沙赫特博士的名字,最后我可以安排由一位日本人向日本政府提出。

7. 当然,如果这个意见成熟,我们要把我们的想法向美国人和法国人秘密通报。

---

① Hjalma Schacht,曾任德国经济部长。

8.很明显,这个建议含有微妙的含意,但仔细考虑之后,我不打算放弃这个想法。如果形势本身的发展许可,得到日本和中国双方的同意,促成一次对远东问题更大范围的探讨,也许有很多好处。

9.你会觉得问题发展到目前阶段令人捉摸不定,但我认为这个意见值得向你提出,因为如果谈判(不管是因为我们感到困难,还是由于日本方面引起的困难)不能按你建议的方针取得进展,这种意见就可能有用了。希望加以考虑,并将你的想法告诉我。

DBFP, Third Series, Vol. 9, pp. 328–329

中国外交部声明

1939 年 7 月 26 日

中国政府当局顷已阅悉英方"为准备讨论天津问题"所发表之声明,中国当局对于英国政府在此次东京会谈所采取之态度,不能不引为失望。

日军之对华侵略业经英国自身与其他国联会员国予以公认,而英国政府对于在华日军之所谓特殊需要竟声明知悉,是不能不深引为遗憾,英国政府又担任使在华英国当局及英国侨民明悉彼等应避免任何阻碍达到日本军队目的之行动或办法,尤堪讶异。

中国政府认为满意者,则英首相张伯伦曾在下议院宣称英政府之政策决不容许任何他国之指挥而使变更。昨日英首相又保证英政府现在发表之声明绝未包含变更其对华政策之意,而英政府对华政策向系根据条约与正义及其自身之权益,且始终一贯遵行,未尝稍逾。吾人固不必重向英政府提示其在历届国联决议案下所为之确保,即避免采取足以减弱中国抵抗力量,以致增加其在此次冲突中之困难之任何行动,并对于援助中国之各种办法尽量使其有效。

英方所发表之声明虽已引起若干疑虑,但中国政府深信,英国政府对于所谓天津局部问题之讨论,必将采取一种态度符合其法律上及道德上对华之责任,并以行动表明其对于日本在华侵略造成之局势决不变更其固有之政策。

《中国外交史资料选辑》第 3 册,第 167—168 页

蒋介石对伦敦《新闻纪事报》发表谈话

重庆,1939 年 7 月 28 日

余对于英日在东京谈判之感想,有如下述。

余于本星期一日,曾发表讲词,其主要之意为:

"外间若干舆论以东京谈判比于'远东慕尼黑',此实拟于不伦。捷克之建国,是由于欧战以后条约的结果而产生,而我们中国为有悠久历史与文明之旧邦,两年以来为独立生存而自力奋斗,至今全国团结,达从来未有之坚强,中国何能与捷克相提并论? 吾人依于自力,以谋自救,任何牺牲,在所不辞。深信我人如能健全,能自强,任何友人决不致离弃吾人,辜负吾人,亦深信断无任何国家,被迫于吾人之敌,而改变其向来对华之根本政策也。即使撇开道义之立场,而专就利害立论,吾人亦不能想象英国能真正与日本妥协。因任何对于日本之让步,将必妨害中国,将必违背《九国公约》之规定。如此无异于帮助日本侵略,亦无异于帮助日本撕毁《九国公约》,英国何能背信蔑义,甘与侵略国相附而放弃其对华久远之友谊? 吾人不仅信任友邦之政府,同时更相信世界各国正义舆论之力量。何况任何协定如不得中国政府之承诺,无论在法律上、在事实上均丝毫不能生效。是以抗战之决定因素,在于吾人不屈不挠之勇气,吾人必在任何困难下继续奋斗,要知倚赖心理为革命精神所不容。"

上述之讲演词,虽为余在未读英日协议声明以前所发表,然余此时对于英日在东京进行中之谈判,仍持上文所述同样之意见,毫无二致。

夫英国与日本如何能获取妥协与调和? 日本军阀怀挟其所谓"神圣使命"之统治亚洲的狂想,既如此其深切,则英国欲为保护其在中国之利益,即使欲作暂时的让步,亦无异于以血肉喂猛虎。即使英国以百年来在华所有整个之权益,悉数让与于日本,日本军阀亦断断不能停止

其侵略的行动。除非英国全部放弃其在远东一切之所有，换言之，即放弃印度，放弃澳洲，放弃纽斯伦，乃至放弃其在红海以东一切之势力，或者可以获得 10 年至 20 年的相安。何况照现在所发表如此空泛而不可捉摸的协议，而谓即能真正妥协，其谁信之？此次究为日本欺英国，或英国欺日本，徒使世界人类迷惑如入云里雾中而已。余于此事，惟觉我中国自身奋斗，不能立时战胜日本，致使我友邦之英国，竟采取此种之态度，而对于日本成立如此无价值之协议，此则余所引为唯一深切之疚憾者耳。

余深信英国朝野必不致对于被侵略之国家与侵略国家同等相视，深信英国朝野必能忠于诺言，必能尊重国际法律与条约，决不致助长侵略者而损害我为公理、为自卫而抗战之中国。余更深信英国政府必能迅速履行其对中国所负之义务，勿使我四万五千万之人民与世界正义人士失望也。最后总括一言，即贵国所应采取之最贤明的举动，厥为立即停止与日本之谈判，此为余质直之意见也。

《战时外交》第 2 卷，第 102—103 页

中国大使备忘录

伦敦中国大使馆，1939 年 7 月 31 日

根据中国大使与外交大臣 7 月 24 日谈话，中国大使遵照其政府指示，谨提出一些有关正在东京进行的英日两国关于天津目前局势谈判的紧急问题。

中国政府对于东京协议（首相 7 月 24 日在下院宣读）已打消疑虑，并且对首相同一天和 7 月 25 日（星期二）在下院回答质询时的澄清发言表示信赖，同时也对英国外交大臣 7 月 24 日在上议院的声明以及同一天亲自向中国大使作的保证表示信赖。尽管如此，中国政府认为，该协议包含了性质笼统的一般陈述，这些陈述很容易有各种显然不利于中国权益的解释。……

首先，中国政府希望向英国政府强调东京协议忽略了两个最重要

的基本事实:第一,进行这些涉及到中国领土和中国的主权与利益的谈判没有邀请中国政府参加;第二,协议的词句没有承认这样的基本事实,即日本军队在它作为侵略结果而占领的任何地方都不享有任何权力。日军占领那些地方是违反全部国际法的,是国际联盟正式谴责的侵略行径。尽管中国政府基于英国作为《九国公约》签字国所持的立场,基于英国政府于1月14日向日本政府发出的照会,基于英国政府是国际联盟的成员,以及它在7月24日及以后数日对东京协议所作的解释,继续对英国的政策保持信任,但中国政府感到不得不表明自己的观点:中国的主权有受到严重侵犯的危险,因为协议中提到日本事实上控制着中国广大地区,而这些地区只不过名义上被日本占领,这种占领正受到抵抗,而且,这些地区的主权和行政权力实际上仍在中国人手中。中国政府请求英国政府对声明中有关这方面的极为模棱两可的词句给予极其谨慎、仔细的考虑。

因此,中国政府热切希望英国政府在目前东京进行的谈判中,对中国的意见给予仔细考虑,不要做出任何对中国人民继续抵抗侵略、建立幸福国家造成困难的许诺,这种考虑不仅符合英国和世界和平的利益,而且是必不可少的。

为了消除由于东京协议的混乱解释而造成的已经非常明显的忧虑和误解,中国政府热切希望英国政府尽早通过官方声明阐明东京协议的范围,采取更加具体的措施以贯彻援助中国的声明,例如那些迄今正在考虑和实施的双边互利措施。

DBFP, Third Series, Vol. 9, pp. 374–375

郭泰祺致哈利法克斯

伦敦,1939 年 7 月 31 日

关于我今天第 39/112 号备忘录①,我再次受权通报勋爵阁下,中

---

① 即上一备忘录。

国政府极其关注日本政府试图将与天津地区争端无关的问题引入东京会谈,特别是租界内的货币和白银储备问题。很显然,日本人会认为这些问题与维护天津英国租界的和平与治安又有关。

我国政府认为,不应容许将日本政府方面的这种十分荒谬的要求,列入正在东京进行的谈判的议题。我们诚挚希望英国政府坚定立场,保证不讨论维持租界治安以外的其他问题。英国政府如能随时通报东京会谈中达成的各项协议的内容,中国政府将不胜感激。

DBFP, Third Series, Vol. 9, pp. 375–376

卡尔致哈利法克斯

上海,1939 年 8 月 2 日

1. 我收到蒋介石的私人信件,对我们使他消除疑虑的电报表示感谢。但是,他说对谈判达成的协议感到失望。

2. 他希望英国政府迅速做出保护中国货币的具体规定,以证实我们做出的保证。他已通过中国大使提出了一个新的贷款计划。

3. 他对有关天津,特别是有关白银的谈判深为关切。他问是否在某个时候可以将通报美国和法国政府的有关重要决定的机密消息也同样通报他。他会将此看作一种友好的姿态。

DBFP, Third Series, Vol. 9, p. 386

哈利法克斯致克莱琪和卡尔

伦敦,1939 年 8 月 2 日

在 7 月 31 日下院会议上,首相说:

我冒昧地指出,这一对协议的解释不利于我们的事业,而这项事业正是我们大家都希望看到它发展的。我认为我们应该仔细研究一下这一已被英国政府否定了的、会在中国引起不安和疑虑的,且对协议本身没有经过认真和公正的研究就作出的解释。这个协议是对事实的陈述,它不意味着政策的任何改变,它不意味着承认日本享有任何交战权利。它未出卖英国在中国的任何利益,也不意味着交出属于第三国的任何权利。我再重复一次,本政府不会在任何一个大国的要求下改变其在远东的政策。我还想说,日本也没有要求我们这样做。我们大使进行的微妙谈判无疑面临着许多困难,由于受日本人影响、煽动和控制而在华北出现的持续反英运动只是其中之一。我理应说明,如果这种运动继续下去,如果这种对英国在华北的利益和权利的攻击继续泛滥下去,英国政府就不得不对这种局面认真对待。很清楚,这有可能使一个原本既有利于日本又有利于我们的成功的谈判,即使不流产,也将变得极端困难。

尽管出现了这件令人烦恼的有害事件,我们的真正目的仍是为中国目前的斗争找到一种公正的解决方法,我们能不把这一点牢记在心吗?"

在回答关于英国政府是否会站在《九国公约》的立场上时,副外交大臣提到1月14日的备忘录、英国政府仍然坚持这一备忘录所阐述的立场。

DBFP, Third Series, Vol. 9, p. 388

克莱琪致哈利法克斯

东京,1939 年 8 月 10 日

很遗憾,我对目前局势和未来政策的想法与卡尔爵士相去甚远,以至于我不得不令人厌烦地反复作出详细的答复。但我仍然希望作如下简短评述:

1. 我不想询问卡尔爵士对中国形势的分析,我希望他对我们有关日本政治情况的成熟想法多给予一些重视。完全按照在中国的日本人的举止和准则来判断一切将是错误的。当他们面对着敌人的公开坚定的支持者时,我们难以期望他们会表现出良好的态度或尊重英国的利益。

2. 卡尔爵士说在这里达成的任何协议都会被日本看作是军事上的

一次胜利,这种观点是错误的。在日本普遍认为,军事问题被引入了违背他们意愿的谈判……(此处电文不清,原注)。日本首相和外相的威望将通过签订协议获得提高,他们会利用这种力量的增加来推行他们对英国友好的政策。

3. 至于卡尔爵士第三段的内容,我并不认为日军会取得全面胜利,我认为目前的僵局还会持续几个月之久。

4. 卡尔爵士似乎主张继续执行现在的在每一个重要纠纷上都公开援助中国、阻碍日本的政策,直到这种阻碍在某次事件中达到极其危险的境地。可以顺利地执行这种政策的时代已经一去不复返。现在这样做只会遭受羞辱或陷入单独制裁的境地。反过来它会很快使我们处于与日本公开敌对的境地,甚至引起世界大战。我并非不知道实行我提议的政策存在困难,

但至少还是一个建设性的、通向和平的建议。

DBFP, Third Series, Vol. 9, pp. 436–437

哈利法克斯致克莱琪

伦敦,1939 年 8 月 17 日

1. 请将下列情况通报日本:

2. 英国政府仔细研究了日本提出的各种建议。日方已经清楚,我们参加会谈是基于只谈天津地方问题的谅解。

3. 我们以同情的心情,首先考虑了日本人提出的议程中 1—8 点包括的全部治安问题。考虑到协议的精神和我们在有关公共秩序问题上相互合作的真诚愿望,我们现在已经在达成一个最终解决我在第 483 号及 484 号电报中提到的各个具体问题的协议方面取得了很大进展。

4. 关于 9 和 10 两点(有关货币和白银问题),在我们看来很显然超出了我们严格地称作天津地方争端的范围,至于他们所说的当前华北局势中的其他经济和财政问题,不仅英国政府,而且某些其他国家的政策都已向日本政府表明了他们的观点(你可以补充说明第 11 点和第

12 点必须与第 9 点和第 10 点归在同一类中,因为第 11 点和第 12 点涉及到实施和监督第 9 点和第 10 点中同意采取的措施)。然而,英国政府基于满足日本观点的恳切愿望,已仔细考虑如何做才能符合日本的提议。

5. 然而,英国政府在初步调查之后发现,在货币和白银问题上,除了中国的当然利益之外,还在一定程度上关系到其他国家的利益,仅仅由英国政府和日本政府达成协议是不行的。因此,英国政府不能仅仅由他们自己提出或接受有关这个问题的建议,这会损害第三国的利益。

6. 在这种情况下,英国政府认为,仅仅以英日两国为基础讨论这些经济问题似乎不能得出有益的结果。然而,如果日本政府希望进一步商讨,英国政府愿意重新考虑这些问题,只要各方利益都能得到保护。为此,他们不得不与有关第三方进行磋商,尊重他们的意见。

7. 英国政府不希望日本政府由以上陈述的态度而认为英国想要将日本提出的问题束之高阁。英国政府深知,任何解决中国目前争端的最终方案都需要和中国全面情况联系起来充分讨论。英国政府在 1 月 14 日照会中已清楚表明,他们认为条约不是永久不变的,他们准备考虑日本政府可能提出的任何修改现有条约的建设性意见。但是,他们的基本观点是应使《九国公约》和其他影响中国现状的条约的签约国都能表明他们的观点,并为公平解决所有问题做出贡献。

8. 英国政府希望日本政府不认为有必要推迟缔结英国政府准备现在就缔结的(只要所有细节问题都已落实)有关地方问题的协议。作为日本停止支持华北的反英骚动和解除封锁的回报,英国准备将协议立即付诸实施。

DBFP, Third Series, Vol. 9, pp. 464–465

裨德本致英国大使馆

重庆,1939 年 8 月 21 日

中国外交部送来一份对交出五人的正式抗议书,现航邮寄上。该

抗议书强调,将五人交给傀儡法庭是违法的。

蒋介石非常痛心,并要我向你转达以下口信:他对英国政府采取的做法感到遗憾,恳切希望对中国政府的抗议给予正式的答复,其中包括:……①英国政府采取引渡人员的措施并不构成对傀儡政权事实上或法律上承认。

DBFP,Third Series,Vol.9,p.481

（三）天津白银协定与滇缅路禁运

说明:随着欧洲局势吃紧,中国政府非常担心英国为解除东顾之忧而与日本妥协,中国要求英国作出不对日本妥协的保证,但英国妥协倾向有增无减。1940年6月,英日达成"天津协定",决定将存银封存于天津交通银行,并拨出相当于10万英镑的数目用于华北救灾。随后,日本解除了对天津英租界的封锁。

滇缅路时为中国输入外来物资的主要国际交通线路。1940年7月,在欧洲战场处于困境的英国,为避免在东方陷入与日本的冲突,接受了日本要求,宣布滇缅路禁运特定物资三个月。随着德、意、日三国同盟条约的签订和日本南进意图的公开化,英国开始放弃妥协政策,1940年10月英国宣布重开滇缅路。

1.英日达成天津白银协定

哈利法克斯致卡尔
伦敦,1939年8月21日

1.你8月18日给我的第915号电第6节说要给我再电说明,我尚

---

① 此处电文模糊不清。

未看到此电。考虑到欧洲战争不久将要爆发的可能性,如果你能将你对英国部队立即从华北以及也可能从上海撤出的利弊的看法立即电告于我,我将很高兴。

2. 你认为这一行动会促使日本立即站到轴心国一边吗?

3. 你认为这会对整个华北的地位,对中国政府,对英国在中国尤其是在华北的社团,以及对其他在华外国人尤其是美国人的地位产生什么样的影响?

4. 是否有可能劝告法国人、美国人也撤离? 如有可能,应向他们提出什么样的劝告理由?

5. 如果决定撤离,你认为他们应该撤到香港,还是靠近英国本土的某地,以使其能够投入另一条战线。

FO436,第4卷,第74号

贾米森致哈利法克斯
天津,1939年8月22日

1. 我还没有收到上海的第915号电。但是,我的看法如下:

2. 我一直觉得,如果战争迫在眉睫,这些部队将被撤离。他们撤向哪里是一个军事问题。

3. 我一直认为,如果爆发欧洲战争,日本将不会立即站到轴心国一边,但是他们将待变而行。

4. 它对华北所产生的影响将对我们不利,日本或迟或早(可能会很快)会以军事上的需要为由占领租界。

5. 我无法估计这将会对中国政府产生什么样的影响。但是就地方上的中国舆论而言,我感到在目前这一时期撤离将被视为我们正放弃我们在华北权益的信号。

FO436,第4卷,第75号

卡尔致哈利法克斯

上海,1939 年 8 月 22 日

……

4. 我有些怀疑,这是否会对决定日本立即加入轴心国集团有任何实际的影响。

5. 关于我国总领事提出的看法。我认为,在任何情况下从天津撤军都会对我们在华北的地位产生很不利的影响。但是,如果在欧洲战争爆发之前就撤出,影响将更为糟糕。尽管所有有头脑的人,无论是外国人还是中国人,都明白在目前状态下英国驻军的军事价值是微不足道的,但它继续留驻的道义价值无疑是巨大的。除非在压倒性的日本军事压力之下,它的撤退将被视为承认我们已经得出结论,有关华北的角逐已经结束,承认我们已经决定把我们现在的和将来的在华北的权益都交给日本人。我认为中国政府也会这么看,这将是对他们的更进一步令其不安的冲击。英国在华北的社团也持有这种看法,他们将把撤军看作是屈服于日本的压力而牺牲他们和他们的所有利益。

6. 上海此间的反应将大致相同,坦率地说,英国人和其他外国人(尤其是美国人)将视之为投降。……这将几乎是不可避免地意味着,日本将夺取租界,即使在欧洲危机消除之后,他们也不可能让我们的部队返回。这将在事实上成为对日本要统治中国的努力的一个重大贡献。

7. 我个人认为,即使欧洲战争爆发,我们仍应在此保留一个营。如果日本加入战争的话,这有可能意味着它的牺牲。但是在另一方面,它将可能使日本人在夺取租界的问题上踌躇再三,只要美国驻军仍未撤走。……

FO436,第 4 卷,第 76 号

克莱琪致哈利法克斯

东京,1939 年 8 月 25 日

有迹象表明,苏德互不侵犯条约的宣布对日本是个严重打击,它需要一段时间才能得以复原。因此我赞同您在来电中所表示的意见,我们应趁热打铁,在德国尚未向日本政府和人民作出他们所能作的各种能使日方满意的解说之前,作出坚决的努力以把日本同这些极权国家分开。

鉴于近来所发生的一些事件(谈判中断、煽动反英等等),这一任务是艰巨的,但也并非不可能办到。第一步必须立即重开天津谈判,并尽可能快地使这一谈判达成协议。我现在正着手搞清楚,在已经发生变化的情况下,能否使日本政府同意在目前所在地点封存白银的基础上达成协议,其封存期限"直到敌对行动终止,或有关各方就移交白银问题达成协议时为止,以何者最快为抉择"。

……

天津谈判达成协议,当然仅仅是所建议的政策的第一步,但它却是至关重要的一步。我们的最终目的是在远东有一个和平的解决办法。因此,我们可能不得不承认日本在名义上自治的华北占有优势地位(这一局面几乎肯定将得到某种方式的承认),但华中的经济情况也许因此会从进一步的恶化中拯救出来,中国人民也许将被从日益扩大的焦土中解救出来,这要求蒋介石和我们自己都作出牺牲,但这绝不能作为谴责我们"背弃中国人民"的理由。我们也必须放弃在《九国公约》下进行协商的想法……

对此间形势的观察表明,今后几天将会出现进一步的也许是无可挽回的把日本拉到反英集团中去的危险。迄今为止,尚未出现能在真正谅解及共同利益的基础上把日本从极权国家方面拉过来的机会。

如您所知,日本首相是愿意改善英日关系的。外相也告诉我说,这是他本人的目标。我们可以利用后者作为最初的反共产国际条约的签署者的虚荣心。我们在这届日本内阁中还有其他一些朋友,毋庸置疑,日本是值得争取的。它承认已把大量精力和金钱花费在一场至今尚未能结束的战争上……(此处原文不清),但是,它有一支完整无损的具有最新战争经验的海军;有一支训练有素的拥有充足后备力量的陆军,这是一支能够应付任何突如其来的紧急状态的第一流的部队；它还有能够作出最大程度的自我牺牲的坚强的人民，我敢预言，这些人民必然会有一个伟大的未来……

提出上述建议，并不意味着我已抛弃对日本过去的侵略行为和最近的反英运动的憎恶。但是，目前这一时刻对我们来说太至关重要了，它使我们只能着眼于将来而无暇顾及其他。我确信，如果我们迅速采取行动，我们完全有可能使目前的形势向有利于我们的方面转变。

DBFP, Third Series, Vol. 9, pp. 495－497

外交部致国民政府驻英大使馆

重庆，1939 年 8 月 26 日

（1134 号电）德苏结合，日本极为惶恐，此后对欧局取何政策，尚难预知。惟日德自此分离，在英法观察，未始不能稍补失去苏联之创痕。倘欧战发动，日本利用时机拉拢英国，而以不助我抗战为条件，则英方是否迁就，抑或坚决拒绝而宁愿其远东利益之暂时被夺，殊为我方今日最关心之问题。观乎近日香港军事准备，英似确有抗敌意，然我方深虑者日将对英威胁利诱，而英以欧局牵制或竟堕其彀中，务希与英政府密谈，请其无论如何，勿牺牲中国而与日本谋妥协。关于香港之防御，如有需我协助之处，亦盼立即协商，我自当尽力而行。外交部。

《卢事前后》，第 482—483 页

外交部致驻英大使馆

重庆，1939 年 8 月 27 日

（1136 号电）1134 号电计达。日果已对英变更政策，香港、上海可免劫难。英必为之感动。我方切望英勿因是改变其对华政策，我之抗日与英之决心抗德同为抵御侵略。英若一面抗德，一面袒日，显属矛盾。且最后于英仍不利，务希向英政府恺切说明，得其对我不变政策之保证。再关税将收伪币事，已由孔院长径电，此即英、日渐趋妥协之明证,须力促英方觉悟。外交部。

《卢事前后》,第 483 页

蒋介石致郭泰祺

重庆,1939 年 8 月 29 日

伦敦。郭大使:Earch。闻日本新内阁定重光为外长,是其以后外交方针必亲英反俄无疑。英国对日方针如何? 在其未决定以前,请兄特别运用。应注意者如下:一、防制其东京会议之复活。二、防制其日英同盟之复活。三、以上二项皆与《九国公约》之原理绝对相反,不惟不能牵制苏俄,且有害于远东之全局,若英为得一不可靠之日本,而召怨于远东各国,当不出此,但应相机明告。四、苏在远东对日之方针,决不能如其在欧对德之可妥协,且其对日之必战已具决心,如英日一旦妥协,则苏对日亦必软化,如此实于英在远东更为有害,须使英国对苏之观念,不可以其在欧订立德苏协定之观念而疑及其对远东之政策亦与英相反也。其实苏在远东对英之政策尚表一致,以补其此次对英、法之遗憾与歉忱耳。属英对苏宽留余地,勿使苏日再有妥协,其实此时德日未始不可修好,而日之军阀本允德、意先对英、法,特因其元老反对,以致日本未能加入德意同盟,如果英在远东不能与苏俄一致对日,则无异逼成德、意、苏、日共同对英也,此意不能以数字说明,请兄演译而详解之。五、日如对英要求重开东京会议,请英国坚持其在东京会议最后立场,即必须与《九国公约》国公开讨论,或召开远东会议,以求远东问题之整个解决为得计。若英果坚持到底,美、俄各国皆必赞成,如果东京会议复开,则《九国公约》必从此毁灭,而远东为害伊于胡底矣。务望英以后与日接洽与进行之实情,对中国勿稍隐饰,事事交换意见,使中国得以竭诚贡献一切于友邦,俾中、英之方针得以完全一致,贯彻始终也。请以此意相机进行为盼。中正手启。艳。

《战时外交》第 2 卷,第 105—106 页

王宠惠致蒋介石转呈郭泰祺来电

重庆,1939 年 10 月 13 日

据郭大使 12 日电称:近因闻英方与日、美迭有商洽,午后访英外部询真相,及对日让步最高限度与有无撤退之意。据答目前决无撤退之意,惟日方如相逼过急,英方为避免正面冲突起见,或须暂时撤退,但目前日方颇慎重,可无此顾虑,且无论如何决不放弃其立场与权益,此层美方已有谅解,赞成其不得已时暂撤在津英租界军队,其余各处英方毫无撤退之意,亦未议及。在东京谈判尚无定期续开,据英外部告,日外务省正闹风潮,无暇及此,且首须接纳英方立场始可续开云云。又英方曾对美表示希望在远东多负责,但以正在修改中立法,不肯有所表示(以上已电胡大使)。至天津白银问题有提议存中立国银行,但此不过一种拟议,并无决定,法币问题则与美共同坚持不稍让步等语。谨电转陈。

《战时外交》第 2 卷,第 106 页

孔祥熙致蒋介石

重庆,1940 年 1 月 9 日

桂林。委员长蒋。华密。院长赐鉴:本日院会,外交部王部长提出卡尔大使关于天津存银问题之函,其译文略谓:"余 5 日向阁下朗诵之哈里法克斯勋爵来电称,彼对于中国政府对其解决天津白银问题之建议所持之态度,深表遗憾,在该项建议之下,大部分白银可置于安全之存储处所,且可获得管理之保障,而将其小部分用于中国难民之紧急救济工作,以换取该租界内封锁之解决。此项建议,似尚不致影响中国政府之重大利益,或牺牲其对日抗战中所争之任何原则,中国政府尽可合理的加以接受。自中国事变爆发后,英国在天津之当局,对于中国人民之利益,贡献颇多,由于对日本谋取该界内中国利益管理权,英国人士及侨民遭受重大之痛苦损失与各种侮辱,而在华北之贸易,亦几完全消灭。一旦日本使用武力,英国政府将无力保护存津白银,如任此项情势长此继续,英国政府将负严重之责任,故英国政府认其有与日本试行解决此项地方困难之义务,但不以牺牲中国重大利益或放弃英国政府所缔条约内对华态度各项原则为条件。欧战爆发,似已使此事之解决尤为必要。希望中国政府给与可能之助力,不采过于硬性之态度,如中国坚予拒绝,则英国政府应保留其行动之自由,并采取被认为必要之步骤,以保护其自身之利益等语,转请中国政府重行考虑"云云。当经详加讨论,结果,以为本问题应维持不动用之原则,但可循下列两步骤试行交涉,以示我政府对英解决此困难问题之诚意:(一)改由第三国银行保管,至中日战事结束时止,政府可拨中国法币200万至300万元,交国际团体办理难民救济事项。(二)以一部分换购英汇,存放伦敦,然后由政府以相当数目之中国法币,交国际团体充赈济之用。密令外交部与英国妥慎办理,随时具报,谨闻。弟祥熙叩。佳。院机印。

《战时外交》第2卷,第107—108页

郭泰祺致外交部

伦敦,1940年2月16日

重庆。外交部。973号。16日。1250号电敬悉。祺亦本拟以美助我制日政策日见进展,促英方与美步骤一致。顷晤英外长,当遵照来电各点,切陈利害,据答英国远东政策大旨迭经申述,并无变更,英方对浅间丸案之力谋和平解决,他如对津案态度,无非欲减除摩擦,与日本维持相当关系,但总以不妨害根本政策为范围,犹之中国在国联行政院对苏芬纠纷之态度,英方复能谅解我困难,知中国反抗侵略政策并无变更,故中国对英国无关宏旨之举措,当亦能谅解。祺谓我方在可能范围内,对英力予谅解,故前对津案4人,英国内舆论且多抨击,而我国政府反未肯继续深加责难。英外长谓美远东政策近日之进展,英方亦甚欣慰,当不落后或异趣。嗣祺谈及信贷案,钢料为我方之重要急迫需要,请彼根据政治立场,由内阁决议供给,作为英方目前仍积极援华之一表证,彼允再特为向供给部催商云。祺。

附注:1250 号去电——英方对日态度软化,希向英外长力陈利害等由。

《战时外交》第 2 卷,第 108 页

郭泰祺致外交部

伦敦,1940 年 3 月 18 日

　　重庆外交部,991 号。并转呈总裁钧鉴:昨丘吉尔邀午餐,据告英方虽极欲避免与日冲突,但决不牺牲中国,不理会所谓汪政权,且以芬兰之 Kusinen[①] 比汪,深加鄙弃,并以未能积极援华为憾。但仍当相机效力。对苏芬和平深以芬兰受屈为惜,但认可减少苏俄短期间之敌对之危险,两国关系甚至有改善可能,彼固始终不主对俄作战。对欧战以为最后胜利必属英法,但须得第三年期内,始有解决把握。彼敦嘱代向总裁致敬。祺。

《卢事前后》,第 484 页

杭立武致蒋介石

重庆,1940 年 4 月 14 日

　　关于天津白银事,今日(14 日)下午已将钧意面达英大使:(一)对英最近所提办法,甚为愤慨。(二)此项办法,表示英方与日妥协,不顾我方利益。(三)倘使英方不顾我方反对而径自行动,我方将认为甚不友谊之举动。(四)我方最后提出方案,为最大之让步。(五)以上钧座个人意见,盼英大使转达其政府,至正式答复,自当另由外部随后致送。英大使聆悉后,甚感不安。渠云此次英方所提五项办法,系渠与英外部及驻日大使与日本迭经争辩后之妥协办法,渠虽不完全满意,但实已尽最大之努力,认为与我方权益,并无重大损失,如我方完全拒绝,实为不幸。至钧座意见,渠以友人之资格,不愿直率转电外部,因英、法正在北欧与德国进行大规模战争,政府人员,此际心绪不宁,恐生反响,但必当

---

① 库西恩,苏联支持的芬兰共产党领导人。

婉转将钧座坚决反对之意,急电外部,并恳政府从长计议,勿有行动。渠并托将下列各点转达钧座:(一)对钧座之愤慨,甚为了解。(二)为中英双方之友谊,希望不即正式完全拒绝。(三)存银问题,原非第一等重要问题,但英政府因天津英侨之不断呼吁,亟思解决,以求解除封锁,绝非拟与日本妥协或更合作。(四)渠当再竭尽人事,与英外部及我方商洽。谨呈委员 长蒋。杭立武肃上。

《战时外交》第2卷,第109页

卡尔致哈利法克斯

重庆,1940年6月2日

……反对这一协议的人以蒋介石为首,他非常顽固。但是,反对者还包括在整个谈判过程中我一直依靠其支持的那些人中的大多数。他们宣称,他们不能建议蒋介石在这一点上作出让步。我承认,我看不到能克服这一困难的任何办法。如果已经进行到如此地步的谈判现在中断,这将是非常遗憾的……

FO436,第7卷,第60号

王宠惠致卡尔

关于天津英租界存银问题之最近谈话,本部长谨向贵大使声述,中国政府对于英国政府之建议经慎密考虑后,愿提出解决本案之下列各点:

(一)现在天津交通银行所有银币及银块,应仍继续存于该行,并由驻天津英国总领事代表该行总行及中国政府加封。

(二)除下列一节所规定者外,该项白银应继续予以封存,未与交通银行总行及中国政府商议以前,不得移动其全部或一部。

(三)在该项白银未经封存以前,中国政府及交通银行总行授权天津交通银行,提出等于英金10万镑之数额,作为华北某数地区水灾及其他地区旱灾所直接酿成饥荒状态之救济经费。

（四）该项经费交与包含中国委员之国际救济机关,由该机关会同驻天津英国总领事负责使用于华北救济目的。

中国政府希望英国政府表示愿意依照上述方案实行而不予变更。

《战时外交》第 2 卷,第 110 页

卡尔致王宠惠

在此复照内,英国大使声明英国政府愿意依照中国去照所包含之方案实行而不予变更。

《战时外交》第 2 卷,第 110 页

中国政府声明

关于现存天津英租界内之白银,中国政府愿将外交部部长与英国大使关于此事最近数次谈话中屡加着重之点予以声明,即该项白银系交通银行所有且为法币准备金之一部分,除中国政府已经允予移作救济经费等于 10 万英镑之数额外,其余全部白银之保管,系委托驻天津英国总领事办理,该总领事应为中国政府之信托人。故现在所议定之封存该项白银办法,对于该项白银之现状并无变更。

《战时外交》第 2 卷,第 110 页

英日关于天津白银之解决办法

(1)现存于天津交通银行之银元及银块,应由英国及日本驻该市之总领事共同加封,继续存放于该银行内。

(2)除下列第三节所规定者外,该项白银应继续封存,直至联合王国(即英国)及日本两国政府商定其他保管办法之时为止,该项白银加封时,驻天津英国及日本两总领事均应在场。

(3)该项白银于封存之前,应提出等于 10 万英镑之数额,作为华北某数地区水灾及其他旱灾所直接酿成饥荒状态之救济经费,该项救济应包括某种机器之置备,该种机器系急需购自国外以疏排水灾区域之水量,俾减少疫症之危险。

(4)英国主管当局准备供给各种可能之便利,使该项提出之白银得分配于救济工作,以之出卖,及购买救济所需之食粮及其他物品。

(5)驻天津之英国及日本两总领事,应指派若干专家,在该两总领事之监督下,协助其管理此项经费,并指导现在北平之救济委员会分配救济所需之食物及其他物品。除该日本及英国顾问外,并应邀请中国及法国国籍之专家及其他国籍之专家一人协助该项工作之进行。

《战时外交》第2卷,第111页

英大使奉到英外部之训令

余意中国政府对于本方案,以情理言不能拒绝接受。一则中国政府业经同意分配10万英镑作为救济之用;二则将交通银行存银在其原存处所加封以后,中国政府在名义上不独可保持其所有权,且可取得英国总领事加封之保障。依照第五节之规定,救济经费将由应为中国政府所能接受之真正国际性团体管理。本方案所包含各项条件,其有利于中国政府实远过于本人曩昔所认为可能者。此项条件系在东京方面经过长期争议之结果,而在此期间,天津英侨实处于含有重大危险及痛苦之局势中。日本政府允以撤除租界交通之障碍及制止反英行为与活动为交换条件。英国政府对本协定之实行,认为有刻不容缓之势,英国政府相信中国政府不致使之为难,且希望阁下能取得中国政府之同意,此项同意即使为默许,亦无不可。

《战时外交》第2卷,第111—112页

2.英国决定关闭滇缅路

郭泰祺致外交部

伦敦,1940年6月28日

重庆外交部,1073号,28日。1325号电敬悉。顷晤英外长详为陈述，并谓天津问题甫经解决，日本又提出新要求，足见退让徒增纠纷，请外长对缅运予我一保证。外长谓已预料祺系为此问题而来，日本所提撤上海租界驻军，及香港、缅甸停运三事，当以缅运为最要，彼亦了解其问题关系我抗战之重大，且不特中国重视，即印度、美国亦甚不愿此国际路线之断绝。但彼不愿作答复，拟于数日内提交阁议，并将我方所言各点提出充分考量后答复云。祺言信其答复将能使吾人满意。继谓上海问题美国亦有共同利害，谅在商治中。彼谓与美取同样步骤为英方一贯政策。关于香港运输，在越南路线切断后，祺谓虽不如前此重要，但为我财政机关运用上之中心点，仍请英坚拒日本之一切要求，免遗后患，末告宋子文兄已抵美，或将来英。彼云愿予晤洽。郭泰祺。

　　附注：1325 号去电，敌外次又要求英方缅甸停运军火事，希密商英政府坚拒由。电报科谨注。

《封锁与禁运》，第 129 页

郭泰祺致外交部

伦敦，1940 年 7 月 1 日

　　重庆。外交部。1075 号。1 日。今晚访外政务次长，问英国政府对日要求如何决定，我方甚重视，现欲得一保证。彼答迄未答复日本，今晨内阁讨论此问题，尚未终了，故不能正式答复，但所趋方向，可使我方满意，请勿顾虑云云。祺重申缅运与我抗战及英自身利害关系之重大，在道义及现实政治各方面而论，万不可不维持。外次谓与一自由独立之国家之交通线，因第三者之要求而切断，现英国政府系构成于广大基础上，不致卖中国而自毁立场，且失中国之助，吾人当坚持原则与日本周旋。关于上海，为策略关系，或将驻军撤往香港，如从前天津办法，但同时不放松公共租界之不得侵犯。祺询能否商请美国接防，彼答恐不易办到，但在道德外交上得其援助，至香港为英属地，决以武力防守。祺言英方愈决心，日本愈不敢犯，除非英岛真被侵犯，帝国瓦解，但吾人深信不至有此。继谓有田擅自宣布之东亚门罗主义，美政府必有反响，询英态度如何。彼答英方当难默认,英政府以自由独立之中国为其根本远东政策,亦不能承认。又日本所称南洋云云,极为广泛,澳大利亚等等是否在内,英方此时不愿与日挑战,但由外交途径有所表示云云。祺意我国政府应即严词辟斥,重申我国立场。祺并告外次,我国虽受欧局不良影响,但抗战决心未稍减,正与英政府相同。再关于6月26日彼在议院之答词,谓中国对天津协定并无异议一节,祺曾于28日函驳,彼表示歉意,谓系仅指白银而言,现拟设法更正,以免误会,并将正式函复云云。往来函抄寄。郭泰祺。

《战时外交》第2卷,第113—114页

外交部致驻美大使馆

重庆,1940年7月6日

本部确悉英国为日方威逼缅甸停运军火事,正与美政府商洽中。现越南运输全停,缅甸一路为我生死关头,谅为美方所深知,究竟美政府对于英方如何表示其意见? 希速探询电复。外交部。

《封锁与禁运》,第139页

郭泰祺致外交部

伦敦,1940年7月8日

重庆。外交部。1077号。8日。关于缅交通问题,顷询英外次如何答复日本。据答仅告以不能停止之各项理由,如所运各货系美、苏产品,且印、缅与中国地理上关系亦须维持,但尚未作最后答复。英国处境极端困难,不愿与日正面冲突,其他有关之国,应分负责任云云。祺谓与美、苏当已有商洽。彼答克爵士与苏政府,及苏政府与彼均已谈及,在华府亦有接洽,两方均表示关心,但无具体办法。祺谓日本深陷中国,不能自拔,除空言恫吓外,实无力敌对英国,因面交蒋委员长致友邦声明书,请细阅即可了然。又谓英方疏散香港妇孺,表示坚守决心,日方极为惊异,松缓封锁亦可为明证,且助我利大害少,主断然行之,利可兼顾；反之，如日本万一拔起泥足，可自由南进，将贻患无穷云云。彼谓当将所述各情，转达外长与阁员。祺按英方真意在延宕，当无意接受敌人要求，但亦不肯断然拒绝。再外次谓驻日英大使当继续与日外务省商谈。祺谓此殊使吾人疑问，恐蹈天津协定覆辙。外次笑谓彼须遵奉内阁训令，请勿为虑。祺。

《战时外交》第2卷，第114页

外交部致驻英大使馆

重庆，1940年7月10日

关于日方威迫停止缅甸运输事，英方已答复日外相，日方认为不满，大事咆哮，同时闻英政府有授权克莱祺处理之说，究竟英方此次如何答复，以后是否不问日方如何压迫，仍坚拒无理要求？日下英方对我抗战之协助惟滇缅运输一路，我方命脉所寄，不得不请英方坦白告我，务望迅即密洽电复。再胡大使处已去电嘱商美政府，劝英勿作让步。并洽。外交部。

《封锁与禁运》，第131页

外交部致驻美大使馆

重庆，1940年7月10日

驻美大使馆，1614号，10日。1609号电计达。日方对英方答复认为不满，正在咆哮，度将加重威胁，我方切盼美方迅即有所表示，藉壮英国声势。美方似可坚持其物资有自由输运缅甸及中国之权，倘此项运输因日方之行动而发生障碍，则美国可对日本严格实行禁运（包括铁与汽油）。美苟于此时作此表示，敌不无忌惮，英方亦不致对敌屈服，希迅与美政府密洽电复。外交部。

《封锁与禁运》，第139页

外交部致驻美大使馆

重庆,1940 年 7 月 14 日

迭据郭使报告与英外相英外次会谈关于缅甸运输事,英决定允许在三个月内(所谓雨季)停运某种货物,其种类尚在英、日商讨中,但闻汽油与卡车均在内。英方屈服原因,据称如与日本冲突,澳大利亚、纽丝伦等必首蒙其害;而美国之不肯表示协助,尤使英方不能不让步,姑无论英方所持理由如何,其负中国自不待言。而美方对此事迄未为英作声援,殊令人大为失望。倘美方再无表示,则日将认为美亦已屈服,所谓暂时的某种货物之停运,势必成为长期的全部禁运,美对此事如有有效表示,实为同时援助中国与英国之举,希迅商美政府电复。外交部。

《封锁与禁运》,第 132 页

胡适致外交部

华盛顿,1940 年 7 月 14 日

重庆外交部,1159 号,13 日。极密。奉 1614 电后,又得郭大使电。即竭力向美外部陈说缅路危机,请其设法挽救。闻昨日下午 3 时,外长曾对英大使有恳切劝告,今日外部友人密致意,谓政府正考虑有效之挽救办法云,谨闻。并请转呈孔院长。适。

附注:1614 号去电,系日对英答复认为不满,将加重威胁我方、切盼美方有所表示藉壮英声势由。电报科谨注。

《封锁与禁运》,第 139 页—140 页

英日关于封闭滇缅公路的协定

日本外务省情报部谈:

近来关于禁绝经由英国领土,运往中国之军需资财一事,由日、英两国政府交涉中,今已见如下之妥结:

一、由香港至中国输出武器、弹药一事,自民国 28 年 1 月以降,已

经禁止，但日本政府所重视之任何军需资材，现在亦不由该地输出，将来亦不输出，即以后禁止缅甸输出之货物，在香港亦禁止输出，自不待言。

二、英国政府，本年 7 月 18 日起以后三个月间，禁止武器弹药，并铁道材料之通过缅甸输送。

三、在香港及仰光之日方官宪，为使本件禁输有效起见，关于应采之措置，与英官宪保持密切联络。

北平《晨报》1940 年 7 月 18 日

丘吉尔在英国下院的报告

日政府于 6 月 24 日要求本政府设法禁止军用品及其他某某种货物由缅甸输入中国，对香港方面亦有同样之要求，日方认为此项货物如继续输入中国，对于英日关系必发生严重之影响。故英、日两国政府，现已成立协定如下：（香港）自 1939 年 1 月起，香港即已禁止军械弹药出口，故日政府所重视之军用品，事实上并未由香港运出。（缅甸）缅甸政府同意停止军械弹药、汽油、载重汽车，及铁路材料，经缅甸输入中国。停止时间定为三个月。缅甸禁运之货物，香港亦予禁运。本政府于研究日方要求及成立协定之际，均曾注意及本国所应负之各种义务，包括对中国国民政府及英国属地之义务在内。但本政府亦须顾及目前之国际形势（欢呼），不能忽视一种主要之事实，即吾国正在作存亡绝续之苦斗是也。本国对远东战乱之一般政策，业经迭次明确声明，希望中国确保其自由独立（欢呼）；同时，吾人亦屡次表示，愿与日本改善邦交。欲求达此目的，有二要素焉：一为假以时间，一为消解紧张空气。盖一方面日本反对军用品经缅甸输入中国、以致空气日趋紧张，一方面英国如允永久封锁滇缅路，则不能履行吾人对中国应负之义务，因英国立场为中立国，且为中国之友邦也。因此议定临时办法，希望在此时间内，可以觅致一种公允之解决办法，使双方均可自由接受，吾人不愿与远东任何国家发生争议，吾人希望中国确保其地位，维持其完整。

1939 年 1 月 14 日,我政府致中国照会中,业经说明英国准备于战事结束之后,根据互惠及平等原则,与中国政府谈判废除"治外法权"、交还租界及修改条约,同时吾人希望日本国家繁荣,使每一日本国民所愿望之社会福利及经济稳定,均能获得保证。为求达此二项目的起见,吾人准备对中、日两国竭尽绵薄,但有一事,必须明白认识者,此项目的不能用战争或战争的威胁以求达到,而应以和平及和解步骤求其成功云。

《中央日报》1940 年 7 月 20 日

郭泰祺致外交部

伦敦,1940 年 7 月 15 日

重庆。外交部。1086 号。15 日。本日晚访政务次长,以政府名义面交书面抗议,内容另电。彼再三表示歉意,谓英方实出不获已,但仅为迁延待时办法,不妨害其将来之行动自由,无负我之意。祺告 12 日晤贾德干后,已如是报告我政府,乃外长面告愿中、日谋整个解决之后,复有新加坡代替之演说,停运议和,相机并论,并使吾人怀疑愤慨,美国对此反感亦不少。政次答代替演说,英外部确未与闻,已由发言人声明。祺谓非正式否认并重申英国之远东政策系基于《九国公约》与中国之独立完整,将无以袪人疑惑。彼允商外长日内办理。祺询日方究有何议和表示?彼答无具体接洽。祺言此时中、日不能言和,正与美、德同,如美国一面停止以物质援英,一而劝英和德,英方将如何感想?彼谓个人对中国抗战及缅运各方面关系之大,与君意见确同,首相诸人若出此,均引以为痛云云。祺谓八年来致力增进中、英友谊,所有对我政府报告,总以英国重道义决不负我为言,此次英方处置,使祺痛惜深于愤懑,第一现视英方果能不负我否,最多三数月后可了然,如不幸使祺无以对我政府与国人,惟有引咎辞职,一面为对英之抗议。彼为动容,起称不可,谓首相对华确友善,日内当约君一谈,使君觉有保证云。英外部下午密约美国各访员谈话,以谋缓和美舆论之反感,祺本晚亦约美访员十余人,密告抗议相助,请大部对国内新闻界亦非官式酌发消息。胡、邵两大使之复电,仍盼径电告,分途运用为荷。祺。

《战时外交》第2卷,第115页

中国外交部声明

1940年7月16日

关于经缅运输问题,中国政府虽曾向英方迭次申述其立场,乃英国政府业对日本之压力,竟表示屈服,并接受其无理要求,允在特定时期内停止某种货物由缅甸路线运入中国。中国政府对于英国政府所作之决定,不得不表示最严重之关切,并认为此种举动不独极不友谊,且属违法。

缅甸运输之继续维持,对于中国之抵抗侵略至关重要,自不待言。英国接受日本之要求,已给予侵略者以巨大利益。故英国之举动无异帮助中国之敌人,英国政府曾再三宣称对华政策决不变更,而现在所采步骤,无论如何,断难认为与其所称之政策相符合。

缅甸一途,匪独系中国对外交通之重要路线,亦为与若干国家有切肤关系之通商大道。因此,缅甸路线之自由使用,不可认作仅涉及中国与缅甸间之问题。而实应视为特别关涉在远东拥有巨大商业利益诸国之国际问题。

就本问题之法律方面观之,英国政府之立场亦绝无根据。

日本对华从事侵略,不宣而战,自不能享受国际公法所承认之交战国权利。即第三国亦无担任通常中立国义务之必要。纵令日本已取得完全交战国之地位,其权利亦只限于在公海上或敌国领水内,临检搜索中立国船舶,拿捕战时禁制品,对敌国口岸作有效之封锁,及其他为公认之战时法规所许可之行动。日本绝无权利可要求中立国对于经由通常商务途径运往敌国之任何物品停止其出口或通过。如任何中立国接受此项要求,该国即可认为已丧失其中立地位。如该中立国于禁止运往交战国一方——某种物品之出口或通过时,而对以交战国他方为目的地之同样或类似物品竟许以自由运输,则其非中立性尤为显明。

揆诸此项无可怀疑之国际公法原则,英国政府停止由缅甸路线运输某种物品来华之决定,显无法律根据而无可维护。

中国与缅甸之通商关系,系基于 19 世纪末叶中、英两国所订之各项条约。此项条约,对于中、缅通商路线之维持与发展载有明确规定。该项通商路线,缔约国之任何一方,不论在平时或战时,均无权封闭。

根据国联历次关于中日冲突所通过之议决案,全体会员国均应避免采取足以削弱中国抵抗力量之任何行动,致增加其在目前纠纷中之困难,并考虑各会员国个别援助中国之程度。依照日方之计划,滇缅路禁运之目的,无疑的系在削弱中国抵抗力量与制止其他各国对中国之援助,英国政府如此执行日本之战争计划,实已完全蔑视其以国联重要会员国资格所担负之义务。

故英国政府接受日方要求停止滇缅路运输之决定,实已违反国际公法之原则,中英各项条约及国联之历届议决案。

如有人以为中国通海贸易路线受有梗阻后,中国即将被迫而求和或竟接受日本所提出之任何条件,则判断错误,无有逾于此者,我国长期抵抗侵略之战争,进行于种种重大阻碍与困难之中,其艰苦奋斗,可谓绝无仅有,但我国并未于任何一时期内感觉颓丧,三年来之困苦经验,至少使我明了我意志愈坚支持愈久,我之目的愈易达到,最后胜利愈有把握,无论遭遇何种困难,我仍当勇往迈进,无论有负我者与否,我胜利之信念决不稍为动摇也。

《封锁与禁运》,第 132—134 页

胡适致外交部
华盛顿,1940 年 7 月 16 日

美外部今日发表声明如次:"关于传称英国政府因日本之请求,将暂时禁止若干种货物由缅甸运入中国一事,外长于答复报界询问时谓:美国政府对于保持世界各地通商大道之开放,实有正当之关切,并认为

类此之行动如经采取类如最近对于滇越路所采取之行动,将对于世界商业横加不当之阻碍。"

外长于答复关于英国运动中日和平一问时,谓美国政府对于远东局势,仍保持其多年来所取独立自主途径之惯例。

《封锁与禁运》,第 140 页

郭泰祺致外交部
伦敦,1940 年 7 月 16 日

重庆外交部,1087 号,16 日。1343 号电敬悉。1085 号电计达。祺为对英、美舆论计,故就原则上提出抗议与大部向英国大使所提照会符合。至关于保留各节,祺当再晤英外长补充,并照尊电加以要求与说明。按英方鉴于中、美反感及本国舆论,对日似已稍变策略,即暂时停运,附带日方与中国言和之谅解,意在延缓。闻日方尚未接受,现日阁改组,新阁之轴心政策益明显,则英、日谈判势将受重大影响,甚或中止,但亦有让步更大之万一可能。容续陈。郭泰祺。

《封锁与禁运》,第 136 页

3. 重开滇缅路

丘吉尔致蒋介石
伦敦,1940 年 7 月 20 日

余(英首相自称)确信执事(委员长)对于缅运问题之我方困难,极为了解,余永不强请执事接受违反贵国利益或贵国政策之和平。

《战时外交》第 2 卷,第 116 页

蒋介石致丘吉尔
重庆,1940 年 7 月 28 日

接奉尊电,至为欣慰。余深信在阁下总理任内,中国利益决不致被

牺牲,因阁下对我人抗战之真谛,较任何人尤为明晰。余非不知贵方之困难,但和缓日本之政策必将危及贵国自身,此余所已屡次声言者也。惟有中国战胜并保持其独立,英国远东利益方能保存。故余切迫的声请阁下,为贵我两方利益计,从速恢复缅甸运输路线。

《战时外交》第 2 卷,第 116 页

郭泰祺致外交部
伦敦,1940 年 8 月 2 日

重庆外交部,1107 号,1 日。蒋委员长复丘电,昨已面交贾德干转致。今日闻首相左右可,彼得电欣慰,颇思有以补救云。又胡大使电询美国救护车辆、药品可否通过缅甸,祺因并同林可胜所询之汽油,复催询贾德干谓,此问题如须取得日方同意,徒费时日,且实无必要,英方应认所当然,一面电缅政府知悉。贾德干答对药品、救护车辆可照办,但对汽油虽于 7 月 12 日与祺谈后即电驻日大使,迄未得复,当再催云云。祺谓,如无汽油运送,其余亦无用,此事应请坚决从速解决。又谓日日来广捕英侨,英方应即重开缅路以为报复。至东京路透社访员之死,可谓为 Burma road Corualty,彼默然。郭泰祺。

《封锁与禁运》,第 136 页

郭泰祺致外交部
伦敦,1940 年 8 月 2 日

重庆外交部,1109 号,2 日。极密。贵族院、下议院先后开秘密会议,讨论外交问题,缅甸路为主要题目。政府所提理由,不外迭电所陈。闻外长对日本妥协犹未绝望,以为可缓和激烈份子,增加银行实业家力量而避免正面冲突,首相则认为终不能避免,只冀稍缓时日耳。贵族院 Banterbury 大主教闻曾为强有力之助华演说,所有发言除 Barnby 及 Sempill 二人外,均袒华,即政府发言人亦未谋回护掩饰云云。连日英方对日本逮捕英侨事,反感颇烈,日内或有报复行为。祺为医药救护所

需汽油事,今日函英外部提议由缅甸政府再与曾次长或我方其他当局派员前往,洽商一适当办法,英外部允即考量。又伦敦电影院现演映一断段新闻片,为缅甸路及蒋委员长像片与我国新式军队影片,在场观众鼓掌,声甚普遍,而英皇英后像片映出时,反相形见绌,可见舆情之一斑。郭泰祺。

《封锁与禁运》,第 137 页

曾镕浦①来电

仰光,1940 年 8 月 6 日

缅甸政府颁发 Press Communique,略译如下:英、日协定禁止某某五种货物由英运华,惟卡车往来需用之油,不在禁运之列。本政府为履行该协定并筹备海关防范起见,曾自 7 月 18 日起,暂将滇缅通车停止,只准卡车驶缅边境。现筹备就绪,故运非禁品赴华者,可照常通行,但须具保证,其重要者为只带往返需用之汽油及卡车回缅两点,违者重罚,仰车主径向海关商洽,继续运输等语。我方事前已得此稿,故西南运输处本日已按手续向海关注册卡车 200 辆矣。带油事,亦与海关另有订约,腊戍边境界,往返准带 25 加仑,边境至昆明 140。西南之车在国境所需装存现不减税之油,查此项差强人意,每日开车 100 辆,可省缅币 1 万盾,各机关备有车辆者,亦已通知矣。卡车往来重庆,议而未决,香港汽车不在禁内,如欲往重庆,准带足用之油,并得雇卡车装油,但配车装卡车上转运,中航机原议每次来缅,准于腊戍回国时购 850 加仑。昨 Bond 抵此,欲自交涉,已移归自办。谨报告并恳抄呈孔院长、张部长至祷。职溶浦叩。6 日。

《封锁与禁运》,第 137—138 页

---

① 时任外交部次长。

郭泰祺致外交部

伦敦,1940 年 8 月 13 日

……(三)祺催询汽油事,(英)外长答因在禁运之列,须与日方商洽,但认我方要求为合理,允尽力办理云。(四)缅路开禁,祺谓满期后,绝不可展期,如展期一日,则以后开禁必加倍困难,且为中、英舆论所不许可,与外长所言于英在原则上于中国在事实上为害最少亦不符合,且必须预告我,俾作准备运货。外长谓深悉上述各节之重要,当予充分之注意云云。又彼日前告美国访员团:(一)如在两月内德攻英失败;(二)或德不攻英,均将开禁云。

《封锁与禁运》,第 138 页

郭泰祺致蒋介石

伦敦,1940 年 9 月 13 日

重庆。委员长蒋:祺今晤政次,促请英方注意及发动有效制止,彼答日本态度益使英感觉改善英日关系之困难,同时亦即促中英之接近合作,惟在目前关键,除继续坚持其立场及与美洽商外,殊难采何具体有效办法,俟渡过目前难关,三、四星期后,局势当较明晰,易于应付云。祺谓本月终至迟下月初,拟访首相,请其对重开缅路问题切实答复,现英美合作日进,英俄、美俄关系亦在改善,日本已大有戒心,如英、美坚强对日,一面使其更有所忌惮,一面亦足表示英方之自信力,与苏联尤易接近等语。政次颔首谓:日本近似较慎重,并云已与首相言及祺拟访问事,但此时尚早,下月初当愿接谈云。政次询滇越铁路之桥梁,我方已炸毁,确否? 祺言尚未接官电证实。彼又谓英方对法国运兵赴越增援及由西印度运飞机赴越事,均愿协助,但前者易办,后者须与华府洽商云。又据另一方消息,越督颇有意与戴高乐合作,英方因恐越只可因此即成与国,如对日抵抗,英国将被牵入远东战事,故暗中不赞成云,此可见英国目前真态度。再据英报载,美政府已答越督,不能予以物质援助,顷已电询适之兄,如果属实,英国态度当然受其影响。祺意现在进

展中之英战，为欧亚时局之最要关键，如德国于此数星期内大举攻英而受挫，则全局松动，缅路当可重开。又海相私谈，50 军舰到手后，盼能在地中海予义海军以重创，克日可分派军队（海军）赴新加坡或远东，果尔，缅路亦可望重开也。祺叩。元。

《战时外交》第 2 卷，第 117 页

郭泰祺致外交部

伦敦，1940 年 9 月 25 日

重庆外交部，1154 号，25 日。请转呈蒋委员长钧鉴：顷晤外长，彼亦谓日方最近在越南境内行为，造成一新局势，应与缅路重开问题并同考虑，惟尚未与首相商谈，故不能即答，但现仅三星期即期满，华方似可不亟亟。又谓请转告蒋委员长，英方正力谋与华府在远东采取一致政策，此点与中、英两方均极关重要，而对缅路为我生命线亦甚了解……关于英、美、澳商谈及越南新情势与英、美南洋关系之巨，外长及祺与政次及祺连日谈话相同，惟据外长告已电辛克莱向日外省重申英方立场，认越南现状已遭推翻，有妨英国利益等语。又除缅路外，祺请英方亦物质助我，外长答一时恐难如愿。再祺昨告政务次长盼英方能增强其在远东之海军，彼谓须俟将义大利海军摧毁后，始可办到云云。祺。

《封锁与禁运》，第 142 页

王宠惠、卡尔谈话记录

1940 年 10 月 3 日

部长谓：最近据报，美国舆论赞成与反对重开缅路者成二十与一之比例，此事现已刻不容缓，应请英国政府勿再犹豫。缅路重开后，物质之意义，尚不及其精神之意义，因此举为对日对美之重要表示，如不实行，美方对英国远东政策之失望，匪言可喻矣。

卡尔大使谓缅路之封闭，由于美国之不能合作。最近该路是否可以重开，美国之合作，当然关系甚大。前次与部长晤谈后，即已急电伦敦,建议缅路重开为对三国同盟表示反应之最易举方法。个人看法,深恐日方于最后提出折衷建议,要求重开谈判。

部长谓如有此事,英方惟有坚决拒绝。卡尔大使亦颇谓然。

部长趁便告知郭大使最近与英外部政次 Butler 谈话情形,并谓郭大使除讨论缅路问题外,并曾提及借款问题,Butler 答复颇为圆满,希望卡尔大使加以赞助。除缅路重开与借款两事外,中国政府尚冀英政府尽量供给军火。卡尔大使一一记下。

《封锁与禁运》,第 142—143 页

郭泰祺致蒋介石
伦敦,1940 年 10 月 4 日

渝。Earth 密。蒋委员长钧鉴:昨晚访丘,彼谓日、德、义同盟,国际空气一清,而美孤立派益失势。继言英国处境远胜于三月前,当时对缅路若不让步,恐日将宣战,故离开中立暂为停闭,现决期满重开,8 日将向国会宣布,请密陈蒋委员长,但务祈仍暂守秘密云云。祺言此固我方所愿闻,但亦所预料。中、英利害立场相同,现均益显。丘询日本不至因此对英宣战否?据克莱琪报告,三月前有此危险,现则无之。祺答三月前实无之,但现日本既加入轴心,或将与轴心德、义协谋,遂以公江电所有各节转告。丘谓新嘉坡不易攻击,现鉴于英方情势好转,亦不敢轻动,余盼美国能派遣舰队赴新嘉坡等语。祺询英方何不增派军舰前往?丘谓目前尚未能分力,但美总统选举后,盼其更加强合作,益以苏联、中国,轴心国家不足敌也。祺谓缅路重开后,盼英能如美国予我物质援助及对日经济制裁。丘谓可与外交部商洽,惟闻于目前英负担奇重,无何余力,后者除坎拿大铜产外,对日并无何接济,余盼能出婉转方式与英合作并派员往印联络云云。祺有难色,但准照转陈,因谓盼英方能派军事、经济访问团赴华,丘未置可。

《战时外交》第 2 卷,第 118 页

郭泰祺致外交部

伦敦,1940 年 10 月 5 日

重庆外交部,1161 号,5 日。29 号电今晨始收到。昨夜与丘吉尔谈话情形,已电陈介公,并请饬抄录大部不另。缅路期满重开,将于 8 日向国会宣布。但丘吉尔敦请我方暂守秘密。祺。

《封锁与禁运》,第 143 页

蒋介石致郭泰祺

重庆,1940 年 10 月 9 日

伦敦。郭大使复初兄:密。兹致英首相一电,请译成英文,连同汉文,即为转达。文曰:

“丘吉尔首相阁下:近两月来,贵国人士在阁下领导之下,英勇作战,使欧战局势转入新阶段,敝国政府与人民,咸深钦佩。顷读阁下在国会演词,指斥三月以来日本对华暴行有增无已,中国民族痛苦日深,因而决定恢复滇缅路之一切运输,中正闻之,欣慰无量,尤其阁下演词中提及日本对华和平已无希望,尤佩卓见。日本军阀政府好言武力,亦惟畏惧武力,和平正义之言,决不能入,一切妥协之策复长其氛,此中正十数年之苦痛经验,固亦阁下所洞察无遗者也。特布感佩之忱,敬希鉴察。蒋中正。西佳。”等语。中正。

《战时外交》第 2 卷,第 119 页

丘吉尔致蒋介石

伦敦,1940 年 10 月 18 日

委员长勋鉴:接奉中国大使转交 10 月 9 日华翰,曷胜欣慰。中英两国人民均知其在目前进行之战争中,所争取者为何,殆无疑问,中国抗战之力量韬发于阁下领导之下,并由于中国全民愿为彼等自身命运主宰者之决心,余尤深信中国经此数年苦斗后,必将成为一自由统一之国家。至于本国坚强之决心,乃在拯救其自身及欧洲之自由,想亦必为阁下所稔知也。专此敬复。并颂崇绥。丘吉尔谨启。

《战时外交》第2卷,第119—120页

(四)英国对华财政援助

　　说明:抗战初期,中国努力争取英国的援助。1938年春,中国向英国提出2000万英镑币制贷款的要求。英国内部就是否援华问题进行过多次讨论。外交部倾向于援华,而财政部则比较消极。1938年秋,日本提出"东亚新秩序"的口号,公开向英、美提出挑战。中国政府积极推动英国与美国一起进行反击。英国终于迈出援华的第一步。1938年12月,英国宣布向中国提供50万英镑的贷款,用于购买滇缅路汽车。以后,这一信用贷款扩大为300万英镑。1939年3月,英国进一步宣布将向中国提供500万英镑的外汇平衡基金贷款,以帮助稳定中国的币制。1940年9月,日本强行进驻印度支那北部,并与德、意订立三国同盟,与英美为敌的意图已十分明显。11月30日,美国宣布给予中国1亿美元贷款的决定。中国曾希望英国能提供与美援价值相当的即总数达2000万英镑的贷款,但英国以自身亦处于战争为由而拒绝。12月10日,英国宣布了对华提供1000万英镑贷款的决定,其中500万镑为平准基金,500万镑为出口信贷。

　　本节所收1939年1月5日英国致日本照会采用《第二次世界大战起源历史文件资料集》的译件,编者对译文作了校订。

1.英国关于援华问题的讨论

宋子文致蒋介石
香港,1938年4月29日

　　急。武昌。蒋委员长钧鉴:度密。英国借款事,昨与英大使详细研商,彼即将方案电政府,并谓在武汉察度军心及政治情形,并与兄谈话,彼确信中国如得有外国借款,支持一年或一年半,当无问题,若无外款,则两三月后,恐难维持。弟与英使研商简单结论,英国在远东成败关键,全视能允借款与否。彼今日赴沪,下月底再来。谨密闻。弟子文叩。艳。印。

《战时外交》第 2 卷,第 196—197 页

卡尔致哈里法克斯

上海,1938 年 5 月 7 日

在我看来,我们不能回避这样一种事实,在某种程度上,中国既是为他们自己也是为我们而战,因为只有日本人的失败才能把我们从危及我们在远东地位的灾难中解救出来。蒋介石这样说是很有道理的

考虑到蒋介石曾对我说过,他需要财政援助,他希望从我们这里得到财援,我认为,估测形势并作出我们的抉择的时刻已经到来:我们是充分重视我们在远东的地位,并为此作出坚决的努力以拯救它,还是准备任人摧毁这一地位。如果这一地位值得去拯救,我们就应该付出一定的代价,如果它不值得拯救,为了对蒋介石公正起见,我们就应该明明白白地告诉他不要指望我们,让他作出相应的计划……

我强烈地认为,我们应该采取努力。我意识到,这可能有点赌博的意味,但这是一场具有很大的成功希望的赌博,而另一种选择却注定只会带来灾难……

此外,为了避免产生误解,以为我对中国在目前的战争中获胜而对我们在华地位产生的影响毫无考虑,我还必须指出,中国的胜利将会带来治外法权的废除和我们与这个国家关系的彻底重建。但我感到,不管怎么说,这些事是早就该做的,一个不再受任何掠夺性强国剥削的强大的独立的中国将为远东前途提供最有建设性的前景。

DBFP, Second Series, Vol. 21, pp. 762–763

宋子文致蒋介石

香港,1938年5月17日

郑县。蒋委员长:删、铣两电均奉悉。密。(一)陇海线我军仍有胜算,慰甚。惟目前即有胜利,仍恳抱持久战保守实力之原定宗旨。(二)美商借款,弟已于元日致电庸兄,切告内容。(三)英借款已由英外相力劝财相援我。厥兹罗斯①近在罗马,曾于文日函郭大使,谓借款原则正在进行中,至切实商洽,彼盼弟在港继续进行。以弟推测,英借款与陇海战事无大关系,虽成功尚未敢必,但较前确有进展。(四)俄械事拟先电催,谨复。弟子文叩。筱巳。印。

《战时外交》第2卷,第197页

哈里法克斯备忘录

1938年5月31日

去年年底,很少有人认为中国军队能够从它在上海的惨败中恢复过来,那时考虑向中国提供任何较大规模的物质援助似乎都是不现实的。然而,中国军队已经惊人地恢复过来,我们所有的情报都显示,如果他们的财政局面和战争物资的供应能得以维持,他们无疑能够对日本人进行持久的有效的抵抗⋯⋯

中国正在为所有的守法国家而战斗,它当然也是为我们在远东而战,因为如果日本赢得战争,我们在那里的利益将注定要被消灭。日本军队及其高级权力机构的所作所为已使我们对此确信不疑。我们在华北和上海的巨大的既得利益将首先丧失。日本陆军和海军对中国大陆和南洋地区的欲望是无止境的。如果中国能顶住日本的侵略,英国和美国便能够进行有效的干预,并得以长久地保护它们在远东的地位。

⋯⋯中国现在从外部得到的援助越少,战争就可能结束得越快,日

---

① 即李滋罗斯。

本就更可能将它的计划付诸实现,英国在中国的利益被扫地出门的时刻就会更快地到来……

关于荣誉和自身利益的每一种考虑都敦促我们尽我们所能去帮助中国。花费一数额非常有限的金钱,我们也许可能因此而保存我们在远东的至关重要的利益。

DBFP,Second Series,Vol. 21 ,pp. 792－793

孔祥熙致郭泰祺

重庆,1938 年 5 月 25 日

郭大使:密。英方借款自是经济援助,应就政治、外交及该国前途之安危着想,万不能与商业借款同日而语。近接秉文电称,英财部人员欲我方提出方案,以凭选择,兹照列如下:(一)由英方承受最近发行之金公债全部或一部。(二)1908 年英、法借款,今年可全数还清,拟照原合同条件续借 500 万镑或增为 1000 万镑。(三)根据去年与汇丰商议之币制借款 2000 万镑案,请英方承受抵押或垫借。(四)切实商定货物信用款 1000 万镑案。以上各项或选择商榷,或同时进行,总以能得结果为要。此外,英财部如有其他提议,亦乐为考虑。统希努力磋商,随时电示。闻香港汇丰总经理 Grayburn(葛利门)顷已回国,希与联络。此电祈抄示秉文兄为荷。弟祥熙。

《战时外交》第 2 卷,第 197—198 页

郭泰祺致外交部

伦敦,1938 年 6 月 24 日

极密。汉口。外交部。117 号。24 日。209 号电及孔院长号电敬悉。顷晤贾德干,据告财政协助事仍在外、财两长考量中。祺谓我方企望良殷,盼早决定。彼谓大约两星期内可决定云。查无论何项方案,在目前情形下,非英政府担保,不能成立。贾德干亦承认,现外、财两部颇倾向金融借款,国会当无问题,对外以维持商业利益为言,亦较简易。

劳杰士现亦正分向各方代为催促,顺陈。祺。

郭泰祺致外交部

伦敦,1938 年 6 月 29 日

汉口。外交部。极密。并请转孔院长、宋子文兄赐鉴:英首相、外长、财长昨日会商财政协助问题良久。最要方案为 2000 万镑金融借款,由英政府担保。结果以兹事关系重大,应由内阁全体议决,并以今日阁议为时太促,定 7 月 6 日提出。闻 Simon[①] 态度稍改善,但仍不甚赞同,首相则尚未决定云。英人华南协会现正向首相请愿,祺并极力运用其他各有关方面促成,虽不无希望,但未敢乐观。英方所顾虑者:(一)恐我方退出汉口后局势有重大变化;(二)恐激怒日本攻香港及增强日德合作,触发战祸。祺虽多方解辟,但英方仍未能释。其近来对地中海英商轮之迭遭轰毁,如此容忍怕事心理可见一斑。祺。

西蒙备忘录

1938 年 7 月 1 日

但是,我们必须问自己,我们是否能够依赖于这样的估计,即现在提供的 2000 万英镑确实可以期望保证中国能在一年之内赢得战争。我们必须考虑,如果一年之后这些希望并不能实现,那时我们该怎么办呢?

尽管从财政和商业方面考虑贷款问题已很不利,但它还不是事情的要害所在。我主要的忧虑是,当我国正面临着欧洲的危险状态时,现在所提议的行动是否是一种明智的举动。……如果我们采取了提议中的步骤,而它并不能确保中国在一年内取得胜利,却引起日本人的连续

---

① John Simon,西蒙,英财政大臣。

不断的敌对行动，我们这不是极大地增加了在将来某个时候同时在欧洲和远东面对敌对行动的危险吗？我们的军事顾问一直敦促说，避免这种可能性应是我们的外交政策的一个主要目标。

DBFP，Second Series，Vol. 21，pp. 810–812

郭泰祺致外交部

伦敦，1938 年 7 月 6 日

汉口。外交部。122 号。6 日。今访开度甘（Cadogan）晤谈：（一）财政协助问题，据告今晨阁议尚未议决，惟英方对我需求急切，甚为了解，各方意向亦殊良好，似不宜过于急邃。祺渭此事商谈已久，切盼早日决定，至英方恐引起日本攻击香港一节，日本在华已深感困难，当不敢与启衅，彼亦以为然。但谓如果有此危险，其严重性与责任则极大，此问题无论如何，日内总可解决云。查此事英方虽一再拖延，经祺不断催促，并运用银行界议员及英人华商协会从旁赞助，现朝野空气已渐一致，拟明晨再访英外长切谈（以上请速转孔院长为荷）。（二）日本印棉借款事，开度甘（Cadogan）谓无其事，亦无可能性，因政府及银行界均不肯助日。（三）对我方委托国联修浚黄河，认为困难颇多，允予考量，并延长国联防疫技术团，英方甚赞成。（四）滇缅铁路缅方一段甚短，已与缅甸政府商洽，惟对我方一段，兴筑计划详情极欲知晓，乞转交通部详告。此事英外部认为与彼方亦有利，极为赞成云。祺。

《战时外交》第 2 卷，第 201—202 页

郭泰祺致孔祥熙

伦敦，1938 年 7 月 14 日

汉口。外交部。126 号。14 日。并转孔院长赐鉴：午后晤开度甘，询英内阁昨日会议 5000 万镑金融借款之经过。彼谓此事经阁议详细考量后，以为在现在国际情势下，恐增加纠纷及英方责任，故未能通过，两星期前趋势不甚佳，上星期转好，本星期因欧局又转恶，英外长确曾

尽力,卒未能成功,殊为歉然等语。祺谓我政府闻此结果自极失望,但盼对其他办法如出口信用贷款,能照最近英土协定进行商洽。彼谓此节英自愿尽力使有结果,尤以金融借款未能成立,更愿于可能范围帮忙,惟其性质则属商业云云。据各方意见,此事确有希望,现正由陈参事会同郭秉文君,非正式向英出口信用贷款部商洽,俟有眉目再由祺正式向外部提出。查此次借款被否决之最大原因,系欧局近日甚不安稳,德、义在地中海图英、法之计划,日有证明,故西班牙问题表面上虽似有解决之势,内幕实甚有问题。英方恐日本在远东乘机报复,将无力兼顾,且英首相为顾全其政策,对凡足以予英义协定以不良影响之举,均非所愿为,但国际情势如好转或远东时局有变化,借款事将来仍可有望,开度甘亦以为然。Rogers 17 日晨飞港,顺闻。祺

《战时外交》第 2 卷,第 202—203 页

2."东亚新秩序"推动英国迈出援华第一步

蒋介石对伦敦《日日电报》特刊发表谈话(节选)

1938 年 7 月

　　……自吾人视之,民主国家诸政府,实为世界和平之堡垒,正义公理之屏藩,今日睹暴戾之横行,仍漠然作隔岸之观火,是为吾人所大惑不解者也。英国合法之权益,今已冻结僵化矣,财产被毁,官吏被侮,人民受辱如犬羊之殴逐,其他列强人民财产之被侵夺者亦类似,而英美军舰被炸被沉,尤为举世所震骇。措辞强硬之抗议,吾人闻之矣;巧辩饰非之道歉,吾人亦闻之矣。然一再道歉,一再保证之后,凌辱侵夺之暴行又复继踵而生。列强之仗义执戈,参加战斗,固非中国所想望,然中国人民对列强之认识,固以为对其本国之权益与尊严必敬谨护持,今凌辱侵夺之积累,乃仍以忍辱负重处之,实为吾人所不解。况此暴徒,外强中干,植其泥腿于沙碛,已为举世所共睹,欲消灭其掠夺之野心,只待共同意旨之坚硬,今世界列强乃寂然无所表现,益增吾人之惶惑。十一

月余以来，日军侵略铁蹄之蹂躏遍吾国境，其残酷暴戾实为人类有史以来所未睹。然论其战果，除推进阵地，增加其后方联络困难而外，初无显著之收获可言，而我坚持抗战到底之决心，绝不受其摇撼。吾人确认，现实主义实为姑息苟安，畏惧退缩之象征，无异命运论者之自弃，故宁与无政府主义之暴徒周旋于疆场，不愿再见现实而逃避。综观现世，以武力蹴成国界，以强暴掠夺国权，已成一般之倾向，中国之牺牲若能挽此狂澜于既倒，牺牲虽巨，非所计也。盖自救亦以救世界，当仁不让，中国愿为世界之前驱。

《先总统蒋公思想言论总集》第38卷，第112—113页

蒋介石对路透社记者谈话

1938年10月1日

最近国联盟约第16条之援用，大半系出于英国人民与政府之力，此为我国所深悉，吾人对此，弥深感谢。余今请贵社转达余之谢意，吾人现在甚盼英国对于第16条所指定的制裁办法，予以遵行。

记者又询以渠究盼望英国作何等确切的援助？

蒋委员长答称：我国无端蒙受侵略，英国对我作经济与财政的协助，固优为之云。

《先总统蒋公思想言论总集》第38卷，第114页

外交部致驻英、法大使馆

1938年10月30日

美政府最近致日本照会虽仍以彼本国利益为立场，尚不失为一种严正表示，倘英法采取同样步骤，或可渐渐促成国际行动，希即密商英法政府迅向日本递送同样或措词更为强硬之照会。外交部。

《卢事前后》，第373页

卡尔致哈里法克斯

长沙,1938 年 11 月 11 日[①]

昨天,我与蒋介石进行了一次他称之为直截了当的谈话……

汉口的失陷,是人们早已预料到的,它并没有使形势发生重大变化。但广州的失陷(他承认,这使他和其他所有的人都感到非常吃惊和不愉快),却带来了一个与我们有密切关系的全新的局势。

日本人占领广州受两个动机的指导,一是这一占领将对中国的战争产生的影响;二是(亦是更深层的更阴险的)对英国的影响。对于英国的威信来说,这一打击的份量要沉重得多。英国的威信在远东具有极大的重要性,无论对我们还是中国人来说都是如此。由于对日本人占领华北、上海和甚至长江流域无所作为,英国的威信已经削弱,但尚存在。然而,如果我们默默地接受日本对华南的占领的话,英国的威信将荡然无存,而这威信的存在在任何情况下对于英国在远东的整个地位的维持都是至关紧要的。蒋介石认为,这威信一旦失去,就再也不能重新得到。

……日本人对广州的占领和我们的无所作为已经动摇了百余年来中国人对英国威信的信心,现在这一威信将要转移到日本人那里去。华南的中国人头脑中的怀疑会很快扩散到中国的其它地区,这将会对我们在这个之间的整个地位产生影响……

我们对日本人最近的行动将采取何种态度? 我们是准备默默地接受我们地位的衰落,还是准备以明确的措辞表示我们决心维护我们的地位? 蒋介石希望我们对这一问题给予明确的回答……

迄今为止,中国已孤军奋战了 16 个月。确实,中国是在为拯救自己而战,但它也拯救了我们的利益。中国过去和现在都在盼望着我们的帮助。如果我们给予了帮助,我们就会发现,中国将长久地记住它,我们将得到足够的报偿。

---

① 　此电报起草于 11 月 7 日。

……我们是否准备给予中国所需要的援助？蒋要求我们对这一问题作出直接的回答。如果回答是否定的，他将不得不重新调整他的整个政策，并寻找其它的朋友。他本人并不想这样做，整个中国仍然希望能信赖我们。但是，是我们把这一抉择摆到了他的面前。然而，现在还有时间使他无需重新作出抉择。

他这一次对我们援助的呼吁将是最后一次。如果英国不理睬他的要求，对中国无动于衷，他将永远不会再提出这一问题。他将不再关注我们的远东政策，或与我们商量中国的未来政策和其它任何事情。

DBFP, Third Series, Vol. 8, pp. 216–217

王宠惠致蒋介石

重庆，1938 年 11 月 19 日

即到南岳。蒋委员长：使密。昨会晤英大使，当询其将钧座谈话电达英政府后，有无复音。渠称钧座所提诸问题均系正当且切要之询问，惟事关重大，恐外相不能答复，须候阁议方能决定。惠因补充数点，请其注意：（一）近卫 3 日宣言，所谓创立新亚洲局面，实系指废弃关于远东各条约而言。在创新局面之下，各国在华之权益，当然不能存在。美政府有鉴于此，遂由国务卿于 4 日声明，美国政策以《九国公约》及《国际公法》为基础，美舆论亦一致反对近卫宣言，而响应国务卿之声明，英则仅由外交政务次长在国会答复议员询问，虽亦以《九国公约》及其他条约为立场，但其形式及措词转逊美国。（二）英外部曾向郭大使表示，美政府无论何时进行至如何程度，英即照样进行。惟最近英对日抗议仅属扬子江航行问题，远不如美政府 6 日照会，以门户开放为主旨。该照会虽未提及中国土地之完整，我国不无觖望，而英方更不如美。须知英在华利益，实较美为大，英国如欲保全其在远东之地位，此时亟应采取积极政策，免失时机。（三）近卫宣言并非空话，本日海通社东京电称，管理新亚洲机关行将成立，其职权除中日战事问题外，关于亚洲政治、军事、经济、文化等，均包括在内云云。可知中日问题，实即全亚

洲问题,其推翻现时局面之决心,已显然可见。前劝英政府积极政策已非一次,乃迟疑不决,今已到最后时期,中国方面以为欧美欲维持在华之权利及今后现状,犹未为晚。英大使答称,承示各点,甚为注意,尤其是新亚洲一节,当即详陈外部。惠又谓美 10 月 6 日照会,闻日方拒绝接受,美或采取实行报复办法,请英亦同样进行,此项办法实为国际公法所认为和平强制办法之一种,已得英大使同意。是日谈话之经过,英大使允向英政府建议各点如下:(一)以经济援助中国;(二)英帝国内实行国际公法所容许之报复办法;(三)宣言维持《九国公约》及其他有关条约。惠谓除此数点外,尚有国际各决议案,连同第 16 条之制裁,切望实行,钧座提出各问题,尤望注意早日答复。最后提及宣战问题,略谓我政府现拟对日正式宣战,盖在目下情形,此举于我实为有利。渠云此层已电英政府矣。又关于上海特区法院与土地局寄存工部局之图件,已商请英大使允为维持及保全。撮要奉陈,祈鉴察。王宠惠叩。效。印。

《战时外交》第 2 卷,第 29—31 页

外交部致驻英、法、美大使馆

重庆,1938 年 11 月 23 日

此次英使来渝,迭与各要人会谈,知我方对英方现政策颇为不满,同时又切望其有所动作。部长向英使提四事:(一)借款。(二)以条约立场,正式宣示,英方拥护远东权益之决心,并请以美政府 10 月 6 日照会为最低限度之参考。(三)对日报复。(四)实行国联决议,包括制裁,英使个人表示极度同情,已将此间意见尽量电陈政府。特洽。外交部。

《卢事前后》,第 480 页

郭泰祺致外交部

伦敦,1938 年 12 月 9 日

重庆外交部,66 号。英政府昨在(似脱漏上议院三字)提出出口担

保法案,将原定 5000 万镑数额增加至 7500 万,并授权商部可因特殊政治理由,不经顾问委员会通过,酌量支配,以 1000 万镑为限,较现行法有伸缩。按出口担保办法,格于商业性质,我方不能受其实惠。祺已迭向英方陈说,并电陈。造载重汽车事被否决,英方亦甚感为难,经此次修正后运用应较便易。祺昨日已与 Leithross① 及东方司长商洽,请以此 1000 万镑全数或大部分归我国运用。彼等谓,请求此款之国家甚多,中国至多恐只能得二三百万,因此款实另有作用(指援助英商在中欧等处,与受有津贴之德商竞争)。祺谓我国至少应得其半,顷已将汽车、铁路、电信、材料、颜料、造纸、机器、军用电话等六项开单送往英方,约需 400 余万镑。再英方对我虽有助我诚意,仍无政治决心,Plymouth② 在贵族院及 Butler③ 在下议院声言所持条约立场固较前明显进步,但英方非得美国合作,仍不敢开罪日本,与之冲突,因其觉欧亚不能兼顾,且两次声言不出于首相外相亦美中不足,故我方尚难期其痛快援助也。祺。

《卢事前后》,第 480—481 页

外交部致驻英大使馆

重庆,1939 年 1 月 4 日

英对中日问题历次宣称,愿与美合作,而美政府 10 月 6 日致日照会发表后,英方并无响应,现美政府又于上月 30 日对日去文,除坚持其权益与机会均等外,并否认日方主张之新秩序,而表示愿与有关系国共同商讨。此照措词在消极积极方面均有主张,英方想必完全同意,我方深望英方对日去一同样文件,就其在远东利益之价值言,超过美国数倍,理由更较充分,立论愈应坚强,希密洽促成。又关于报复行动,英美

已接洽至何程度,我方对具体行动尤重视于文字,极盼从速并行实现,望并催询。

克莱琪致有田八郎
东京,1939 年 1 月 5 日

……

英王陛下政府指示我通知阁下,在研究了日本首相和其他政治家最近的声明中所陈述的日本对远东事务的新政策后,他们感到严重的不安和焦虑。我特别要提到近卫亲王 11 月 3 日和 12 月 22 日的声明,以及 12 月 19 日阁下同外国新闻记者的谈话。

二、英王陛下政府从这些声明和日本发布的其他官方消息中推测,日本政府打算建立一个由日本、中国和满洲组成的三方联合体或集团,其最高权力属于日本,中国和满洲扮演从属的角色。就中国而论,不言而喻,日本政府打算至少在一段时间内通过在东京的兴亚院来进行控制,这一机构负责制定和实施同中国的政治、经济和文化事务有关的政策。阁下与报界的谈话表明,三方联合体打算建立一个单一的经济体制,而其他国家的经济活动将受到该集团的国防和经济安全需要的制约。

三、据近卫亲王说,在中国的战争行动将继续下去,直到中国现政府垮台,或同意根据日方条件加入拟议中的联合体。他说,将要求中国同日本缔结一项反共产国际协定,日本军队要无限期地驻扎在中国领土内的指定地点,大概是为了保证日本关于中止敌对行动的条件得到遵守。而且,他还声明,内蒙地区必须定为反共特区。尚不清楚这意味着什么,但在没有更详尽的消息情况下,只能认为内蒙与中国其他地区相比在更大程度上要受到日本的军事控制。

四、英王陛下政府无法理解,怎样才能使下面两件事协调起来:近卫亲王保证,日本对中国没有领土要求,并尊重它的主权;日本政府宣布,要用武力迫使中国人民接受日方的条件,把他们的政治、经济和文化生活交给日本控制,大量的日本军队无限期地留驻中国,使内蒙实际上脱离中国领土。

五、英王陛下政府希望明确表示,它不准备接受或承认上述用武力实现的变化。它要坚持《九国公约》的原则,不能同意单方面地修改其条款。它想指出,直到现在这场战争爆发前,该公约正像人们所期望的那样稳步地产生着良好效果。中国人民正在为自己维护和发展一个有效而稳固的政府,各国工商业机会均等的原则正在给中国和它的国际贸易(包括与日本的贸易)带来繁荣。因此,英王陛下政府不同意日本关于该公约已过时或其条款不再适应目前局势的说法,除非承认日本违反条约规定的行动改变了局势。

六、英王陛下政府虽然认为不能单方面修改条约,而必须由全体缔约国通过谈判来进行,但并不认为条约是永恒的。因此,如果日本政府对于华盛顿条约中需要修改的方面提出具体的和建设性的建议,英王陛下政府准备加以考虑。提出建议的时间似乎应在两个主要缔约国停止目前这场敌对行动的同时或稍后。但是,如果日本政府愿意在同其他缔约国举行必要的谈判之前就提出建议,英国也准备考虑这些建议。同时,英王陛下政府保留自己在现存条约中的一切权利。

七、我受权进一步谈谈近卫亲王在 12 月 22 日的声明中提到日本准备考虑废除治外法权和放弃在华租界及殖民地的问题。英王陛下政府注意到,这个诱使中国接受日本要求的钓饵几乎不会让日本方面承受什么牺牲,因为如果控制中国的计划得逞,他们就不再需要治外法权或租界了。另一方面,英国政府想起 1931 年它曾与中国政府进行并几乎完成了废除英国治外法权的谈判。由于那年日本军队夺取满洲引起了混乱,中国政府中止了谈判。但是英王陛下政府准备在适当的时候恢复谈判,并准备在恢复和平之后同完全独立的中国政府讨论这一问题和其他类似的问题。

八、最后我想声明,如果英王陛下政府可能误解了日本政府的意图,它认为那是由于这些意图表达得不够明确。同时,英王陛下政府欢迎日本对停战条件和对华政策作更精确的和更详细的陈述。

DBFP,Third Series,Vol. 8,pp. 371–373

郭泰祺致外交部
伦敦,1939 年 1 月 5 日

重庆。外交部。622 号。5 日。942 号电悉。英国出口信用担保可由商部权宜支配之 1000 万镑,据罗斯[①]密告我国最少应得 300 万镑,但仍须就事论事,依手续个别进行。所需钢轨现正由购料会与厂家商洽,该会已详电交通部,一俟价目数量定妥后即可。厂家及我方分别向信用局接洽,当无不妥,惟中英银公司以英、法银团代表,正拟在华向交通部商洽两路建筑问题,颇表示愿我方能稍待作整个计划,英外部亦曾说及。祺答以为因欲省时,钢轨须速购办,但彼等与交通部商洽并无妨碍,英方已了解。祺。

942 号去电——交通部拟商英出口信用借款作购办川滇缅铁路钢轨等之用。

《战时外交》第 2 卷,第 205 页

郭泰祺致孔祥熙
伦敦,1939 年 1 月 12 日

孔院长:佳电敬悉。英方信用保证数额在商请增加前,首须速将可应用之 300 万镑,就此需要,逐件个别提出具体计划,与英方接洽,否则即此数亦不能全。查现除载重汽车 50 万镑,均正由购料会具体与厂家接洽外,余如军政部之颜料,英文名称始终未收到,交通部之电信材料,据标准公司称,曾屡催索,迄未接到详细清单,致均无法订购,而总额尚未满 300 万镑,故应请从速先将 300 万镑数额,提出具体应用方案,然

---

① 即李滋罗斯。

后再请益,且免为捷足者先得,如何? 祈核办。至维持法币外汇问题,英政府月来确曾迭加研讨,首相返英后,闻即可决定。现金借款目前恐谈不到。祺。

罗杰士致孔祥熙

伦敦,1939 年 2 月 13 日

孔院长:11 日电计达。维持币制借款总额现正切商增加至 500 万镑,谨闻。

郭泰祺致蒋介石

伦敦,1939 年 2 月 24 日

维持外汇借款案,英内阁已原则上通过,定额 500 万镑,由国会担保,无须我国抵押品,利息亦低,但尚未完全确定,此外尚有一二细节亦待解决,在英方未正式告我与宣布前,须严守秘密。

蒋委员长批示:复。敬电欣悉。外汇借款果能成功,实赖于吾兄之得力有以致之,尚望努力促其速成为盼。中正手启。

罗杰士致孔祥熙

伦敦,1939 年 2 月 25 日

孔院长:维持币制借款 500 万镑,已答应,与英日海关协定及停付外债无关。英政府对于此事之迅速成功,准备下星期三在议会公布,务请于二三日内指示具体办法,并乞严守秘密。以免中变。

宋子文致蒋介石

香港,1939 年 2 月 28 日

平衡外汇基金,弟原议为 600 万镑,中、英籍银行各居半数,惟审察环境需要,为数显已不敷。兹已再与英籍银行磋商,改为 1000 万镑,仍为中、英各半。是项基金,英方由英吉兰银行担保,其原则英政府已可赞同,其详细实施方案及条件,仍在港英两方与汇丰、麦加利往返商洽中,一俟确定,当即电陈。再,此事务乞严守秘密,以防中变。

《战时外交》第 2 卷,第 210 页

宋子文致蒋介石

香港,1939 年 3 月 7 日

密。译呈委座、孔院长:平衡基金借款英金 500 万镑,经劳杰士在英,弟在港,双方努力进行,已得英政府之谅解与同意,张伯伦将于本日在英众院正式宣布。大致办法如下:由中、英两国代表银行互订合作协约,中方银行为中国、交通,英方银行为汇丰、麦加利,各派代表一人,连同中政府所派英籍代表一人,共五人,组织平衡基金委员会,办理平衡事宜。另由我政府允认各点,大概如下:①我金融经济政策,应以维持法币汇价之平衡为原则,此项政策须随时与平衡基金会密洽。②我政府派劳杰士为该委员会委员,政府银行应尽量供给劳氏所需资料。③政府银行及各机关应实行下列四点:(甲)尽量减少外币用途。(乙)凡急需之外汇,应向委员会银行订购,不直接或间接向市购买。(丙)政府银行不阻碍委员会之工作。(丁)其他方面吸收外汇,除应付急需用途外,所有余额,在平衡基金不足 1000 万镑时,应售与平衡基金。④中政府除得英政府同意外,于结束时,应以基金按当日汇价,购回英籍银行所应摊得基金项下之法币。全案正在译成中文,即日派飞机送渝,呈请核定,先此电陈,敬祈鉴核。尊处如有意见,并盼电示。弟子文叩。阳。

《战时外交》第 2 卷,第 212—213 页

3. 英国提供 1000 万英镑贷款

王宠惠致孔祥熙代电
1940 年 1 月 11 日

行政院孔副院长钧鉴:本月八日约英大使卡尔爵士来部,会谈关于英国政府继续与我经济上援助事。卡尔大使谓关于此事美国政府对华之助力极关重要,对英国之影响亦大,拟请将美国借款现在谈商情形示知。又,中国政府所拟开送向英国信用借款定货之 Alternative List,亦请早日检送,等语。经允为查明办理,特此电陈,仰祈鉴核示遵为祷。外交部部长王宠惠叩。真。

中国第二历史档案馆藏行政院档案

行政院秘书处致财政部签函稿
1940 年 1 月 14 日

据外交部真代电陈,英大使卡尔请将美国借款谈商情形示知。又,中国政府所拟开送向英国信用借款定货之 Alternative List 早日检送,等情。奉谕:交财政部迅即查复。等因。相应抄同原件密达查照。此致
财政部
附抄原代电一件

行政院秘书长魏道〇

中国第二历史档案馆藏行政院档案

外交部致行政院代电
1940 年 1 月 25 日

行政院孔副院长钧鉴:本月二十日,英国大使卡尔爵士来部面交备忘录一件内开:英国政府愿知中国政府钨砂之供应数量,包括以前在易货协定下运往德国之数量在内,并愿知中国政府关于废丝、桐油、茶叶、

猪鬃可得之供给，倘承见示，则各货能否集中某一港口转运英国，亦望指明。如上述任何货物可供采购，则英国政府或能以无线电及电话材料供给中国，以为交换。又，关于信贷协定事，英国政府在相当之长时间内，歉难以各种机器、工具、特制钢铁及测量器材等供给中国，但英国政府对于上述协定并未表示冷淡，且近已将协定展期六个月，在此期内毛线工业机器及云南造纸厂所需之原料，如速订购或可望能供给，关于此两项之详情，除已由中国政府通知英国政府者外，不知尚有可以见示者否？在最近之将来，中国政府或可自英国采购少数之铁路上零星钢料，然不敢必。中国政府向英国政府提出之各项货物单内未载明者尚有欲由英外部查询者否？等由。除分达财政部、交通部、经济部外，特此电呈，仰祈鉴核示遵，俾便转复为祷。外交部。有。

中国第二历史档案馆藏行政院档案

财政部致行政院秘书处密函
1940 年 1 月 26 日

案准贵处本月十四日机字第七九三号函开：据外交部真代电陈，英大使卡尔请将美国借款谈商情形示知。又，中国政府所拟开送向英国信用供款定货之 Alternative List 早日检送，等情。奉谕：交财政部迅即查复。等因。相应抄同原件密达查照。等由。兹分别核复如次：

一、（美国借款商洽情形）查中美桐油借款，美政府表面用商业性质办法，由美国进出口银行借与世界贸易公司美金二千五百万元，用以购买美国农工产品、交通器材、工具、工业原料及汽油等项，运交我国复兴商业公司在中国销售。一面由复兴公司在中国按年收购定量桐油运美销售，陆续偿还，期限五年，自二十八年二月借款成立以来，大部份美货均已购妥运华，复兴公司应交桐油亦经如期运美，照约偿付本息，并以油价高涨，售得价款较多于应还前项借款本息，故尚有余款可资利用，深得美国朝野信赖，而乐意再借助我。第二次借款正在磋商，其细目在双方未决定公布前不便单独发布。

二、（英国信用贷款定货情形及拟改购器材）英国信用贷款三百万镑，自二十七年十一月开始磋商，除滇缅公路拖车一百辆、卡车二百辆于二十八年三月签约购定，利用信贷款十四万一千镑外，余额二百八十五万九千镑，直至八月十八日始行签订合约，周折延宕，为时几及一载。我国所急需有关军事交通及建设等项之机具材料，甫经进行洽购，而欧战旋即发生。又受英政府禁制物资出口法令限制，须领取特许出口护照方能定约购运。而核发护照手续又极繁重迟缓，据上年十二月我国驻伦敦购料经理处报告，我方请领出口护照一百五十起中，已经领得者不过六起，护照准许购运之货连不须领照者在内，共值不过十七万余镑，其未发照之一百四十四起，英政府尚须分月核发。此项久经磋商甫告成立之英国信用贷款，我国在抗战工作上尚未获得实际裨益，殊为憾事。希望英方能深切了解中国抗战与英国远东利益关系，多予中国以物质上之援助，对于中国信贷案所购器材，务准尽量出口，领照手续尤盼迅速简单，以期短期内我国可以获得是项贷款之实惠。至于信贷购料案内有军用特种钢料约值五十万镑，英方表示不能利用信用贷款，欲我国以同值之钨砂洽商易货，除易货办法另案商洽外，兹拟将腾出信贷额五十万镑，在英国或其属地改购机器材料、电料、油料，应请英政府特予通融，准以该项贷款分别购办，以应我国急需。准函前由，相应将美借款接洽情形暨英信贷案购料情形函请查照转陈为荷。此致

行政院秘书处

部长孔祥熙

中国第二历史档案馆藏行政院档案

王宠惠致孔祥熙代电

1940 年 4 月 8 日

行政院孔副院长钧鉴：关于中英易货及信贷购料事，一月三十一日机字第八〇五号世代电奉悉，并准财政部经济部代电，当经并案将我方之意见及愿望文，请英国大使馆查照办理，并电驻英郭大使洽照在案。

嗣据郭大使先后复称,三月二十日面商英外次贾德干,要求将信贷案器材全单提出阁议,根据政治理由通过,以免各有关部辗转商洽推延,彼允转商英外长。四月三日并晤英外长,请通融供给我国所需各项器材,俾信贷案可早实践,彼允考量,等语。除俟续报再陈并分行财政部经济部外,特先电陈,敬祈鉴核为祷。外交部部长王宠惠叩。庚。

中国第二历史档案馆藏行政院档案,二(2)/2625

郭泰祺来电

伦敦,1940年10月19日

佳电、萧电敬悉,遵转邱。删晚访外相长谈,首告缅路重开,固我方逾难预料,但满意不稍减,盖希望此为中英合作之新一页,尤其中英美能在远东加强合作。外长谓亦彼所企望。次祺提及首相盼我国能自由劝印度一节,因此祺就大旨密告请转告首相,彼为欣然。祺谓此事最好有具体办法,因提及克利浦之中印缅合作建议,并谓此项合作即不啻中英合作,……(电码不明脱漏数字)印度对华之同情于今已事实表现,必为印度所欢迎,美国亦有好印象。所称各节,外相答美甚注意印度,而印度政府人民亦均必乐为,彼愿与印缅部长商谈,并拟告以祺亦将访谈,如我方更有何提议,望同商云云。祺谓当即请示,俟中央有何方案,乞即详示以便接洽。嗣祺提及借款问题,谓美借款新成立,盼英能继美助我,增加平衡基金借款,俾增强法币地位,防止膨胀,当大有助于我抗战,子文拟来英接洽云云。彼询子文何时可来,彼个人当欢迎,但借款事须先与财长一谈云云。祺复提及派遣商务经济军事访问团赴华事,并谓时机已至,可藉以促进中英之实际合作。外相亦以为然,谓此事政次本已迭加研讨,嘱与政次洽商。祺继询苏联政府曾向英大使表示对华政策不因三国同盟而稍变,确否?彼答似有此表示。(嗣询政次苏联外次所言,而莫洛托夫则对华不甚关切云。)但彼所顾虑者,苏联现畏德极甚,恐谋与日本妥协,以免东西受敌,吾人防止苏日妥协,端赖美国,盖美力足制日,可祛苏联东顾之忧,故英对此点在华府正有所致力,盼中国大使亦于此致力云云。（除径电适之外，拟请公电嘱并与詹森洽谈。）祺末询英苏改善关系有无进展？外相答不能说有何进展，但苏联亦甚愿意，惟同时顾忌殊甚，例如克使访晤莫洛托夫，竟不愿报纸提及，故彼两次嘱英苏关系消息，须慎重记载，勿触忌，盼我方对此亦加注意云。别时外长约祺旬日内俟彼与印缅部长财长商洽再谈。乞务抄送外交部。

中国第二历史档案馆藏外交部档案，十八/176

郭泰祺来电

伦敦，1940 年 10 月 25 日

（16581）昨晚访英外长，外长谓财长据最近报告认我方平衡基金，尚称顺手，似无增加必要。祺谓增加全国对法币信用，抑抵物价起见，确有此必要，宋子文与罗杰士已有来电，祺正备说帖送达。外长谓收到后当详加考量，问宋是否来英，并谓无论成否，似不妨来英亲与财政当局洽商。祺又言，此外当望英方能给我一煤油信贷，为缅路恢复之一种表示；再原有之三百万镑信贷已仅剩四十万，亦盼能增加，俾作在英购料之用。继询外长已否阅及英大使与委座十四〔十〕六日谈话之报告，彼言已阅及，尚待从大处再加研究，彼信蒋委员长已明悉英对华之精神，了解中英立场与宗旨相同，中国之新地位，吾人一般已认识，余对阁下迭次开诚谈洽，对其他代表鲜有如此者，即其一证。吾人应付时局有某种步骤，须待时机成熟，始可采取，若此时激起英日正面冲突，于中英甚无益，故吾人不得不慎重云云。祺因言及美国态度之益见显明，总统选举后，或更坚强。外长谓连日已与驻美英大使详谈，选举后美政策当有进展云云。祺以为外长所谓时机，端视美之未来行动，英现正竭力应付地中海与近东情势，在太平洋自觉无力发动似暂亦无意，惟必力求与美一致，美如发动英必追随。

中国第二历史档案馆藏外交部档案，十八/176

郭泰祺致蒋介石

伦敦,1940 年 11 月 9 日

重庆。委员长蒋:Earth。致外交部廿五、卅两电计邀尊鉴。平衡基金借款与信贷,英方正考虑中,惟对基金就技术立场有数疑点:一、恐被敌套取;二、在华市面金镑已多过美金,如再增加,益减低英镑对美金之兑率;三、目前尚称顺利,认为无增加必要。祺旬日前曾电子文解答,迄未得复,6 日政次又询子文来否? 谓如来有利无害,飞行甚便,逗留旬日仍可返美等语。祺以为英方既迭询及,实含好意,拟恳钧座加电催其来英一行。英方对基金状况,常接报告,祺则甚隔膜,且系外行,未便商谈。至信贷问题,祺以我方所需之物资,英国目前多不能供给,因请其通融办理,俾在金镑区域如印、缅、坎、澳,我方均可适用信贷,英政府颇接纳此意,现正研究中。又各自治领及印度政府关于对日经济制裁政策,现均与英政府渐趋一致,如英美再能合作,则可期顺利推行。谨陈。祺叩。佳。

蒋委员长批示:抄知孔副院长及王部长。并复。已转电子文与兄直接电商,最近期间,对美接洽更为重要,恐其日内未必能来也。

蒋介石致宋子文

重庆,1940 年 12 月 6 日

……对英借款至少要其凑足美金 1 亿元之数,请以此意告之,以美国今年借我总数已 1.5 亿美金,而英国如要助我,数量上至少要有 1 亿美金也。但其方式与交款办法,则可设法使英国战局不受影响也。鱼。

郭秉文致孔祥熙

伦敦,1940 年 12 月 7 日

孔副院长:密。在英委托事,经与各方接洽,尚称顺利,据李滋罗斯

等意见,可期有结果。又闻增加信贷借款事,原则已赞同,且可适用于金镑区域。至增加平衡基金事,钧座主张管理办法及借得之款大多数存英二点,英财部颇注意,曾与文一再讨论,闻已草拟办法,电Hallpatch[1] 著其即往香港与劳杰士磋商。日前文与郭大使访财长,渠对我方需要颇表同情,彼允与外长接洽后答复。郭秉文。

《战时外交》第 2 卷,第 224 页

蒋介石、卡尔谈话记录

重庆,1940 年 12 月 9 日

委座:……深望贵大使今日将予意见转达伦敦,俾星期四、五会谈之时,可将财政问题,作一整个讨论。

美国在 1940 年中,贷华借款总计 1.5 亿美元,此为予具体计划中所建议之半数。以英、美对比,予虽不敢希望贵国一次贷我 1.5 亿美元,然仍希望贵国数额与美国最近贷我之 1 亿美元数额相等。此项平行行动,足以坚我抗战实力,固我民族自信,并促美国政府继续援华。

予最近与宋子文先生往来电商,以美金 1 亿元,适合英金 2000 万镑。美国此次贷款 1 亿美元之分配,以 5000 万美元为币制借款,5000 万美元为信用借款。深盼英国亦援此例,以 1000 万英镑为币制借款,1000 万英镑为信用借款,并盼两种借款同时发表,俾造成有利之心理反响。

英使:予个人观察,敝国政府恐无力追随美国。盖美国为一世界最富强之国家,又未受战争之牵制,而敝国则饱受战事之摧残,今方竭力以求英镑与美元之平衡。最近因英镑跌价,敝国向美国购买飞机、军火之代价已较前超出三分之一,战争继续,或将倍之。数星期前,乐相[2]大使正以英国财政困苦情形诉诸美政府。援助贵国固为敝国所愿,惟

---

① 郝伯枢。
② Lothian,英国驻美大使。

因财政困难故,恐不能再多贡献。就敝国目前状况言,此次对贵国建议之借款数额,实不能不称竭力矣。最初,敝国计划拟由美国负担全部财政之责任,敝国则作表示同情之借款而已。后经本人一再电恳伦敦,始决定作此数额较巨之借款。

委座:不识决定数额若干?

英使:本人本拟于星期四、五奉告,惟自问外交技术低劣,不能作知而不言之掩饰,愿于今日作非正式之报告。钧座适作巨大数字之建议,今本人述此款额,实有羞于启齿之感。惟当伦敦以此款额电告时,本人则感惊喜,以其数额之巨出于意外也。盖敝国政府拟以 1000 万英镑与贵国,半为币制借款,半为信用借款。敝国政府之组织有类一俱乐部,会员皆有发言权,故众议庞杂,难求一致之同意,能得此数,恐已经一番努力矣。

委座:予仍盼贵大使之协助,促贵国政府考虑予之建议……倘贵国财政状况,确有力不胜任之处,则信用借款暂予延期实行,亦无不可。盖贵国力有不逮,敝国决无强迫借贷之理,惟总数如只有 1000 万镑,务请不予发表。

英使:1000 万镑英国借款之影响贵国民气,非与一大借款之影响相等乎? 予测美国 1 亿美元借款之作用,政治多于财政,敝国借款亦正相同。一般论者将谓英国金融机构,本不如美国之伟大,今又从事战争,尚能作此借款,其殚精竭力足见与中国关系之密切。英金 1000 万镑,即美国 5000 万元,已等于美国借款之半。就今日敝国之处境言,世之论者,必将谓英国对中国之竭力,不亚于美国。倘敝国亦以美金 1 亿元贷华,则此行动已超过平行,盖富有之美国与受战争摧残之英国比,非可同日语也。

委座:吾人深知实情固可如是言,惟多数敝国民众未能知此。贵大使与贵国政府对华之援助,吾全国人民同深感谢,惟 2000 万镑借款之宣布,在民众心理上实可生重大之影响。

英使:敝国若以 1000 万镑贷华,由贵国宣传部加以鼓吹,亦可获鼓励民众之效果。再者美国借款数额之巨,固足钦佩,然敝国数额虽差,另有与美国不同之点,应请注意。盖美国借款,附以种种条件,规定以钨等矿产品为偿,而英国币制借款则并未附有何等条件。

委座:此次美国币制借款亦未附有条件。

英使:两年余前在汉口时,钧座曾嘱遇有重要事件发生,本人应以挚友资格,贡献忠告。今愿践此言,以友谊进言,向伦敦提此建议,实非上策。惟若钧意坚决,本人虽明知其有损无益,亦不愿故拂,当遵嘱转达,然确信伦敦必不能同意接受也。同时敝国政府将加本人以谴责,明知本国财政之竭蹶而不知解释,实负失职之罪。深盼钧座三思,暂维此借款之原状,俟两国精神谅解更进步之时,再作较大借款之建议,本人确信此机缘必至也。

委座:敝国需此 2000 万英镑借款之宣言孔亟,此后借款之巨细,反不成问题。除请贵大使转达此意外,尚拟电嘱郭大使径向贵国政府提出,以为贵大使助。

英使:请勿嘱郭大使为之,影响益难圆满,本人当为转达。

《战时外交》第 2 卷,第 226—228 页

蒋介石致郭泰祺

重庆,1940 年 12 月 10 日

伦敦。郭大使:英国借款或于本星期内可以发表,闻其内容总数为 1000 万镑,以信用与币制借款各 500 万镑。如果英政府以此与兄等相商时,只有此数,则请其暂勿发表。以此数于我中国民心对英国将失所望,且于我抗战之影响无益也。中并非不知英国在战时能借我此款,足以表示助我之盛意,但中国所求者,在增强人民抗战精神与人民对英国之友好与密切之心理,而实物之有无与迟早犹在其次也。盖无论币制与信用借款照我财部所提意见,并不必要英国有如何现款付华,其款可仍在英伦,不过划帐而已。至于信用借款,则用度之时间更可洽商延长,并非一时所欲全支也。故中意此时英国借款如不发表则已,若发表

时,至少名目上总数须 2000 万镑,以币制与信用二款各 1000 万镑,如此方能增强我人民对英国、对抗战之精神,而于我国乃为有所补益也。如英政府就商时,请以此意力争。总之,信用借款之支付,其实际用度与迟早,皆不急要,我所求者惟在名目与数字,是在精神上信用为重耳。如果就商时,其内定之数切勿由我先言,应佯作不知,待其先提此数,或只言中之所言,务要求其发表总数时,必须 2000 万镑为最低限度也。否则不知暂缓发表,并转告郭次长。均此。中正。灰。机。

《战时外交》第 2 卷,第 231—232 页

卡尔致蒋介石

重庆,1940 年 12 月 10 日

委员长钧鉴:今日奉伦敦来电,嘱将下列意见立即转陈:敝国政府业将钧座于 11 月 2 日面告本大使之中、英、美合作建议详加研究,今愿表示敝国政府确认贵国抗战目的与敝国相同。为响应钧座之提议起见,申述敝国政府所准备贡献之协助。惟此项答复,只能作为部分之答复,盖有若干点,例如共同声明等,未与美国磋商前,尚无法进行。敝国政府虽已向美国政府提出此项问题,惟尚未得美方之表示。今愿不待美国表示,先向钧座声明。敝国政府准备再度借款 500 万镑与贵国,以支助贵国币制,另拟以 500 万镑为限度之出口信用借与贵国,以便支付贵国在英镑区域内之购货,此为遵照钧意及贵国驻英大使之说明所实行者。惟此项借款与信用之成立,必先双方妥议保障英镑兑换地位之办法,此点关系至为重大。据敝国政府判断,目前贵国币制平准基金之英镑准备,就技术方面言,尚无增加之必要。敝国战时措施,欲从英镑区域中,征取贵国业已表示之各种需要,以供给贵国,亦有困难。此两点业向贵国驻英大使说明。然敝国政府仍愿作此财政援助之举,藉以事实表现对贵国亲善之意,并表示敝国与美国对华态度之团结一致。敝国政府贡献之规模虽不能如美国之巨大,然深信此次决议,出于不顾国家处境困难,竭诚协助中国之纯洁动机,必能得贵国之相谅。敝国政

府为欲迅速实现此项贡献起见,亟盼进行种种必要之步骤,其建议中之技术部分,更希望贵国政府能得充分之了解,故亟盼贵国政府能授权宋子文先生,嘱赴伦敦面商一切。且宋先生以资源委员会主任委员之地位,更可与之讨论中国对金镑区域中之需要,俾得确定敝国能供给之范围,并从而确定适当信用之限度,深盼贵国对此点能早赐答复。至军事合作问题,敝国政府以本国战争需要之迫切,目前势难承诺供给爆炸品,惟此后遇有机缘,仍拟力求报命。惟为加增与贵国政府取得军事上之密切联络,并研究如何可以将最大协助贡献贵国起见,敝国政府拟派一高级军官带同参谋干部以代目前之陆军参赞。兹已选定印度驻军中之戴尼斯[①]中将,带同有特殊行政才能之军官一人任此要职。敝国政府愿征求钧意,是否赞成此举……

《战时外交》第 2 卷,第 232—233 页

宋子文致蒋介石

华盛顿,1940 年 12 月 11 日

　　密。敬呈委座钧鉴:本日晤飞律普,告以钧座对 1000 万镑之数大失望,因远东军政、经济各问题,非 2000 万镑不能见效。彼答:(一)此为政治决定,渠无法讨论,并谓英正向美乞援,万难同时予我更大援助。文当答称,美国极盼英能共同援我,决无见怪之理。(二)英政府深盼文早日赴伦敦治商:(甲)500 万镑信贷之用途;(乙)平衡基金之方针。文谓最近期内须与美国商借款及其他问题,且拟请其在华盛顿互商中、英、美共同维持币制办法。彼谓极愿与弟讨论,惟留美时间短促,且个人对远东金融毫无经验,此类技术问题,须由伦敦财部专家研究,至此次平衡借款原则,英只借金镑,不能变成美金为前提等语。目前羁于此间诸事,文不能离美,已电复初或秉文接洽条件。弟子文叩。尤。

《战时外交》第 2 卷,第 236—237 页

---

① L. E. Dennys,又译作丹尼斯。

蒋介石致宋子文

重庆,1940 年 12 月 13 日

宋子文先生:尤电悉。英借款既在其议会正式公布,则我方不必再争,免伤感情,并表代谢之意。兄应即允其待美事商妥后访英,惟未赴英以前,可托复初与秉文先行开始协商,如美事能早就绪,则请速前往,以报其厚意也。中正。阮。

《战时外交》第 2 卷,第 238 页

中英平准基金协定

伦敦,1941 年 4 月 1 日

本协定成立于一九四一年四月一日,由中华民国国民政府、中央银行与英国财政部代表三方签订。

因鉴于一九三九年三月十日英国财政部为稳定华元对英镑价值,曾与中国缔订协定,成立中英平准基金(以下称为“一九三九年基金”);

又因英国财政部拟再度防止华元价值之跌落,特议定如下:

第一条　在本协定中所有“委员会”字样,系指平准基金委员会(其组织法见下第九条)而言。所有“华元”字样,系指中华民国国民政府法币之标准单位。

第二条

第一款　一九三九年基金应继续维持。根据此基金而成立之英镑账目、英镑所得账目与华元账目(以下分别称为“一九三九年英镑账目”、“一九三九年英镑所得账目”与“一九三九年华元账目”),应仍按照一九三九年协定所载各款,由委员会管理。惟为实现该协定第三条之宗旨起见,一九三九年基金得由委员会商得英国财政部同意,用以在香港、上海以外之其他市场购售华元或作其他交易。又为实现该协定第四条第一款之宗旨起见,凡用一九三九年基金内英镑购得之华元,不必限定储存于上海、香港之汇丰银行与麦加利银行,得由委员会商得英

国财政部同意,储存于其他地方与其他银行。

第三条　此外,应重新成立一基金,用以防止华元对英镑外汇价值之跌落(以下称为"一九四一年基金")。为实现是项宗旨起见,英国财政部应在委员会提出申请七日之内,向英格兰银行缴存英镑,是为"一九四一年英镑账目"。英国财政部应按照委员会保证稳定华元外汇价值之必需之数缴存,其所缴总数不得超过五百万镑。此项英国财政部缴存英格兰银行款项,以下称为"英国财政部认款"。

第四条　一九四一年英镑基金应专门用以在上海、香港或委员会商得英国财政部同意后所指定之市场上购售华元或作其他必要交易,以防止华元对英镑外汇价值之跌落。

第五条

第一款　凡用一九四一年英镑基金内英镑所购之华元,应专用中国法币保存,储存于委员会商得英国财政部同意后所指定之地方与银行,其储存账目,以下称为"一九四一年华元账目"。

第二款　此项储存之中国法币,应专供为一九四一年英镑基金出售华元之用,不作他用。

第六条　凡为一九四一年英镑基金出售华元所得之英镑,应全数归入一九四一年英镑账目。

第七条

第一款　凡一九四一年英镑账目下所有英镑一时不必要供上开第四条应用者,应继续存放该账目下,但委员会认为市场交易无须动用时得购买英国国库券或至多九十日满期之银行期票。

第二款　凡由此种英镑财产上所获利息,应缴存于英格兰银行,成立"一九四一年英镑所得账目"。在英国财政部认款尚未偿清之前,此项存款应专供偿付英国财政部利息之用。其对英国财政部付息办法,详载本协定第八条。

第八条

第一款　英国财政部认款全数未经偿清之前,中国政府与中央银行保证对尚未偿还之数,在伦敦用英镑向英国财政部付息,利率以周年一厘半计算。

第二款　第一次付息应于一九四一年十月一日履行,以后每半年付息一次,于四月一日与十月一日履行,最后一次付息于全数偿清时履行。

第三款　按照本条所付之息金,苟于一九四一年英镑所得账目下存款足敷应用,即由该账目中支付。

第九条

第一款　中国政府应成立一平准基金委员会(以下简称"委员会"),负责规划管理指示一九三九年与一九四一年两种基金之运用,务使用最妥善之方法完成设立此种基金之目的。中国政府亦得命令该委员会同时管理中国政府或中央银行之其他平准基金。该委员会包括委员五人,均由中国政府任命之,其中至少三人应为中国国民,在此三人中,中国政府应指定一人为该委员会主席,委员会中至少有委员一人应由英国财政部推荐中国政府任命之。该英籍委员会应为英国国民,英国财政部令留任时,中国应准其留任,英国财政部令撤职时,中国应即将其撤职。该英籍委员应随时将委员会之工作无论已经实施或尚在计划中者,全部呈报英国财政部。该英籍委员倘若病故、辞职、撤职或因他故离去时,其继任人之任命亦按照上开条件由英国财政部推荐中国政府任命之。委员会中任何委员倘请假或因故缺席,得任命其同样国籍之人充当代表,该代表委员应即有全权代行原委员职权,委员会开会时,应即有投票权,但原委员令其撤职或原委员本人停止为委员时,该代表委员应即离去。

第二款　委员会有决定开会时法定人数之权,但至少委员四人方合法定人数。委员会对主席所提问题有只用投票决议毋庸开会之权,但投票决议应有合足法定人数之票数赞同方得成立。委员会由决定其所在地之权。除本款所载各点外,委员会对其自身工作程序有全权决定。

委员会发生空缺时,中国政府应立即填补之,但委员会仍得照常执行其职权,并不受空缺之牵制。凡委员会开会之决议或代表委员参加时所作决议,苟经诚实通过,应即绝对有效,虽事后发觉该代表委员之任命手续有所不妥或不合资格,应作有效任命与合格论。

第十条

第一款　为使委员会实现中英两次基金之目的起见,中国政府应以全权付与委员会使其经手英镑与外汇。委员会行使此项职权无论直接行动或委托其他代表,中国政府应付与全权。

第二款　每月月终委员会应制说明书,说明该月中每一基金之运用实况及每一基金在月终之结算情形,每隔三个月应制决算表一份及报告一份,说明委员会之方针与三月来两种基金之运用实况,此项说明书、决算表与报告以及委员会所管其他平准基金之说明书、决算表与报告应一并送呈中国政府与英国财政部。中国政府、中央银行与委员会将用一切方法协助委员会之英籍之委员取得完善情报呈报英国财政部,俾明白每一基金及其所有财产以及中国其他平准基金及其财产以及委员会之已经实施或尚在计划中之工作。关于此点,中国政府、中央银行与委员会将直接予英籍委员以一切必要便利与情报或设法使其获得一切必要便利与情报。

第十一条

第一款　各银行之为中英基金作交易者,委员会得付给酬劳费。

第二款　委员会所负此种酬劳费、电报费、佣钱等类费用,得在基金内开支。

第三条　凡委员会为中英两种基金所负之其他费用,得在该有关基金内开支。

第十二条

第一款　英国财政部得随时通知中国政府终止本协定,并要求中国政府清偿英国财政部认款。在此种通知发出后一月满期之时,一九四一年英镑基金即应清算,按照下列规定办理:

（甲）一九四一年英镑所得账目下所有存款应照下列优先程序支配之：

（子）依照本协定第八条第一款规定偿付英国财政部息金；

（丑）偿还中国政府与中央银行依照本协定第八条第一款规定缴付英国财政部之数；

（寅）以余额付给英国财政部偿付英国财政部认款。

（乙）一九四一年英镑账目下所有存款，应全部用以偿付英国财政部认款。

（丙）必要时，一九三九年英镑账目下所有存款，与一九三九年英镑所得账目下所有存款，应全部用以偿付英国财政部认款。

（丁）若所有一九四一年英镑所得账目、一九四一年英镑账目、一九三九年英镑账目与一九三九年英镑所得账目所有存款不敷偿付英国认款总数时，中国政府与中央银行应将不敷数用英镑在伦敦偿还英国财务部。

（戊）若中国政府与中央银行不能遵照上述办法偿还不敷数时，委员会得英国财政部之申请，应出售一九四一年华元账目下所存中国法币，或必要时，出售一九三九年华元账目下所存法币购买英镑，以所购英镑偿付英国财政部认款。

（己）至英国财政部认款全数偿清之日，凡一九四一年华元账目下所存中国法币，应转入一九三九年华元账目；一九四一年英镑所得账目下所存英镑，转入一九三九年英镑所得账目；一九四一年英镑账目下所存英镑，转入一九三九年英镑账目。此项转账款项，应依照一九三九年协定处理之。

第二款　英国财政部依照上载第一款向中国政府通知终止本协定后，除非经英国财政部许可，不得再由一九三九年英镑账目与一九四一年英镑账目下转移或支取款项。

第十三条　中国政府与英国财政部业经同意，将一九三九年协定时效延长至英国财政部依照第十二条规定通知中国政府要求偿付英国财政部认款满期后七日为止。

第十四条　英国财政部向中国政府、中央银行或委员会致送通知时，向中央银行得送达其在中国境内之总行或该行指定之其他地点，或向中国政府得送达中国国民政府所在地之财政部或伦敦中国大使馆，向委员会送达中国政府或该委员会指定地点。

第十五条　英国财政部履行对本协定所有义务，应视中国政府、中央银行与委员会是否允履行其对本协定之义务及是否允清理其债务。

第十六条　中国政府、中央银行与代表中国政府、中央银行签订本协定之官员，保证代表签订本协定之前，曾经全权授命并完全遵照中国政府与中央银行法令履行一切法律上应有手续，使签订本协定后本协定对中国政府、中央银行绝对有效。

第十七条　本协定应遵照英国国法施行。

连署人：

中国政府全权代表宋子文

中央银行代表李幹

英国财政部代表费立浦

附件（一）

英国财政部代表费立浦爵士阁下：关于本年四月一日中国政府、中央银行与英国财政部代表成立中英五百万镑新平准基金一节，谨陈我国政府意见如下：

我国政府研究此项协定之目的，深信与中国福利至关紧要，特建议应再取其他措置，以补充此项协定之实施。我国政府准备将全权付与一中国政府所组之机构，使其遵照现有对英国政府及附属机关之各种合同，专司管理我国所有外汇之责。此处所谓我国外汇，包括我国政府与中央银行已有之外汇与今后行将获得之外汇，凡我国政府与中央银行今后由英国政府或其附属机关获得之外汇均在其内，惟有应存放于本协定所载之基金或同日所订中美平准基金中之外汇则除外。

我国政府又准备将全权付与此中国政府之机构，使其监督现行外汇管理之法则，至外汇管理之系统扩大时亦将畀以一切必需之权力。如是则该机构将有下列各种权力：(a)用适当方法对中国国民得查究、统制或禁止其各种外汇之交易以及金银、钱币、证券等物之进出口与储积；(b)凡中国国民所有之外汇，包括金银、钱币、证券以及国外存款在内，得付以公允之价格，使其让与我国政府；(c)得使中国国民供给一切有关上述外汇管理之报告。

　　现在我国政府拟设立一统一平准基金委员会，由华方三人、美方一人、英方一人组成，执掌管理外汇之事。至上述中国政府之机构即以此三位华方委员为当然委员。如此，则我国政府建议采取之步骤，即经此转达于平准基金委员会，而平准基金委员会认为，我国政府在其权限内应取之步骤，亦可经此转达于该机构。中国政府对此双方所决定之步骤，当以适当方法使其实行。

　　我国政府及其附属各有关机关对该机构与平准基金委员会自当充分合作，以期切实达到中英平准基金协定之目的。在该协定有效期内，我国政府在财政、银行、经济、货币各方面均当采取一种政策，最利于达成此目的。凡此各种政策只要有实益时，亦必充分通知该机构与平准基金委员会。至中国国家银行亦当充分与该机构与平准基金委员会合作，决不参加任何足以妨碍其工作之举动。

　　我国政府、中央银行与该机构亦当用一切方法，辅助平准基金委员会之英籍委员对上述各种外汇管理之实情，包括该机构与平准基金委员会之工作实情在内，获得全部情报。

　　余谨向阁下表示，我国政府今后愿取一切适当措置，以达成此次协定之目的，并希望经由中英两国之继续合作，此种目的可圆满成功也。

宋子文

一九四一年四月二十五日

附件（二）

　　宋子文先生阁下：台端本日来函，敬悉。关于本年四月一日中国政府、中央银行与英国财政部代表成立中英五百万镑新平准基金协定，承示各节,业经阅悉。兹谨向阁下表示英国政府希望经由中英两国之继续合作,此项协定之目的可圆满成功。

费立浦

一九四一年四月二十五日

《中外旧约章汇编》第3册,第1195—1202页

中英平准基金补充协定

伦敦,1941年4月26日

本协定成立于一九四一年四月二十六日,由汇丰银行、麦加利银行、中国银行、交通银行共同签订,用以补充一九三九年三月十日经同一缔约人所缔定之协定(以下简称原协定)。

因鉴于一九四一年四月一日中华民国国民政府、中央银行与英国财政部代表(以下简称财政部)签订协定(以下简称新协定),已另行成立条款,并设立一新基金,以防华元对英镑兑换价格跌落;

又鉴于英方银行与华方银行正加入本协定,以配合上项基金及原协定所建立基金(以下简称一九三九年基金)之运用,特议定如下:

第一条　自本协定生效之日起至新协定终止时一九三九年基金及其资产,应依照新协定规定,由根据新协定所产生之平准基金委员会(以下简称委员会)管理、统制及运用之。在上项时期之内,原协定中英镑账目、华元账目、英镑收入账目,应由委员会统制,并依照委员会之指示管理之,俾完成原协定之目的。

第二条　原协定自一九四一年九月三十日起延长有效期间六个月,以后倘有必要时可继续以六个月为一期加以展延,使该原协定不致于新协定终止七天之内失效,但自本协定生效之日起至新协定终止之日止,原协定中一切条款及管理委员会之权利义务应暂行停止。

但本条规定对于原协定第八条所规定汇丰银行及麦加利银行收取利息之权利,暨同条第(四)款所规定中国银行及交通银行付给利息之义务,均不生效。

第三条　当新协定终止之日,原协定各条款,除须服从本协定下列第四条修正各款外,应完全恢复有效。苟无其他新任命并仍可实行时,则原协定暂停生效前所有之管理委员会应照原协定条款恢复工作。一九三九年基金英镑账目、华元账目、英镑收入账目,经新协定管理应用完成后,原协定各条款对之亦仍适用。

第四条　第三条所称原协定之修正条款应于原协定恢复有效时发生效力者如下:

第一款　原协定第三条"上海"字样后应加"并在其他市场,由委员会得财政部同意指定之"。

第二款　原协定第四条第一款"上海或香港为平准基金在汇丰银行或麦加利银行或并在两银行"字句,应修正为"由管理委员会得财政部同意所指定之地点或银行"。

第三款　原协定第十八条应修正为:

第一项　该条第一款"经常有效"字样,修正为"依照一九四一年四月一日中华民国国民政府、中央银行及英国财政部所续订之协定适用以后继续存在"。

第二项　该条第二款"资产"字样之后,增加"同前继续存在"数字。

第三项　该条第二款"经常有效"字样,修正为"同前继续存在"。

第五条　本协定生效之日不得在委员会成立以前,其日期得由财政部决定以书面通知英方及华方银行。

连署人:

汇丰银行

麦加利银行

中国银行代表

交通银行代表

《中外旧约章汇编》第3册,第1202—1204页

蒋介石致丘吉尔函

重庆,1941 年 5 月(日期不详)

贵政府最近在华府签订成立平准基金之协定,由此验知贵政府对于敝国之盛意,此余愿向贵政府致热忱之谢意者。对于大英帝国在其他方面援助敝国抵抗侵略之种种具体表示,余亦深为感激也。

对于今日在大西洋与地中海展开之战争,余深为关切。其最终之结局,余则毫不怀疑,盖正与阁下所见相同。余完全同意阁下之坚决信念,即民主国家之前途必获胜利,而敝国为此目的而奋斗将届四年矣。

阁下兼政治家与战略家而有之,实深钦仰。余更确信在阁下坚苦英勇领导之下,大英帝国将不仅阻挠欧洲之侵略,且将促成欧亚两洲之永久和平。此诚吾人共同之目标,吾人将达到之也。

阁下乃一先进之政治家,为余及敝国全体人民所尊重。就经验而言,阁下实较余为丰富。阁下之卓识,亦在余之上,余固乐意追随阁下向吾人胜利与和平之共同目标迈进。为欲达此目标,吾人必须更密切的合作,彼此在其能力之内尽力互助。余知阁下处境之困难,但阁下当知余亦何独不然也。无论阁下或余个人,对于本国国民固未尝掩饰彼等所遭遇之困难或轻视敌人之力量与决心。吾人以真实晓谕人民,因此之故,彼等对于吾人之领导乃发生信仰矣。兹谨为阁下祝福,想阁下亦必为余祝也。

《战时外交》第 2 卷,第 256—257 页

丘吉尔致蒋介石

伦敦,1941 年 5 月 26 日

阁下惠赐华翰,畀余以极大鼓励。兹以至诚,回复阁下之善意。余及余之国人,向以同情钦佩之心,历观中国人民奋勇抗战,至于如斯之久。吾人明悉彼等之所以能持久而不懈者,应如何归功于阁下人格之感召,与乎领导之有方。吾人并深知彼等仍能坚忍艰危,一如吾人,直至牺牲所期之目的已达为止。贵我二国虽在不同地域,皆为抵抗暴力

与侵略而应战。贵国所信奉而奋斗者亦为民主主义,吾人自将尽力之所能,援助中国保持独立,敬请勿疑。贵我二国既同受正义之激发而奋起,将来结果若何,自可勿惧也。

《战时外交》第2卷,第257页

张洪炳①办理国民参政会建议案便笺

1941年7月25日

忠—一八〇七五

本案关于请政府拨英借款一部分,向缅甸购米一百万供给陪都民食以平米价一事,拟交粮食部、财政部核办。请特派专使赴苏加强中苏联络一事,拟交外交部斟酌办理并复。

中国第二历史档案馆藏行政院档案,二/725

国防最高会议秘书厅致行政院公函

1941年7月22日

国纪字第19227号

准国民参政会秘书处第三四二六号呈开:查本会第二届第一次大会期间驻会委员会第九次会褚参政员辅成等,提请政府拨英国借款一部分,向缅甸购米一百万,供给陪都民食以平米价建议案,经决议(本案用意甚善,送请政府斟酌交通情形迅速办理。)又沈参政员钧儒等提请政府特派专使赴苏之建议案决议,(自德国侵苏以后,中苏两国同为被侵略国家,为增强反侵略阵线起见,我国应设法使中苏两国关系更加密切,务期达到切实合作之目的,原案所举三项意见尚妥,惟所拟简派大员充任专使一点拟删去,改为"政府应从速促进下列三项办法"。)对于第一项办法中"代表政府"应改为"我国应"字样。等语。纪录各在卷。兹依照国民参政会组织条例第十二条第三项之规定。相应录案,

---

① 行政院秘书处官员。

并抄同原提案,呈达即希查照转陈等由;经陈奉批:关于拨英借款购米案交行政院核办,关于加强中苏联络案交行政院斟酌办理。除呈复外,相应抄同原案函达,即希查照办理见复为荷。

附抄原建议案二件

1、请政府拨英国借款一部分,向缅甸购米一百万,供给陪都民食以平米价建议案

年来川省各地粮价,胥视陪都市价之涨落为转移,陪都全部民食政府若能设法供给,实行平价公卖,则全川米价不抑自平。据粮管局卢局长报告:重庆市区连郊外疏散区域,全年米粮消费量,约计贰百万石,闻粮食部与四川省政府议定,本年秋收后全川征谷一千二百万石,此中十分之九以上供给军粮与公务员食粮,只留谷一百万石,分配于重庆、成都、自贡市三处为平籴之用,按消费量比例分配,重庆市可得谷六十万石,碾成白米,不满三十万石,陪都人口假定公务员及其家属,占总额三分之一,全由政府供给米粮外,则民食部分,约需一百三十余万石,再添购一百万石,政府便可彻底统制,实行平价公卖,黑市自归消灭。今英国借款业已签字,应请政府迅拨一部分向缅甸空购白米十吨,以二吨接济昆明民食外,其余八万吨(全市实一百万石有案),分批运至重庆,供给全部民食。至于米粮运输问题,查行政院已于本年二月间,提出第五〇六次院会,决定赶筑滇缅铁路,将于两年内完成。又查张部长交通报告,叙昆铁路三月底可通至曲靖,共一百六十公里,曲靖迤北至宣威共一百公里,路基桥梁涵洞已全部完成,倘能加工赶筑,两路至本年底,通车里数定可超过全程二分之一,应由行政院督促交通部迅速进行,以利运输。火车通后,当可腾出一部分运货汽车,专供接运米粮之用也。特依国民参政会组织条例第十二条之规定,提出建议案,当否即希公决。

提议者　褚辅成　黄炎培　冷遹

财政经济组审查意见:

本案用意甚善,送请政府斟酌交通情形核办。

2、请政府特派专使赴苏之建议

查自六月廿二日苏德战端开始以来，英美政府态度均非常明白，英愿积极从军事与经济方面予苏以援助，并已派遣代表团赴苏。美亦表示愿应苏之需要为物质之供给，足证英美均能认清，此次希特勒攻苏完全为军事侵略疯狂性的一贯发展，反法西民主国家非共同彻底消灭侵略者之野心与暴力，自身即不足以图存。逆料今后侵略者与民主国家之分野，将日益分明，世界民主国家及被压迫民族为历史的环境所刿迫，必能一致巩固联合，此诚为与我国抗战有利之国际环境，千载一时之机会，不可错过。何况中苏邦交具有历史上之友谊远超他国，抗战至今，苏联援华政策，迄无稍变，今彼遭遇外力侵害，在我自有加强联络之必要。为此，建议请政府迅即简派大员充任赴苏专使，此任务简述如下：

1、对于此次苏联反抗侵略之自卫战争，代表政府，致同情与敬意；

2、根据过去所订协定及商约互助之精神，切实表示，为更进一步之商洽；

3、与苏联、英、美共同促进世界民主国家及被压迫民族之联合运动。

是否有当？敬候公决。

提议者　沈钧儒　黄炎培　左舜望　冷遹

外交组审查意见：

自德国侵苏以后，中苏两国同为被侵略国家，为增强反侵略阵线起见，我国应设法中苏两国关系更加密切，务期达到切实合作之目的。原案所举三项意见尚妥。惟所拟简派大员充任专使一点，拟删去。改为"政府应从速促进下列三项办法。"

对于第一项办法中"代表政府"应改为"我国应"字样。

行政院致国防最高委员会秘书厅公函

1941 年 8 月 8 日

公函:勇叁12267 号

贵厅三十年七月二十二日国纪字第 19227 号公函诵悉,本案关于拨英借款一部分向缅甸购米一百万石,供给陪都民食以平米价一节,已交财政粮食两部核办。特派专使赴苏加强中苏联络一节,已交外交部斟酌办理。相应复请查照转陈鉴核为荷。

中国第二历史档案馆藏行政院档案,二(2)2405

蒋廷黻办理国民参政会建议案笺函

1941 年 8 月 8 日

行政院秘书处稿

笺函勇叁字第 12667 号

国防最高委员会交办国民参政会驻会委员会建议,请政府拨英借款一部分向缅甸购米一百万石,供给陪都民食以平米价及请政府特派专使赴苏加强中苏联络一案,奉谕:拨英借款向缅甸购米一节,交财政粮食两部核办;特派专使赴苏加强中苏联络一节,交外交部斟酌办理。等因。除由院函复国防最高委员会秘书厅,并由处分函粮食、外交、财政、外交、财政粮食两部外,相应抄同原件,函达查照。

此致

财政 粮食 外交部

附抄送原函一件及原建议案二件

行政院代理秘书长 蒋○○

中国第二历史档案馆藏行政院档案,二(2)2405

蒋廷黻办理国民参政会建议案指令

1941 年 8 月 16 日

行政院稿

指令　机字第 1265 号

令粮食部

三十年八月十四日粮字第 15 号签呈为伦敦郭次长电,报与信托局、中国银行及斯提尔公司商拟在缅购米办法十项,经分别修改,可否照此电复商洽签订,请核示由。签呈悉,准先买一万英吨,在腊戍交货。确定价格一节,如若允许办理,则恐卖方不能照办,必预高售价,以期保障,不如仍照原提条件办理。我方可令卖方随时报告市价,由曾次长就近监理,其余如议办理。仰即电部长洽办可也。此令。

中国第二历史档案馆藏行政院档案,二(2)2405

财政部致行政院秘书处公函

1941 年 9 月 8 日

财政部公函渝字第 32385 号

事由:关于拨英借款一部分向缅甸购米一百万石案,业经粮食部拟具办法。其办理情形应由粮食部函达,请查照转陈由,准贵处本年八月八日勇叁字第一二二六七号笺函,以国防最高委员会交办国民参政会驻会委员会建议,请政府拨英借款一部分向缅甸购米一百万石,供给陪都民食以平价米一案,奉谕交财政粮食二部核办等因。抄同原函及原建议案等件,函达查照等由。查购运缅米粮食部前经拟定具体办法,并在进行中,所有办理情形当由粮食部函达。准函前由,相应函请查照转陈为荷。

孔祥熙

中国第二历史档案馆藏行政院档案,二(2)2405

粮食部致行政院秘书处公函

1941 年 10 月 18 日

粮食部公函　裕民三第 4187 号

事由:准函送参政会建议购买缅米一案,复请查照由。准贵处本年八月八日勇叁字第 12267 号笺函,以国防最高委会交办国民参政会驻会委员会建议,拨英借款一部分购买缅米一百万石,供给陪都民食以平米价一案,奉谕交财政粮食两部核办等因。抄同原建议案函。嘱查照等由。正办理间,复准贵处勇字第15726号函,案同前由。查缅甸产米素丰,本年夏季国内各地苦旱,为备万一起见,我方曾之酌量采购缅米内运之计,议经由本部呈奉行政院核准。在第二次英贷款项下划拨英金五十万镑,以供在缅购米之用,并经电财政部常务次长郭秉文在伦敦英方洽定委托斯提尔公司代办。嗣以国内丰收,无大量采购外米必要,且缅渝相距过远,运输困难,陪都已储有一月之粮,民食无虞缺乏,拟先买一万英吨(约合十万),分屯滇西各地备用。准函前由。除已将本案理经过编列工作报告外,相应函请查照转陈为荷。

部长　徐湛

中国第二历史档案馆藏行政院档案,二(2)2405

行政院等办理国民参政会建议案公函

1941年11月1日

行政院稿勇叁字第17463号

事由:据粮食部呈后拟英款购缅米案,函请查照由。

贵会贵厅三十年七月二十二日国纪字第一九二二七号公函,为国民参政会驻会委员会建议拨英借款一部分购缅米供给陪都民食,以平米价及请特派专使赴苏加强中苏联络二案,遵批函请查照见复等由。准此。经交财政部、粮食、外交三部分别核办去后。兹据粮食部复称:"国防最高委员会交办。查缅甸产米素丰,本年夏季国内各地无旱云云。照抄函查照转陈"等情,据此。除关于加强中苏联络案办理情形另文函达。俟外交部呈复到院后,再行函达外,相应函请查照为荷。此致

国防最高委员会秘书处

国民参政会秘书处

代理行政院秘书长蒋廷黻

中国第二历史档案馆藏行政院档案,二(2)2405

（五）中英关于军事合作问题的磋商

　　说明:太平洋战争爆发前两三年中,中英双方已就军事合作问题进行了初步商讨。具体说来,中英间有关军事合作问题的讨论大致可分为三个阶段:1939 年春,日本侵占了海南岛,对英、法在东南亚的殖民地形成威胁。利用这一时机,中国首次向英、法提出进行军事合作的建议,希望与英、法共同制订军事和经济合作计划。但英国仍希望与日本达成妥协,拒绝了中国政府的建议;1940 年秋冬,英国决定重开滇缅路之后,中国提出中英合作问题,并希望美国也加入这一合作。但由于英国此时并不想刺激日本发动对英战争,无意在与中国合作的道路上走得如此之远,因此中方的合作方案未为英方所接受,英方同意派遣将官来华担任使馆武官,与中国继续讨论军事合作问题;1941 年 2 月戴尼斯到华之后,中、英展开了有关军事合作问题的实质性讨论,其主要内容包括英国训练和指挥中国游击部队及英国空军的援华问题,但双方在何时为实施起点的问题上意见分歧。为了表示对中国的支持,英国决定将其在美国商订的 144 架战斗机让予中国。1941 年夏,中国军方与戴尼斯连续举行了四次关于联合军事行动的具体问题的商谈。8 月中旬,双方就组训 15 连游击部队,协防香港、缅甸等问题达成初步协议。

1. 中国提出军事合作的建议

杨杰致蒋介石

莫斯科,1939 年 2 月 23 日

　　重庆。委员长蒋:养电奉悉。Rapid 密。(一)养日在英,将钧座删电提商英参部。答复如次:(甲)海南岛被占,影响至巨,尤以新嘉坡至香港之航行,大受威胁,英颇感形势险恶,但军事行动尚嫌过早。(乙)英重视欧洲问题,对于远东迭用外交方式,阻止日本一切超出轨道之行动,因距本国遥远,不得不尔。(丙)蒋元帅之提议,倘英与日在作战状态中,即考虑接受,现形势不同。惟提议之后部分,以义勇军助华一节,尚有实现之可能,拟建议贵国以外交方式提出于英外部,再由英外部与航空部商办,参部不必出面等语。职本日回法,已将英方意见转告法方……

《战时外交》第 2 卷,第 31 页

蒋介石致郭泰祺

重庆,1939 年 4 月 8 日

伦敦。郭大使复初兄惠鉴:密。路透电称,本月 19 日英下院开会时,工党韩德森①将询问首相,若各国有任何团结以抵制侵略时,政府是否以邀请中国及其他远东国家参加为宜? 此事极为重要,请兄及时策动,多方设法,期其实现为盼。中正。庚。机渝。

《战时外交》第 2 卷,第 32 页

哈利法克斯致卡尔

伦敦,1939 年 4 月 13 日

1. 中国大使奉命于 3 月 27 日拜访了外交部。他首先回顾了 22 日与贺武先生的谈话,他在那次谈话中提议一旦远东发生战争,中、英政府应该相互磋商,共同合作②。然后,他继续谈到,他已接到其政府的进一步指示,提出下列中、英两国共同行动的计划,以保护两国在远东

---

① Arthor Henderson,英国下院议员。

② 3 月 22 日,中国大使通知外交部远东司司长贺武先生,中国政府已开始考虑,一旦欧洲爆发战争,他们所应采取的立场。他们希望表明,一旦爆发战争,他们愿与英同政府保持紧密联系,他们将准备最大限度地与我们合作,以维护两国的利益,他们要求了解英国政府的态度——原注。

的财产和利益。

2. 郭博士指出，自中、日交战之始，中国政府就认识到，日本对中国的入侵不仅是为了维持其对中国政治、经济的统治，而且是摧毁西方在远东的势力，并取得在该地区及西太平洋地区的最高权力之计划的第一步。对中国的占领只是完成著名的田中奏折所阐述的整个行动计划的第一步。这份奏折在日本人的心目中犹如希特勒的《我的奋斗》在德国纳粹首脑们心目中的地位一样重要。很显然，如果允许远东目前的事态，诸如日本占领海南岛那样的行动，不受压制地继续下去，一旦欧洲爆发战争，英国及法国的殖民地及其交通线将会受到严重威胁。

3. 郭博士继续说，中国政府认为，现在与远东利害攸关的国家应该进行实际的磋商，采取有效的联合行动，反对日本继续侵略。为此，他提出如下行动建议：

（a）英国和法国制定军事、经济合作计划，以期共同协力抗击日本。在适当的时候邀请苏联参加该计划，邀请美国采取相同的行动。

（b）在军事方面，中国尽一切力量提供人力、物力，其他参与国提供海军和空军。每个国家从各自的总参谋部中指派一名代表参加制定详细的行动计划。

（c）在经济方面，参加国协力采取措施维持各自的贸易和货币稳定，对侵略者施行经济和金融制裁。为此，各国指派一名经济代表与其他参加国的代表进行协商。

（d）各参加国保证不单方面与侵略者媾和。

4. 大使阁下最后说，这些建议是其政府上周提出的，当时国际形势正处于最紧张的时刻。这就是为什么仓促提出该计划的原因。他深知这些建议的前提都是假定的，很难使英国政府做出具体答复。

5. 当时我向郭博士表示，我们将研究这些建议，并说，我认为，如有时间研究一下可能发生的意外情况，一般来说也不失为一件有益之事。

6. 阁下当然了解，一旦欧洲发生全面战争，英国的立场在很大程度上取决于日本的态度，只要日本保持中立，即使是非善意的中立，我们也会尽一切可能防止日本主动与我们为敌。为此,我们不得不避免与正在进行抗日战争的中国政府进行过于公开的合作。中国政府目前的询问可能是由于他们希望通过使我们事先与他们达成谅解来阻止,或者至少延迟我们迄今所采取的态度发生变化。

7. 另一方面,日本如果正式对我们宣战,我们当然要尽力帮助中国人民的抗日战争,同时也受惠于他们可能给予我们的任何帮助。中国不会在许多方面给我们直接的帮助,只能像上次大战一样提供劳动力或者原材料,如钨(这取决于我们之间的交通是否畅通)。但是,他们却可以将大量的日本军队牵制在中国,这样就会阻碍和遏制日本对我们在南洋的殖民地采取敌对行动。然而,与中国政府合作的准备工作只能在条件成熟的时候方可进行。很清楚,只有在我们确信日本将主动地与我们为敌的时候,才能考虑中国政府的建议。

8. 中国大使回到原来的话题上,我告诉他远东局势还没有发展到需要对中国政府的建议予以实际研究的阶段。同时,我们会将这些建议与本国政府对政治和国际总形势的考虑联系起来,并且牢记在心。

DBFP, Third Series, Vol. 9, pp. 5–7

哈利法克斯致卡尔

伦敦,1939 年 4 月 18 日

1. 今晨,中国大使来拜访我,称他希望我们注意明天韩德森先生要在下议院会议上向首相提出的一个问题,询问英国政府是否牢记把中国和其他远东国家包括在一个抵抗联盟之内是可取的。他说,这一问题已电告中国。他的政府表示希望得到一个尽可能同情的,或无论如何不过于令人沮丧的答复。我答应在看到答复草稿时考虑大使阁下的话,那篇草稿无疑会在一天之内提交给我。

2. 大使阁下说,他三周前奉命提出了和远东利害攸关的国家采取联合行动的可能性问题,现在他已经得到了由乔治·芒西爵士转来的答复,并已及时将这一答复通知了中国政府。中国政府对此答复非常

感谢,并理解英国政府不可能走得太远。然而,大使已收到蒋介石给我的一封私信,表示希望英国政府能继续牢记中国的问题。我说,虽然今天我对乔治·芒西爵士上周所说的话没有什么补充,但是我想请求大使阁下转告委员长,欧洲局势使我们目前不能做出肯定的答复。但英国政府一定会牢记中国的建议。实际上,我们对中国目前的形势并非不关心。但是,问题是要有适当的方式、机会和策略。这里发生的一切不可避免地会影响远东形势,委员长对此当然理解,我们希望我们确保欧洲和平的努力会对中国产生有益的影响。正如中国军队和人民的行动对欧洲形势产生影响一样。我接着提到罗斯福总统的来信,以及调集美国舰队到太平洋一事。我说,我无权评论总统以其睿智所做出的选择。但是,中国政府会看到他所做出的选择的重要性,并且会注意到这种选择表明我们正在同一战线上奋斗。

3. 大使阁下对我表示感谢,并且说他确信委员长会感谢我提供的信息,并把它作为英国政府继续向他们表示同情的标志。

DBFP, Third Series, Vol. 9, pp. 12–13

蒋介石致郭泰祺

重庆,1939 年 8 月 24 日

急。伦敦。郭大使勋鉴:英、法此次在新加坡军事会议、对于我国目前所提愿与英、法军事合作之提议,是否同意有一具体之决定,使我有所准备也。如何? 请切商详复。中正手启。

《战时外交》第 2 卷,第 135 页

蒋介石致郭泰祺

重庆,1939 年 9 月 12 日

郭大使:此次英、法实行援助波兰被侵略国家,殊为感佩。此后中国与英、法、波兰,在亚、欧均为抵抗侵略,实为谊切同舟,而且亚、欧形势,尤其英、法在远东利害,更与中国有密切关系,如欧战延长,日本必

不甘久于寂寞，无论如何，必将乘机实行其传统政策，占领英、法在远东之属地与权益，据为己有，虽有美国从中牵制与监视，彼亦必不顾一切。且彼海军实力在中日战争中毫无损失，故日本以后政策，尤其在欧战中，其将取北守南进为无疑义，我政府极愿知英、法政府以后对远东与对华、对日之政策，能否固守国联盟约会员国之立场？对于国联所有对华之决议，能否始终履行？并将来英、法与中国对日侵犯英、法在亚洲之一切利益时，英、法希望与中国如何互助合作？在中国方面，极愿与英、法在此时先有准备，如英、法上次在新嘉坡会议之计划，订立对日防卫之秘密协定，并从速开始进行。然现时为避免英、法在远东对日为难，故我国不预备宣布参战，而仅拟对英、法、波表示同情，且表示愿在军事以外，以人力与物力协助一切之方式出之。请兄照此意密为探询驻在国政府，迅速进行。至电中文字多未斟酌，只可以此为基础，相机运用，惟望于本星期六以前有切实复电也。又，此电另致少川大使，请兄与之随时就近协商为盼。中正手启。文。

《战时外交》第 2 卷，第 32—33 页

郭泰祺致蒋介石

伦敦，1939 年 9 月 14 日

重庆。委员长蒋：Earth 密（表）。文电敬悉。午后访贾德干密谈，并留备忘录，彼允即转达英外长，于一二日内答复。彼意中国参战与否，于英国对远东之既定政策，及远东目前形势，均无何不同。但赞成尊意，以暂不宣布参战为主。目前英国人力甚充裕，如对德作战顺利，则远东问题亦解决，否则，日本必乘机劫夺。祺谓中国抗日与欧战关系亦甚大，据我方所得消息，苏联援华政策毫未改变，是间接亦有助于英、法，故在远东太平洋方面，大家仍可合作。彼以为然，谓英、法虽对俄不满，仍愿与之周旋云。祺叩。寒。

《战时外交》第 2 卷，第 33 页

郭泰祺致蒋介石

伦敦,1939 年 9 月 18 日

渝。委员长蒋:今午据贾德干面告,此次所商各节及留交之备忘录,经英外长详加研究,兹代答复:(1)英国对国际公约及国际联盟各项决议当始终履行,其对《九国公约》之立场,已于 1 月 14 日致日本牒文内,并无改变。但因×××环境所迫,对华之物质援助,今后恐难增加,比过去或须减少。(2)对我方友谊的互助合作之提议,表示谢意,于适当时机,当乐予考量与利用。(3)赞同我国不预备宣布参战,免使英、法对日为难意,并谓参战云云,亦系表示同情而已,在事实上,于彼此均无何裨益。无论如何,在目前当以此态度为适当云云。祺谓中国既与英、法同站一条阵线,仍盼英方于十分为难中,尽量予我可能之援助,尤盼其随时与美国在远东采取平行动作,美国对日废约后,如采更具体步骤,英方似不能落后。彼答诚然,此中关系之重要,英方决不忽视。祺又谓上次欧战日本向我提出二十一条,此次将乘机劫取,必如我公文电所示,英、法即与之周旋,亦属无补。彼谓果尔,中英自应须密切合作云。嗣询及英方对俄侵波之态度。彼谓趁火打劫固吾人所厌憎,但俄此后之行动尚难预知,如不助德,英、法亦无意与之决裂。彼对俄、日、德联合共同宰割欧亚,在变幻莫测之国际情势下,亦认为可能。再,此后中英互助合作问题,祺遵当随时相机运用。此电乞饬抄交外交部为祷。郭泰祺叩。巧。印。

《战时外交》第 2 卷,第 34 页

2. 军事合作问题提上议事日程

蒋介石、卡尔谈话记录

重庆,1940 年 10 月 14 日

英大使首述对我克复马当致贺之忱,继称英国国策今已改变,目前形势已使讨论中英两国合作问题,定可得有效之结果。最近以来,双方

对此问题，必皆作深长之考虑，故特愿闻教。委座答请大使先表示意见。

英使先声明今日所言皆为个人意见。最先，彼拟向英政府建议，请由伦敦或英国其他中心地点，派遣重要军官二三人来渝，与中国参谋本部共同讨论军事问题。今彼愿以中国人之立场，表示所期望于英国政府者如下：

"贵国政府应以军火、弹药、飞机供给我国，即贵国飞机之供给不能兼筹，亦宜转商美国政府供给之。我国向美国等所得国际贷款，虽迄今尚有余额，并未用罄，然贵国为表示拥护美国对我贷款起见，应贷我英金100万镑。我国为答报计，当考虑派遣壮丁三四十万人，协助英国作战。惟参加英国作战训练，尚须时日耳。

此外，我国对英作战之贡献，尚可于日本向马来及星加坡进攻之时，以大军攻击广州地带，以牵制日军之南下。我国此项军事行动，所消耗之军火、弹药，应由英、美补充之。惟此项补充，英、美皆感困难，以英国为尤甚。"

予以中国人立场表示之意见如此，今更愿以英国外交代表之资格，进而答复贵国所亟欲详知之英美合作程度问题。美国务卿赫尔及英国驻美大使，今正在华盛顿进行意义重要之谈判，两国国交实至密切，此可向钧座秘密保证者也。

英使表示愿闻明教。

委座：在英、美对华态度未经改变以前，毋须讨论合作办法。盖英、美素以半殖民地国家占计中国，且以为中国自卫尚无充实力量。倘迄今仍执持此项成见，则殊堪遗憾。故于讨论中国所需协助之前，愿先排除此项错误之观点，而供给飞机数百架，军火、弹药若干数量，实不足为排除之助。须知专恃英、美海、空军以求远东之长治久安，实感不足，必须有陆军之协助。中国实有供给此项实力之能力，且能作有效之合作。必俟英、美确实抱急切解决远东问题之决心，深切明了中国非半殖民地国家及其陆军贡献之重要，然后始可讨论军事、经济与政治之合作。倘英、美尚未有此觉悟,则中国仍拟独立推进其国策。

英使:予已声明,英国国策业经改变,最近发展之事件,皆足引为明证。予素未以半殖民地国家视中国,并一贯主张战事结束之后,即应取消一切不平等条约。

委座:阁下善意,予所深知,至感。我人必先得此精神上之谅解,始可详谈。……

委座:予意指合作防御言。联防计划之讨论,最少须经两三月之时间,仓促筹划,固不可能,不早计议,或将不及。予个人观察,日本今日军事、政治之处境,迟早必向云南或新加坡进攻。日本向云南进攻之可能性实只占40%,而向星加坡进攻之可能性恐在60%左右。倘彼进攻云南,予自信能阻其前进,或可在最初数次会战中击败之。南宁之失策,决无重演之可能。惟星加坡之前途,予至关心,盖对彼地陆、空实力之真相尚无充分了解。

英使:彼处实力颇充实。

委座:倘日本联合泰国从陆路攻星加坡之后,英国力足御之否?

英使:即非军事专家,就地图研究之,亦当感其距离之辽远,进攻军队若遵此路前进,实至危险。

委座:予意最好办法,日本如威胁云南,星加坡可以我方感缺乏之空军相助,日本如进攻星加坡,我方可以陆军截击日军之后路以相助。中英如能如此合作,日本即能获得泰国之助,亦不能得任何战果。……

英使:钧座所述,坦白而公正。钧座建议我人与中国以平等之基础,建立精神之谅解,在某一时间阶段中,外人确有不能认识中国三年抗战牺牲所获得之新地位者,然今已有60%以上具此新认识矣。予将以今日谈话内容摘要报告敝国政府,声明钧座希望英、美改变对华观点,应以德、意对日平等之待遇,对待中国。倘能得此谅解为基础,我人即可进而与钧座讨论军事、经济与政治之合作,目前钧座并不要求军火或财政之协助。钧座尚能以同样坦白态度答复予另一问题否? 中国与德国之关系究竟如何? 当予在沪时,法国屈服,滇缅路封锁开始,重庆曾有倾向德国之运动,钧座制止之。钧座睿智,当能领导一切,不容置疑,惟伦敦方面尚有未能释然者,今两国关系,已至彼此握手提携之时,则此手与彼手间更应深切了解对方之一切行动与企图,故愿闻中国对德之态度。

委座:坦白奉告,我等中国人素讲信义,既不甘屈服于强国之威胁,亦不鄙视战争失利之国家。法国屈服之后,中央领袖,确有大部分主张重新考虑我国策者,然我人仍主张坚守此项原则,不应更张,我人绝不愿改变我国家之特性。

英使:倘日本进攻星加坡,日、英间发生战事,或者将扩大而益以日、美战事,则中国对德国之态度又将如何?

委座:中国之态度,将视英、美对华之态度而定之。

英使:倘中、英、美联合对日作战,中国将对德宣战耶?

委座:我自应对德宣战,惟阁下提此问语未识何意?

英使:伦敦将以此询予,故愿先得答案,俾于必要时即以钧座之言复之。

《战时外交》第2卷,第38—42页

蒋介石、卡尔谈话记录(节选)
重庆,1940年10月31日

英使:前谒钧座二次谈话,经电告敝国政府,昨得致本大使复电,谨秘密诵陈其内容如下:

(一)中国人民在蒋委员长领导之下,抵抗强敌,保卫其国家之独立,业已三年,英国政府深佩其忠勇果敢,故对蒋委员长之建议,愿应以同情之反响。

……

(五)至吾人本身地位,今正对可能之日本侵略,逐渐加增我防御。倘吾人不为欧洲生死搏战所困,此项准备之进展,自更能加速。惟最近数月中,吾人在欧洲所得之成绩,已建立最后胜利坚固之基础,然未竟而待努力者尚多。吾人与蒋委员长必共同承认一不可讳言之事实,即在目前环境中,吾人若向日本挑衅,实为不智。倘此事实现,不独不能助中国,反将累之。

(六)吾人不愿与日本作战之动机,既非不以平等国家视中国,亦非不重视中国军队长期抗战之伟绩。惟吾人应作对抗日本海军与空军之准备,此实非蒋委员长所能直接予以援手者也。故愿蒋委员长明了吾人对此事之审慎,并非对彼缺少信心之所致。吾人愿待蒋委员长先与美方接洽之后,再与蒋委员长及美方代表继续讨论彼此利益相共之整个问题。

英使继言:……昨日接此电后,即详加考虑,思何以作进一步之建议,兹愿为钧座一述之。予姑以钧座之地位立说。最主要者,向伦敦建议,必先着眼于美国之合作。中、英、美三国成立同盟,自属最佳,惟此事之完成,困难层出,其最巨者,为美国深恶痛嫉军事同盟,由来已久,则此项企图,几有不能完成之象,不如姑置之。退而求其次,余拟建议伦敦、华盛顿双方同时发表严重宣言,声明:(一)中国之立场即英、美之立场;(二)英、美不能接受日本在远东所建设之新秩序。深信此项宣言之效果将与军事同盟相同。所成问题者此举是否将引逗日本作战。钧座与仆皆可确信,日本决不致因此而作战,惟以英、美人民之愚笨浅陋,恐未易使与尔我同感,则吾人必先提供充分理由以说服之。

委座:余意两国宣言外,应加以第三国之宣言,换言之,应中、英、美三国同时宣言也。

英使:中国宣言中,亦将称英、美之立场即中国之立场耶?

委座:宣言措辞自当审慎考量。至此项宣言,是否将引起日本对英、美作战问题,予敢断言绝无此事。余深知日本海、陆军人之心理,日本陆军之激进派,皆主张冒险挺进,无所忌惮,惟其海军则遇有危及其前途者,必谨慎规避。今英、美海军联合为敌,危机之大,日本决不敢以其海军轻易尝试。大半西方人不能了解日本人此种心理。

英使:鄙意正复相同,余料此项宣言不独不致引逗日本作战,且可阻止日本之南进。

委座:倘日本政府不能于明年 3 月前实现南进政策,日本国内恐将发生政变。故此项宣言,将促成日本内部之冲突。

英使:吾人亦自日本接获同样情报,惟未指明其政变之时期耳。

余所拟第二项建议,即立派遣一精干之军事使节团来华,其重要任务为:(一)拟具应付目前军事状况之计划;(二)筹划将来英、美参加对日作战后之军事准备。同时,另有附带工作应进行者,应立即彼此交换意见,加强游击战争。英国在印度之军官对游击战争颇多经验。余并拟分别接洽能华语之英侨,征其服役。凡此各项举动,请守绝对秘密。……

委座:此项建议,大意至佳,容假数日作详细考量。

英使:予拟今日先将所言者电告伦敦,作为予个人之建议,再于数日后以钧座建议继之,倘钧座所提者,与鄙见有相同之处,伦敦方面所得印象必更深。……

委座:再提军事同盟问题,倘中英两国先订同盟,美国政府只从中赞助,并不形诸笔墨,未知善否?盖余深知美国参加同盟实甚困难,不如于中英同盟之外,另与美成立一绅士协定,似可解除此项困难。

英使:此项中英同盟一旦成立,将立即引起英日战争。该项同盟将为公开者耶?

委座:此项中英同盟应严守秘密,于英日冲突开始之后始得公布之。余意共同宣言之外,此亦为另一办法。倘向美国进言之时,声明美国担任供给空军,中英两国因国境连接,担任陆军,未知能动其听闻否?

《战时外交》第 2 卷,第 44—48 页

蒋介石、卡尔谈话记录(节选)
重庆,1940 年 11 月 9 日

委座:美国总统及国务卿之答复,于 10 月 29 日抵此,谅系 10 月 28 日发出,此为在国务卿赫尔 10 月 26 日演说之后所发。予信发此电前,

美总统与国务卿必先作一番深长考虑矣。

英使:答复内容能满意否?

委座:答复之重要部分,涉及同盟问题,其内容如下:

"美国政府为维护本国所拥护之原则起见,愿与其他各国合作,取有实效而和平之步骤,发动共同行动,总统与国务卿所最关切者为美国之利益,正与贵委员长与贵国其他领袖所最关切者为贵国之利益相同。所可喜者,中美两国之利益颇多符合之处。两国对和平皆生信仰,美国为信仰民主主义之国家,深盼中国亦能循此路线而建树。盖希望中国能建设而成一政治昌明之国家,实一贯为美国传统之政策也。"

此项内容,予未告他人,幸守秘密。

英使:当谨遵命。未识对于精神谅解亦有答复否?

委座:全电字里行间,皆可领会精神谅解之含意。此外复有一节颇饶意义者,其内容如下:

"美国政府应付远东关系之时,于保护美国利益外,常求勿伤中国之利益。即在目前,美国政府对此双重考虑,亦正加注意,必不少有疏懈。"

英使:予认此非常满意,今已至进一步尽速求圆满结果之期矣……

《战时外交》第 2 卷,第 50 页

蒋介石致郭泰祺

重庆,1940 年 11 月 9 日

伦敦。郭大使:前托子文兄转电与英、美合作方案谅达。本日已由中面交英、美各大使,请兄照此方针积极进行,务期于短期内收得效果也。中正。佳。机渝。

附:中、美、英三国合作方案原文

鉴于中、美、英三国在保持太平洋和平上有共同之利害关系与使命,并为实现三国所共同拥护之原则起见,应有密切合作之必要,特提出本方案。(甲)原则部分:(一)坚持《九国公约》门户开放与维护中国主权领土行政完整之原则。(二)反对日本建设"东亚新秩序"或"大东亚新秩序"。(三)认定中国之独立自由为远东和平基础,亦即太平洋整个秩序建立之基础。(乙)步骤:(一)中、美、英三国共同宣言,声明为实践签署《九国公约》之义务与确保太平洋之和平起见,中、美、英三国认定上列原则三点为共同之立场。(二)由英美两国共同宣言,声明以上列三点原则为共同之立场,因此英美两国当尽力援助中国,确立其主权与领土行政之完整,恢复国际(或用太平洋)和平之秩序。(三)中英两国订立同盟,并要求美国共同参加,如美国无意参加,亦须先征得美国对此项同盟之同意与赞助。(丙)事实上相互协助之具体条目:(一)发表宣言后,英美两国即共同或分别借款与中国,以维持中国之外汇与法币信用,此项借款总额为美金2亿至3亿元。(二)由美国每年以信用贷款方式售给中国战斗机500至1000架,但本年(1940年)内先运华200至300架,此外并由英美两国供给中国以其他之武器,其数量及种类,另行商定之。(三)英、美派遣军事与经济、交通代表团来华,组织远东合作机关,此项代表团之团员得由中国政府聘请为顾问。(四)英、美与日本或英美两国中任何一国与日本开战时,中国陆军全部参战,中国全国之空军场所,全归联军使用。

《战时外交》第2卷,第51—52页

蒋介石、卡尔谈话记录(节选)

重庆,1940年12月12日

英使:另有一事应征求钧座之同意。敝国政府已决派一少将阶级之军官戴尼斯来渝,名义上为使馆陆军参赞,实则与贵国参谋本部取得密切联络,研究敝国在军事上协助贵国之妥善办法。未识钧座同意此提议否?

委座:予愿同意。彼将何时抵渝?希望愈早愈好。

英使:本人征得钧座同意后,即当电请敝国政府,促其立即成行。最初本人所荐举之高级军官并非此人,不幸未邀伦敦之核准。此项人选问题,与前任驻华大使、今任外交次长之贾德干爵士函电磋商已久。本人初荐今任香港代理总督任此,敝国政府不表同意,贾德干说明其理由,谓该督在港政务丛集,一时不易分身来渝,因决派戴尼斯来此。本人当即详细调查戴尼斯以前经历,兹悉其概略如下:

戴尼斯今年 50 岁。于 1910 年入伍,时年 20 岁。1935 年升上校级。上次欧战时因战功得勋章。曾从事军事情报工作,并任参谋总长办公室首席参谋。曾选入皇家国防学院,此为一不易幸得之荣誉,盖每年被选入该学院者,只限外交部、海军部、陆军部各一人而已。今任印度驻军之一旅长,叙级少将。不久将升任中将,惟此尚为极秘密之消息,此人实一有头脑之干练军官也。

彼抵渝后,钧座必将多与接谈,当可稔知其为人。彼欲执行职务,必先得钧座之信任,倘荷认为适任,尚望转嘱贵属高级将领亦与开诚相见,否则彼不敢望职务之开展也。

委座:予完全同意贵大使之言,当与开诚相见。……

英使:上次会晤时,钧座曾提及运送贵国军队至缅甸边境所需之时间,本人虽作纪录,仍恐或有错误,愿为复核之。钧座言运送 10 师共计 16 万人,乘卡车需 50 日,步行需 85 日。深感乘车 50 日,步行 85 日,二者差数太近,未知有否错误,故于去电之前,希望就正于钧座。

委座:以卡车运送,应将空车放回,另接第二批部队之时间一并算入,此即需要时间。况所谓卡车运送,实际一师中只有一团可以乘车,其余仍须步行。故结果,卡车运送较步行加速无多。惟更须注意者,所称卡车 50 日,步行 85 日,皆为急行军之最速限度,实际如此大军运赴缅甸边境恐需 120 日始可完成。因此谈判开始实不容再任延缓。

英使:本人完全同意此言,当详为敝国政府说明之。钧座当忆,本人前曾建议,贵国派军官赴缅甸与缅甸军事当局作情报上之联络。不料敝国驻日大使克莱琪闻之,立即电请政府,中英军事联络应改在印度举行,如在缅甸,为日方探悉,日将认为严重事件。本人力争,印度无军事联络之必要,而缅甸则将成战场。此问题今尚在敝国政府考虑中。

委座:予希望中英军事合作之谈判能早日开始。

英使:本人亦如此希望。惟公正言之,敝国驻日大使今已大非昔比,诸事了然矣,此实有利本人促成中英合作之努力。昔日本人之努力,如登高山,足系巨大炮弹,今系此炮弹之绳已断矣。

《战时外交》第2卷,第58—61页

卡尔致蒋介石

重庆,1941年1月2日

委员长钧鉴:敬启者。宋子文先生曾奉钧命向敝国政府提出两项建议。其一,要求美国供给贵国陆军之飞机100架,可在仰光(在缅甸)或在加尔各得(在印度)装妥后飞赴贵国。其二,要求美国与敝国两政府以轰炸机与驱逐机组成之空军供给贵国,各机在缅甸或印度装配,其服务与战斗人员则由英、美组空军单位任之。此两项协助贵国空军之建议,业经敝国政府详加考虑。敝国政府因本国军备之急需,欲求其以军械供给贵国,实多困难,尤以飞机之供给,人员、机身两者几皆不可能,深惧无以报命,本大使曾一再为钧座陈之,今已知悉此项惶惧竟为不虚。惟敝国政府知贵国以垒允飞机厂易受日人之轰炸,拟迁赴比较安全之地点,愿对此竭诚为贵国助。兹拟定办法如下:

(一)将全部机器由垒允迁至印度之某地点,可在该处为中国政府制造或装配飞机。惟包兰先生今正进行谈判,规定在印度为印度政府制造飞机之计划,兹拟建议,上项工程与此项计划合并实施。

(二)印度可将军用及民用飞机出口赴中国,如有取道缅甸之必要,亦予以过境之便利,惟军用飞机在途中不得有可能战斗之状况。因此,敝国政府要求各机不得载弹药或作弹,起程前不得装置枪炮与炸弹架。此项条件实因希望在可能范围内尽量遵守一九二三年海牙空战规条草案之规定。

(三)只须缅甸境内有装置飞机之设备,中国政府得在缅甸装置军用或商用飞机,但非指制造言。该项飞机并得以自己发动,出口飞赴中国,惟应遵守第二项之规定。

（四）中国驾驶员、战斗员或商用飞航人员得入英属境内,驾驶飞机赴中国,惟应遵守第二项之规定。

兹复奉命转达,此事务请勿予宣传,并祈在可能范围内,将印度境内厂址地点以及该计划之一切详情保守绝对秘密。此项建议,如蒙嘉纳赞同其条款,本大使拟请　贵国政府授权包兰先生,直接与印度政府谈判迁运叠允机厂,并与缅甸政府直接讨论在仰光装配飞机各项问题。尚此,敬颂　钧安。卡尔敬启。一月二日。

（录自总统府机要档案）

《战时外交》第 2 卷,第 136 页

3. 在军事合作的起点问题上意见分歧

蒋介石、卡尔等谈话记录（节选）
重庆,1941 年 2 月 10 日

大使:我看日本南进之可能性为九成。（顾武官而言）你看如何?

武官①:鄙意日本不致南进,惟壮年人则有此感觉。

大使:我看日本之南进,仅为一时间问题。

武官:日本因对华作战之故,已经疲惫不堪,焉有余力以冒险耶?且南进必赖海军,日本更未必甘愿孤注一掷。

委座:单从日本之经济与军事之情况言,当然不宜南进,一般人从表面上观察敌情,亦曾有此结论。但欲得一深刻之判断,非进一步了解日本之民族性不可。日本人是不能悬崖勒马的,即使错误,亦非错到底不可。历史上有一极显著之证明:甲午战争乃日本陆军所主张者,海军则坚决反对。因当时中国海军之吨数较日本为多。最后陆军不顾海军之反对,竟派一陆军大将指挥海军作战。日本既胜,陆军乃益自信,认

---

①　即戴尼斯。

为海军无人,而应一听陆军之支配。过去如此,今后又何独不然。日本海军如竟拒绝南进,陆军将派员指挥之以作战也。

(此时宴毕,宾主退入客厅,继续谈话。)

武官:今请讨论问题。

委座:贵武官与贺主任谈话之内容,已由贺主任报告得悉。

武官:当前有两问题,亟待委座指示解决者:关于英国协助中国游击部队作战之原则,未审委座同意否?

委座:同意。

武官:关于英国派遣飞机来华作战已遵命请示敝国政府。窃意欲使此项空军发生效能,必须事前储备充分空军所需军实,故恳委座能允许 3000 吨之运输量。盖一中队轰炸机(约 12 架至 16 架)每月之消耗,有 400 吨之多也。

委座:当然可以。惟不知所谓军实者,究指何种器械而言?

武官:所谓军实,即汽油、炸弹、机枪、枪弹及飞机所需之一般零件与器材。

委座:武官所言,是否须待英日开战后,始克付诸实施?

武官:空军与游击方面之合作,须待英日战事发生之后。

委座:今有一言欲为武官告者。中英合作办法之实施,毋须等待英日开战之后,事先必须准备,否则将无济于事。日本不进攻云南则已,如攻云南,英国必须以空军援我。盖就敌我之装备而言,敌人如进攻云南,英国驻防新加坡之空军不来助战,则日军之略取昆明,非不可能。彼时中英间之联络已被敌人切断,根本上无从合作。余更愿剖析英国本身之利害,为武官申言之。英如能以空军援我,则我必能于日本进攻云南时,予以严重之打击。日军遭受严重打击之后,将不敢袭击新加坡。我军乘战胜之威,且可一鼓而攻入安南,彻底粉碎敌人南进之计划……

武官:站在私人与军官之立场,余固同意委座之指示,但目前尚有一更大之问题在,即英国之中立问题是。想大使当能作证也。委座适才提及英国援助希腊之事,窃意英国所以援助希腊,因其已对一共同敌人作战。中国之情形则略有出入。英国此时方与两大强国作殊死战,如再树敌,艰苦必更增重。

委座:武官可以参谋或武官之立场,向英政府说明,或告以余之意见如此,即日军如发动攻滇,而英国按兵不动,则日军将取昆明,彼时中英根本上无从合作矣。

武官:诚然。滇缅交通极端重要,以其对于中英合作,有切肤之关系也。派遣飞机与志愿兵来华一事,业已去电请示敝国当局。惟新加坡方面之空军,是否可以立即调派来华,则殊成问题。

委座:志愿军即正规军,固无须临时招募。我国所请求于美国者亦同。至于飞机,我国同时有俄式与美式者,英机来华后,当改涂中国国徽,仅为舶来品之一种,焉得因此而引起日人之注意。

武官:委座所指示者,于贺主任谈话时未之前闻,谨遵命电敝国当局。大使同意否?

委座:大使意见如何?

大使:恐伦敦方面未必如此看法。

《战时外交》第 2 卷,第 138—141 页

蒋介石、卡尔等谈话记录(节选)
重庆,1941 年 2 月 21 日

戴尼斯中将:前谈中英两国大规模军事合作问题,拟于明日予赴仰光会晤远东总司令蒲普翰①之前,详知英日战事发生后,贵国方面援我之情形,俾得与蒲普翰总司令详细讨论,期得拟妥具体计划。

委座:予愿先知贵国政府对此问题之态度。至于我方之态度,倘战事在星加坡发生,予愿派军队 15 万人至 30 万人赴彼助战,即此或已可使阁下获得我方合作程度之概念。

---

① 亦译为波普翰,英国远东军总司令。

戴尼斯:蒙以此相告,予即可以之转告蒲普翰总司令,俾得预定此项人力之支配。深信仰光返渝后,必可将两国大规模军事合作之我方意见奉陈。再前陈游击战合作办法,未知能得钧座同意否?亟盼能于抵仰光后,即着手进行此事。

委座:应从较小规模之试验着手。予拟先以组织5个单位开始,然计划仍不妨以较多单位为标准。

戴尼斯:5单位实感不足,15单位似较充实。盖当紧要关头到来之时,欲扩大5单位,恐有措手不及之虞。

委座:予建议从小规模着手,实另有理由,可不必深究。三个月后,单位数目即可增加。

戴尼斯:曷不最初以5个单位试验,同时准备另10个单位之雏型,俾必要时得立即扩大而成正式单位。

委座:不必增加人数。贵武官自可于事前拟定计划或准备轮廓。

戴尼斯:同意。

委座:关于参加游击工作之英国军官饷给问题,不必由贵国政府负担,应由敝国发给,俾维持敝国军队饷给系统之一致。

英使与戴尼斯:我方愿担任军官饷给,以作对贵国之小小贡献。

委座:他日英日战事开始之后,此事自可重加调整。

英使与戴尼斯表示同意,惟欲知中国政府是否同意,愿令游击部队受英国游击军官之指挥否?

委座:可令受英国军官之指挥,惟英国军官应受高级中国军官之统制。

戴尼斯:此自属当然。

《战时外交》第2卷,第73—74页

波普翰致蒋介石

新嘉坡,1941年3月3日

委员长阁下:戴尼斯少将前来新加坡,使余获悉彼与阁下及贺耀组将军历次会谈之结果,至感快慰。兹托其代致敬意,并由彼代达余对一般问题所持之见解。

若英帝国与日本间之战事一旦发生,中英两国必须在军事上及经济上努力谋得完全之合作。

吾人不仅欲击败日本,且须尽可能于最短期间内达成此一目标。

英国应付日本对南洋及马来亚攻击之准备,已在迅速并顺利进行中,若此攻击一旦来临,余深望贵国方面能为吾人共同之目标贡献其最大之努力,以打击日本之人力与物力。

余甚愿在不久之将来,余个人能对阁下有面述一切之机会。

《战时外交》第 2 卷,第 144—145 页

郭泰祺来电一组
1941 年 3 月

郭大使由伦敦来电(外交部六二号)(一)　18356

美总统个人代表之任务关系与阿特里商谈战争目的,以为万一美国参战之准备云,再日来英朝野对德国大举来侵又多畏惮戒备,且虑其不顾一切毒瓦斯或毒菌者,但多数以为德目前势须扶助义大利在地中海对英抗战,以图廓清。闻德已派一千五百架飞机至 SICILY,一面在巴尔干扩张势力,甚或援意攻希。惟苏联土耳其之态度,颇为此中重要关键云云。前日印缅部长约午餐,据云德如来侵,必难得手,因此料德在地中海巴尔干必将有举动云云。谈及滇缅铁路事,彼谓英政府确在恳切考虑云。罗杰士十八日抵英,连日与英财部对平衡基金问题作初步洽商。祺昨接英财部来函约日内开谈。顺闻!

郭大使由伦敦来电(外交部六四号)(二)　18395

和兰政务次长即被命而来赴任之驻华公使向祺表示,愿维持中和外交关系,并愿仿英国办法,予我信贷,以为在东印度购煤油、橡皮、金鸡纳霜。(一九三九我国由东印度输入总值二千余万元)额数未谈及,大约一二百万镑或一千万和币,如何乞核示转达为荷。

郭大使由伦敦来电（外交部六五号）（三）　18406

昨晚访政务次长，催询滇缅铁路事，据称内阁正在切实考量中，最重要之点，即拨款兴筑由腊戌至边境一段，如有决定，当随时洽告云。昨日晚报载东京讯，日苏将订不侵犯协定，政务次长谓彼甫与艾登谈及，我方如有消息，望见告，但彼不信苏联对华政策将有何变更云。松冈之演词，政务次长谓似非出于负重责者之口云。英方对松冈之言论颇不甚重视，又昨晤土使，据谓苏土对巴尔干时局甚能合作，但苏联仍亟欲避免战争云云。

中国第二历史档案馆藏外交部档案，七六一/176

郭泰祺来电

伦敦，1941 年 3 月 3 日

（第 18985 号）

一日已晤政务次长洽商，彼允俟与有关部接洽后答复。又谓法方既拟屈服，情势已松，西贡华侨或无离开必要。祺谓越南受日操纵，此际必多事，仍不得不准备万一，彼亦谓然。并言调人之佣金，虽尚未明或竟不须明言，此后在越驻军及借用海空军根据地均可随时发生，吾人对日本南进企图，防区不能稍松云云。再艾登访土结果，英方甚满意，苏联虽未肯表示助土，但亦不至乘危攻土，英方料德攻希腊时，日本在太平洋或将同时举动。顺陈。

王世杰批：送外交组张参事、郭专员阅后密存。

杰。斌佳

中国第二历史档案馆藏外交部档案，七六一/176

蒋介石、戴尼斯谈话记录（节选）

重庆，1941 年 3 月 18 日

戴：本人在仰光晤英国远东总司令波普翰将军之参谋，因晤谈后有若干重要问题未能解决，复偕该参谋同赴星加坡，晋谒波普翰将军，提出四项问题请示方针如下：

（一）一旦英日发生战事，中英两国军事合作之战略如何？（二）滇缅路问题；（三）英国在华空军之合作问题；（四）英国与中国游击战之合作问题。

对于第一点，英国因在英伦三岛及地中海有全力应付德国之必要，故在远东对日不得不取防御战略。英国最妥善之战略，为一方面坚守星加坡，一方面加强英、美对日之经济封锁，俾减少日本战时工业之主要原料至最低限度，同时复鼓励日本采取攻势，俾得加速度消耗其积储之军备。至中国方面之贡献，则应一方面运用游击战术以消耗日本之人力与物资，一方面俟适当时机，以正规军队发动反攻。……

委座：不知参谋本部亦预期中国派军队赴缅甸或星加坡助战否？

戴：本国远东总司令以为中国对此共同战役最大之贡献为牵制最大数量之日军于中国战线，并大量消耗其军备。……

本人复与波普翰将军讨论英日战事发生后，英国空军活动问题。本人建议，在中国作战之英国轰炸机队，其根据地设在中国。波曾翰建议，应于缅甸境内设总站，分站设于中国各处。波普翰建议之优点，在于不必以大量汽油及军需品运赴中国境内英国飞机活动之各站。如照本人建议，各站需储油及军需品 3000 吨者，按波普翰建议 1000 吨已足。

委座：参谋本部拟派飞机若干队来华耶？

戴：星加坡参谋本部尚无具体意见。或者于最初期可派四五队，每队轰炸机 18 架。假定中国政府在云南省内指定机场 6 处为其活动之用，本人拟建议，每一机场中应存储每一机队作 5 次飞行之汽油及军需品，6 处机场应有机队总数 30 次飞行之供给。在云南省各机队活动之目的为毁坏日本在宜昌、汉口、南昌及其附近之空军根据地。同时在广东省境内应另行指定飞机场 6 处，为毁坏日本在广州及海南岛空军根据地之用。至在华之英国空军将直接受英国高级指挥部之指挥，惟与中国政府所统辖之国际空军部队当取得密切之合作与联络，可无发生摩擦之虞。……

委座:我方可建造该项营房,不需贵国出费。运输军需品,卡车不敷用时,亦愿尽量协助。目前最重要问题,应先决定中英军事合作,应自何时开始。此种期限,可作两种规定。其一,以日本向星加坡进攻为信号;其二,则以日本向云南进攻为信号。予意日本向云南进攻之时,星加坡即应派飞机助战。盖中国得英国空军协助之后,倘能予日军以迎头之痛击,则其兵力疲惫,锐气顿挫,或将放弃南进攻星加坡之企图。日军在中国之消耗愈大,其南进之机会愈少,此为至显明之事实。况日军进攻云南之时,我军得英国空军之助,不独可固守云南,且可发动反攻,夺取广州。倘英不助战,中国失守云南,中英之军事合作,已失其根据地。而滇缅公路亦不复能为我两国用矣。故予主张,日本进攻云南亦应为中英军事合作之信号。

戴:本国政府今尚企图避免与日作战,深恐未能同意此项建议,本人曾将钧意电请本国考量,今当再电请夺。波普翰将军亦已将钧座要求于日军进攻云南时派英国志愿空军驾英机助战之议,电告伦敦,今正考虑中,盖波普翰以为此事涉及政治,未敢擅专。

委座:此为一重要问题,伦敦有指示时望即见告。

戴:当谨遵命。今再报告第四问题,是即英日开战后,中英游击战之合作问题。本人与贺主任对此问题意见颇有参差。盖本人前聆钧谕所得印象,钧座已同意英国军官指挥游击部队之办法,而贺主任则谓,英国军官只处于顾问之地位。本人建议,目前即在缅甸开始训练游击部队15队,待英日战事开始,立即调入中国境内作战。

委座:每队游击部队之军官计有若干?

戴:每队游击部队之军官计为:队长1人,必为游击战术之专家;副队长1人,必深知中国现状;官佐15人,分负信号、医药等职,此中10人,应负破坏工作之责,待作战时,另加中国有训练之官佐士兵100人。我人拟以此15队分配于五个战区。至究应派赴某某战区,自应征取中国参谋本部之意见。本人私人意见,似可派赴宜昌以北、汉口附近、南昌及广州等处,惟适当与否仍应酌量。

委座:此项游击队拟于何时派来中国?

戴:于英日战事发生之后,立即派赴各战区活动。……

《战时外交》第 2 卷,第 145—150 页

王宠惠致蒋介石

重庆,1941 年 3 月 25 日

顷准 3 月 24 日英国大使馆包克本①参事密函,说明英国当局最近同意将美国分配给英国政府之飞机转让我国,及允许装配美购枪炮。查英方此种友谊表示,似应接受,除电达航空委员会外,理合检同原函中文译文一件,电请鉴核示遵为祷。照译 3 月 24 日英国大使馆包克本参事致王部长密函如下:"部长阁下:兹奉英国政府之命,将下列一事通知阁下。英国当局不顾其本身之极端迫切需要,前曾同意将美国当局业经分配与英国政府之 P40 号之战斗机 100 架,转让中国。旋准中国当局表示,中国政府未能在美国购买此种飞机所必需之武器,英国政府现已同意供给适当之机枪,且正在设法使上述飞机装配英国在美国订购之枪炮。英国政府采取此种步骤,牺牲其本身利益甚大,其动机实系有意在其能力以内,尽量协助中国,完成其国防需要。英国政府希望中国政府,以同样之友好合作精神,接纳英方此种表示。上述各节,应请惠予转达中国政府各主管机关,是为至荷,并颂崇绥。"

《战时外交》第 2 卷,第 150 页

蒋介石致郭泰祺

重庆,1941 年 3 月 25 日

伦敦。郭大使:兄见英搂与外长时,请问其对苏俄之政策及其英、俄最近之国交有否进步。英、土与俄、土之关系亦望详告。又中英军事

---

① Arthur D. Blackburn.

合作之实行,应在倭攻我昆明或其攻新嘉坡为起点,不宜限以攻新嘉坡后始行合作。如昆明被敌占领,则中英合作路线必被截断,再无合作可言。敌倭如先攻昆明,即无异攻新嘉坡,则英当派在新之空军来滇助我作战。如英空军果能助我守滇,则我不惟可固守云南,而且可使倭在我国境完全歼灭。如此则倭再无攻新嘉坡能力,而远东之英属乃可安全确保矣,务望其照然也。又此次英国转让我在美所购之飞机,而其飞机附属之机关枪亦请其转让,否则有机无枪,不能作战,务请其情让。速复,并望代申谢意。中正。有。机渝。

《战时外交》第 2 卷,第 151 页

蒋介石、戴尼斯谈话记录(节选)
重庆,1941 年 4 月 14 日

委座:现在苏日既已签订中立条约,局势急剧变化,且夕莫测,此与以前外交情形,大不相同,贵我两国国交,今后仍仅止于现时之状态乎? 抑应作更进一步之合作? 对此问题贵国政府之决意如何? 余所亟愿闻知者也。

邓武官①:委座所示两国更进一步之合作,意即指中英两国军事合作之事乎?

委座:此时即是需要中英军事合作。

邓武官:前此敝国政府之训令,曾指示余等对于贵我两国军事合作之任何情事,此时均可商谈,惟有一条件,即此项合作,须俟英日开战,始可正式成立。

委座:此种附带条件,甚觉不妥。须知日本如进攻敝国云南,即为其进攻贵国新加坡之准备。故余前次对贵国所提合作办法,实为两国共同之利益计,此时更感到迫切之需要,究竟贵国决意如何? 亟盼有一明白之答复。

---

① 即戴尼斯。

邓武官：此事前次本人已电敝国政府请示，但未获明确之复示。

委座：现在局势不同，仍请再电贵国政府。如此点不能作到，则以后两国任何军事合作，恐将失却谈判之机会矣！

邓武官：现在局势转变，果已逼临日本不攻云南即攻新加坡，或不攻新加坡即必攻云南乎？

委座：今后日本或先攻云南，或先攻新加坡，皆属可能。

……

邓武官：余意日对云南与新加坡，如同时进攻，必感困难，但其于攻占云南之后，也许更进一步进攻新加坡。

委座：既然如此，贵我两国为何不早日决定军事合作，以资共同防御乎？

邓武官：此时敝国与日本尚未宣战，日如进攻云南，一如其往昔之进攻沪、宁、武汉者然，此乃侵犯贵国之领土，敝国自可仍守中立。

蒋夫人：然则他日如日本进攻新加坡，贵国要求中国合作援助时，中国亦以其所攻者为贵国之领土，而袖手旁观，可乎？如其不可，则贵国于日本进攻云南时不与敝国合作援助，而于日本进攻新加坡时，中国岂独须担负与贵国合作援助之义务乎？

委座：余意正是如此。

邓武官：余意中日现在已属开战，日本如进攻新加坡，此与贵国抗战成败有密切之关系，故贵国必须与敝国军事合作，共谋抵御，倘使现在中日尚未开战，日如进攻新加坡时，贵国自亦可以严守中立，余所见与尊意不相同者即此。

委座：余今日所提出者，务请武官电达贵国政府，如日本进攻云南，实即切断中英两国将来合作之通路，此时，贵国究竟是否愿与敝国实行军事合作？盼予明白答复。

邓武官：委座所示此语，含有二义：（一）即英日尚未宣战，如日本进攻云南，敝国即须与贵国实行军事合作乎？抑系（二）英日已经宣战，日本进攻云南时，敝固始以军事援助贵国共战日本乎？

委座：余意系指前者而言。

邓武官：果如是，敝国将以何方式出此乎？

委座：此种方式，可由两国酌量商定，但至少必须有贵国之空军助我作战。

邓武官：如由敝国派遣空军助战，岂非敝国已正式参加中日战争乎？

蒋夫人：为两国之共同利益着想，吾人今日应不拘于形式与名义，但求达到两国实际之合作与互助。

《战时外交》第 2 卷，第 153—156 页

蒋介石致郭泰祺

重庆，1941 年 4 月 17 日

伦敦。郭大使：俄倭中立友好条约以后，中认倭必南进，中英军事合作必须有一确实协定。从前英国要待倭攻星岛后再实行军事合作，如此中国只单方义务，殊不合情理，所以中坚持星岛与昆明并列，无论敌先攻星岛或先攻昆明，中英双方皆应由此为合作实施之起点。如果敌先攻昆明，而英国空军尚不肯参加协助，则昆明失陷以后，待敌进攻星岛，则中英战线为倭隔绝，无从联系合作，如此亦无合作可谈矣。须知敌攻昆明即为进攻星岛，不使华军向星岛赴援之先着也。请以此意切商英政府，属其无论敌先攻昆明或先攻星岛，中英军事合作皆应即时履行也。如何？请其速鉴。中正手启。洽。机渝。

《战时外交》第 2 卷，第 157—158 页

卡尔致蒋介石

重庆，1941 年 6 月 10 日

前奉阁下面告："初秋前不能得美政府驱逐机之供给，并以美政府曾向阁下建议：似可就敝国政府在美订购之驱逐机中，以若干架分让中国。"敝人已将此建议转达伦敦，今幸喜为阁下告者，即敝国政府已与

美政府商妥,将以弗力提(Vultee)战斗飞机144架,让予中国。

敝国政府在自身迫切需要之际,采取是项行动,无非欲显示其竭力援助中国之意耳。彼等信此消息不致公布,并欲明了该项飞机将应用于"国际空军"也。

《战时外交》第2卷,第158页

4. 达成联合军事行动的初步协议

陈布雷致王世杰

重庆,1941年7月28日

雪艇吾兄主任勋鉴:兹抄奉顾大使由伦敦来电一件(第二一八○三号),即祈察阅参考为荷。专此,致颂勉安

弟陈布雷亲启　七、廿八、

顾大使伦敦来电七月十七日　第二一八○三号

二○二号电悉。顷访英外部常次,首询以英苏协约合作范围,如日攻苏联,是否拟推及远东,彼答当然可以推及,盖既定彼此互助,自当包括任何方面。惟实际英于军事上能助苏之处不多,在欧现正用空军轰炸德西,当可减少德空军对苏之压迫。在远东方面,英之海军有限,能为苏助者亦甚薄。询以关于远东一层,曾否讨论,彼答未。钧谓据邵使电告,苏方似盼关于远东,亦能商订合作具体办法。彼答苏对英尚未提出要求。(二)关于东京阁潮趋势,彼当无确息。惟料日不久将南进,先占越南,对苏目前不致有何举动。钧谓我亦虑日将先占越北,攻滇省,故深盼届时英以远东空军助我,开始中英军事合作,盖日之攻滇,亦即攻缅,为新岛之初步,若待日果攻缅新,再责华合作,届时昆明或已失守,彼此联络截断。我已无法助英,时机既失,合作皆不免空言,军事合作,贵于事先早定办法,若待临时商议,每有张皇失措之论,难收全效。彼似颇动容,谓所言甚是,容向当局进言。钧询报载英军事代表日内将赴渝商谈合作办法确否,所界训令是否有权签字,抑仅能商谈。答该代

表一、二日前当已到渝,专为与委座商议,无权签字。(三)钩询关于远东英方最近与美政府有何接洽,日如攻越,美将出为制止否。彼答时相交换消息,有不断的联络,届时美当能采取抵制办法,越南固为保障南洋各地之险要,但事实上日欲达为根据地,亦须相当时日,非仓促能成。(四)商以便利我官民赴缅签证手续事,彼允当设法。(五)沪租界法庭事,彼允致电东京,向日表示,但以最近日之对英态度,虑必无效,如伪组织果以武力攫夺,目前亦无力抵抗,只能保留法律上之地位。钧谓如能切实向日表示,俾保现状,实于各方均属有益,谅我亦已向美作同样接洽,彼称甚善。(六)商以设法劝阻泰国承认汪伪一层,彼言按今晨所得曼谷英使来电,泰政府正在抗拒,尚不至有承认之举。钧言英泰关系近况转好,英之劝告,必能见重,否则泰入日本势力范围,于中英均不利,即于泰自身,亦有危险,彼言英亦不愿见仇英势力扩大至英属附近,所虑者,日如坚持,则泰当局或即只贪目前苟安,不顾泰国前程云。

中国第二历史档案馆藏外交部档案,十八/176

顾维钧致外交部

伦敦,1941 年 7 月 22 日

21907

昨与党领袖阁员 A. T. Lee 午餐,告以日如占越攻滇,南于缅甸、新加坡和印,北于苏联后方安全,均关系重要,届时英至少当以空军助我,俾保全远东中英阵线之联络。彼颇注意,惟料最近期内,日尚不至有何举动。钧又询以卸任宣传部长奉使远东之用意,彼答为促进帝国各部分在远东之合作,与派往近东之各性质不全相同,当以新加坡为驻节之处,但不拟常驻云。

中国第二历史档案馆藏外交部档案,十八/176

陈布雷致王世杰

重庆,1941 年 8 月 5 日

　　雪艇先生大鉴:兹奉交下外部呈阅电二件,特抄送备考,尚乞誊存。专此,祗颂勋绥。

弟陈布雷谨启八月五日

伦敦顾大使七月廿五日来电 22037

　　下午艾登外长约见,(一)谓今晨某议员在议院质问,关于越南问题,何以未与中国接洽,彼以仓促出席,未能详答。实因美方约定所采对日办法,由美通知华方,兹拟先密告,系分两种:(甲)美将所有日本在美资产一概封存,嗣后非经特许,不得提用,英对日本一律宣布办理;现加拿大、澳洲、纽丝纶、南非洲、印度、缅甸均已同时发表;(乙)英将一九一一英日商约、一九三四日缅协定、一九三七日印协定声明废止,不止按照商约规定,此项废止声明须俟一年后方生效,但实际资产既已封存,所有商业自全停止,今晚当可发表。又云:所定办法约定由美方通知我方,因我曾要求封存华人在彼资产,原属难办,现美已筹有办法,拟一律宣布封存,但华方请求特许证可随时照发,对日拟拒绝。钧询外长看法,日方可有何种反响?答曰:日必惊异所采制裁之严厉,或先沉默观望,或即出以反抗。此次所定办法,不特和兰踌躇,即各自治领亦多怀疑,要求商美担保,如日为难,美允为后盾,但此层恐难办到,提亦无效。钧继询据彼观察,美方预备作到若何地步?答:如日攻新加坡与和印,美必不惜以武力对日;此非美方所言,仅你彼个人感觉。询以苏联对越南问题有何表示,彼答无,但彼拟今晚以告苏大使接洽。(二)钧谓:日先据越南,或竟即攻滇,图断缅路交通,逼我就范,使我不能以兵力助英,此于保障缅甸、新加坡和印之安全,有莫大关系,究竟英方能否以空军助我抗日?彼答此系与日作战,现英已有德义为敌,难再战日,如美能参加,则英亦不惜与日为敌。钧谓:英在远东以地理关系,助华即系自助,如能制日于中越边界,日必无暇南进,必乃允以空军援助案内,再与军事当局一商,但彼料日于占越后,先图泰国,不至即攻华。(三)询以将来日攻苏联,英苏在远东合作问题已否讨论? 答:苏联迄未提及,谅以正忙对德,且苏远东军队并未抽调至欧,日必不敢动手云云。

中国第二历史档案馆藏外交部档案,十八/176

陈布雷致王世杰

重庆,1941 年 8 月 15 日

雪艇先生大鉴:顷奉委座交下外部呈阅电三件(22281、22351、22377),特抄送备考,尚祈誉存,祇颂勋祺

弟陈布雷谨启　八、一五、

顾大使八月八日来电

今午外长邀宴,顺便以商。据云泰方告英泰虽已承认伪满,然无意承认伪汪,钧以为日再压迫,恐泰将迁就,请其再向泰政府劝阻,彼允即电驻曼谷英使设法。又询钧以日本第二步举动,答日本野心不载,仍拟推进占泰国,此次英美警告虽严,未必能使日军阀觉悟,自宜及时准备,以实力制止,一面明白表示使日信英美确有决心抵抗,则尚可望悬崖勒马,否则日必得寸进尺。彼亦以为然。钧询以美方态度究竟能否积极应付? 彼答全视此次会商结果云,意指英首相与美总统之会晤。

中国第二历史档案馆藏外交部档案,十八/176

唐保黄致蒋介石①

重庆,1941 年 8 月 18 日

甲、属于英方者:

(一)英日开战时,英方派游击顾问(或教官参谋名义)于中国新成立之 15 个游击队,每队一员,并附以英军一班为技术班(例如爆破等),直接受各该连之英籍顾问指挥。英日开战前,中国政府聘请英籍

---

① 此为中英联合军事行动四次谈话的结论报告。

游击战术、爆破、电雷顾问各一员协助训练。

（二）英方同意缅甸政府在缅境内应予中国以诸种便利——准中国飞机在缅装配（包括装置武器，但成队飞行以三架为限，射击演习只限于低空），并增借 Toungoo①，Magwt② 等机场，供华方使用。

（三）垒允、腊戍间由英方架设有线电话，俾便通信联络。

乙、属于中国方面者：

（一）日本进攻香港时，中国军队在该方面发动攻势，以协助英方防守香港（详见中英协同防守香港作战计划）。

（二）日本进攻缅甸时，中国军队自滇境出击攻侵缅甸远东方面敌人之侧背，此项部队须在战前（现在）向滇境内普洱一带集结，并先与英缅方取得联络。

（三）中国在缅甸机场贮备战斗机之汽油、弹药，以应情况需要时，中国机队协助缅甸防御之用。

（四）中国云南及湘桂路沿线指定之机场根据地，准予英方贮备汽油、弹药材料，并在战时借与英国机队使用。

谨按：英方所谓平时贮备飞机材料，战时应情况需要，或可派遣四个轰炸队来华助战者，实欲利用中国根据地保卫缅甸、香港，故仍列入乙款。

（五）撤退香港"无用"华侨返国问题，我方代表虽未答复，但据戴副局长笠 8 月 13 日报告，港府已与粤省李主席汉魂代表直接开始磋商矣。

丙：属于双方者：

（一）中国方面普洱派遣军之给养，由英缅补给，华方照价付款。关于给养之运输（英方负责运至车里），及通信联络（互换联络参谋及由英方负责架设有线电话）等，由双方共同负责。

---

① 同古。
② 马格威特。

（二）运输之互助，英方利用现有仓库组织协助华方启运在缅军用物资，并代华方运输物资由腊戍至昆明，其数量与华方代英方自昆明运往全州者相同。

（三）八莫保山公路之修筑，由双方共同负责。（中英双方各自负责由保山及由八莫向中缅国境之工程。）

丁、尚待决定者：

（一）英国派遣志愿空军来华。

（二）英国以 TR9D 式侦测机空用者 500 架、地用者 20 架，借与中国。

（三）中国空军在缅练习飞行时，请英方对飞行高度与每队机数不加限制，并准驾驶员练习机枪射击及用水炸弹作轰炸练习。

（四）请英印政府同意协助华方修筑中印公路。

（五）中国方面供给缅方步枪、手枪及弹药，以便游击训练。

《战时外交》第 2 卷，第 177—178 页

蒋介石、卡尔谈话记录
重庆，1941 年 9 月 13 日

英使：郭部长已将钧座之意见告，本人亦已据达英国政府矣。钧座适言印度西康公路之测量问题，想即指萨迪夏（Sardya）①至西康之公路，本人当尽力加以敦促。闻过去中国测量队欲着手测量在西藏境内之路线，为西藏当局所拒，后印度政府通知中国当局，如该测量队欲由印度或缅甸入藏，印、缅政府固所欢迎，惟入藏之后，有何危险，则由该队自身负责。惟该队入藏既遭遇如此困难，而藏境地形又复岗峦起伏，测量非易，我方因此正在考量空中测量手续。本人深愿不久即可得解决办法。……

此外，复有一事亦拟奉陈。戴尼斯武官适从仰光返渝，据彼报告，

---

① 又作萨地亚。

仰光之游击队学校办理成绩极佳,所有学员,经训练之后,皆效率甚高,已准备随时开始工作。惟彼最近与贵国游击队长官李默庵司令谈,悉中国方面之训练尚未就绪,正式工作,恐尚需时日。戴尼斯武官对此问题,颇感关切。

委座:戴尼斯武官返渝之后,曾与商主任会谈数次,其谈话内容,予皆得有报告。游击队予固可令李默庵加紧训练,阁下既称仰光游击队学校办理成绩甚佳,颇愿李默庵司令有观光之机会。

英使:予与戴尼斯武官皆欢迎李司令前往,惟恐李司令无暇抽身耳。昨日本人约戴尼斯与李司令午餐,席间本人曾向李司令建议,邀彼赴仰参观该游击队学校。李君表示,此当请示钧座决之,惟彼在战区,工作繁忙,今正准备赶回,恐一时不易抽身。足见李司令目前或难作仰光之行。

委座:予当传见李司令,嘱其加紧训练游击队工作。至其仰光之行,当再加考量……

英使:本人赴星尚有足为钧座役者否?

委座:予意完成中、英、美三国之联系至关重要,愿阁下此行注意及之。

英使:微钧座言,予几忘之矣。十余日前,本人曾电伦敦,建议组织中、英、美三国互相联系之办事处。租借法案对中国之军事供给最关重要,故总处应设于华盛顿,分处则设于重庆。重庆分处将中国所需者提交华盛顿,再由总处斟酌其供给之能力、征集之处所等种种问题。予建议英国亦作有力之参加,盖供给中国之军火与英国之需要既有息息相关之处,而英国之势力,复可影响缅甸之态度。美国供给中国之货品,经过缅境之时,缅甸或将加以阻碍,经英方参加此项组织之后,即可免除矣。本人去电中复一再申述,英美两国应承认中国四年抗日对民主阵线贡献之巨大,亟应予以报偿,不幸英、美尚未计议及此,而此项联系办事处之组织,即可表现此种精神。

电去后,旋得复电,本国政府表示除第一条外,可接受本人全部建议。在第一条中,本人提出疑问,本国政府不能以轰炸机供给钧座,理由究竟安在? 岂世界之大,钧座所需之若干轰炸机,竟无法获得耶? 本国政府之答复称,取得轰炸机实感困难。自去年10月迄今,美国政府虽承诺以大量轰炸机输英,然迄今仍未能交送足够之数量……

委座:……美国军事代表团此来,拟设总办事处于重庆,复于华盛顿、仰光或新加坡各设分处。予意此举,或即能按照阁下所建议办法,完成中、英、美、荷军事上之联系与合作,或者三国合作,即从军事发其端,深盼阁下能进一步完成更大规模之计划。

就国境之距离言,中英近于中美不知若干倍,近者赴援必易于远者,是为常情,然美国未作若何鼓吹,今已派遣军事代表团来华矣。美国空军志愿兵之来华者亦纷纷首途矣。新加坡之距我国境,不可谓不近也,英国空军亦(有未)〔未有〕参加战役者也,何未见一人之派遣耶? 此实我因国境接近,亟盼与英国加紧合作之国人所大惑不解者也。深盼英国政策之决定,高瞻远瞩,看到50年或100年之后,勿局限于当前权宜之应付。

英使:愿钧座顾念英国今方从事于世界第一等之大战争,而美国并未受战争之束缚。倘美国今亦参战,恐亦不能任此大量空军来华投效矣。

委座:若遣新加坡若干英国空军来华以示合作之姿态,当亦非难。一旦新埠有事,仍可召回服役。戴尼斯武官返渝之后,于中英军事合作之细小问题,亦未能获得任何结果,比之美国派遣军事代表团来华之迅速,相去实甚悬殊。

英使:闻戴尼斯武官与中国重要将领正讨论军事合作计划,其计划书亦在拟议中。

委座:希望阁下抵新加坡后,全力主持三国联系应拟定全盘计划之议,而英国方面更应较美国所拟实行者更进一步。

（六）印度支那通道问题

说明：全面抗战爆发后，保持中国西南国际通道的畅通对于中国坚持抗战具有重要意义，中国政府需要假道越南运输物资入境。虽然中法之间有条约规定，中国有权利假道越南运输物资，但在日本的压力和抗议下，法国下令禁止中国假道越南运输物资。然而在实际执行过程中，印支当局还是给与了便利。

1. 中法两国政府的交涉

蒋介石致宋子文

南京，1937 年 9 月 17 日

上海。宋子文先生：苏俄军货来华，拟假道安南运华，请电石曾① 先生与法政府交涉。如何？盼复。中正。筱未。机京。

《战时外交》第 2 卷，第 732 页

蒋介石致孔祥熙

南京，1937 年 9 月 21 日

孔特使勋鉴：俄军器愿备船运安南起货，约 10 日内即可由俄装出，务请从速与法政府交涉允准为盼。中正叩。马巳。条京。

《战时外交》第 2 卷，第 732 页

顾维钧致蒋介石

巴黎，1937 年 8 月 6 日

顷偕孔使访法总理谈中日问题，并询前月向法外长所提二层。渠

---

① 李石曾，国民政府委员，时在法国。

言假道越南一层，滇越铁路系单轨，实际能加运若干，殖民部当须研究，而一朝战事开始，凡军用品供给与运输，动辄牵涉中立问题。钧谓运输军火，原为中越条约所允，按国联盟约，对日侵略，亦无中立可言。渠谓无如国联一再失败，显不可靠，若列强因供给物品与假道运输，而引起对日纠纷，不得不直接当冲，此系实际问题，不能不从长考量……

《战时外交》第 2 卷，第 731 页

顾维钧致蒋介石

巴黎，1937 年 10 月 18 日

513 号。18 日。512 号电计达。钧与法外次交涉 1 小时，除说明备忘录所开各点外，并告以英政府对于假道香港一层，已允由港督按照我方当地代表之请求，随时放行。美当局前亦曾告我，美商船运货可向安南卸货，如遇某方在海上干涉，美政府必予以保护。法外次答复如下：

（一）法政府自中日冲突以来，对华在国际上或在国联，或在供给材料，屡有友谊之表示，此次并将国营军用品开放，且飞机可准其由越飞华，假道限制实出不得已，请告政府万勿视为法政府无意协助。

（二）条约根据纯属法律问题，实际上越南每遇中国内战，必禁止军用品假道，且此次亦从未实行假道，不能谓失望。钧言抗日侵略，不能与内战并论，嗣后日方加强封锁，故有假道之必要。

（三）香港假道，仅属理论，因粤汉铁路被炸，交通梗塞，英方亦来商量，改由越南运华，英既如此，美不与华毗连，俄虽毗邻，亦无举动，法如单独假道，势必当日之冲。因据各方确息，日本必采取适当办法，破坏假道之举，而法在越南既无有力舰队，又无空军，现英、美、俄与法尚无具体谅解，不得不持之审慎。

（四）如日本实行轰炸滇越铁路，系损害法国资本，中日双方既不能允赔偿，势必为法国股东之损失，且如炸毁桂越边境道路，破坏运输，虽允假道，仍于中国无益。钧言此系防空设备问题，如沪宁路之被敌机轰炸,日有数起,并未遭毁。

（五）日本有侵占琼岛与西沙岛之意,经法使三次向日外相商劝,彼诿言事属海军省,尚未肯复,窥其用意,如越允假道,则必占据该二岛,以相威胁。此二岛地居广东、香港、越南、新加坡之冲要,如被日本侵占,与中、英、法三国之利益均有莫大危险。此外日本且将鼓动暹罗与越为难。钧谓法如因日恐吓,即变更政策,未免有损法在远东之威望,且华南与越唇齿关系,他日或有假道华南之需,今日不宜造成恶例。

（六）钧询不允假道一层,曾否与日接洽,以不占据琼岛为条件。法外次否认接洽,并谓始终未曾相提并论,日本仅以供给中国军用品问题询问法之政策,法政府每次仅以内阁决议办法答之,未与讨论。钧谓是视中、日一律待遇,渠谓日本所购远逊中国之数量。

（七）钧询此次承通知之办法已否确定,渠答目前已如此决定,如将来比京会议时,英、美、俄等另拟积极协助办法,必赞成一致加入。钧谓现距会期匪遥,何不待至彼时再定办法,并请将所谈各节报告外长。渠允即报告,并谓由飞机运材料一层,愿加考量,惟请严守秘密云云。特陈。并请告孔部长、宋总裁接洽。

《战时外交》第 2 卷,第 735—736 页

顾维钧、德尔博斯谈话摘录
1937 年 10 月 20 日

德尔博斯记下了我的话之后说,法国政府作出那个决定,出于三方面的考虑:第一,很清楚,日本人在反复抗议中国军用物资从印度支那过境之后,可能采取空袭印度支那交通线的手段;但德尔博斯个人认为这种情况不大可能发生。第二,日本人是出色的间谍,估们很可能雇人进行恐怖活动,破坏印度支那的公路和桥梁。这些穿越人烟稀少的空旷山区的工程,耗资巨大,而恐怖分子则可轻而易举地予以破坏。另外还要想到暹罗在日本的影响和煽动下,可能给印度支那制造困难。第三,日本可能占领海南岛,并且法国将单独面临与日本的纠纷,而得不

到英、美的支持。

《顾维钧回忆录》第 2 分册,第 554—555 页

德尔博斯致夏尔—阿尔塞纳·亨利①
巴黎,1937 年 10 月 25 日 23 时发

国防委员会会议已对军用物资和飞机出口到中国和日本的问题进行了研究。会议决定,今后武器、军火、飞机可以出口到这两个国家,不管它们是国有工厂生产的还是私人企业生产的,但是禁止法国或外国军用物资经印度支那过境运输。

《法国外交文件》(1932—1939)第 2 辑第 7 卷,第 226 页

德尔博斯致法国驻华盛顿、上海的外交代表②
巴黎,1937 年 11 月 8 日 21 时 30 分发

兹将法国政府关于军用物资运往中国和日本的有关规定概括如下:

1.法国政府允许武器、弹药和飞机出口到中国和日本,不管它们是国有兵工厂的产品还是私人公司的产品。

2.禁止军用物资经印度支那过境去中国,不管这些物资购自法国还是其他国家,直到建立新秩序。

3.这一禁令不适用于 1937 年 7 月 15 日以前预订的法国物资,也不适用于 1937 年 10 月 13 日以前已经离开出口港的法国或外国物资。

《法国外交文件》(1932—1939)第 2 辑第 7 卷,第 357 页

顾维钧致外交部(节略)
巴黎,1938 年 6 月 28 日

汉口。外交部。659 号。28 日。顷晤法外次谈:

---

① Charles-Arsene Henry,法国驻日大使。
② 指法国驻华大使那齐亚 Naggiar(1936 年 7 月—1939 年 3 月)。

......

（二）钧问报载法外长给予日大使保证云云，究指何事，是否有关越南通过中国军火问题。彼答一如前此对日所声明者，法政府之正式立场始终禁止中国军火通过越南，一如对西班牙之态度。实际如何另是一事，现无丝毫变更。惟中国方面时有当局宣言谓法允如何协助中国，最近某将官公然谓法国拟派军事顾问赴华以代德籍顾问，又派航空专家，并拟订中法互助协定云云，引起日方对法诘问，使其为难，甚属憾事。钧谓此非正式谈话，不足重视，但可电请政府注意。

......

《战时外交》第2卷，第744—745页

2. 云南地方当局与法国驻滇领事的商洽

龙云致王占祺

1937年10月13日

滇黔剿匪总司令部密令

令外交部驻云南特派员王占祺

查本省积极推进防空业务，对于情报网配备，业经统筹办理。兹查滇越铁路为重要交通路线，沿线均多法越侨民住在，附近各市县又系本省重要地区，自应妥为防护，以策安全。除令由路警总局训练组织防空监视队哨，切实监视外，关于应需通信线路，为迅速完成计，并饬商借滇越铁路公司沿途各站电话，以供应用。合行令仰该员迅向法越当局妥为商洽，传知沿途各站予以便利，在发现敌机时，得尽先用以传达情报，俾期完密。仰即遵办具复勿延，切切！此令。

主任龙云

中华民国二十六年十月十三日

中国第二历史档案馆藏外交部驻滇特派员公署档案，五/二/595

王占祺致葛礼邦①

1937 年 10 月 23 日

致法领函

敬启者:顷奉滇黔绥靖公署密令:以本省积极推进防空业务,对于情报网配备,业经统筹办理。兹查滇越铁路为重要交通路线,且沿线复多法越侨民住在,自应妥为防护,以策安全。除令由路警总局组织防空监视队哨,切实监视外,仰即迅向驻滇法领商洽借用滇越铁路公司沿途各站电话,以供应用。如发现敌机时,并请尽先供传情报,俾期完密,等因。奉此,相应函请贵领事官查照,烦即转达铁路公司饬沿途各站予以便利,在必要时并请尽先供用。仍希见复为荷。此致

大法驻滇领事官葛王○○。

民国二十六年十月廿三日。

中国第二历史档案馆藏外交部驻滇特派员公署档案,五/二/595

葛礼邦致王占祺

1937 年 11 月 5 日

译法领公函

敬覆者:案准贵处十月廿三日大函,请转知滇越铁路公司对于路警予以便利,俾于发现敌机时,得应用沿途各站电话,迅速传达情报,等由。本领事业已阅悉,当即函达该公司总办去后。顷据该公司驻滇专员本月三日函称,已令饬沿途各站遵照办理,等情前来。相应函复贵处,请烦查照为荷。此致

外交部驻云南特派员王。

民国二十六年十一月五日　　葛礼邦拜

中国第二历史档案馆藏外交部驻滇特派员公署档案,五/二/595

---

① 法国驻滇领事。

3. 法越当局的态度及措施

印支当局 9 月 6 日命令

印度支那当局根据巴黎颁布的战时措施,自(1939 年)9 月 6 日下午 5 时开始实施一项新命令。根据这项新命令,任何物资不得从印度支那出口,包括那些已经装上卡车待运的物资在内。这些货物都奉命卸下。甚至已经用火车运到边界的 26 箱货物也奉令卸下,不准通过边界运往中国。

《顾维钧回忆录》第 4 分册,第 168 页

驻河内总领事馆致外交部
河内,1939 年 9 月 23 日

重庆。外交部。541 号。23 日。顷总督约晤,据告我国运输,渠极愿协助,惟突接巴黎训令,不准军火、汽车、汽油经过。嘱在途之货从速阻止,在越之货限日出清。当经告以汽车、汽油不尽军用,彼允电巴黎设法。除电顾大使外,谨闻。总领馆。

《战时外交》第 2 卷,第 758—759 页

关于中国物资假道印度支那的新限制和禁令

10 月 5 日,我收到河内许念曾总领事的三份来电,告知影响中国经由印度支那转运物资的新限制和禁令。其中 10 月 4 日的一份电报说,中国商人所定购而目前储存在印度支那的德国货物,必须在 10 月 6 日前予以清理。但凡能证明货款已在 9 月 3 日前付清的货物,可以准许运出印度支那。如付款日期晚于 9 月 3 日者,则货物将由印度支那当局没收;凡已发运在途而未付款的德国货物,也将予以没收;如货款已付,则指令运回德国。另一份同日的来电说,中国政府定购的德国货物从印度支那清理出境的期限是 10 月 25 日,但是也必须出示在 9

月 3 日前已付清货款的证件。如果付款日期系在 9 月 3 日之后,这些货物将予没收,并送往政府财产管理局的仓库。

《顾维钧回忆录》第 4 分册,第 169 页

越南当局的新规定

10 月 16 日,中国驻印度支那总领事来电向我报告称,印度支那当局修改了有关中国政府为自用而向德国定购货物的运输限期命令,而且放松了关于先期付款的要求。但是实行了新规定以代替这些限制,大意是,所有在印度支那滞留待运的物资,包括中国政府的货物在内,不论是否禁止出口,都必须纳税。这项新命令自 1939 年 11 月 1 日起生效。

《顾维钧回忆录》第 4 分册,第 174 页

4. 国民政府内部的磋商

外交部致驻河内总领事馆
1939 年 5 月 29 日

驻河内总领事馆:准财政部渝资字第 10471 号代电,以行政院水陆运输委员会,前以海防积货已约有十五万吨,再加自美购料由海防入口约十五万吨,若单恃滇越铁路每日三百吨之运量,则须三年以上方能运完,拟具报告,建议增加运量,添设堆栈,分段运输,由相关机关分负责任各节,经本部参酌实际情形,分别签具意见,呈奉院座批"可"。关于增加运量办法,拟请贵部与越方交涉,准我方车辆照纳短期过境牌照税,并酬给养路费,一体通行,其他捐税免予缴纳。一面商请越方征租红河船舶,利用水道疏运,以便利物资运输。抄同水陆运输联合委员会原送报告及本部签奉院座核准意见书各一份,请查照洽办,等由。特抄同财政部意见书,仰即以免税行使卡车问题及红河征租船舶问题转商越督办理,并将办理情形具报为要。外交部。艳。

附件

签呈

查关于向外购料交货地点及内运办法,本部前于本月十二日邀集相关机关代表会商,所有商决各项,业经签报鉴核在案。兹准水陆运输联合委员会拟送关于向外购料入口运输之报告一件,请予查照采纳前来,大意以海防积货现已约有十五万吨,再加自美购料由海防入口约十五万吨,若单恃滇越铁路每日三百吨之运量,则须三年以上方能运完。即能增加车辆,尽量利用水道、汽车及其他分线运输,亦当需时一年零数个月,故预计进口各货须由仰光分运一部分,而仰光亦需增加车辆,利用水道,并促成八莫至边境公路,方足以分负疏导之责,等语。查原报告中建议增加运量,添设堆栈,由相关机关分负责任,并由政府从外交、财政、交通各方面予以协助各节,确属当前切要问题。兹谨参酌实际情形,分别签具意见如次:

(甲)关于增加运量办法

一、洽增滇越路车辆及改装汽车暂代机车　原报告请与越方交涉,由路局增购车辆及机车,以增加路运吨位。在未实行增车以前,暂以卡车三百辆改装铁轮拖带平车六百辆,约计每日可运二百吨,等语。查路局增车问题,以往交通部曾商请自行拨车借路使用,已获越方允准。此次若请越方增车,困难较多,不如一面仍由交通部添拨机车及车辆,以每日增加二百吨为度,商借越路行使。如实无车可拨,无妨将叙昆、滇缅铁路预定应购车辆,提前购进一部分应急。在购车未到以前,可商越方用卡车改装铁轮,作为过渡办法。以上关于拨车及交涉借路等项,均应由交通部迅速洽办。

二、利用水道　原报告请利用富良江由海防通航至滇境之蛮耗,再由蛮耗添筑公路四十五英里以达蒙自,或即于此距离中利用人力或兽力转运,等语。查此点关于添筑公路或组织驮运,均非难办,似可饬由交通部与滇省府切商办理。惟由海防达蛮耗河道是否待疏浚,船舶是否足用,及上项办法与越政府目前交通行政有无扞格之处,一切均待详密调查磋商,似亦应饬由交通部积极进行。

三、分线疏运　原报告拟将内运货物一部分,先由宜良直运贵阳,次要者可分运镇南关,再分转内地。惟南镇铁路自同登至镇南关迤北一段,应由交通部转饬尽先钉道,等语。查货物由宜良及镇南关分运,原为减轻滇越路负担及免使滞积昆明起见,自可照办。南镇铁路尽先钉道一节,似亦应饬交通部克期办理。

四、利用新车进口　原报告以预定由海防进口汽车约三千辆,装配完毕后,应饬每年于海防、镇南关间来回装货驶行三次,再交回原购机关。如是,约可疏运滞防货物一万七八千吨。除设专员管理此段疏运外,并应由外交方面商请越方准我方车辆照纳短期过境牌照税,并酌给养路费,一体通行,其他捐税免缴,等语。查此点主旨在利用外购车辆,自运滞防货物,其法确属经济而有效。惟利用疏运期间,不必以三次为限,应视各机关车辆所需缓急情形,酌为增减,即由行政院水陆运输委员会派员主管调配疏运事宜,并饬外交部迅向越政府磋商车辆运货过境领照纳税及免税办法。

五、运量之调节　原报告请于海防设堆栈四所,每所至少须容一万吨,那岑方面设堆栈一所,准备可容二千吨,至国内堆栈容量之分配则:(1)昆明四万吨,(2)宜良四万吨,(3)蛮耗二万吨,(4)凭祥二千吨。等语。查堆栈之设立与运量之多寡有密切关系,应由水陆运输委员会估计切实需要,统筹办理。

(乙)堆栈之设计管理及费用

原报告请于国内中转地点各设一万吨之堆栈,在海防建立一大规模之堆栈,均由水陆联运会负责建筑管理,其建筑及管理费用,先由财政部垫拨,事后由各机关按吨位分摊归垫,等语。查国内外起卸及中转地点堆栈设备虽尚不充,惟一部分仍可租用当地商栈民房,设非确实需要,勿庸大量建筑。此节似应由水陆联运会与相关机关详切商讨,就货物之流通及停贮状况,估计一最低限度之容量,并根据此项最低需要,编制关于建筑及管理等费用之概算,送请财政部酌核办理。

（丙）关于各机关应负责任问题

一、原报告称"水陆运联会负统筹支配之责"等语。查该会职权兼括军运、商运，自可任统筹支配之责。惟除水陆运输工具之调度而外，尚应兼任堆栈设计建筑及管理等项事务。

二、原报告称"复兴公司负责支付过境税、关税，运费之责"等语。查四月十二日财政部邀集各机关会议，商定越南过境税，因求报关便利，由复兴公司暂行垫付，由各购料机关向财政部照数申请外汇归还。惟国境关税应由各机关自行负责，业经记录在卷，似应仍照前议办理。至货物所需运费，系复兴公司交货以后之事，原属各机关本身应负责任。如在外国境内，自可照实需数目申请外汇。如在国境内，则更不需复兴代为垫拨。

三、原报告称"西南运输处负运输之责"等语。查该处运输储藏设备较为充实，各方联络亦颇周到，以负运输全责，尚能胜任，似可准予如拟办理。

四、原报告称"各机关负验收之责"等语，查各机关购料多属专门用途，当复兴公司对外负责收货时，应由购料机关自派专门人员，前经会同验收，查验无讹时，即由所派人员自行加条封固，点数入栈，同时复兴向该机关交货之手续亦于此完竣。如是即可免点验货品之讹误，复可省辗转交收之周折，似应通知相关机关各派专员或托人办理。

（丁）分段运输此点系运输上之技术问题，似可饬主办运输机关与购料机关商洽办理。

（戊）关于协助问题

一、原报告请由行政院令饬外交部，与越方交涉免税行使卡车问题及红河征租船舶问题等语，此点似可照办。

二、原报告请由行政院令饬交通部，与滇越铁路交涉，增加机车车辆及改良站场设备，增加装卸效率，及交涉滇南路凭祥、同登提前钉道事宜，等语。此点似亦可照办。

综括上述关于水陆运联会所拟报告之意见：（1）关于增加运量者，

应商越方增加越路车辆，准许借路驶车或由我方卡车载货通过。
（2）关于调节运量者，应于国内外添设堆栈，以资储藏。惟须估计切实
需要，编制费用概算，送由本部酌核办理。（3）关于各机关责任分配
者，运输储藏之设备调度，应由水陆运联会负责统筹货物之运输，由西
南运输处单独办理货物之验收，由相关机关派员会同办理。向外接收
货物，由复兴负责，并垫付越南过境税。至国境关税及内外运费则仍由
各购料机关自行筹付。（4）关于政府协助者，由行政院分饬外交、交通
两部向越方交涉增车、借路、免税等事，衡以目前需要，似均应迅予分行
各机关分别积极办理。所拟是否有当之处，理合签请鉴核示遵。

本件呈奉院座批："可"。

五月三日

中国第二历史档案馆藏中国驻河内总领事馆档案，五/二/599

外交部致经济部

1939 年 9 月 27 日

抄外交部二十八年九月二十七日欧28字第二〇〇三号代电（密
字230号）

经济部勋鉴：据驻河内总领事馆本月二十三日电称：越督告以接巴
黎训令，不准军火汽车汽油经过，嘱在途之货从速阻止，在越之货限日
出清，等情。查自欧战爆发后，本部为防患未然计，深恐法方应日方要
求禁止我方物资假道越南，经预电驻法大使馆暨驻河内总领事馆分向
法政府及越南政府交涉，切勿牺牲中国，以求与日妥协。嗣据驻河内
领事馆九月八日电称：越政府今日对我国有民有物资予一概括的例外，
照常通过，惟德货仍须证明国有始可放行，等语，各在案。兹忽接上项
消息，是法政府态度显又变更，除再电驻法顾大使暨驻河内许总领事，
分向法政府及越南政府力争，一面另电驻英美大使馆，请英美两国政府
转劝法方仍予我假道越南之便利外，特电查照。外交部。感。

中华民国二十八年九月二十七日

（注：此件奉批"存"。）

外交部致经济部

1939 年 9 月 29 日

抄外交部九月二十九日欧 28 字第二〇〇六四号代电（密字 233号）

经济部勋鉴：关于越督转知巴黎禁止军火汽车汽油过境事，欧 28字第二〇〇三号感代电计达。兹续据驻河内总领事馆本月二十五日电称：越督告以军火绝对禁运，已令海关开箱检查，至汽车汽油仍暂可通过，即使嗣后禁运，当另筹过渡办法。越督此次所谈，显与前次不同，测其用意不外（一）警告我方速运，（二）汽车汽油因美货关系特予便利，（三）或为将来禁运先声。复据顾大使电复：越督面告许总领事各节，与殖民部面告署者相符，法动员期间一切取缔限制办法，均由军事当局规定，全属普通性质。除分电顾大使及许总领事继续交涉注意因应外，相应电请查照为荷。外交部。艳。

（注：此件因前电批存亦存备查考。）

外交部致经济部

1939 年 10 月 2 日

抄外交部二十八年十月二日欧 28 字第二〇一〇号代电（第 39685号）

经济部勋鉴：关于物资假道越南事，欧 28 号第二〇〇三号暨二〇〇六四号计达。顷据驻法顾大使电称：法殖民部长表示，法方对华协助政策并无变更，本月二十六日尚电令越督将河内至滇省公路继续积极建筑，以便中国之运输。惟据报滇省时疫流行，工人染病，而海防昆明堆积中国材料甚多，不免引起日方注意，而派飞机轰炸。最近日机赴云南轰炸,波及越境,死伤七十人。现欲向日方抗议,须先将海防所积中国材料搬清,免为口实,即为便利运输,亦须常川搬运,不可屯在一处。法方尽力协助,务望我方亦尽力设法。至于禁运某种材料出口一节,系一般战时处置,并非专对越南,更非独对中国,现对中国已予特别便利,如实际发生困难,愿我见告,允为设法,乞鉴核,等语。特电查照。外交部。宋。

(注:已转电海防贝所长知照。)

中国第二历史档案馆藏国民政府资源委员会档案,五/二/605

外交部致经济部
1939年10月9日

抄外交部十月九日欧28字第二〇二七三号代电(第40141号)

经济部勋鉴:关于法方新颁限制我物资运输办法事,本月七日欧28第二〇二二三号代电计达,顷据驻法顾大使电复,遵当向法政府切实交涉。窃以越南新颁限制办法,不无隐示对我转变政策与企图与日作进一步之谅解,上周法殖民部长催我清运海防积货甚切,或亦为此。该部长对我主管机关已否拟定办法,于若干时期内清运海防昆明积货一节,甚为重视。缘我欲交涉取消限令,彼或以此责难,请速电示,等语。除将我方目前存积越南货物总额数量一时无法如限运清情形电告顾使,令其仍向法政府力争外,特电请查照,转行迅予设法疏运,以免法方有所藉口。再,此后物资应否暂改道缅甸,勿再假道越南,以策安全之处,并请查核办理为荷。外交部。佳。

(注:已分行各有关机关知照。)

中国第二历史档案馆藏国民政府资源委员会档案,五/二/605

外交部致经济部
1939年10月12日

抄外交部二十八年十月十二日欧28字第二〇三一〇号代电(第

40285号）

经济部勋鉴：顷据驻河内总领事本月十日电称：今日政治部长面告：日来越方对我要求皆通融办理，希望我对越要求亦予以便利。现法国需要我国出产之钨、锑、锡、猪鬃，盼我供给已往之数量，乞转行核示，等语。查自抗战军兴，我方物资假道越南，法越政府尚能应我方要求，予我便利。欧战发生后，法国颁布战时法令，对我物资假道亦能于法外设法通融。查核上述要求既非苛刻，其最近对我态度又极关重要，似宜允其所请，以示互助之意。特电请查核，迅予办理见复，以便转复为荷。外交部。文。

（注：已电复外交部说明钨、锑、锡、猪鬃向系公开定价出售，对法并不歧视，法如需要按价收购，中国自当充分供给。请查照转知，一面并令函资委会、贸委会查照。）

中国第二历史档案馆藏国民政府资源委员会档案，五/二/605

外交部致经济部

1939年10月12日

抄外交部十月十二日第二〇三二〇号代电

经济部勋鉴：关于物资假道越南事：欧28字第二〇二二三号代电计达。顷续据驻河内总领事馆电称：越总税务司奉命面告，对我官运德货之限期取消。惟九月三日前付讫物价证件一项，仍坚持不让。我有无证件可供提出，乞示知，以利交涉。兹拟办法三项：（一）有证件之货应将证件从速寄越提运。（二）无证件之货而其数量较小性质紧要者，可采担保方式先行提运。（三）所余无证件者，如能补即补办，否则统作一次总交涉。恳商各主管机关核办示复。商运德货又展五天至十月三十日截止，等情。除电饬继续注意洽办外，特此电请转饬所属各机关知照，并见复为荷。外交部。锡。

（注：已分行各有关机关知照。）

中国第二历史档案馆藏国民政府资源委员会档案，五/二/605

外交部致经济部

1939 年 10 月 14 日

抄外交部二十八年十月十四白欧 28 字第二〇三六六号代电(第 40538 号)

经济部勋鉴:关于法国要求我方供给钨、锑、锡、猪鬃一事,欧 28 字第二〇三一〇号文代电计达。兹据驻法顾大使电称:法殖民部长称,据越督电告,英政府续准英商福公司代运资源委员会之钨砂出越境至香港,并根据东方汇理银行密报,中国正与英商密订借款,以云南所产钨锡为担保,并称钨为法急需,应请注意,等语。查法对我钨产素极注意,现值战时,需要尤切,当此交涉取消越南对我物资假道限制办法之际,我如乘机表示好意,提议商订供给办法,藉示互助之意,必为法所感荷。若供英以外,所余不多,似可提议中英法三方面会商分配办法,较诸由越坚持禁令,截留我所运者为得策。此事真相如何,请讯予商讯电示,等情。查英商福公司代理赣粤湘三省钨砂出口贸易一事,前准贵部咨行本部有案。兹东方汇理银行所报以云南所产钨锡为担保与英商进行借款之说,是否属实,真相如何,顾大使所称法方需要钨砂甚切,建议供给方法,以期法方继续予我假道便利,不为无见。特电请查照,本部文代电并案核办,迅予见复为荷。外交部。寒。

(注:已查案电复外交部,并述明所谓以云南所产钨锡为担保与英商进行借款之说与事实不符,请转电顾大使向法切实说明。)

中国第二历史档案馆藏国民政府资源委员会档案,五/二/605

行政院致经济部

1939 年 10 月 15 日

抄行政院十月十五日机字七五〇号代电第 40551 号。

经济部:密。据外交部本年十月十二日欧 28 字第二〇三二〇号代电称:关于物资假道越南事,欧 28 字第二〇二二三号代电计邀钧察。顷续据驻河内总领事馆电称:越总税务司奉命面告对我官运德货之限期取消,惟九月三日前付讫物价证件一项仍坚持不让,我有无证件可供提出,乞示知,以利交涉。兹拟办法三项(一)有证件之货应将证件从速寄越提运。(二)无证件之货而其数量较小性质紧要者,可采担保方式先行提运。(三)所余无证件者如能补即补办,否则统作一次总交涉。恳商各主管机关核办示复。商运德货又展五天至十月三十日截止,等情。除电饬继续注意洽办外,特电请鉴核示遵,等情。除分电外,合行抄发外交部欧28字第二○二二三号代电,电仰迅予核办。行政院。删。四。计抄发外交部代电一件。

抄代电:

行政院钧鉴:关于物资假道越南事,欧28字第二○一○九号代电计邀钧察。顷据驻河内许总领事电称,越方新定我官商所运物资办法:(一)政府德货须出示在九月三日前付讫物价证据,而在十月二十五日前运清,为通融起见,不能出示证据,可向官产处请求担保,在此期内运。逾期未曾证明付款提运均封存,封后如何办理,官产处称未奉通知。总税务司禁封后,即不能提运。(二)商运德货,须出示九月三日前付讫物价证明,在十月六日前运清,逾期扣留。在途之货,已于九月三日前付款者,准予退回。未付款者,即行扣留,总税务司封扣后,即暂时征用。官产处禁止限期似可通融,已请律师协助进行。(三)越南禁止出口之货,我政府所运者,目下尚可通行,但越督令总税务司定一限期,期满后概须封存,仅美货物纳税后可通过。由中国假道越南出口之货,如在禁止之列,同样办理。现越督正要求美贷货种类数量。(四)商运禁止出货须在十月三十日前运清,逾期未运及继来者均封存。(五)上项日期定后,普通货物不在禁止之列,亦须纳税始可通过。至关于德货官运,定二十五日截止。现正与宋主任谒总督,谅亦难有结果,商运限期尤促。以上两项所需付款证明系指法领签证付款证明,限期坚争展缓未允,如此规定,直欲挟为已有。关于禁止出口物品商运定三十日截止,惟商人运输能力有限,官运虽未定限期,但一经规定,除美货外,无异停运,而入口亦无形取消。盖我官运各货如卡车、汽油、五金,均在禁止出口之列。所谓除禁货外之普通货物纳税通过,实仅空言。嗣续据该总领事电称:商运德货经指示方针,并经本馆协助官产处允展缓十九天,故可延至十月二十五日截止。现商家选派代表二人分赴沪港,请求法领签发九月三月前付讫物价证件,各等语。除电顾大使,并向法大使交涉取消上次限制办法,一面仍请法大使馆转行沪港法领事,遇有我商请求签发此项证明时,特予便利。一俟得复,再行奉陈外,特电请鉴核。外交部部长王宠惠叩。曷。

（注:已分行各有关机关知照。）

中国第二历史档案馆藏国民政府资源委员会档案,五／二／605

外交部致经济部

1939 年 10 月 16 日

抄外交部二十八年十月十六日欧 28 字第二〇三八八号代电（第 40659 号）

经济部勋鉴:关于物资假道越南事,欧 28 字第二〇三二〇号代电计达。兹续据驻法顾大使电称,法殖民部长函知,关于我方所举下列三点,彼已电饬越督遵照。（一）凡我政府所运各种物资,均仍免税。（二）凡官运所订一切清运期限均取消。（三）凡商有物资之清运期限均斟酌当地情形,再为延长。至在途官有德货,由我政府或由领事馆发给付款证据,以代法领证据及取消保证金各点,彼正与法外部商议,俾得再酌定办法,等语。乞鉴核,等情。查值此国际形势变化不定,法方政策常有变更之时,越方对我物资运输之限制办法,虽经交涉大部取消,然为防患未然计,我方自应于短时期内,迅速出清积货,特电查照,转饬所属各机关知照为荷。外交部。谏。

（注:此件在商业司拟办中　十八日）

中国第二历史档案馆藏国民政府资源委员会档案,五／二／605

外交部致经济部

1939 年 10 月 17 日

抄外交部二十八年十月十七日欧 28 字第二〇四三四号代电（第 40729 号）

经济部勋鉴：关于物资假道越南事，欧 28 字第二〇三八八号代电计达。兹续继驻河内总领事馆电称：越督函复，官运德货证件可由我财政部部长签具已付物价证明，连同货物清单，循外交途径送由法大使馆转交越方。又，德货过境已通过者不计外，继来者不能免税，等语。查越方此次态度虽一再变更，最后尚属迁就，除已与此间西南运输处接洽外，证件手续恳请迅办，等情。除呈报行政院并分行外，特电请查照为荷。外交部。筱。

（注：此件本日到部，现在商业司拟稿中。十八日。）

中国第二历史档案馆藏国民政府资源委员会档案，五／二／605

经济部训令

1939 年 10 月 20 日

经济部训令　商字第 36676 号　令资源委员会

案奉行政院本年十月十五日机字第七五〇号删密电开：据外交部本年十月十二日欧 28 字第二〇三二〇号代电称：关于物资假道越南事，欧 28 字第二〇二二三号代电计邀钧察。顷续据驻河内总领事馆电称：越总税务司奉命面告对我官运德货之限期取消，惟九月三日前付讫物价证件一项仍坚持不让，我有无证件可供提出，乞示知，以利交涉。兹拟办法三项：（一）有证件之货应将证件从速寄越提运。（二）无证件之货而其数量较小性质紧要者可采担保方式先行提运。（三）所余无证件者如能补即补办，否则统作一次总交涉，恳商各主管机关核办示复。商运德货又展五天，至十月卅日截止，等情。除电饬继续注意洽办外，特电请鉴核示遵，等情。除分电外，合行抄发外交部欧 28 字第二〇二二三号代电,电仰迅予核办,等因。附抄发外交部代电一件。奉此,查本案前准外交部本月七、九两日代电,业经电部于本月十四日以工字第三六二九二号训令分饬遵办,并代电国外贸易事务所海防分所知照在卷。奉令前因,除分行外,合再令仰遵照。此令。

部长翁文灏

中华民国二十八年十月二十日

中国第二历史档案馆藏国民政府资源委员会档案,五/二/615

贝志翔致翁文灏

1939年11月7日

准西南运输处海防分处二十八年十月三十日海秘字第0595号函,略以接许总领事函照译N01211ca

径启者:本月二十三日,本司曾奉寄第1202号函,谅达查照。兹为便利贵国进出口物资运输起见,遵奉越南督令关于贵国政府现存海防或在途中之德货进出口运输照常免税。惟该货价应于一九三九年九月三日前清缴一项,应请备且清缴货货价之证件,且该货应于该日期前运出德境,方为有效。至于贵国政府存防或在途中之军用品或非军用品之运输,亦一律免税,并即将十一月一日以后官运物资纳税之规定令行取销,以副尊意。崇此布达,即颂勋绥。

总税务司署

中国第二历史档案馆藏国民政府资源委员会档案,五/二/615

经济部训令

1939年11月11日

经济部训令　商字第38145号

令资源委员会

案准中央信托局本年十月二十七日港购发字第二八三一号函开:

关于我政府德货通过越境及越当局对我政府货物收取之过境税等事宜,兹据本局驻防沈专员祖同报称:本月十四日各机关驻防代表在西南运输处开联席会议,许总领事念曾出席报告,兹特电陈,敬祈鉴核。(一)我政府所有之德国货,越督限本年十一月二十五日以前运出越境,运出时(甲)须提示正发票上经上海或香港法国总领事签证,该项货款确于本年九月三日以前付清。(乙)如无正发票足资证明者,可由中国财政部长证明货款确于九月三日以前付清,交由中国外交部送达驻华法国大使,转请越南总督准予放行。查德货如本年十一月廿五日以后,未能按照以上(甲)或(乙)之手续办理,以致不能运出者则由越督府官产局予以接收。在官产局接收以后,我国政府如仍能提出以上(甲)或(乙)之证明文件,可由官产局发还内运。至于德货过境税,截至现在止,已准免税者照免,未能免税者一律照纳过境税。(二)中美借款之美国货内有属于越南海关所公布禁运品者,仍准予无限期内运,以运完为止。惟须将美货总清单送达越南总督查核,至于以上美货在本年十一月一日以前到达者,准予免纳过境税。在本年十一月一日以后到达者,仍须缴纳过境税。(三)非中美借款之货物内有属于越南海关所公布禁运品,确为中国政府所有者,准予无限期内运。惟须预请越南总督许可。至于该项过境税本年十一月一日以前到达者免纳,本年十一月一日以后到达者照缴。(四)非禁运货品,准予随时内运。惟过境税在本年十一月一日以后到达者,仍须缴纳,等语,相应转达查照为荷。正核办间,并准外交部十月卅日欧 28 字第二〇八一八号代电开:关于物资假道越南事欧 28 字第二〇四三四号代电计达,经电饬庚续力争去后,兹据驻河内总领事馆复称,准越南总税务司函称:(一)官运商运德货,除九月三日前已付物价证件办法仍然维持外,清运限期一律取消。(二)官运商运禁止出口物品,无论已在越南及继来者,均得无限期通过。(三)官运货物均仍免税,等语,请鉴察,等情。除陈报行政院并分行外,特电请查照为荷,各等由,到部。查此案前准外交部及中央信托局先后函电,节经转令知照在卷。兹准前由,除分行外,合行令仰知照。此令。

部长翁文灏

中华民国廿八年十一月十一日

中国第二历史档案馆藏国民政府资源委员会档案，五/二/615

经济部训令

1939 年 11 月 20 日

经济部训令（密）　商字第 38752 号

令资源委员会

案准外交部十月欧 28 字第二一二九一号筱代电开：关于物资假道越南事，本部曾将越南政府取消清运限期及恢复官运货物免征通过税情形，于十月卅日电请查照在案。嗣据顾大使电称，准法外部答复，殖民部长已训令越督：（一）恢复官运免税办法，不加限制。（二）取消官运清运限期。（三）对清运商品期限酌量当地需要，妥为设法。至在途德货，则谓依照战时法令，凡请求例外办法须将战前付价证明各件，送请法外部附设之例外委员会审核办理。至德货以外货物假道，须由购买国驻巴黎代表出具声明书，保证专为本国使用，并不直接或间接以原货或改造后运往德国，等语。请将关于在途德货清单及付款证据示知，以凭交涉。至法方所需声明书，应否俟奉到前项单据，即由本馆拟具办理，并请电示，等情。节经以法外部所云在途德货，须将已付物价证明送例外委员会审核。手续虽称简易，然政府购货机关向不统一，承运人员亦各有统率，故就收集单据而言，内部接洽已颇费周章，加之目前海运困难，海防积货充塞，各货起运孰先孰后，若非由办理运输人员与地方当局就近治办，难免先后倒置，空耗时间。来电所述办法，系指明在途德货，兹据许总领事查复，指一切已到及在途官商德，是所有存越德货日下均不能启运，不啻将已允便利复行取消。至德货以外货物须备具单据，送由该馆声明不转运德国一节，自系形式问题，但手续上亦感同样困难。中德既不接壤，海运亦在英法控制之中，我方需要物资又如此迫切,断无转供德国之理,法方不必多所顾虑。总之,我方并不反对在巴黎办理,然法方既有履行诺言,予我援助之意愿,对我实际困难及迫切需要,自应加以善意考虑,仍希婉商通融,不妨在巴黎作原则上之决定概括之声明。至查核单据等细节,仍授权越南当局办理,庶我可得法方所允便利之实惠,等语。电令该使剀切转商,务期通融去后。兹据复称:本馆前以在途德货尚多注重,要求越方仍准入口,故所致法外部之说帖内另列一款,而法对德货则注重付款证据,虽其复文承我要求而言,然所云提交证件一层,系包括一切德货,不分存越与在途者。顷复用个人名义向法方述明我各种困难,仍望其设法允准越当局就地办理。据亚洲司长答称:此事碍难交越南政府全权审定,付款证件是否有效,一因中央与地方职权关系,二为避免地方当局不顾大体,办理不妥,引起华方误会。如上次地方擅自取消过境免税办法,惟为解除华方困难,彼极愿协助尽力疏通,俾能办理,或在巴黎只决定原则,以何种为有效证据,其每批货物之证据查验,交由地方办理。一面由我将存越及在途德货数量种类清单及所能交验之付款证据性质示知,俾德凭以竭力从旁设法。复经告所云,此项证件如指德方收条或银行付款单据,则无从提交,因历来德华交易多系以货易货,约期抵消,现帐未清结。据闻我所运往德国货物,其价值已超过运华德货。该司长谓:中国政府虽无收据,但必有交换货物之帐目清单,此即付款证据之一种。彼意我财政部草出证明书,邀驻渝法使馆人员过目一次后,即予证明,亦是一种办法。但此全属个人意见,例外委员会能否赞同,容代为接洽,设法疏通云云。又禁止出口货品弛禁,不再转运德国一节,其系运华者,如由本馆作一总声明,谓现在及将来所有经越运华货物,中国不再转运德国,当足应付,似可不必每次按批声明。至运赴外国者,如系运至与德毗连之邻国,碍难允准出口云。现正拟具详细说帖,以备例外委员会讨论。我主管各机关对上述各节意见如何,请速电示,等情。查目前所有存越及在途德货,据越南政府通知,因奉巴黎训令,在研究未有决定以前,暂行停运,现正由顾使在巴黎切商通融,及待电训。兹定于本月廿一日下午三时在本部召集有关各机关会商决定,以便克日转电顾使进行。除分电外,特电请查照,指派负责人员,带同贵部所购存越及在途德货数量种类清单暨所能交验之付款证据性质,届时莅部参加会议,等由。查德货假道越南一案,迭准外交部示电,节经分令在案。准由前由,除分令工矿调整处外,合行令抑该会指派负责人员一人,携带所购存越及在途德货数量种类清单,暨所能交验之付款证据及有关证件,于本月廿一日下午二时来部,会同本部余科长茂切前往与会为要。此令。

部长翁文灏

中华民国廿八年十一月二十日

中国第二历史档案馆藏国民政府资源委员会档案,五/二/615

外交部电

1940年1月19日

外交部快邮代电渝29字　第十七号

经济部资源委员会勋鉴:关于物资假道越南事,一月十三日密渝秘字第一二○○号代电诵悉。查此事兹准法国大使馆正式答复:(一)廿八年十二月一日以前到越之官有德货;(甲)备有财政部孔部长付款证明之七批德货内包括贵会拣钨机件一批,一经外交部证实其易货或付款手续,均在廿八年九月三日以前履行完毕,即可放行。(乙)现款购买之德货,须将九月三日以前付款证付送交法国大使馆审查,以便通过。(丙)曾以货物相易之德货,一经外交部检同清单,向法国大使馆声明,曾登入中德易货帐内,并已于廿八年九月三日以前完全结帐,即可放行。(丁)尚未以货相易之德货,可由中国政府检同清单,向法国大使馆声明,系归中德易货帐内结算,并保证决不将制造军火之原料运德作抵,以便通过。(二)十二月一日以后到越之官有德货,须将付款证件,由外交部交法国大使馆送往巴黎审查。贵会如尚有其他现款购买或以货易货之德货,如属于前者,应请将付款证件及清单,如属于后者应请将货物清单,迅行查照。附列清单格式填写六份,检送本部,以便办理。除关于甲项七批德货,业由本部备文证实其易货及付款手续业在九月三日以前履行完毕,送请法国大使馆查照,转电越南政府迅予放行外,特电请查照办理为荷。外交部欧美司。皓。附清单格式表二件(略)。

中华民国廿九年一月十九日

中国第二历史档案馆藏国民政府资源委员会档案,五/二/615

(七)中法经济、军事合作

　　说明:卢沟桥事变爆发后,中国急需国外援助,包括军火供给、财政贷款及军事技术援助。为了取得法援,中国政府除令驻法大使顾维钧与法国当局直接交涉外,还先后派出财政部长孔祥熙、立法院长孙科和驻苏大使杨杰到法国进行半官方的接触,洽谈信贷、购买军火、聘请军事顾问。因欧洲局势紧张,又怕得罪日本,法国不敢也无力大量援华。1939年初,欧洲局势急剧变化,在远东,日本积极推行"南进"政策,先后强占海南岛及附近岛屿,使中国与越南同受威胁。中法两国有着共同的利害关系,于是,中、法、越开始就军事合作问题交换意见,拟订计划。后因意见分歧,欧战爆发,加上法国对日存安抚之心,中法军事合作计划告吹。

1. 信用贷款问题

孔祥熙与法国财政部洽谈信贷

　　当孔祥熙于1937年6月1日到达巴黎时,我陪他去法国外交部拜会外交部长德尔博斯。他们进行了亲切的交谈,其间孔提出促进中、法经济合作以进一步巩固两国友好关系的愿望。

　　德尔博斯说,这正是他的心愿。他说,中国和法国都爱好和平,并致力于自由和民主的理想,因而有共同的情感和思想。他愿意与孔和我同心协力促进中、法的协作关系。

孔然后说,他期望在他访问期间,能达成财务协议以开始在货币与汇兑方面进行合作。他希望法国外交部长能利用他的影响,支持这个意见。

德尔博斯向孔保证,他将热情赞助,并建议孔和法国财政部长樊尚·奥里奥尔①商谈。他相信孔会发现奥里奥尔是个热心的朋友。

6 月 2 日,我在大使馆举行午宴,使孔会见奥里奥尔与法国财政部的其他人员以及法兰西银行总裁拉贝里②。午宴后进行了长时间的会谈。会谈要点如下:

孔祥熙说,他新近在伦敦曾和英国财政大臣张伯伦及英国银行家就推进中、英经济合作进行商谈。其结果是一笔 2000 万英镑的借款即将商妥。

……

孔希望得到一笔数目和条件与伦敦相同的贷款,作为中、法经济合作的第一步。他不打算把这笔贷款汇回中国,而是存在法国银行,作为中国发行纸币的准备金。如果法国财政部有急需,任何时候都可动用这笔钱。

法国财政部长对孔所说中、法经济合作的可取之点完全同意。他对孔在困难中完成财政改革,很感兴趣,也很钦佩。他作为财政部长,对这种困难深有体会。他认为孔对进一步改善中国财政状况和促进经济建设的宏图是稳妥的,并表现了政治家的风度。他说,他将乐于见到计划的实现。至于向法国政府借款之意,他感到在法国金融市场的现状下,实难安排。

孔祥熙说,借款问题并不迫切。他不需要用借款来应付政府的经

---

① Vincent Auriol.

② Labeyrie,法兰西银行总裁。

常开支。提出这个问题只是出于增进中、法合作的愿望。

这时拉贝里和法国财政部基金调拨司司长鲁夫①侧身与奥里奥尔交换了一下意见。然后奥里奥尔说,他认为借款不是原则问题,原则上他完全赞成,问题只是这项财务安排应采用什么方式为宜。他觉得由中国的中央银行和法国的银行安排一种信贷的方式,即可获得同样的效果。

孔同意信贷这个主意,并问最好用什么方法来讨论这件事,以便作出具体安排。

奥里奥尔说,如果孔同意,他建议双方各指派一两位代表,作进一步讨论并安排细节。

孔认为这是个好办法。奥里奥尔随即指派鲁夫和他部里商业协议司司长阿尔芳②,孔则指派翁文灏和郭秉文从事这项工作。

第二天,法国财政部长在部里设宴招待孔祥熙。在宴会上,奥里奥尔告诉我,中国和法国的秘书们已经开过会,而且开得很满意。他确信会议将取得具体成果。两天之后,法国政府在外交部设午宴招待孔祥熙,由外交部部长主持。在宴会上我将财务讨论的进展情况告知德尔博斯。他说,奥里奥尔已告知他,此事进展顺利,即将成功。

……

孔祥熙于 6 月 6 日离开巴黎。临近月末,勃鲁姆③内阁倒台,由肖唐④组阁继任。在新内阁的主持下,7 月份法国的财政经济状况有所好转。这对孔祥熙倡议的法国信贷洽谈增加了成功的希望,但法国还另有担心之处,即中、日战事全面重开之后,他们怕日本以中国用贷款购置飞机和武器抗击日本为理由,反对法国向中国提供信贷。

1937 年 7 月 13 日,我和法国外交部长德尔博斯谈话时,问起信贷商谈的目前情况。他回答说,他的部已经同意,财政部和法兰西银行也已认可,事情只等曾先生回来作最后确认。

他提到的曾先生,是指随孔祥熙代表团前来欧洲协助工作的中国铁道部次长曾养甫。曾最近去商请孔批准迄今在巴黎所商定的安排,其症结是法国政府对信贷使用所附加的条件。

因此,我问德尔博斯,法兰西银行是否会对信贷提出某些为难之处。他说,法兰西银行并无风险,信贷是由私人银行提供的。只是在私人银行有需要时,法兰西银行要对票据或债券按该行贴现率予以贴现。但是他还说,不幸的是华北危机可能对整个交易产生不利影响。他说在目前达成这项协议,很容易给人一种印象,认为法国并非不介入中、日冲突,而协议可能被认为是对中国的直接军事援助。鉴于法国正在设法使争端得到和平解决,他感到缔结信贷协议可能在东京起有害的作用。这可能是影响立即确定此协议的唯一需要考虑之点。他曾向曾养甫说明,唯一条件是中国保证不将信贷的任何部分用于军事;而曾养甫也向他保证说,这点不会造成困难,因为中国并无意于用此信贷作军事性质的开支。

……

7 月 27 日我见到孔祥熙时,他递给我一封驻巴黎大使馆参事的来信,其中汇报与法国洽商信贷的事。看完信后,我向孔说,我准备致函法国政府,保证从法国金融界借到的款项不用于军事目的。我说,我赞成接受任何提供的信贷而不过分拘泥细节,因为华北情势危急,我们需要一切能争取到的国外援助。

我的意见终于被采纳。8 月 5 日至 10 日孔祥熙第二次访问巴黎期间,信贷问题得到解决。我写信给外交部长德尔博斯,赞同法国对 2 亿法郎信贷用途的条款。1937 年 8 月 9 日签署协议。

《顾维钧回忆录》第 2 分册,第 512—519 页

2. 军火供应

孔祥熙致蒋介石

汉口，1938年1月12日

即刻到。衡阳。蒋委员长钧鉴：密。顷据顾少川蒸电称：顷访法外次催询物质上助华问题之答，彼谓经各主管部研究后，均以为目前无法接济，现在欧洲大局内容十分严重，意大利备战甚急，实因经济财政濒于破产，3、4月间须购订全年粮食，但无法付款，届时想将铤而走险，以谋出路。德虽军备未完，然意如发动，德必乘机图利，因有成约在前，不得不设法助意。且远东战事未息，英既多一顾虑，如香港吃紧，虽决无战意，然为维持尊严计，不得不酌派军舰前往增加实力，美则将以海军全力移往太平洋监视日本，希望即集中实力，并加速扩充军备，使意、德有所顾忌，不敢投机。中国所需军器，尤其大炮，旧式无济于事，用新者，法自感觉不敷，故其他友邦已订之货，亦在商展期交货。至财政方面，现法政府正从各方面竭力节省，以余款充海空两军紧急扩充费。据最近英、美方面讯息，亦无积极援助之事。钧询如英、美有办法，法不宜落后。彼谓英、美有财赋之充裕，法国望尘莫及，此时实际无能为力云。又关于德之居间和议，法外次谓德、意均愿中国接受日之苛刻条件，以期利用将来日本在华地位，消灭英、美之势力，插足代之，现意尤可向日要扬子江之航权云等语。谨电转陈。弟熙叩。文二。机汉。印。

《战时外交》第2卷，第737—738页

孙科致蒋介石

巴黎，1938年7月13日

汉口。外交部转呈蒋委员长：密。蒸电奉悉。极机密。此间接洽经过繁复，谨为补述，以释钧虑：（一）5月初，科由英返法时，法总理兼国防部长达拉迭氏①有密友，现任巴黎警厅外事处长某氏，间接探询我抗战需械甚急，何以不向法军部密商接济，但凭商人辗转，枝节采购。我答以购械事，使馆当可负责接洽。某氏云使馆关防不密，前总理述当氏任内，曾有接洽，因事泄未成，若仍经使馆，恐难见效。科因事赴俄，告以俟返法再谈。(二)6月初回法后，科表示密访总理面谈，乃由某氏向国防部机要秘书接洽，6月21日由参谋部情报处特派员某带领密访总理。由科申述中、法在远东利害共同，在政治、军事、经济方面均应合作，军事方面，我需大量接济以增强抗战。达答中国抗战甚表同情，但因欧局紧张，对华大量供给，颇感困难。科答我所请求为于一定期内，分批供给。达答若此或比较可能，但事关重要，容与政府同事详商决定。(三)晤总理后，参部特派员来谈数次，谓国、参两部均欲积极进行，惟事须严密，避免宣泄，方可成功。参部主张必要另设商事机关，居间经理，始能成事。(四)连日分访殖民部长、国防部秘书长，所谈略同。殖长允尽力促成合作，并承告越督不谙政治运用，对我方运货常发生障碍，现决召回以调整。国防秘书长表示，国、参方面原则上决定秘密接济我方，望我积极协同筹备公司，以免外间指责政府。并告我对外间军火商人，应加防范，避受损失。(五)综合观察，法方愿助我，似系参部主张，经总理及国防、殖民两部赞同。但事关国际，深恐泄露，引起敌国报复，与国内政敌攻击，故一切接洽，均假手三数亲信。(六)科现向前途提议，彼方供给我30师器械，作为军械借款，或物品交换，分10年偿还，须签订密约，或交换文书，乃为有效。如政府不便出面，可由参部负责代表，与我方参谋部代表签订。我方代表拟定耿兄，前途允向总理请求照办。(七)前电扣留德械，闻确有其事，但所扣之货尚未集中，确数未详，将来俟集中后，再为接洽。但此系德货，现因西局关系，或尚有问题，容俟详查再报。孙科。

《战时外交》第2卷，第746—747页

---

① Edouard Daladier，通常译作达拉第，时任法国总理。

顾维钧致外交部

巴黎，1939 年 11 月 27 日

重庆。外交部。1277 号。27 日。南宁失守，顷法外部亚洲司长表示法方失望，并称不得不将中法前订合同一部分材料暂令停运，而此事影响在各方面均甚恶劣，希望我在短期内挽救局势云。关于法伪无线电合同事，迭经书面、口头催询，顷据该司长称，此事情形复杂，牵涉法律及公司利害问题极多，系由戈思默①大使在沪与法无线电公司商办，本人不甚明了，最好藉该大使在渝之便，径行与彼交涉较为便捷。该司长又称，关于中国政府允以钨、锡接济法国一事，彼曾令法驻渝代表江同在戈大使抵渝前，径向财政部、经济部作初步接洽，据称该两部毫不接洽，颇为诧异。现拟电告戈使，径与大部商谈，以资证实，并请本馆再电大部，请为设法协助商订切实接济办法云云。此事法方久颇注意，业经电陈，并遵电示向法政府说明我可充分供给在案，现我如能表示善意成立办法，于法当局对我政策上之影响必宏，请察核电示。顾维钧。

《战时外交》第 2 卷，第 764 页

白尔瑞②致蒋介石（节选）

巴黎，1939 年 12 月 8 日

……

二、我曾经向钧座谈过某一交易计划（以原料掉换军械），并曾请钧座催促关系各部，加紧工作，俾便欧德南③先生早日赴法接洽。

经长时间向法国政府交涉，业已照准，准备以精良炮兵军械，与法国现在前线所用者同，给与中国，欧德南先生不久将重返中国，我请钧座尽量给彼帮助，使军械能早日启程运华。

---

① Henri Cosme. 法国驻华大使。

② Berger，又译作白尔泽，中将，曾任法国赴华军事顾问团总顾问。

③ Audinet，又译作奥丁勒或欧迪南。

这批军械出让,在法国正在不可预料其转变与期间之战争中,算是法国政府对钧座之祖国一种重大的友谊的表示,想早在钧座谅察中。

……

《战时外交》第 2 卷,第 765 页

驻法大使馆致外交部

巴黎,1940 年 1 月 10 日

重庆。外交部。请将下开电文转呈委员长:"承祝极感。航空合同及待运货物日期将于一星期内决定。余证实法国政府允履行奥丁勒(Audinet)新合同交付提议的军用品换取钨砂等物。法国政府欲向中国取得更多之钨砂,故本人建议为中国利益计,除交换军用品外,勿给钨砂。奥丁勒 1 月底可到重庆,如阁下有意,可谈补充合同。白尔泽将军。"

《战时外交》第 2 卷,第 767 页

驻法大使馆致外交部

巴黎,1940 年 2 月 28 日

驻法大使馆 2 月 28 日电称,请将下电转呈蒋委员长:关于旧航空合同交付差额之磋商,及关于奥丁勒新合同之决定,因实际情形而延滞。法国政府将决定交付军用品于中国,以在海防之钨砂及将来钨砂之交付为交换条件。此事不久即将决定,法国政府并将派奥丁勒到渝磋商。白尔泽。

《战时外交》第 2 卷,第 768—769 页

顾维钧致孔祥熙

巴黎,1940 年 3 月 29 日

孔副院长:密。宥电敬悉。法方前允汇兑借款,适因我法币汇市剧变,谓因与英方第二次汇兑借款,少数法款无济于事,故主缓议,或改用

别用,当经电陈在案。嗣以我方要求而核准之叙昆信用贷款四万八千万佛郎,亦为表示对我经济上援助诚意。此次欧迪南奉法方兵工部委派赴华,商购我国钨、锑,以现存越南者为范围。法外部曾谓,因须续商者系价格及付价办法,均属商业性质,不便由外交官主持云。谅因此间各部对于价格问题意见不一,法外部不愿居间主持。至于钨矿抵借巨款问题,法外部谓系此事有关对华政策,拟俟欧之使命完毕,再进行。顷将尊意转告法外部,据答此事现正由法政府商诸英、美政府,使实现经济上通盘合作办法,将来由英、法两国或英、美、法三国与我会商,尚未商定,不论如何,届时法方自仍由戈大使代表与我续议进行。彼离渝系赴河内,暂不到沪,将来由沪回渝时,欧之使命当已告竣,借款事亦可由戈使续商云云。顾维钧。

《战时外交》第 2 卷,第 769 页

3. 军事顾问团

顾维钧致孔祥熙

巴黎,1938 年 6 月 2 日

密。汉口。外交部。638 号。6 月 2 日。请转孔院长钧鉴:感、艳及 31 日洋文电敬悉。31 日电计达。顷晤法外次探询,彼云现役法军官,法政府未便遣华,如系后备军官,尽可自由受聘。又晤下议院长赫礼欧[①],彼意最好与法总理兼国防部军事厅长谈,彼意协助制造军械之技术人员不难遴派赴华,如为赞襄军机,自需现役高级军官,但目前赴华须用他种名义掩饰真相,不妨与总理细商云。顾维钧。

《战时外交》第 2 卷,第 741 页

---

① Edouard Herriot,又译为赫里欧,法国众议院院长。

法国政府对派遣军事顾问来华的态度

(1938 年)6 月 3 日我见到了达拉第。我开门见山地对这位总理说,关于扩大援助中国的问题有两件事希望能引起他的注意,同时,想和他磋商有关与法国的合作问题……德国政府最近决定召回在中国的德国军事顾问……中国政府……希望了解一下,如果解聘了德国顾问,是否能从其他国家,尤其是从法国得到同样的军事技术援助……达拉第说,尽管外交部长博内①持反对意见,他自己还是赞同的。不过为了避免外界指责法国公开介入中、日冲突,他建议邀请英国和比利时也参加这一派遣军事顾问的计划,使这项行动具有国际性质。同时,达拉第说,他知道德国顾问在中国工作得很不错,他认为中国至少应该挽留那些合同尚未期满的人员。因为在现在情况下,中国不大可能得到很多国外军事技术援助。

……

我说,中国认为法国陆军可能是世界上最优秀的,它的威望很高。因此,我希望如果需要请英国和比利时共同派出顾问,顾问团的主要组成人员仍应是法国的军官。达拉第说,这也是他的想法。邀请英国和比利时参加,仅是为了使顾问团具有一种国际组织的色彩而已。

……

6 月 10 日……我问博内,他是否已与英国或比利时大使谈及德国召回军事顾问事以及从法国获得军事技术援助的可能性。因为我原先了解的情况是法国将与英国和比利时联系,邀请他们共同参加。博内仍和前次向我谈的一样不赞同组织国际军事顾问团。他说,组织和派遣一个法国的军事顾问团或现役军官去中国,都可能使法国受到外界的指责、非议和招致麻烦。但是对于组织派遣非现役军官去中国,他不仅不反对,而且支持他们去。

《顾维钧回忆录》第 3 分册,第 122—129 页

---

① Georges Bonnet,法国外交部长。

顾维钧致孔祥熙(节选)
巴黎,1938 年 6 月 3 日

密。汉口。外交部。640 号。6 月 3 日。并转呈孔院长:顷晤法外长谈,彼对日机违法轰炸惨杀事,谓愿会同他国向日劝告。至军事技术协助问题,彼谓已由外次将钧所谈报告法政府,在可能范围内协助,然亦不宜太显露,致惹起纠纷……

《战时外交》第 2 卷,第 741 页

孙科致蒋介石

巴黎,1938 年 7 月 31 日

法顾问事,前途催复甚亟,请电示,以定人选。法能助我三事:一、军事顾问;二、越南运输;三、军火供给。一、二已由殖长答应;三候下周与总理会谈解决。

蒋委员长批示:复。世电悉。昨电谅达。对法交涉必须以供给武器、安南运输与顾问三事同时解决。总顾问资格为大将或中将阶级,但只管辖法国籍顾问,而与他国总顾问并行,总顾问当受中直接指挥也。但其详细办法须妥商,最好由两国外交部出面正式聘任也。

《战时外交》第 2 卷,第 748 页

杨杰致孔祥熙(节选)
巴黎,1939 年 2 月 25 日

(四)顾问待遇遵照巧电切商结果:总顾问照原订,沙莱①、马纳②二人月薪 500,津贴 300,特别费 200,其余均减二成,议定月薪 350,津贴 300,特别费 150,半数给美金,半数依法定汇率给法币,并详载合同,已正式签字。惟嘱对外不提有津贴特别费,以免他顾问援例要求。详情

---

① Salel,上校。
② Magnin,又译作马年,步将。

用书面报告,托沙莱携华面呈。杨杰。有。

杨杰致蒋介石

莫斯科,1939 年 3 月 2 日

委座钧鉴:谨将法顾问派遣之性质及其工作之规定,呈述于下:

一、法总理达拉第耶亟佩钧座之领导抗战,特委任殖民部长蒙岱①与殖民军总监比和将军负责选派一顾问团来华,其作用不限于参赞军务及帮助训练军队。钧座如有其他需要,总顾问白尔瑞、副总顾问沙莱均可转告法政府办理。

二、顾问团皆现役军官,由法总理批准给予短假。彼等宣誓尽忠中华民国,在钧座指导之下竭诚工作,其服务之范围,或任参谋担任作战计划,或任军队训练,或任陆大教官,或派遣至各战场指导作战,悉听钧座之指示。

三、沙莱顾问为殖军总监比和将军之亲信,亦为其指派为副总顾问,学术优越,诚实精密,彼对于中日军事夙有研究,尤其对于军事组织一道颇精。

四、附呈顾问与教官之略历。职杨杰谨呈。

附:法军官履历表

军衔	姓名	年龄	出身	略历
中将	白尔瑞(Berger)	58	圣西耳军校陆军大学战略专科毕业	曾任高级军官训练处主任
上校	沙莱(Salel)	58	圣西耳军校毕业	历在殖民军(步兵)服务曾任安南陆军舆地局主任曾往华南
少将	马年(Magnin)	57	凡尔赛军校毕业	历在空军服务并为白尔瑞中将助理
少校	骆庚(Legrand)	49	圣西耳军校毕业	历在殖民军(步兵)服务曾任中国驻军参谋长往中国两次

---

① Marius Moutet,亦译作莫泰或穆岱,法国殖民部长。

续表

军衔	姓名	年龄	出身	略历
少校	杜蒙(Dumont)	51	凡尔赛军校陆军大学炮兵机械专科	历在殖民军(炮兵测量)服务
少校	何汝克西(Renucci)	42	圣西耳军校陆军大学战略专科	历在殖民军(步兵)服务
上尉	牛尔德(Nolde)	35	军事工业学校毕业	历在殖民军(炮兵)服务曾往中国

《战时外交》第2卷,第753—755页

蒋介石致顾维钧

重庆,1939年9月23日

巴黎。顾大使勋鉴:顷据法总顾问白尔瑞面称,法政府因欧战关系,决召回在华之顾问团。法国此举既出于军事之需要,我方自不便强留。惟除军事之需要外,尚有宜考虑者。顾问团如果全部离华,日本不特认为法国行将放弃其在中国之权益,且将放弃其在安南之地位,为法国计,实非上策。意远东时局如此复杂,欲保持中法两国之合作,并维护安南之安全,顾问团实有暂缓回国之必要。相信彼等回国之后,日本进窥安南之野心更炽。盖中国抗战之基础建立于西南各省,因而安南与我国之共同利害关系,较任何时代均为深切。日本欲驱逐英、法在远东之属地,其蓄意已久。若一旦法国稍露退缩之意,日本必进犯无疑也。万一法政府因战争迫切之需要,势必召回顾问团者,至少盼能允许目前任教各军事学校之顾问继续留任,一则彼等人数不多,二则学业不便中辍。此意请即向达拉第总理恳切说明,并盼速电复为要。中。梗。

《战时外交》第2卷,第759页

顾维钧致外交部

巴黎,1939年10月26日

重庆。外交部。1249号。26日。亚洲司长称,据军事报告,谓中国政府对法颇不满,闻为越南假道及召回军事顾问两事,但法对我要求假道便利,大部分均已接受,即在途德货及付款证据两点,亦正在善意考虑。至军事顾问团员都为现役军人,不得不调回服务,其中苦衷,当邀谅解。经答以越方对巴黎训令每从狭义解释,凡巴黎已允可者,越南复生枝节,反复无常,加我困难。至军事顾问在华深资臂助,正值法方舆论鼓吹亲日时,法突调回军事团,其易滋误会,自在意中。该司长又谓我在越南等等困难,望我速告,俾设法。即使吾对法态度有所怀疑,亦请开诚见告,彼极愿解释,凡摘要能接受之要求,无不尽力。又云戈大使不日赴渝,深望蒋委员长暨政府当局乘机将贵方对法不满意之处及所希望于法者,尽量告知,俾双方隔阂能完全消除。前次戈大使到渝,贵方招待甚厚,但并未谈及欧亚具体问题,彼望此行能开诚交换意见,并导览我国都市建设,使彼对中国伟大复兴精神得深刻印象,据以报告,亦可影响此间视听云。顾维钧。

《战时外交》第 2 卷,第 763 页

4. 中法军事合作

甘介侯[①]致蒋介石

重庆,1939 年 4 月 4 日

委员长钧鉴:在过去之数月中,侯与法国驻远东特务机关负责人茂莱通信,对于中法军事合作问题交换意见,曾拟具一非正式计划,现此计划之原则已得安南总督及陆军总司令马丹将军之同意,安南总督已密函巴黎殖民部长,主张与中国密切合作。马丹将军亦已密函前任陆军总司令巴勒将军,以便向陆军部接洽。数年前法国来华考察团团长范伦(Alexandre Varenne)来函主张与中国成立协定,新任法国大使路过安南时,与安南总督谈及与中国军事合作问题。兹将此项计划之大概附呈,至于详细情形,谨请指定时间晋谒面陈,所有重要信件现正译

———————

① 两广外交特派员。

成中文,于晋谒时呈上。肃此。恭颂崇祺。甘介侯谨呈。

附一:中法军事合作计划

计划大纲

(一)中国对于安南供给人力,选送之中国人民在安南训练、组织与武装,中国同时供给劳工,分往法国、安南或其他地方工作。

(二)法国供给中国关于抗战所需要之军火、机器与材料。

(三)兴筑中国通安南之铁路以利运输。

(四)中国参谋部(指军事计划之负责者)与安南参谋部成立协定,以便采取共同防御步骤,并取得中国与安南两方军队之合作。

进行步骤

(一)茂莱之意此项计划应严守秘密,若消息泄漏,必为日本破坏,且事关军事,在接洽期中不宜经过外交机关,故此项计划未曾通知法国驻华大使馆。

(二)此项计划在原则上若系认为可行,谨请委座决定我方应提之条款后,由侯携往安南,与安南总督及陆军总司令磋商。俟二人征得殖民部长及陆军部长之同意后,再用外交方式在重庆或在巴黎签订协定。

计划成功后可得之结果

(一)法国与我军事合作而增强其在远东军力之后,苏俄在西伯利亚可与安南取得联络,而对日形成遥夹之势。英、法在欧订有实际上之军事同盟,故对于法国在远东之军事计划,理必予以赞助。我国之政策应使法苏互助协定、英法军事同盟亦在远东发生效力,此即侯前星期六报告时,所谓将欧洲民主阵线移至远东之意义。

(二)纵使上述之目的不能达到,至少限度可以达到一消极目的,日本探知中、法已经订立军事协定之后,必对安南更施威胁,而日本向南更进一步,英、法、美即感觉多一重危险,势必为自卫起见,增强其在远东之合作之程度。

附二:范伦 2 月 22 日致茂莱函(译文摘要)

现在局势之严重,我非不注意,此为兄所深知。我已确信日本之占据海南岛,其对法之成份多于对华,我觉日本认为欧洲战事不可避免,藉此可以解决一切问题,日本有此认定,故现变更其策略(指占海南岛)。在政府方面,对于此事之真相已开始了解,但此时亟须采取迅速与有力之措置,其方法不惟须与英国成立直捷爽快之协定,亦须与中国成立直捷爽快之协定。

　　注:范伦曾任安南总督,并为数年前法国来华考察团团长,在南京曾谒见委座。

附三:茂莱 3 月 15 日来函(译文摘要)

　　星期二日已见陆军总司令马丹将军,并将计划向其说明,马丹将军对此计划极表赞同,将以陆军总司令地位将此计划送交总督,我以为总督亦必赞同。此间关于中国之一切接洽均已成为公开,故此事请勿经过别人。现陆军总司令既已采纳此项计划,兄可将此计划向中国政府当局提出。

附四:中国与安南合作对抗日本之计划(译文摘要)

　　(此系茂莱之稿,字句未曾审慎斟酌,故只译大意以明原则)

　　日本占据海南岛之后,安南与中国同受威胁,中国与安南当局为共同对抗侵略起见,决定采取下列步骤:

　　中国遣送必要数目之人民至安南,由安南当局予以训练、组织与武装。中国并供给翻译人员,此项翻译人员可在能说法语、安南语之安南中国侨民中选择。

　　中国供给各项劳工,遣送至安南、法国或其他地方工作。

　　法国供给中国对日抗战需要之军火、机器与材料,财务问题依照有关之条例办理。

　　中国兴筑通安南之铁路、公路以利运输。

　　中国参谋部与安南参谋部成立协定,以便采取共同防御步骤,并取得中国、安南两方军队之合作。

附五:茂莱 4 月 1 日来函(译文摘要)

　　星期四日上午,陆军总司令告我已将计划向总督说明,总督意见与其完全一致,并特别热心,总督之意应立刻推动,以现事态演变甚速,不可迁延时日也。我国大使经过安南时与总督之谈话中,曾以中国、法国、安南之切实军事合作问题为问,陆军总司令亦参加此项谈话,陆军总司令告我其已密函前任陆军总司令巴勒将军,总督亦已密函殖民部长,说明中法两国切实合作之有利,故提出此项计划之时机业已成熟,有关各方之意见均主合作,此项计划可在各处获得顺利之接受。

除有关方面之外,此项计划及兄之关系,外面均未知悉,以此事之进行一切均极秘密,未经正式手续,此间未曾通知我国外交官,我国外交官对于此事不加顾问。

《战时外交》第 2 卷,第 785—788 页

王世杰致蒋介石

重庆,1939 年 4 月 4 日

谨签呈者:关于中法间军事合作问题,世杰日前已面呈钧座。兹谨将本室参事周鲠生、张忠绂等所拟节略一件,附呈钧长察阅。倘蒙核定,可否酌交外交当局妥密进行? 并乞裁夺。谨呈委员长。附呈关于中法军事合作问题节略一件。

蒋委员长批示:此案密存备考。

附:关于中法军事合作问题节略

迩者欧洲局势变化甚速,英、法等国之立场已较前明显坚定,欧洲和平之前途,一时固尚难预断,但如德国继续猛进,欧洲大战之爆发将为期不远。

日本之政策向为乘欧洲多事之秋,在远东方面谋渔人之利。日人前曾强占海南岛,今又攫取距安南不过 300 英里之斯巴特莱群岛。欧战一旦爆发,日本或将乘机进攻安南,甚或诱胁暹罗,夹攻安南(暹罗外相虽曾于 4 月 1 日发表声明谓:"一旦欧洲发生战争时,暹罗对邻境决不采取侵略行动。"但此语究不过一种普通外交辞令而已)。届时法国在欧洲已自顾不暇,必无充分力量顾及其远东之领土。法人素以生

殖力薄弱见称,法国本土之人民仅4000万强,较之吞并奥、捷二国后德国之人口,相差为一与二之比。安南本土之人民,原非良好战士,法政府对于殖民地军队,恐亦不敢十分信任,故欧战爆发后,法国对于安南保卫之最大困难,厥为人力问题。

安南虽为法国领土,但自广州沦陷,港粤交通隔绝以后,安南在中国对外运输路线上,实居重要地位,日本倘乘欧有事之秋,进占安南,匪仅中国西南通海之门户将被关闭,即云南、广西两省亦将受敌军极大之威胁。是安南安全问题对于中法两国均有莫大关系。

中法两国既属立场相同、利害相同,我国似可酌照次列条件,向法方协商合作办法。

(一)我国应允准备以精兵10师或15师,于欧战爆发安南受外来威胁时,开往安南,助法国防守其属地。

(二)关于此种军队之指挥,可由双方另订办法。

(三)必要时,此种军队尚可依两国政府之同意,酌予增加。

(四)此种军队需要之重军器由法方供给,其细目另定。

(五)战争结束后,中国兵士立即撤回中国。

(六)法方应允此后经由安南输入中国之一切物品(包括军需品在内),不论在何种情形下,法国或安南政府不加以阻碍。

(七)法方应在欧战未爆发前,将大量武器及军需品输入安南存储,并在安南境内迅即筹设规模较大之兵工厂及飞机工厂,俾欧战爆发海上交通发生阻碍时,即可作为保卫安南并备中国订购之用。

(八)法国应允除现拟借与中国之小借款外,另以较巨款项贷予中国。(法方如指定以此款自法方购买货品,我方亦可接受)。

上述合作办法,倘获成功,则我国经由安南通海之道路可以保全。纵欧战一旦爆发,海上交通发生障碍,我国武器及军需品之来源亦不至完全枯竭。且消极的尚可避免因日本占领安南而滇桂两省感受威胁。此种办法既于中法两国均属有利,虽法方能否屏除现时一切顾忌,毅然接受,尚不敢必,但我方不妨立即进行,密探法方意旨。成,则无论欧战是否爆发,均于我有极大利益;不成,固亦不失为我国对法好感之一种表示。目前时机颇利于此种试探,因谨拟具节略如上。

《战时外交》第2卷,第788—790页

杨杰致蒋介石

巴黎,1939年5月16日

重庆。委员长蒋:(甲)中法军事协定全文如次:规定中法军事合作目的及条件,协定(一)本协定在远东他一列强进攻安南首度侵略行为表现时生效。自本协定生效之时起,法国承认开放安南边境,准予通运到中国之军用品,不加任何限制。(二)拟定行动之目的,为在极短赶办解决华南敌军,重行占领海南岛,并建立香港、广州间之交通自由,同时为建立黄河、广州间铁路线之自由起见,中国主力军应与上述行动相策应。(三)华南作战最高指挥由安南驻军最高司令官担任,并由中国参谋及中国最高统帅指派之中国联络军官数人协助之。前方作战由一法国中将指挥,由中、法合组之参谋处协助。后方勤务亦由法国军官1人指挥,中、法军官数人协助之。中法联军每1中国师,可用法军官3人为幕僚,其中1人为将官。中法联军中每1法国单位,均有中国之联络军官数人。其在华南、华中与上述行动相策应作战之中国军队,法国均派高级军官及专门技术人才,作中国最高统帅及安南驻军司令间之联络。(四)中国最高统帅担任供给在华南指挥作战之法国司令官以下列之部队:(1)陆军8师(详细组织见附件二),集中下列各地:劳开2师、龙州4师、蒙自2师。(2)足供两师用之运输汽车,集中龙州。(3)空军驱逐机2队、轰炸机1队。法国司令官担任:(1)加强师1师。(2)空军驱逐机1队、轰炸机2队、侦察机1队。中国空军可用法国之根据地,法国亦可用中国境内之空军根据地。(五)作战详细计划,根据本协定附件二大纲,由法国驻安南最高司令官与中国最高统帅协议商定之。关于实施作战计划之准备(指挥单位组织运输军需等)应从详考查,以便一旦令下,作战计划即可在极短期内实施。(六)中国政府担任准备作战计划,以牵制敌人在其他地域内之自由活动,此项行动与华南方面并行,集中潼关、郑州、长沙铁路线,保持黄河、西江间之交通自由。上述作战完全由中国军队担任,法国可供给高级军官及专门技术人才协助。

注:附件(一)为假想之日本进攻计划。附件(二)为应付日本进攻之作战计划。

(乙)附件文甚长,拟交回国之马武官赍呈,乞免电呈。

(丙)协定说明:(1)据法方称,英法间在远东有谅解,中法间之协定亦必赞成,将来中、英、英、法间亦有军事合作之时机,此时联合军指挥官亦属法方。(2)请中国遴选装备与素质优良之师。(3)请预定将来联合作战之指挥官一人,届时即与驻安南之法军司令官面商作战计划之实施。(4)广州湾、海南岛之交通,由海军担任。

(丁)签订协定代表,法注明主张中国方面最好请指派职担任,又恐办理全权证书经过多重手续,不易保密,请钧座准照下拟密令核示:"特派杨杰全权代表中国军事委员会,与法国军部签定中法军事协定"。俟令电到时,即可与法全权交换证书,签订协定。

(戊)法注明称,英法间之军事协定,由双方最高军事机关办理,不经外交途径,中法间亦准此办理。议会方面俟时机成熟,以军事紧急案通过请追认,并请勿使驻华法使、武官、顾问等知悉。因德、意、日之同盟尚未成功,若消息泄露,反促彼等之结合。以上为磋商结果,祈钧裁示遵。附陈意见:本协定似觉于法方有利,实际上我方有利亦多。

(子)抗战中得到列强之法国与我联合作战,增加敌之困难。

(丑)中法间一有协定,可以促进中、英、法之合作及协定。

(寅)风声所播,可以促进中苏间之合作,及美国之实际帮助。愚见请钧座睿断施行。职杨杰叩。铣。巴黎。

王世杰致蒋介石

重庆,1939年5月25日

谨签呈者:关于中法军事合作问题,本室前向钧座陈述,主由中国供给整量颇巨之军队,惟以(一)此项军队之重兵器由法方供给;(二)安南方面自签订协定日起予中国以军火运输之便利;(三)法方于事前在安南境内存储大量武器;及(四)对华贷款为交换条件。杨大使来电所述中法军事协定草约,缺乏上述各条件。兹谨将本室对于此事再度研究之结果,续陈意见三项如下:

(一)此种协定之订立,在大体上对于中国仍属有利。缘日本若果进攻安南,则我方在中、越边境一带(如该协定所指之龙州、蒙自等处),无论已否与法方订有协定,均须派驻重兵,以维护我西南后方之安全,且在抗战期中,此类军事协定之存在,或可增进中国与友邦间之情感与关系,并作异日进一步合作之张本。

(二)协定第一条原文为"本协定在远东他一列强进攻安南首度侵略行为表现时生效。自本协定生效之时起,法国承认开放安南边境,准予通运到中国之军用品,不加任何限制"。我方对于此点似应继续交涉,以期将上述"自本协定生效之时起"一语,修改为"自本协定签字之时起"。万一此项修改,不能做到,则军用品运输问题只好弃置不谈,完全自原文内删除,另依外交途径磋商办法。盖依照原文之规定,其言外之意,反似给予法方在日本进攻安南前,以限制军用品输入中国之权利。

(三)但次列两项条件,我方于继续交涉时,似宜坚持:

(甲)协定中所规定中国应出之兵力,其武器与其他军需品,均由法国供给。其详另以附件规定。照此原则,则协定原文第四类第(3)项关于飞机供给之规定,自应修正。惟对于法方所供给之武器,我方似可应允仍于战后偿还其代价,以作交涉时最后让步之条件。

(乙)法方应于协定签字后若干期间内(假定为4个月),将前条所指法方应行供给之武器,运入安南存储,其数量应足敷中国应出兵士一年之用。此项武器储足逾6个月后，如安南尚无对外战事而中日战争仍未终结，我方得给价购买此项武器之全部或一部，一面由双方斟酌当时情形，另订此项武器续储办法。

复查杨大使此次拍来之协定，词句不尽明确，似仍应请杨大使将法文原文设法拍回。再此项交涉自应绝对慎密，惟驻法顾大使似不能不令其详悉内容，俾于交涉之进行、条文之斟酌，从旁力助。至于签字之全权代表，似可依照杨大使来电所云，责成杨大使代表我方军事机关负责办理。是否有当？并祈钧裁。谨呈委员长。附缴呈杨大使原电一件。

《战时外交》第2卷，第796—797页

孙科致蒋介石
莫斯科，1939年7月2日

关于中法协定草案，迭与耿光①兄精密研究，总觉此举于我有利无害，谨将所见为钧座陈之，当否请即卓裁。（一）本协定依兵力上观察似于片面有利，有不平等之感，但海上之作战纯由法方担任，实际上亦属平衡，且有如下之功用：（甲）我艰苦奋战中得到欧洲列强为与国，共同作战，在政治上、战略上之作用甚大。（乙）本协定无论如何守秘密，难保不被敌发觉，此时法日间之仇嫉益深，敌或竟向安南示威，实有促成法日间冲突之可能。（丙）中法军事协定成功后，可以促进中、英、法三国之共同行动。（丁）中、英、法三国之协定如获成功，则恢复广州与海南岛，重行建立香港、广州间之交通自由更易。（二）本协定为草案，系仿英法参谋部间之办法，由双方军事代表签订，一旦需要实施之时，则由双方政府正式批准。（三）法国政情复杂，对远东口气有亲华、亲日两种主张，现达拉第内阁坚实有力且为全国信任，而对我抗战尤热烈同情，签订军事协定实为最好之时机。（四）协定成立可望促进远东局面之变化，如英、法能积极动作，并可促进中苏军事合作，成立远东中、

---

① 即杨杰。

英、法、苏和平阵线,共同制裁倭敌。以上所陈如以为可,拟恳电令耿光兄就近办理,迅赴事机。

蒋介石致顾维钧

重庆,1939 年 9 月 10 日

巴黎。顾大使:亲译。5 月间杨耿光大使与法方所商中法军事合作之经过及法方所提全文,特电兄审察。但当时中对此协定视为岂有此理,并未再托耿光续商。惟当时对此之意见,另拟有复文,兹亦一并电奉,但此意见虽拟就而并未电知耿光也。请兄再加研究,斟酌当地情形,相机进行如何? 原拟协定及拟具未发之复文已另电达。(用密码)中正手启。蒸。

蒋介石致顾维钧(节选)

重庆,1939 年 9 月 10 日

巴黎。顾大使:密。亲译。杨大使 5 月铣电所报与法方商拟中法军事协定详情……①丁、附陈意见:本协定似觉于法方有利,实际上我方有利亦多。因抗战中得到列强之法国与我联合作战,增加敌之困难。且中法间一有协定,可以促进中、英、法之合作及协定,风声所播,并可促进中苏间之合作,及美国之实际帮助等语。当将来电密交妥人核议,据签复如下:原草约应磋商增改者有次列三点:一、第一款中,自本协定生效之时起一语,应改为自本协定签字之时起,此点如办不到,则关于军用品通运问题,约中宁可完全不提。二、约文中所定中国应出之军队,其武器应由法方供给,此项武器细目,应于协定签字后一日内另以附件详定。依此原则,约文中第四款关于汽车、飞机供给之 2、3 两项,

---

① 见杨杰致蒋介石,1939 年 5 月 16 日。

自须修正，万一此点不易办到，我可应允于战后偿还此项武器之代价。又此项武器，务于附件订立后四个月内，悉数运入安南存储，其数量应足敷中国应出军队一年之用。此项武器储足逾四个月后，如安南对外尚无战事，而我国需用时，我方得给价购买其全部或一部，一面由法方续行运输，以维持应储之额。三、原约应加一条，大意如下：中日战事结束后，中法两国武装队伍，应即开回各本国领土，并维持日本侵略前中法两国原有领土之状态等语。（此项意见当时并未电杨）希查照。另手启蒸电研究办理为盼。中。蒸二。

《战时外交》第 2 卷，第 799—801 页

（八）中法断交

说明：1940 年 6 月，德军入侵巴黎，法国投降，迁都维希。中国政府为了尽可能利用印度支那为中国抗战利益服务，对维希政权始终予以尊重，并继续维持正常关系。但维希政府对中国的态度却令中国政府非常失望，一方面拒绝中国军队入越驱逐日本，拒绝过境；另一方面却与日本签订协定，允许日本使用东京湾及东京（即河内）地区作为海陆军基地，用以进攻中国。此外，维希政权还无视中国政府的声明，与南京傀儡政权一再签订协定。至于放弃在华治外法权及交还租界，亦不依照合法手续与中国政府订立条约。中国政府鉴于维希的不友好行为，于 1943 年 8 月 1 日正式宣布与其绝交。

1. 法国对日妥协

蒋介石致孔祥熙代电
1940 年 6 月 28 日

行政院孔副院长勋鉴：据外交部送来法国大使馆康栋参事函转法

大使戈思默电称,关于天津存银事,法政府兹不得已,业与日本政府成立一如英日间所订之协定,请予以谅解,等语。兹将原函译文随文抄转,即请加意研究,速定应付办法为盼。中正。已俭侍秘。渝。

附抄康栋参事来函一件。

法国大使馆康栋参事上委员长书

蒋委员长勋鉴:兹奉戈思默大使之命,将下列电文一件以其名义转陈钧座。"关于天津存银事,法国政府兹不得已业与日本政府成立一如英日间所订立之协定,盖如英租界内已采取之办法不同时实行于法租界,在政治上则将引起甚大之弊害。本国政府兹命本人将此项消息奉陈左右,本人素蒙厚爱,敢冀于本国政府目下处境严重之时,阁下对于此事能予以深切之谅解,谨先竭诚布谢。戈思默。"

专肃敬请

钧安

康栋敬上

(廿九年六月廿八日抄译文)

中国第二历史档案馆藏财政部档案,三(2)/3646(1)

财政部钱币司签呈

1940 年 7 月 日

奉发下委员长二十九年六月二十八日代电一件,据外交部送来法国大使馆康栋参事函转法大使戈思默电称,关于天津存银事,法国政府兹不得已业与日本政府成立一如英日间所订之协定,请予以谅解,等语。兹将原函译文随文抄转,即请加意研究,速定应付办法为盼,等因,并附抄件到部,蒙批核洽,等因。遵经赴外交部与欧洲司刘司长师舞面洽,据刘司长称,法大使馆康栋参事面交来函时,曾以法方此举系因天津方面情形特殊,不得不与英方同时解决,并以此事先未能商洽,极致歉意。外交部于闻悉此讯后即向法方抗议,现在此项抗议尚未据答复。职以英方解决天津存银,系事先商经我国同意,始行办理,法方则并未接洽,突出此举,我国碍难承认,惟以后如何应付,亟应预筹。刘司长云,我已提出抗议,将来接洽除由法方与我签订与中英换文相同文件,确定存银所有权之外,似亦难有他善法。职已面请刘司长于继续交涉时,务须妥为应付,以重我方权益,可否将接洽情形先为电复委员长,俟外交部继续交涉再续陈报之处,谨签请部次长鉴核示遵。

职戴铭礼谨签(财政部钱币司签章)

中国第二历史档案馆藏财政部档案,三(2)/3646(1)

财政部致外交部代电稿
1940年7月5日

外交部公鉴:奉军事委员会蒋委员长已俭侍秘渝代电开,据外交部送来法国大使馆康栋参事函转法大使戈思默电称,关于天津存银事……(云云),速定应付办法为盼,等因,附抄康栋参事来函一件。奉此,查我国在津存银,原系分存天津英法两租界,其存英租界部份,纯为我方所有,经英大使与贵部洽商,交换照会,委由天津英总领事代表交通银行总管理处及中国政府加封保管。至法租界存银,法大使事先并未向我接洽,且该项存银,早经作为法国贸易公司及美国联洲公司借款之抵押品,在法国贸易公司及美国联洲公司已取得抵押权,与英租界情形不同。法政府擅与日人签订协定,我国断难承认。除电复委员长外,相应电请查照,迅向法大使提出严重抗议,请其撤销擅定之协定,以重物权,并希将办理情形电复为荷。财政部。渝。钱币印。

中国第二历史档案馆藏财政部档案,三(2)/3646(1)

财政部致蒋介石代电稿
1940年7月5日

军事委员会蒋委员长钧鉴:已俭侍秘渝第二四九八号代电敬悉。查我国在津存银……(云云)(照前稿抄至)我国断难承认。除电请外交部迅向法大使提出严重抗议,撤销擅定协定,以重物权外,谨电陈鉴察。财政部。渝。钱币印。

中国第二历史档案馆藏财政部档案,三(2)/3646(1)

外交部致财政部代电

1940年7月7日

财政部勋鉴:关于天津法租界存银事,本月五日渝钱币三一〇二六号代电诵悉。查此事本部前于上月二十二日准法国大使馆派员通知,当即提出严重抗议并声明保留中国政府对于此事所有之一切权利在案。准电前由,除已再向法国大使馆提出严重抗议请其撤销法日协定外,特电复查照为荷。外交部。虞。

中国第二历史档案馆藏财政部档案,三(2)/3646(2)

唐寿民贝祖诒致戴立庵函

1940年7月28日

立庵我兄司长勋鉴:顷转到大部致敝两行渝钱币一一三六号敬电,以津法租界存银早经作为法国贸易公司及美国联洲公司借款之抵押品,已请外交部迅向法大使提出严重抗议,等因,敬悉。查天津英法两租界存银因系法币准备金,故深得外交界之同情,一致援助,敌方攫夺阴谋迄未得逞,现如以借款之押品为抗议,敌方是否不至藉为口实,将使外交界难以应付,予我反蒙不利影响。敬祈酌裁示复为荷。专此,祗颂

　　勋绥

弟唐寿民、贝祖诒(印)拜启

七月廿八日

中国第二历史档案馆藏财政部档案,三(2)/3646(2)

外交部致财政部函

1940年8月5日

关于天津法租界存银事,前准本年七月五日第31026号代电,当即

向法国大使馆再行提出抗议，要求撤销法日协定，并于七月七日以欧字第 2647 号代电复请查照各在案。兹据法国大使馆康栋参事来函，附送法日关于白银问题之协定抄件一件，并称：关于此事，法方既采取之行动与英方完全相同，英法两租界息息相关，不得不同时予以实行，请予谅解。此事为时间所限，致事先不及征求中国政府同意，殊深歉疚。希望中国政府能顾及法方之困难，仍与法方妥洽，俾法日协定可以早日见诸实施。至法商抵押权一节，曾闻某法商提及似系指北平存银等由。经将所送法日协定抄件与英日方案核对，除存银地点系在法租界及提作振济经费之款为二十万镑外，其余规定完全相同。查法方此次事先未经征求我方同意，擅与日方签订协定，实属不合，业经本部复函声明不变以前两次去文中中国政府所采取之立场。惟我方虽可继续否认法日协定，仍要求其撤销，而事实上该项白银现既存于天津法租界，复又在日方控制之下，撤销协定一节，法方恐难办到。如我方目的重在防止嗣后再有移动，则似应按照天津英租界存银先例，由我国与法方另定协定，贵部意见如何，希即查照核办。又，法国贸易公司及美国联洲公司所有之抵押权，系包括全部存银，抑一部份存银，亦请查照，一并见复为荷。此致
　财政部

　　　　　　　　　　　　外交部长王宠惠
　　　　　　　　　　　　中华民国二十九年八月五日
　　　　　　　　　中国第二历史档案馆藏财政部档案，三(2)/3646(2)

戴立庵复唐寿民贝祖诒函稿
1940 年 8 月 7 日

　　寿民、淞荪吾兄勋鉴：展奉七月廿八日航示，敬悉一切。关于天津存银法日协定一案，前据法大使参事康栋上书委座，说明法国处境严重，请予以深切之谅解，奉委座抄示来部，并嘱加意研究，速定应付办法。经弟赴外交部向欧洲司刘司长师舜面询交涉情形，据刘司长云，我已提出抗议，将来接洽，除法方与我签订与中英换文相同文件确定存银

所有权外,似难有其他善法。当由司具签报告,奉部座批开:此案与英界存银不同,盖英界之存银纯为我方所有物,而法界之存银,已抵押有主矣,等语。复经由部以此项存银早经作为法国贸易公司及美国联洲公司借款之抵押品,在法国贸易公司及美国联洲公司已取得抵押权,与英租界情形不同。法政府与日人签订协定,我方断难承认,电请外交部迅向法大使提出严重抗议,请其撤销擅定之协定,以重物权,并准外交部七月七日电复,已再向法大使馆提出严重抗议,请其撤消法日协定,惟法方迄现在止,尚未答复,此本案之经过情形也。尊示顾虑敌方藉为口实,转使难以应付,就弟观察,□□抵押关系只有加重是项白银保障,在外交技术上似尚无何种困难。远承关注,特转叙经过,即希洽照。再上项抵押事件,新之先生在渝时似有接洽,并以奉闻,祇颂勋绥。弟戴○○拜启。

中国第二历史档案馆藏财政部档案,三(2)/3646(2)

财政部咨外交部文稿

1940 年 8 月 20 日

密咨渝钱币字第 7807 号

案准贵部二十九年八月五日欧 29 字第三三一二号密咨,关于天津法租界存银事……云云,亦请一并查照见复,等因到部。查北平方面存银曾经指定等于英金十七万镑同值之存款,作为我国交通部与法国兰脑厂驻华总经理德西欧订购柴油车五百辆之担保,与天津存银指作担保者,系属两事。至天津存银指作担保者,计有两笔:一为本部与法国贸易公司所订购买汽车合约,指定交通银行天津分行存储新华库房之现银四百万元为保证;二为本部向美国联洲公司借款,指定天津交通银行存银一千五百三十八万三千零九十八元贰角七分为担保。上项存银既已抵押有主,与英租界存银之纯为我方所有者不同,如果我方贸然迁就,该两公司责我以背信违约,我将无法处理,况法方与日人擅订之协定,事前未经与我方接洽,亦与处理英租界存银经过与我方长期商讨者不同。贵部拟按照天津英租界存银先例予以办理一节,恐开国际恶例,似有未妥,此事既经贵部一再提出抗议,仍请照案坚持,以重主权,准咨前由,相应咨复查照。此咨

外交部

中国第二历史档案馆藏财政部档案,三(2)/3646(2)

外交部咨财政部文

1940 年 8 月 21 日

并于天津法租界存银事,准本年八月二十日渝钱币字第七八〇七号密咨,嘱照案坚持,等由。正拟办间,准法国大使馆康栋参事来部面称:连接戈思默大使两电,日方现催逼从速提取作为赈济经费之二十万镑,意态颇为坚决,实无法再行拖延。故务恳中国政府予以十分谅解,及早订定一如中英两方关于此事之协定。法方与日方签订协定时,即为事实所限,未能事先征求中国政府同意,殊深歉仄,雅不欲再有第二次片面行动之发生,以妨中法邦交。至于法国贸易公司抵押权一节,在今日环境下,该公司根本即恐不能履行合同;即或可以履行,该公司之抵押权自可在中法协定内加以保留。总之务请了解法方困难,早日惠允订立协定,等语。查法方自对德屈服后,在远东方面,事事迁就日方,以冀保存其原有利益。天津法租界存银,事实上已在日方控制之下,如我坚持不允许订立协定,则法方第二次之片面行动,是否仅限于二十万镑之提取,殊不敢必。我方为保存二十万镑以外之存银计,是否仍以与法方另订协定为宜?贵部意见如何,希即查照核办。又,贵部与法国贸易公司暨美国联洲公司所订合同之日期以及该两公司之洋文名称,亦请查明,一并见示为荷。此咨

　财政部

外交部长王宠惠
中华民国廿九年八月二十一日

中国第二历史档案馆藏财政部档案,三(2)/3646(2)

唐寿民、贝祖诒致财政部电

1940 年 8 月 24 日

财政部钧鉴：密。据敝中国津行电称，法警局会同日方来行视察存银地点，据称法租界存银提出救济费英金廿万镑，由中、交、河北省三行存银内按成摊提，下星期三日拟办提取手续，法领已两度电请法大使转知我政府，事机急迫，鹄候训示，等语。特电奉达，敬祈察核为祷。唐寿民、贝祖诒叩。敬。

中国第二历史档案馆藏财政部档案，三(2)/3646(2)

中国银行总管理处致财政部代电

1940 年 8 月 26 日

财政部钧鉴：顷接敝津行急电称，法警局会同日方来行视察存银地点，据称关于法租界存银提出救济费英金 200000 镑一事，下星期三(廿八日)拟即开始办理提取手续，等语。并据电称，法租界提取二十万镑之现银，据法警局称系由中、交、河北三行存银内按成摊提。又，此事法国领事已二度电催法公使转知我政府转电本行查照办理，惟迄未得复，此事对方催办甚急，鹄候将此案解决办法迅由公电见示，俾便遵行，等语前来。查此案究应如何办理，相应据情转陈，敬祈核夺，急电示遵，至深公感。中国银行总管理处(印)。寝。

中国第二历史档案馆藏财政部档案，三(2)/3646(2)

财政部致外交部代电稿

1940 年 9 月 1 日

外交部公鉴：二十九年八月二十六日欧 29 字第三六三七号代电敬悉。查天津法租界存银法日擅定协定一案，前奉委员长已侍秘渝第二四九八号代电，饬即加意研究，速定办法，迭经咨请贵部向法大使严重抗议在案。兹既经贵部一再折冲，在事实上又难有进一步办法，所有贵部主张与法方订定与中英双方关于此事相同之协定，仍订入保留条文一节,自应请示委座核定,再为办理。至中法贸易公司"法文名称 The Societe de Transactions Generales",合同系于一九三九年四月二十日签订,美国联洲公司"英文名称 The Intercontinent Corporation",合同系于一九三九年五月二十日签订,除电陈委员长鉴核示遵再行转达洽谈办外,相应先行电复查照。再,本部前咨所叙"本部向美国联洲公司借款指定天津交通银行存银一千五百三十八万三千零九十八元二角七分为担保"一节,交通银行应为中国银行,其指作押品之银类如下:(一)、银币一千五百三十七万九千九百九十五元。(二)、宝银一千五百二十四两。(三)、银条五百六十九两,自应发此数为准,并希查照。财政部(09、1)渝。钱币印。

中国第二历史档案馆藏财政部档案,三(2)/3646(2)

财政部致蒋介石代电稿

1940 年 9 月 2 日

密代电　渝钱币字第 33742 号

军事委员会蒋委员长钧鉴:准外交部二十九年八月二十六日咨开,关于天津法租界存银事,云云,亦请查明一并见示,等由。正核办间,复据香港唐寿民、贝祖诒敬电称,据敝中国津行电称,法警局会同日方来行视察存银地点,云云,敬祈察核,等情到部。查天津法租界存银,法大使未征得我国同意,擅与日人签订协定一案,前奉已侍秘渝第二四九八号代电抄发法国大使馆康栋参事来函请加意研究,速定办法到部,当由部以天津法租界存银与英租界存银情形不同,且早经作为法国贸易公司及美国联洲公司借款之抵押品,法政府擅与日本签订协定,我国断难承认,经即电复外交部迅向法大使提出严重抗议,请其撤销擅定之协定,以重物权,并电复钧座鉴核在案。嗣准外交部复称,已再向法国大使馆提出严重抗议,请其撤销法日协定。旋复准外交部二十九年八月五日函,据法国大使康栋参事来函,附送法日关于白银问题之协定抄件一件,并称关于此事法方所采取之行动与英方完全相同,英法两租界息息相关,不得不同时予以实行,请予谅解,此事为时间所限,致事先未及征求中国政府同意,殊深歉仄,希望中国政府能顾及法方之困难,仍与法方妥洽,俾法日协定可以早日见诸实施,等由。经将所送法日协定抄件与英日方案核对,除存银地点系在法租界,及提作赈济之款为二十万镑外,其余规定完全相同。查法方此次事先未经征求我方同意,擅与日方签订协定,实属不合,惟我方虽可继续否认法日协定,仍要求其撤消,而事实上该项白银现既存于天津法租界,又在日方控制之下,撤消协定一节,法方恐难办到,如我方目的重在防止嗣后再有移动,则似应按照天津英租界先例,由我国与法方另定协定,贵部意见如何,希即查照核办。又,法国贸易公司及美国联洲公司所有之抵押权,系包括全部存银,抑一部份存银,亦请查明一并见复,等由。当以天津存银指作担保者,计有两笔,一为本部与法国贸易公司订定购买汽车合约,指定交通银行帐号天津分行存储新华库房之现银四百万元为保证;二为本部向美国联洲公司借款,指定天津中国银行存银一千五百三十八万三千零九十八元二角七分为担保。上项存银,即已抵押有主,与英租界存银之纯为我方所有者不同,如果我方贸然迁就,该两公司责我以背信违约,我将无法处理。况法方与日人擅订之协定事前未经与我方接洽,亦与处理英租界存银经过与我方长期商讨者不同,贵部拟按照天津英租界存银先例予以办理一节,恐开国际恶例,似有未妥,此事既经贵部一再提出抗议,仍请照案坚持,以重主权。咨复外交部查照去后,兹准外交部咨明前由,并据唐寿民等电陈事机急迫,等情。查此案迭经咨请外交部严重抗议,终以法国现在处境困难,不易达到撤消法日协定目的,外交部亦以天津法租界存银,事实上已在日方控制之下,为保存二十万镑以外之存银计,主张仍与法方另定与中英协定相同之协定,法大使馆并有务恳中国政府予以十分谅解,及早订定一如中英两方关于此事之协定,并将法国贸易公司抵押权,在中法协定内加以保留之语。可否依照外交部主张,与法方订定与中英双方关于此事相同之协定,仍将法国贸易公司及美国联洲公司之抵押权在中法协定内订入保留条款,同时向法方郑重声明，以后关于我国权益事件不得再有违背国际惯例，出以片面行动之行为，以重主权之处，理合电请鉴核示遵。财政部（09、2）。渝。钱币印。

中国第二历史档案馆藏财政部档案，三(2)/3646(2)

宋汉章唐寿民致财政部电

1940年9月4日

财政部钧鉴：密。渝钱币一四三八号电奉悉。续据敝津中行江电称，本日下午法警局通知中、交、河北省三行负责人到署，由副领事及警署总办面示法租界存银提出救济款金廿万镑事，奉法大使训令，定四日起开始办理提取手续，计中行二百万元，交行、河北省行各五十万元，先提中行部份，经敝中行声明未奉总行命令，苦难遵办，要求由领事或警署以公函知照，颇有难色，最后结果，明日起先提河北省行部分，三数日后再提敝中行部分，务请于三日内急电示遵，等语。查此事迭经电请，应于不牵涉法币立场下相机应付，迄未奉复，现在事机万急，如法当局必须先办，又不肯公函通知，两行在无法抗拒之时，自应仍以不牵涉法币立场相机应付。除电嘱遵照外，特电奉陈，仍祈急电示复为荷。宋汉章、唐寿民。支。

中国第二历史档案馆藏财政部档案，三(2)/3646(2)

宋汉章唐寿民致财政部电

1940年9月5日

财政部钧鉴：密。支电谅达，续据敝津中行支电称，法租界存银提取救济费向中、交、河北三行按成摊提一案，今晨已接法领公函通知三行，河北省行已开始办理提取手续，俟该行竣事即须向本行提取，实属无法抗拒，等语。特电陈报，敬祈鉴察。宋汉章、唐寿民。歌。

中国第二历史档案馆藏财政部档案，三(2)/3646(2)

财政部致蒋介石代电稿

1940 年 9 月 7 日

密代电　渝钱币字第 34044 号

军事委员会蒋委员长钧鉴：据香港中国银行宋总经理汉章、交通银行唐总经理寿民支电称，据敝中行江电称，本日下午法警局通知中、交、河北省三行负责人到署，云云，仍请急电示复。又据歌电称，支电谅达，续据敝津中行支电称，云云，至敬祈鉴察，各等情。查天津法租界存银，法政府擅与日人签订协定一案，经将本部与外交部咨商向法大使馆迭次提出严重抗议情形，及外交部主张与法方订定与中英双方关于此事相同之协定，仍将法国贸易公司及美国联洲公司之抵押权，在中法认定内订入保留条款，同时向法方郑重声明，以后关于我国权益事件，不得再有违背国际惯例，出以片面行动之行为，以重主权，于二十九年九月二日以渝钱币字第三三七二四号代电请鉴核示遵在案。现据宋汉章等来电，法方已通知中、交、河北三行提取救济款英金贰拾万镑（以白银折合约为叁百万元），时机极为迫促，理合电靖鉴核，迅就本部九月二日请示代电核示祈遵，至为公便。财政部。1906。0907。渝。钱币印。

中国第二历史档案馆藏财政部档案，三（2）/3646（2）

宋汉章唐寿民致财政部电

1940 年 9 月 7 日

财政部钧鉴：密。支歌两电谅达，续据敝津交行支电称，省行部份今日提完项。顷法方通知明日上午提交行部份，下午中行部份，敝两行仍坚持前议，当由法领交来通知书，措词与前英领收据同。正核转间，复据同日电称，本日晨十时，法警长会同日领及正金经理买办至津行新华租库，提取银元一二五箱，计五〇万元，车送正金，下午竣事，由正金代表及法日总领事出具临时收据，俟中行部份提完，会同各行人员在正金查点细数后，再掉给正式收据，新华库门原未由准委会分会签封，现除提取现银如上数外,其他均无变动,同时并据敝中行歌电称,中行部份二〇〇万元今晨开始提取八〇万元,由正金出具临时收据,经由法方转交本行,俟全数提清,再换正式收据,各等语。用特一并电陈,敬祈察核。宋汉章、唐寿民。虞。

中国第二历史档案馆藏财政部档案,三(2)/3646(2)

蒋介石致孔祥熙代电

1940年9月8日

财政部孔部长勋鉴:渝字第三三七四二号(09、2)渝钱币代电悉。关于天津法租界存银事,即请兄与王部长斟酌情势,妥商办理为盼。中正。申齐侍秘。渝。

中国第二历史档案馆藏财政部档案,三(2)/3646(2)

宋汉章唐寿民致财政部电

1940年9月9日

财政部钧鉴:密。虞电谅达,津法租界存银提取救济费事,续据敝津中行齐电称,中行现洋今续提去六〇万元,特电转陈,敬祈察核为荷。宋汉章、唐寿民。佳。

中国第二历史档案馆藏财政部档案,三(2)/3646(2)

宋汉章唐寿民致财政部电

1940年9月10日

财政部钧鉴:密。虞佳两电谅达。津法租界存银提救济费事,续据敝津中行佳电称,今续提去六十万元,连以前两次所提计总数二〇〇万元,已提清。该项现洋均系由新华租库内提出,该库本日由日法两领事会同临时加封,特电转陈,敬祈鉴核。宋汉章、唐寿民。灰。

中国第二历史档案馆藏财政部档案,三(2)/3646(2)

财政部钱币司签呈

1940 年 9 月 11 日

奉军事委员会蒋委员长申齐秘渝代电开:"渝字第三三七四二号(09、2)渝钱币代电悉。关于天津法租界存银事,即请兄与王部长斟酌情势妥商办理为盼。"等因。查此案迭由外交部提出严重抗议,迄无效果。嗣据唐寿民等电请前来,奉批:请示委座核办,等因。经即遵办在案。兹奉前因,复查外交部对于解决本案意见,以法方自对德屈服后,在远东方面事事迁就日方,以冀保存其原有利益。天津法租界存银,事实上已在日方控制之下,为保存二十万镑以外之存银计,主张与法方订定与中英双方关于此事相同之协定,仍将法国贸易公司(美国联洲公司自应一并列入)之抵押权,在中法协定内订入保留条款,征询本部意见。现又据宋汉章、唐寿民歌电称,法租界存银提取救济费,已于九月四日接法领公函通知三行,河北省行已开始办理提取手续,实属无法抗拒,等语,是法日已不待我政府允许,擅自实行,此时既难制止,为免牵动其余存银起见,可否即照外交部主张,由部电复该部接洽办理之处,谨签请部次长鉴核示遵。

钱币司谨签

九月十一日

外交部致财政部函

1940 年 9 月 13 日

关于天津法租界存银事,九月一日 3372 号代电诵悉。本月五日根据同盟社消息,该项存银已有一部份九月四日被提,当经致函法国大使馆查询究竟去后,兹准复称,接戈思默大使来电称,与英金二十万镑相等数额之赈济经费,确已开始移动。除已由本部向法国大使馆声明保留对于此事所有之一切权利外,相应函请查照为荷。此致

财政部

外交部长王宠惠

中华民国二十九年九月十三日

中国第二历史档案馆藏财政部档案,三(2)/3646(2)

宋汉章唐寿民致财政部电
1940年9月13日

　　财政部钧鉴:密。津法租界存银提取救济费事,迭将经过情形奉陈在案,兹据敝两津行灰日电称,下午法日两总领事于两行名下存银提取足数后,会同将两行新华租库火漆签封,即由各自带回,余俟细数点齐,再函详报,特电转陈,敬祈察核。宋汉章、唐寿民。元。

中国第二历史档案馆藏财政部档案,三(2)/3646(2)

中国银行交通银行总管理处致财政部电
1940年10月8日

　　财政部钧鉴:津法租界存银提取救济费向敝两行及河北省行按成摊提一案,迭经电奉达在案,兹续据敝津中行电称,贮存现银之本行及新华租库,五日由日法两领事会同正式签封,等语。合再电陈,敬祈察洽为荷。中国、交通银行总管理处(印)。庚。

中国第二历史档案馆藏财政部档案,三(2)/3646(2)

行政院致财政部训令
1940年11月6日

令财政部

　　外交部呈请核示应付法日订立处理天津法租界我国存银协定办法一案,经提出本院第四八九次会议,决议:"应由法大使书面释明经过,并保证以后不再片面行动,送部呈院再议。"除指令遵办外,合行抄发原件,令仰知照。此令。

抄发外交部原呈一件。

院长蒋中正

中华民国二十九年十一月六日

外交部原呈

查本年五月间当英日谈判天津白银问题之时，据报法日间对于天津法租界存银亦正进行商订协定，当即电令驻法大使馆向法外部申明，应随时与我国商洽，切勿先向日方作任何肯定之承诺。

迨六月二十二日法国大使馆康栋参事上书委员长，一面通知本部，法国政府情势上之需要，业与日本政府于六月十九日与英日所订关于天津英租界存银之协定同时成立协定，因法租界之存银约倍于英租界，故其所提出作为赈济经费之款亦约倍之（约等于英金二十万镑），等语。当于六月二十五日向法国大使馆提出严重抗议，认为法方事先未得我国同意即与日方订立处理属于我国财产之协定，殊为不合，并声明保留我国政府对于此事所有之一切权利。

七月六日复准财政部代电，以该项存银早经作为法国贸易公司及美国联洲公司借款之抵押品，与英租界存银情形不同，请交涉迅将法日协定撤销，当即二次向法国大使馆提出严重抗议，并要求撤销协定。

八月间，法国大使馆康栋参事除将法日关于白银问题之协定抄件函送到部外，并一再到部声述关于此事法方所采之行动与英方完全相同，英法两租界息息相关，不得不同时予以实行，请予以谅解。此事为时间所限，致事先未能征取中国政府同意，殊深歉仄。日方催逼提取作为赈济经费之英金二十万镑甚急，务恳中国政府予以十分谅解，及早订立一如中英两方关于此事之协定。至抵押权一节，自可在协定内加以保留，等语。当于八月四日、八月二十六日先后函达财政部。以法方擅订协定实属不合，我方自可继续否认该项协定，仍要求其撤销，但事实上该项白银现既存于天津法租界，而法租界复又在日方控制之下，撤销协定一节，法方恐难办到。如我方目的重在防止嗣后再有移动，并避免法方采取第二次片面行动，似宜按照天津英租界存银先例，由我国与法方另订协定。嗣准财政部复文,主张继续坚持,并称已电陈委员长鉴核示遵,等由。

九月五日,本部据报天津法租界存银已有一部份被提出作为赈济经费,当即向法国大使馆询问真相。九月十二日,该馆康栋参事来部通知,与英金二十万镑相等数额之赈济经费,确已开始提取,等语,当即致送节略,表示对于法方复允许日方移动存银之举,殊觉诧异,并郑重声明保留对于此事所有之一切权利。

最近法大使戈思默来渝,复于十月卅一日来部面称,日方为此事曾提出类似哀的美敦书之要求。当时情形急迫,驻津法领事未及向本人请示,即将该项存银移动。法方对于此次所采取之片面行动,殊觉歉仄。吾人虽不愿从事片面行动,然事已至此,无可挽回,但望能与中国政府成立协定,追认既成事实。对于此事,法方所要求者,无非顾全中法两方之友谊与诚信而已,等语。

查法方此次未经征求我国同意,擅与日方订立处理白银之协定,确属不合。然其处境困难,尚系事实。法方既可于日方威胁下,采取片面行动,订立协定,并允许移动等于英金二十万镑之存银,如我坚不与其另订协定,以为限制,此后法方对于现尚存在天津法租界之白银是否不致再行采取片面行动,殊不敢必。究应如何应付之处,理合呈请鉴核示遵为祷。

中国第二历史档案馆藏财政部档案,三(2)/3649

中国银行总管理处转报日方提取
天津法租界存银致财政部函
1940 年 11 月 14 日

径启者。查敌方拟提天津法租界存银一案,其经过情形迭经电陈大部在案。兹据敝津行函称,天津法租界存银前于英日签立解决英租界存银办法时即有同时解决之说,其办法大体与英租界相同,惟所提救济款为二十万镑已屡电报告,九月三日,法警局通知本行及交通、河北省两银行负责人到局,由法领事及警察局总办面示,关于法租界存银提出救济费二十万镑一事,奉法大使训令定于四日起开始提取,计本行名下现银元二百万元,交行及河北省银行各五十万元,共三百万元,先提本行部份,本行以此事未奉总行命令,苦难照办,要求容许请示时间,法领事非但不允,且不肯给予正式提取手续,本行及交通行当面声明,倘照如此片面举动,实无考虑余地,旋于四日晨法领事将正式奉该国大使馆命令提取现银之公函送到本行及交通行,以此事既由法租界当局正式照会,处此环境,若再坚拒,势必引起纠纷,牵动整个法币,只得忍痛照办。除河北省银行及交行应提之现银元各五十万元,已于九月四、五两日分别提去外,本行名下二百万元亦于六、七、九等日,如数提去。本行之现银元系由新华大楼租库内提出,由法租界警车送至法日两领事指定之正金银行,取有法日两领事正式收据存案。十月五日复由法日两领事将本行存贮现银元之本行库及新华租库分别签封,合将办理经过陈报,请为转报,等情前来,相应函达,即祈察洽备案为荷。此致
　财政部

中国银行总管理处启
中华民国廿九年十一月十四日

中国第二历史档案馆藏财政部档案,三(2)/3649

交通银行总管理处转报日方提取天津法租界
存银情形致财政部密函

1940年11月14日

敬密启者。查关于敝行存在天津法租界新华银行租库之现银元被天津日法两总领事会同提去五十万元一事,前迭据津两行电陈前来,节经会同中国银行总管理处转电陈请指示机宜并察核各在案。兹续据敝天津分行本年十月十四日函陈,本行存在法租界新华租库现银元被提二十万元一事,兹已告一段落,谨将经过情形陈报于次。查此间法租界存银,前于日英签立英租界存银办法之际,即有同时解决之说,报载办

法大体与英租界相同,惟所提救济用款数目为二十万镑。八月二十三日下午,前法副领事暨警务长往中行声言,法租界新华银行租库中、交、河北省三行名下所存现银,将于二十八日照三行存银比例取出约当二十万镑数额之现银,并谓此事业经报告法大使知会我财政部转知中交两行总管理处云云。中行当答以银行方面迄尚未接到令知,尚须先行请示,午后再度商谈。据法方云,事在必办,至迟廿九日开始办理,或先由法总领事书面通知。是日,两行即各电陈请示。九月三日下午,法副领事及警长邀两行暨河北省行人员至工部局,即向三行声言,已奉到法政府命令,提取现银三百万元,计中行二百万元,我行及省行各五十万元,明晨即开始启封搬送正金银行云云。两行以尚未奉到总处命令,未便照办,而是时法领忽又不肯备具书面通知,遂答以倘竟迫不及待,惟有听任片面行动,银行实无考虑余地。彼此争论再三,法领仍不肯备具书面,仅云明晨当先提取省行部份,意在使中交两行有此最后请示之机会。津行当日即电陈钧处请示。九月四日,法日两方已开始将省行部份先行提取,法方又通知翌日上午提取我行名下部份,下午提取中行部份,两行仍坚持前议,法领始交来公函一件,内云,奉法政府命令,提取三行在法租界存银约当二十万镑数额之救济款项,等语,措词与以前英领署通知书大致相同,两行以此事既有法租界当局公函知会,处此环境,无法抗拒,当日即据情电陈,兹将法领署原函照抄附上。九月五日上午十时,法警长会同日领及正金银行买办至新华银行租库,提取我行现银圆一百二十五箱,每箱四千元,合五十万元,以法租界警车送往日法两方指定之正金银行,下午竣事,当由正金代表法日总领事出具临时收据,谓俟中行部份提完(中行部份系六、七、九等日提取),会同各行人员在正金查点细数后,再换正式收据。新华库门原未经准备委员会天津分会签封,此时除提取三行现银共三百万元外,其他俱无变动,经于当日电陈。九月九日下午,法日两总领于所提两行存银均已足数后,即会同将新华租库暂行火漆签封,钥匙由两行各自带回,津行当于九月十日电陈。十月二日,正金通知我行查点细数,至十月四日点交清楚,日法两领于五日将新华租库正式会封,用铅丝将铁栅栏牵系,在尽头处悬挂纸牌,注明于十月五日会同封闭,日法两领会同签字,加盖火漆封志。至正金出给我行之临时收据一纸,亦由正金收回,日法两领随送来正式会签之收据一纸,载明十月五日收到我行现银五十万元,即系天津日法协定约当二十万镑之银元三百万元之一部份,备为救济之用,等语。原收据一纸,由津行妥为保管,兹照录一份,随函送请存查。以上为我行现银被提五十万元之经过情形,理合陈报,敬乞鉴核备案,等情。并附抄法领通知书正式收据各一件前来。据此,除函报发行准备管理委员会外,合再据情陈报,并抄附法领通知书正式收据各一件,敬祈察核备案。再该项现银转帐手续,是否与前被提去之英租界现银同样办理,并祈核示为祷。此致

　　财政部

　　附件(略)

交通银行总管理处敬上(印)

中国第二历史档案馆藏财政部档案,三(2)/3649

财政部向行政院会议的提案及附件

1940 年 11 月 26 日

天津法租界我国存银案

　　关于天津法租界我国存银事,本部前于本年十一月二日将经过详情呈院核示应付办法,嗣奉本年十一月六日阳字 23015 号指令,以案经第四八九次院会决议,应由法大使书面释明经过并保证以后不再有片面行动,送部呈院再议,等因。遵照与法国大使往复进行交涉,现已将法大使书面声明及解决本案来往照会拟定草稿,兹特检同各该文稿暨法文译文,提请公决:通过。

　　附件一

　　前者本大使业经向贵部长声述,法国政府曾被特殊情势促令于一九四〇年六月十九日与日本政府成立协定,将存于天津法租界内中国

银行、河北省银行及天津银钱业公库中之白银加封。

该协定并规定从中提出等于英金二十万镑之数额，作为救济华北灾荒之经费。

关于此事，法国政府前为时间所限，未能与中国政府成立了解。现认为在短期内成立此项了解颇关重要，为此，法国大使馆特向外交部声明，法国政府愿保证对于现已封存之白银当予以保管，并经决定如未得中国政府同意，法国政府方面对于该项存银现状不加改变。

再本照会含有秘密性质，应请不予公布或外传。

附件二

关于现存天津法租界内白银事，准贵大使二十九年十一月廿六日来照，本部长兹特声述下列各点，应构成中法两国政府解决本案之了解。

（一）现存天津中国银行、河北省银行及银钱业公库之银币及银块应仍继续存放原处，并由驻天津法国总领事加封。

（二）除下列第三节之规定外，该项白银应继续予封存，未得中国政府同意，不得移动其一部或全部。

（三）中国政府及各关系银行总管理处同意提出等于英金二十万镑之数额，作为华北某数地区水灾及其他地区旱灾所直接酿成灾荒之救济经费。

（四）该项经费交与包含中国籍专家之国际救济机关，由该机关会同驻天津法国总领事处理华北救济事业。

相应照请贵大使查照，以法国政府名义对于此项了解惠予证实为荷。

本部长顺向贵大使重表敬意。

附件三

接准贵部长本日照开：（文见部长致法大使照会）

本大使兹以法国政府名义，对于上述了解加以证实，相应复请贵部长查照为荷。

本大使顺向贵部长重表敬意。

中国第二历史档案馆藏财政部档案,三(2)/3649

外交部咨送中法关于天津法租界存银事换文致财政部文
1940 年 12 月 2 日

关于天津法租界我国存银事,前经本部于十一月二十六日将法大使书面声明及解决本案来往照会之拟稿暨各该文稿之法文译文,提请行政院院会议决通过在案。兹已于十一月二十八日由法大使签送书面声明,并于翌日该大使签订换文解决。相应抄同各该文件暨法文译文共六件,咨请查照并见复为荷。此咨

财政部

外交部长王宠惠
中华民国二十九年十二月二日

附件(略)

中国第二历史档案馆馆藏财政部档案,三(2)/3649

2. 法日协定与中法关系

法日关于印度支那的协定

早在第二次世界大战开始之前,日本就向法国提出有关印度支那的种种要求。日本帝国主义者让印度支那在其扩张计划中担任特殊的角色,指望建成以日本为主导的"大东亚共荣圈",其中包括印度支那、印度尼西亚、马来亚、泰国、菲律宾、(英属)婆罗洲和缅甸。早在1937年8月,日本即向法国发出一系列照会,其中要求禁止通过滇越铁路向中国运送军用物资。

在法国于1940年6月失败之后,日本即要求法国殖民当局全面封锁中越边界并允许日本专门使团进入越南以监督完成这一措施。这些要求得到了满足。

　　由于未遇到法国以及美国和英国(英美对日本实行绥靖政策,千方百计唆使日本帝国主义者发动对苏联的入侵)的认真抵抗,日本提出了新的要求。8 月初它要求在印度支那沿海提供海军基地,同意日军进入印度支那,以及签订经济协定,规定扩大印支煤炭、锡、铁矿及其他各种原料对日本的输出。8 月 10 日法日两国就此开始谈判,日本的要求于 8 月 13 日得到满足。

　　日本向法国提出各式各样的要求,在印度支那占领了越来越多的阵地,用各种军事、经济协定将其固定下来。

　　军事协定　《1940 年军事专约》于 9 月 22 日在河内签署。专约旨在进一步加强日本对印支的控制并规定将印支的一系列军事基地转交日本支配。例如,日本接收了越南北方的三个飞机场(嘉林、老街、富良硐)和海军基地归自己支配。此外日本还将得到将 6000 士兵开进红河以北地区以及通过越南北方将军队运进中国以便在云南省用兵的许可。部署在广西省中越边境的日军被允许通过红河三角洲调动,但须事先征得法国殖民当局的同意。

　　在专约中曾声明:驻扎在印支领土上的日军数量不得超过 2.5 万人。然而日本并未遵守这项保留声明,而是利用专约掩盖对越南北部的"和平"占领。日军攻击了越南北部的法国军队并开始向谅山——北方谅山省省会进发。日军 9 月 26 日对港口城市海防进行了空袭并使其陆战队在该城登陆。

　　1941 年"关于共同防卫印度支那议定书"(7 月 29 日由达尔朗和加藤外松在维希签字)意在完成对法属印度支那的占领和继续准备太平洋战争。

　　在议定书序言中指出,如果印度支那受到威胁,日本将有理由认为:"东亚的共同安宁及其自身安全也受到威胁。"双方表示再次确认先前承担的义务:日本尊重"法国在东亚的权益,尤其是法属印度支那的领土完整和法国在印度支那联邦全境的主权"。而法国"将不再与谋求实行政治、经济或军事合作而直接或间接违背日本利益的第三国签署任何协定,亦不对其承担任何义务"。议定书载明:"两国政府将在有关印度支那防务的问题上进行合作。"

议定书向日本提供了在向先前入侵印支的军队提供补给和在印度支那的"安全受到威胁"的借口下开入新的军队的法律依据。日本并未忽略利用议定书的条款,在1941年下半年使自己在印支的军队达到12.5万人。

日本继而利用印支作为进行向南作战的战略基地。

经济协定　日本对印度支那的经济要求已在日本政府1940年8月20日照会中表明。照会提出了同等对待日法两国企业的要求。法国代表奉行投降政策,对日本作了让步,签订了法日经济协定。这些协定向日本提供了在印度支那进行广泛经济扩张的巨大机会。

1940年法日协定(松冈—亨利协定)于8月30日在东京签署,协定明确规定了日本在印支的经济特权,并规定就经济问题举行谈判。日法公报在一定程度上揭示了这一文件的真正涵义。公报说:签订协定"目的在于对建立东亚新秩序的事业作出贡献"。

1940年10月15日维希政府关于使印度支那享有关税自主权,因此亦取消了对法国商品的一系列优惠税率的法令是经济上的重大让步。这一法令意味着取消法国殖民者在印度支那严格执行的保护关税政策,于是在印度支那市场为日本商品打开了广阔的销路。

根据1940年协定举行了法日经济谈判,结果于1941年5月签订了新的经济协定。

1941年法日协定(于5月6日签字,为期5年)为日本提供了最惠国待遇,为其在印度支那的经济扩张开辟了更广阔的前景。

根据这一协定,日本企业家得到了先前外国人得不到的从事企业活动的许可。赋予他们得到农业和采矿业租让以及利用印度支那丰富的水力资源的权利。协议还规定要建立法日合资公司,其中日资份额可以达到50%。

协定在使用粮食储备和战略物资方面向日本提供了很大的机会。

法国殖民当局向日本提供大米、玉米、橡胶、煤及各种矿物以换取日本的工业品。同时针对日本商品的关税率应降至最低限度，而对 10 种商品应完全取消关税。拟从印度支那出口和从日本进口的货物清单及货物数量必须在法国殖民当局和日本占领当局之间每年举行的贸易谈判中得到认可。

除了这些法日普通的经济协定，还有一系列其他经济性质的协定。其中有法国驻印度支那高级专员德古和日本大使芳泽谦吉签订的关于开办日法锡矿和钨矿合股公司的协定，以及东方汇理银行和横滨正金银行之间的协定……所有这些协定均有利于加强日本在印支的经济扩张及利用其经济资源进行战争。日本在印度支那金融、采矿业、农业、运输业、对内对外贸易中均占据了重要位置。

法国殖民当局每年支付大批款项供养日本占领军。这笔费用数额从 1941 年到 1945 年 3 月共计 72376.8 万皮阿斯特。作为对比，我们特指出：印支的总预算从 1941 到 1945 年共计 29951 万皮阿斯特。

因此所有这些协定为日本成为法国维希政府掠夺印度支那的"同伙"提供了机会。法日殖民政府向印支各族人民强加了沉重的负担。

后来维希政府进而同日本实行全面合作。为此建立了以法国殖民者和日本占领军的合作为目的的专门机构——所谓的"联络机构"，该机构于 1941 年底改组为"法日关系总秘书处"。

法日两国在印度支那为所欲为造成了严重的后果：经济、财政进一步崩溃，税收增加，劳动人民的状况恶化。然而法日殖民者企图压制越南人民的民族解放运动，有气无力地防止运动的胜利。

《抗日战争》第 4 卷（上），第 1019—1022 页

中国政府对法日协定的反应

1940 年 9 月 22 日的法日协定缔结之后，我便尽力劝使法国人给我一份协定文本的抄件，但他们却只愿把其认为是与中国有关的要点口头通知我。最后，经我建议并经重庆政府完全同意，由我草拟了一份

抗议书,呈请外交部审定。经王宠惠外长核准,只改动了一处措词,即略去"中立"一词不提,然后送交法国政府。外交部 9 月 25 日来电对这一更改做了说明,并要我尽快将抗议书送出,我当即照办。

现将抗议书原稿及修订稿予以照录。原稿为:

中国政府获悉,法国政府与日本政府直接通过法国驻东京大使,并通过印度支那当局与日本驻河内代表,已缔结协定,规定日军可在印度支那登陆及自由过境,并规定日军可使用港口、铁路、机场及其他设施,借以进攻与印度支那接壤之中国西南地区。1940 年 9 月 23 日,法国外交部长在与中国大使会谈中,亦对缔结该协定的主要各节予以证实。

中国大使馆以往曾有幸通过中国大使,多次与贵国外交部长会谈,向法国政府反复提出书面及口头警告,中国政府鉴于日本在过去三年间不断以其武装力量侵略中国,虽经考虑外长阁下所作之解释,仍认为法国政府与日本缔结上述协定之行动,不论中、日之间已否按国际法宣布处于战争状态,均构成法国方面严重违反中立义务并公然违反条约规定及国际睦邻关系之基本准则,似此实系敌视中国之行动。

中国大使馆奉中国政府之命,以中国政府名义提出最强烈抗议,并通知法国政府,中国政府对日军出现于印支边境附近及利用印支作为对中国作战的军事基地一事,保留采取一切必要自卫措施的全部行动自由。并声明由此产生之一切后果,均应由法国政府负责。

来电所提出的改动是关于第二段后半部分,自"均构成……"以下的一句,修改如下:

"……均构成严重违反国际法及国际睦邻关系之基本准则,似此实系敌视中国之行动。"

我迅即于 9 月 25 日将抗议书送交法国外交部。

《顾维钧回忆录》第 4 分册,第 456—457 页

法国和日本关于在法属印度支那居留和航海专约①

东京,1941 年 5 月 6 日

法国元首和日本皇帝陛下：

均热望在印度支那和日本之间紧密善邻关系并发展经济关系，深信对于印度支那和日本之间清楚地和明确地规定居留和航海关系所适用的原则，将有助于实现此项迫切期待的结果。

业已决定为此目的缔结一居留和航海专约。……

第一条

两国各方国民应有充分自由连同其家属在另一方领土全部区域内入境和逗留。在符合当地法律的条件下，他们享有下列权利：

（一）关于旅行和居住事项，他们应在一切方面享受国民待遇。

（二）他们有权亲身或由代表，单独或与外国人或本国人联合，从事商业和制造工业以及进行一切合法商业物品的交易，同本国国民一样。

（三）关于从事他们的工业、行业或职业，进行他们的科学调查研究事项，他们在一切方面应享受最惠国国民的待遇。

---

① 本专约自 1941 年 7 月 5 日在东京互换批准书之日起生效。本专约是投降于希特勒德国的维希政权以法国名义和日本签订的。本专约给予日本在印度支那以许多经济特权，但 1943 年 3 月 4 日，日本和法国驻印度支那总督德古海军中将签订了修改本专约的协定，进一步给予日本以更广泛的经济特权，规定要点如下：

（一）持有日本护照拟进入印度支那，应毫无稽延地给予法国签证。

（二）日本国民应和法国国民在平等的基础上从事工业和农业，日本政府有权以"军事理由"取得印度支那一切农业、矿业或其他的租让权。

（三）取消在印度支那的日本企业所雇用的日籍人员的百分比。

（四）日本人在北越和南越有权取得不动产，同法国国民一样。

（五）印度支那和日本以及上海间的产品交换应予管制，其办法另议。

（六）关于日本以"军事理由"需要印度支那的产品，法国应给予生产、分配和输出的优惠和便利。同样关于日本所需的外国产品，法国也应给予在印度支那的过境便利（参考基辛氏当代文库 1943 年 10 月 23 日—30 日，第 6059 页）。

1945 年 3 月 9 日，日军司令部宣布完全占领印度支那后，本专约实际上已不复适用。

（四）他们得持有或租赁和占有房屋、工厂、仓库、店铺以及他们可能必需的场所并为居住的目的或为合法的商业、工业、农业或其他目的的使用而租赁土地。

（五）他们得在互惠的条件下，自由地取得和持有一切种类为当地法律允许最惠国国民取得或持有的动产或不动产。……

（六）他们在人身和财产方面，应享有经常和完全的保护和安全；他们应自由地和毫不困难地出席法院和法庭，以便保卫其权利，并且他们应如同本国国民那样，有自由选择和聘请律师、代理人或其法律从业人员担任代表出席法院和法庭，并且在一般司法事务方面享有本国国民所享有同样的权利和优惠。

（七）他们应免除一切陆海空军方面，保安部队或民兵方面的强制兵役以及当地一切强制的差役。他们无论在平时或战时亦应免除一切强募的公债和一切军事征用或征役，但本国国民作为不动产的持有人、租赁人或占有人，亦应履行者除外。关于以上一切，两国国民各在另一方领土内所享受的待遇不应次于最惠国国民现在或将来所享受的待遇。

（八）他们不得被强迫承担义务或支付捐税，不论其性质为何，异于或较高于对本国国民的课征。此项规定不妨碍课征涉及履行警察手续的捐税，例如逗留捐税，但应了解两国国民关于上述捐税额应享受最惠国的待遇。

（九）他们应享有完全的信仰自由。他们得设立或持有教堂，进行公私礼拜，按照自己的宗教习惯，建立、持有和维护坟墓以及创设学校以及宗教、医疗和慈善事业。

（十）两国国民在另一方领土内的住宅、仓库、工厂和店铺以及为合法目的而使用的一切附属场所均应受到尊重。不准在上述场所进行住所检查或搜查，亦不准检视簿籍、文件或账目，但在法律对本国国民所规定的条件和手续下除外。

第二条

按照法国法律在印度支那合法成立并行使活动的有限公司或其

他,以及商业、工业或金融社团应由日本承认其合法存在,但以其组织和目的在日本领土内毫不违背公共秩序为限。日本的有限公司或其他以及商业、工业或金融社团应由印度支那承认其合法存在,但以其组织和目的在印度支那领土内不违反公共秩序为限。

上述公司和社团在另一方领土内应享受最惠国待遇,依照该国的法律,行使其活动。

……

第六条

驶入或驶出日本或印度支那所属水域和港口的法国商船和日本商船,无论来自或前往何地,在驶入、驶出和停留方面,应缴纳的以国家、省、县或特准的公私机关的名义所征收的任何捐税,无论其名称如何,不能异于或较高于对本国商船所课征的捐税。

关于港口、碇泊所和碇泊区船泊系留的位置、装运和卸运、补给以及一般方面商船、船员和其装运所应遵守的一切手续和规定或商船可能进行的一切操作,经同意业已或将来给予本国商船的特权和优惠应同样给予另一方的商船,在这一方面,缔约双方的意志也在于使两国商船所享受的待遇置于完全平等的基础上。

……

第十二条

缔约双方同意关于居留和航海的一切方面,两国任何一方已经给予或将来给予任何其他国家的一切特权、优惠或豁免应立即和无条件地给予另一方,两国的意愿原在于在一切关系方面,应为另一方保证最惠国的待遇。

《国际条约集》(1934—1944),第 307—314 页

法国和日本帝国关于共同防御法属印度支那的议定书

维希,1941 年 7 月 29 日

法国政府和日本帝国政府:

考虑到目前的国际形势,承认,因此如法属印度支那遭受威胁,日本将有理由认为东亚的一般安静和日本自身的安全处于危险;

借此机会重申已经承担的义务,日本为一方尊重法国在远东的权利和利益,特别是法属印度支那的领土完整和法国对于印度支那联邦全境的主权权利,法国为另一方对于印度支那决不同第三国缔结任何规定政治、经济或军事合作来直接或间接对抗日本的协定或谅解;

议定条款如下:

一、两国政府相互保证在军事上合作,以共同防御法属印度支那。

二、关于此项合作所需采取的措施将构成特别协议的内容。

三、上述规定仅在促成采取此项规定的情势继续存在期间有效。

下列签署人经各自政府正式授权在本议定书上签字盖章,以昭信守。

1941 年 7 月 29 日,即昭和 16 年 7 月 29 日订于维希,用法文和日文写成,共两份。

达尔朗

加藤外松

《国际条约集》(1934—1944),第 331—332 页

3. 中国军队入越问题

傅秉常①与博德②谈话记录(摘要)

重庆,1941 年 12 月 15 日

法政府对于中国军队通过越南之可能性问题,答复如下:

一、法政府决定对此次远东战争严守中立。

二、法日所订之协定,纯系防御性质,最近为适合当地情形起见,在

---

① 时任国民政府外交部次长。

② Philippe Baudet,时任法国驻华使馆参事。

河内新订协定,其内容与性质亦均未变更。

三、目前问题不在法律立场之如何确定,而在事态实际之考虑,越南不愿参加任何攻势行动,是以交战各国应避免采取任何足以使战争扩大至越南领土以内之行动。

四、中国政府之要求,适与法政府在停战协定下所规定之义务相冲突,法国目下处境虽极困难,但仍愿维持其中立地位,盼能予以谅解,并勿对其努力加以阻碍。

《战时外交》第 2 卷,第 773—774 页

宋子文致蒋介石

华盛顿,1942 年 1 月 7 日

委座钧鉴:法国驻美大使来见,据称中国政府通告法政府,中国军队拟开入越境驱逐日本驻军,希望谅解云云。中法如因此发生冲突,不免有伤两国和好,即使只表面上冲突,亦属遗憾。且法政府正种种阻挠德国,并保持海军不交与德国,万一华军入越,既影响欧局,亦无利于苏、美各国等语。并称即往见美国务卿,陈述一切。文答所言当为转达我政府,惟日军屡以越为根据,轰炸中国,举世皆知越之中立早已破坏无遗,中国前已提出抗议矣。若日军由越侵犯中国,法国是否愿保证以武力制止? 即使保证,法国军队是否有此力量完成任务? 彼谓俟报告政府后再答。复据文观察,英、美对法已有整个计划,我军入越,于欧洲大局绝无不良影响也。弟子文叩。阳(7 日)。

《战时外交》第 2 卷,第 774 页

傅秉常与博德谈话记录(摘要)

重庆,1942 年 1 月 9 日

时间:1942 年 1 月 9 日上午 10 时半

地点:本部

秘书凌其翰在座

博德参事首告傅次长关于日前所询一节,维琪政府业已答复,其措词仍极婉转,惟对中国政府之希望,恕难予以满足。本人已将此项答复,缮一备忘录,希予谅察。(见附件)

继傅次长向博德参事提出一极可研究之问题。略谓假定英、美空军出动,向日本在越南之军事根据地予以轰炸,则法国政府是否将认为破坏越南之中立。博德参事谓此点不易答复,惟有一类似之实例,足资参考者,英国空军迭炸法国之沦陷区,以有军事占领性质,为国际公法所许可。

傅次长乃续问,假使英、美军队与日军战争,结果日军败退越南,英、美军队继续追逐而进入越南,法国军队是否将予以抵抗,如认为越南情形与法国之沦陷区相似而不予抵抗,则中国军队开入越南,法国政府亦不能予以反对。博德参事答称,傅次长所提两点,当即电维琪政府请示。

至此,博德参事申述维琪政府处境之困难,并谓关于此事,如欲与维琪续商,恐无多大希望。本人素表同情于同盟国,而于中国尤表同情,虽处境艰难,仍欲竭尽全力,以维持中法之友谊,本人以为唯一希望,只有与越南总督德古①秘密接洽。据报越南之军事当局多恨日本如刺骨,其中更不乏表同情于中国者,如能前往访问,至少可以明了实际情形。如中国政府认为有迫切需要,于一二星期后驻昆明法领事到渝后,只须交通工具方面中国政府能充分协助,本人可考虑前往越南一行,此乃个人对华之微忱,恳守秘密。傅次长对于博德参事之连议,认为可以考虑云。

附:法方备忘录(译文)

法国在现时毫无参加远东军事行动之意思,法国且曾因此表示在太平洋战争中采取中立,日本驻越南之军队绝未采取对华之任何侵略行动,日驻越军队数目受协定限制之一点,即足以证明法日协定绝无侵略之性质,此项协定且在中日尚未宣战以前即已签订施行,故法国此次之中立声明,并无促使法国废止此项已经订立之协定,或与其他国家签

---

① Jean Decoux,时任法越总督。

订此项同样协定之理由。

越南之法国当局本和平之意旨,极力遏制任何危险之行动,万一中国政府方面有任何含有侵略性之策动,则法国政府将认为憾事,而使战争扩大,辟为新战场之责任,将完全归诸中国政府。

中国政府对越南无领土企图之声明,法国政府欣然备案,并望对于上述意旨,中国政府能予以注意。

《战时外交》第 2 卷,第 775—776 页

4. 维希政府与汪伪政权

郭则范[①]维希来电
1941 年 7 月 4 日

重庆外交部,387 号,4 日。386 号电计达,防阻法方承认伪组织事,连日与法外部及美大使馆谈话。又闻将提醒殖民部注意,似易获相当效果。顷亚洲司长密告:(一)该司已将此事利害转呈元首及副总理。(二)殖民部方面态度亦甚坚决。(三)戈大使及驻沪法总领事均有电来,主张不承认伪组织。(四)美大使昨派参事见法外部政务处长告以美方态度,并希望法方能坚持,彼意视法方各商业机关主张一致,法政府对远东政策一时不致改变云。郭则范。

《抗日战争》第 4 卷(上),第 1030 页

郭则范维希来电
1941 年 8 月 7 日

重庆外交部,413 号,7 日。法暂代外长 Lagarde 招谢参事往访,密告日使又来要求承认宁伪,已被拒绝。该使请见达浪部长[②],适部长尚

---

① 时任中国驻维希代办。
② Francois Darlan,法国海军上将,时任维希政府副总理兼外交部长。

在巴黎,须俟返维希后再定约会。此事有急转直下之势,法外部主目前状况极愿坚持拒绝,惟为避免日方压迫,其恐难于抵抗起见,已于昨晚电令驻华法大使向钧部说明法方立场,并恳中国政府饬魏暂此展缓到任日期,此举目系在拖延时日,以待国际变化,望我谅解,请本馆再善为解释语。恐系承认伪组织之先声,我方应如何应付,恳酌夺示遵。范。

《抗日战争》第 4 卷(上),第 1031 页

维希政府与汪伪政权签订关于归还天津、
汉口、广州法租界的协定
南京,1943 年 5 月 18 日

　　法国在天津、汉口、广州法租界区内所行施的行政管理权将于 1943 年 6 月 5 日归还中国;租界内的各道路、桥梁、码头、管道系统等公共工程将无偿移交中国当局;法国当局在最短期限内将管理租界所需的档案、文献移交给中国当局……中国政府应承认并尊重法国政府和侨民在法租界所置的土地和不动产的权利,并将为此采取必要的措施;在 1943 年 2 月 23 日法国政府声明放弃在华租界以前,由法国市政当局批准的合同,特别是关于公共工程如水、电、公共交通等合同,中国当局应根据约定的条件予以充分的尊重;法国侨民在上述区域内的地位仍按照现存条约所作的规定,他们继续享有目前所享有的有关住处、行动自由等特权,当警察移交中方管理,治外法权最终废除时,如果必要的话,法国驻天津和汉口的领事可以聘用一些法国警察以确保执行领事的命令和法院的判决;此外,中国当局还应保证维持租界内现存的法国或中法文化机构的运转,并继续支付某些由法国租界当局补贴的机构。

Accord sur la retrocession des concessions françaises de tien-tsin, hankeou et canton, signé à Nankin le 18mai 1943, 法国外交部档案馆藏, Guerre 1939—1945, Londres-Alger, N°69.

维希政府与南京汪伪政府签订的《关于交收上海法国专管租界行政权协定》

1943 年 7 月 22 日

　　法国政府根据 1943 年 2 月 23 日的声明，放弃对上海法租界的管理权，这一放弃于 1943 年 7 月 31 日生效。……法国政府和人民在租界内的产权原封不动的得到承认，法国租界当局于 1943 年 2 月 23 日之前签订的有关水、电、公共交通等公共设施的租让合同继续得到尊重，法国侨民在租界的地位仍然按照现行的条约规定维持不变，不但继续享有目前所享有的诸如居住、工作、行动自由等权益，而且当警察移交给中国管理以及治外法权根据 1943 年 2 月 23 日的声明而被取消时，法国驻沪总领事必要时可以使用几个法国警察以便确保领事传令（ordonances）和司法判决的执行；法国侨民在法租界永久租用的土地所征收的地产税也将维持目前的税率不变，直至治外法权所导致的免税制度为新的规定所取代为止；法国租界当局的所有债务则由汪伪政府承担，原由法国租界当局资助的机构和文化组织也将继续存在，并由汪伪政府继续予以补贴。

Clauses Accessoires à l'Accord concernant la renonciation par la France à ses droits administratifs sur la Concession française de Changhai, Nankin, le 22 juillet 1943 ; R. de Boisséson, Conseiller de l'Ambassade de France à M. le Dr. Tsu Min Yee, Ministre des Affaires Etrangères, Nankin, le 22 juillet 1943, 法国外交部档案馆藏, Asie-Océanie 1944–1955, Chine, V. 316

5. 中法绝交

宋子文致蒋介石

重庆，1943 年 1 月（原件日期不详）

　　顷准土耳其代办面称：我驻维希代办曾请土耳其大使设法经由土外部转达我政府，占领法国之德当局正强迫维希政府要求我撤退使馆。又闻驻华法大使已由北平起身赴沪，显系与寇伪有所商洽等语。

再驻渝法代办亦来面称：无论维希政策如何，越南当局当仍维持向来对我之态度。

综是以观，维希对我不久或有所举动，除已饬属准备各项对策外，合先呈请鉴察。谨呈委员长蒋。

　　附：土耳其代办面递备忘录（译文）

驻维希中国代办，曾请驻维希土耳其大使馆，经由土外部转达宋部长：由法国外交部得来消息，德国在法占领区之当局，向维希政府坚持要求中国外交代表团，须离开法国。

土代办兹敬告中国外交部长，倘贵部向中国外交代表团有所指示时，土使馆极愿经由同样途径转达。

《战时外交》第2卷，第778页

戈思默①致驻渝法大使馆

北平，1943年2月26日

自法国自由区变为作战区后，德国政府为作战之安全起见，采取各项措施，致使反轴心各国使节地位受其影响，所有有关大使馆、公使馆人员，均已送往德国。惟中国大使馆截至现在，法国政府尚能使其留在维希，此种特殊待遇，自属临时性质。占领军事当局，现允中国使节离法，该馆全体人员定于下周初首途赴里斯本。请迅转达中国政府知照，并说明目前之特殊情形，及在此困难环境中，法国政府对待中国外交代表之绝对正当态度。

《战时外交》第2卷，第779页

外交部致法国驻华代办照会（节选）

1943年5月19日

所有法国依照中法间不平等条约取得之租界，北平使馆界、上海公

---

① 时任法国驻汪伪"大使"。

共租界、厦门公共租界行政权，领事裁判权及其他特权，已因法国政府之非法行为，归于消灭，中国政府不再受其拘束。

中国第二历史档案馆编：《中华民国史档案资料汇编》第五辑第二编《外交》第 644 页

外交部绝交宣言

重庆，1943 年 8 月 1 日

查自法国政府迁都维希以后，中国政府为保持中法两国传统友谊及维护两国间彼此利益起见，对之始终予以尊重，并继续维持正常关系。法国在华一切利益，亦无一不继续获得保护。无如维希政府对于中国之非友谊行动，层出不穷，有加无已。其较著者则与日寇订立越南军事及经济协定，资其利用，使为袭我之根据地。今年 2 月间又许日寇侵占广州湾，并与之签订协定。至关于放弃在华治外法权及交还租界，亦不依照合法手续与中国政府订立条约。近且变本加厉，反而与南京傀儡组织一再签订协定，对于中国政府迭次声明该傀儡组织与任何国家签订任何协定均为无效一节，加以漠视。中国政府对于维希政府此种行为，不能再予容忍，兹特郑重宣告，自即日起，中国与法国维希政府之外交关系即行断绝，除前已先后声明法国根据不平等条约在华取得之各项特权及租界与租借地，已因法国自身之非法行动归于消灭外，今后中国政府对于法国人民，仍当一本两国向来友好之精神及国际公法之普通原则继续予以保护。特此宣言。

《中央日报》1943 年 8 月 1 日

五、中美关系

说明:中美关系在 1937 年—1941 年间发生了重大变化,美国对华政策经历了由中立走向援华制日的转变。中日战争初期,美国国内尤其是国会中弥漫着浓厚的孤立主义情绪。美国政府以严格的"中立"相标榜,尽力避免卷入冲突,表现出妥协倾向。随着日本侵华战争的升级和对美国在华利益侵犯的加剧,美国逐渐脱离中立立场,开始对日本实行航空器材"道义禁运"。随着日本"东亚新秩序"论的宣布,美国决心打击日本独霸东亚的野心,向中国提供桐油贷款,迈出了援华第一步。此后,中国与美国行政当局积极推动国会对中立法进行修改,并进一步加紧对日本的限制,宣布中止美日商约,给了日本沉重的打击。1940 年起,美国先后向中国提供了四次贷款,为中国抗战提供经济援助。1941 年 3 月美国实施《租借法》后,又把中国列入受援国,为中国开辟了获取美国战略物资的可靠途径。为了更有效地实施租借援华,美国派遣马格鲁德少将为首的军事使团来华。罗斯福还签署命令,同意美国军人辞职来华加入陈纳德的志愿航空队。1941 年中,为了推迟美日之间可能发生的战争,美国试图通过两国的外交谈判来暂时缓和美日关系。由于日本要价太高,以及中国、英国及其他有关国家坚决反对美日妥协,美日谈判最终破裂。

本章主要资料来源:

中国第二历史档案馆馆藏行政部档案

中国国民党中央委员会党史委员会编,秦孝仪主编:《中华民国重要史料初编——对日抗战时期》第三编《战时外交》,台北"中央"文物供应社,1981 年(以下简称《战时外交》)

中华民国外交问题研究会编:《卢沟桥事变前后的中日外交关

系》,台北,1964 年(以下简称《卢事前后》)

中华民国外交问题研究会编:《抗战时期封锁与禁运事件》,台北,1967 年(以下简称《封锁与禁运》)

中国社会科学院近代史研究所编:《胡适任驻美大使期间往来电稿》,中华书局,1978 年(以下简称《胡适电稿》)

中国史学会、中国社会科学院近代史研究所编:《抗日战争》第 4 卷(上),《抗战时期中国外交》,四川大学出版社,1997 年(以下简称《抗日战争》第 4 卷上)

《中美关系资料汇编》第 1 辑,世界知识出版社,1957 年

李巨廉、王斯德主编:《第二次世界大战起源历史文件资料集》,华东师范大学出版社,1985 年

约瑟夫·格鲁著、蒋相泽译:《使日十年》,商务印书馆,1993 年

United States Department of State, *Papers Relating to the Foreign Relations of the United States*(《美国外交文件》,以下简称"FRUS"),1937,Vol. 3,Vol. 4;1938,Vol. 3;1939,Vol. 3;1941,Vol. 4,Japan,1931–1941,Vol. 1

财政科学研究所、中国第二历史档案馆编:《民国外债档案史料》,中国档案出版社,1991 年

服部卓四郎著,张玉祥、赵宝军等译:《大东亚战争全史》,商务印书馆,1984 年

U. S. Army: Magruder Mission to China, 1941 - 1942 (Microfilm, NARS)(《马格鲁德使团访华 1941—1942》,微缩胶卷,以下简称 Magruder Mission).

本章英文资料部分由天津编译中心译出,部分由编者翻译。所录《和平与战争——美国外交政策(1931—1941)》(美国国务院编)的文件,采用了《第二次世界大战起源历史文件集》的译文,编者根据原文作了一些订正。

美日谈判一节的部分英文文件,使用了张玮英、张友云、杜继东译《美国外交文件》(选译),日本,1931—1941 的译文。

（一）努力推动美国政策转变

说明：抗战初期，美国竭力避免卷入中日冲突。9 月 14 日，美国总统罗斯福发表声明，禁止政府船只向中日双方运输军事物资，私船运输则自担风险。美国政府甚至对其公民以私人身份服务于中国某些重要部门亦加以限制，阻止美国飞行员来华服务。1937 年 12 月，日机炸沉美国炮舰"帕奈号"和美孚石油公司的船只，并追杀离舰逃生人员。美国政府以比较克制的态度处理了这一事件，未采取任何反击行动。中国政府努力推动美国政府改变其中立政策，美国外交界、军界一些有识之士亦开始反思其远东政策，他们强烈呼吁政府采取援助中国限制日本的措施。美国开始采取措施，对日实行航空器材的"道义禁运"，限制飞机零部件的对日出口。日本对美国在华利益的侵犯从反面推动了美国远东政策的转变。1938 年 11 月，日本在第二次近卫声明中提出了建设"东亚新秩序"的目标。所谓"东亚新秩序"是要列强承认日本以武力变更华盛顿体系的局面，承认日本在东亚的领导地位。对此，美国政府发出了语气强硬的照会。1939 年 1 月，日本侵占海南岛，对英美法在东南亚的殖民地构成直接威胁。中国政府努力推动美、英等国作出积极反应。此后，中国向英、法提出军事合作计划，并希望美国发挥其巨大影响以促成这一合作。

1. 美国避免卷入中日冲突

（1）美国宣示中立立场

国务院新闻发布稿

1937 年 8 月 17 日

国务卿本日下午在新闻发布会上宣称，已要求国会拨款 50 万美元以供由于远东局势所需的紧急救济及撤退之用。

国务卿说,美国政府已屡次向日本及中国政府呼吁不要在上海地区进行军事行动或建立军事基地。更由于业已发生若干事件,美国政府及若干其他国政府均已恳切表示其看法,即在上海地区发生任何伤害性的、破坏性的和严重的军事活动,则世界各国将视有关的双方政府均同样负有责任。国务卿解释说,上海是个在某些方面说来非同寻常的地区,这是个有 300 万人口,由中国和世界上许多国家的人或多或少努力建设的大城市,而在该地发生或继续进行破坏性的、大规模的、严重性的军事行为将被认为势必要对人员和物质造成难于想象的伤害和危险。因而,该地的任何军事行为都是不可能有任何正当理由的。

8 月 16 日,美国亚洲舰队司令亚内尔①海军上将要求将驻在圣地亚哥的 1200 名海军陆战队员调往上海。国务卿说,这大概需要 10 天作初步准备,然后再需过 5 周才能抵达上海。他说,当然我们希望到那时,上海实际上已不需要这支海军陆战队。他们也许需要用于接替和取代目前驻扎在上海的那些军人,以消除他们无限期处于上海的警卫岗位的紧张心情。也许有人会提出为何我们要在上海派驻卫队,或为何在此时还要加派部队到该地。国务卿说,人们应记得过去中国有些地方曾经失去原先一度具有的保持政治上平稳安定的手段,这种情况现在又日益临近。这种局势曾经造成 1900 年拳民攻打各国使馆。1912 年又发生了类似的情况,于是,在中国住有侨民的各国政府都增派了卫队。就在那时我国曾派出一团人驻扎在天津。1927 年中国出现极端的民族主义运动,美国租用船只从圣地亚哥送一个团的海军陆战队到上海。1932 年我们在中国又经历了类似的情况,其他国家政府亦复如此。好几个国家在该地区有相当多的侨民。

国务卿说,作为一种政策,总是或多或少受到误解。人们对此问题的看法或者有程度上的不一致,或者甚至完全不同。他说,就我国政府

---

① Harry E. Yarnell.

而言,关于正常国际关系的明确指导原则已包括在它 7 月 16 日对新闻界发布的声明中,他想大约有 50 个以上的政府已以书面表示它们赞同这些原则。我们在与有关国家的一般关系上当然坚持这些原则。在这方面,我们从一切人类进步和人类福利的角度出发,时时都力求增进和捍卫我们的地位和影响,促进与所有其他国家之间合乎理想的各种关系,包括经济的、教育的、社会的、文化的、政治的,等等。

国务卿说,当美国人在世界上任何地区可能受到不公正待遇,没有得到所在国家依法律应得到的平等保护时,我国政府将为此按全世界公认的国际法提出相应的抗议来援助他们,并对我国国民所提正当合理的赔偿要求加以支持。这将适用于世界上每一平方尺的土地。但是,他说,我们一贯和平地推行此项国际合作关系的政策,并以双方都能接受、相互均有利的态度来实施。使用武力问题是完全不予考虑的。在西班牙战争中,美国派出船只到各个港口,在需要时将自愿逃离险境的美国国民集合起来运往安全地区或至少离开马上有危险的地带。

在有些国家出现并非是任何政府有组织的武装力量参预的群众暴动或混乱而无组织的团体的暴动骚乱,如果这种暴乱势将横扫人烟稠密的地区,美国政府过去的方针是派出船只将美国国民从危险地区接走。为了应付国务卿所提及的特别情况,美国政府已派有卫队驻在中国的三处地点,一如其他几个国家也在相同地点派驻卫队,以保护美国国民免遭群众性暴乱运动或任何无组织的群众暴乱活动之害。国务卿说,他认为这些都是众所周知的。所有现有本国国民在该地区的各国,对保护作为各国国民的国际安全区的指定地域一事是协调一致的,在面临暴乱威胁时尤其如此。各国部队之间不会发生武装冲突。它们之间可能发生的意见分歧将反映到各国政府,在首都之间加以解决。美国和其他各国在中国这三个地方派驻卫队的唯一目的是保护各国的国民。

国务卿说,当然我们发觉处于两种极端见解之间。一种是极端的国际主义观点,是一种满足于政治承诺的想法。我们的思考、见解和政策完全不同于这种观点,正如不同于另一极端民族主义的观点一样,这种极端民族主义者们告诉全体美国人要待在国内,如果美国人不论由于什么原因——旅游、紧急业务或其他——去往国外,而又遭到麻烦和受到暴行的威胁,他们可别指望他们的政府提供任何保护。我们也能命令我们的卫队从上海撤离,把3000多尚未撤离的美国国民丢在那儿听任暴徒们的摆布,而根据情报,那里的人们现在正面临着这一危险。那就等于说,我们的军队连人带枪完全撤出上海,急急忙忙回到我国自己的领海范围以内,同时却留下和我们的部队同样合法驻在那个大都市的英国卫队、法国卫队还有其他国籍的卫队来保护他们自己国家的国民以及美国的国民。这种观点首先很容易以我们本身的行动给世界上每一国家以明确的印象——美国从此将逐渐完全退场;其次将使还留在全球各地的所有美国人很可能要受到世界上任何一个国家的不受惩罚而无所顾忌的侮辱。

国务卿说,有些人担心,如果我们的国民不立即从多事之地撤出来并且不再回去的话,可能有人会受到伤害。的确,这类事很可能会发生,而且事实上就在刚过去的48小时之内就曾发生过。他说,我们是个1.3亿人口的大国,我们的国民遍布世界各地,他们在海外生活,但同时以祖国为荣,以与之联系接触为荣。我们在保护美国国民不受暴乱和类似的暴行所伤害的同时,丝毫也不忽略要尽力和所有其他国家政府,和各国使领外交代表们,和所有各国的派驻卫队的指挥官们相互协调,以取得完全的相互理解。就与所有各有关政府间正常外交和领事活动而言,或就与有关各国的正规军或卫队的交道而言,我们从来无意于对任何人故意以挑衅性的态度相待。另一方面,我们也很坦率地说我们无意于偏向另一极端,以致使别国有可能假想或推测我们是怯懦者。如果我们想让别人一个星期侮辱我们50次,我们只须让别人得到一种印象:我们不保护美国国民,而且在任何情况下也不打算保护他。

国务卿说,他一直努力避免他已描述过的两种极端。我们的政策期望在我国政府处理其外交事务时尽可能将令人不快的经历减少到最低限度，或尽可能将可能导致我国和其他国家之间误解或不愉快感的经历减少到最低限度。这条中间道路是否最明智最可行有待于国人的判断。但是，国务卿说，我们坚持这种政策，并以刚才所表明的方式加以执行，我们也坚持在我们适才述明的环境下，在刚才所述明的特定程度上，保护我们的国民。正是由于此种原因，作为预防措施，美国政府已命令1200名海军陆战队员做好航行到上海的准备。当然，如果一旦危险或在当地实际援助的需要不再存在，我们可以用无线电把他们从海上召回。

国务卿说，再也没有比现实情况更能完整说明目前在中国派驻外国卫队的需要。一项最大限度地保护各国侨民不受任何可能发生的骚乱伤害的殚精竭虑的计划已由各国的大使、领事官、陆军海军武官、商务参赞与各国卫队指挥官们合作制订出来。一旦暴行或群众性暴动发生或即将发生，国务院就会马上发出特别指令，或者切实保护美国国民的补充步骤。保护内容包括事先警告美国国民离开危险区域，及在他们前往港口区（如上海、天津等地）时由卫队提供保护，我国的这些官员们，他们都具有在远东应付处理这类情况的广泛经验知识，每天，甚至几乎是每一小时，怀着应付各种正在出现的紧急意外的见解进行会商，而国务院远隔万里，对这种事是不能给予及时、合宜的指示的。国务卿说，他们确切知道危险的威胁来自何方，我们的侨民何时应当撤离和何时应当对他们下达撤退的命令。在紧急情况持续的阶段中，我们将紧急行动之权交付给他们。

FRUS, Japan, 1931–1941, Vol. 1, pp. 349–353

格鲁致赫尔

东京，1937年8月27日

……

3. 重要的是要认识到，目前冲突的种子很久以前就已播下，不管它发生在什么时候,或者起因于什么样的挑衅行为,冲突最终是不可避免的。尽管据认为,日本起初曾希望把卢沟桥事件作为一个地方偶发事件来处理,但不久便发现,无论南京或东京的主观愿望如何,华北形势的发展很快便失去控制⋯⋯

4. 目前的冲突是满洲冲突的不可避免的必然结果。满洲冲突留给日本两个最终选择:或是在华北建立彻底的控制,或是准备最终撤出满洲,日本作出什么选择自然从来是没有什么疑义的。过去四年中,日本人致力于逐渐实现这一目标,它主要使用政治手段而不是以公开的武力来推动。⋯⋯完全有理由相信,日本人欢迎局部解决。但是,或是由于日本人自己(在上海及其它地方)的不适当的策略,或是由于无法控制的局势,任何这类的希望很快便破灭了。全面战争爆发了,但是,这一点毫无疑问,得到公众坚决支持的日本政府是决心把战争打到底的。

5. 对于战争的最后结局作出预测,自然为时过早。日本人对于在几个月内取得压倒性的军事胜利,似乎怀有充分的信心。他们认为他们的机械化部队和空军一定能够使其达到目标。日本人似乎不能停下来想一想,在日本一再取得军事胜利之后,在有组织的中国军队可能被摧毁之后真正的战争也许才刚刚开始⋯⋯

6. 我们赞同詹森大使关于中国将不得不迎接日本的挑战的看法,我们也完全同意他关于美国不应采取任何劝说中国牺牲其主权以购买和平的步骤的意见。同时,我们认为,美国方面以道义和法律的理由来表示异议,以阻止日本在华政策的发展的任何企图,都不会产生有益的效果。如果我们力图坚持阻碍日本的政策,日本对于美国的友好态度就会迅速化为乌有。这种友好态度,正由于我国政府在目前冲突中的策略、方法和处理态度而日益发展着。

7. 我们觉得,美国在目前形势下的基本目标应该是:(1)避免卷入;(2)尽力保护美国公民的生命、财产和权利;(3)在保持完全中立的同时,维持我们与交战双方的传统友谊。关于最后一点,我们需作特别努力,以巩固我们与日本的关系。在这样一个民族利己主义猖獗的时代,我们认为日本人是能对善意的表现深表感激的。与其它任何方法比起来,通过鼓励信任我们对交战双方的公正和友谊,我们可以取得更多的成就……

从纯粹的物质观点来考虑这些问题,我们相信,这涉及到美国利益的一项实际资产,且这项资产与我们现行政策和方法的继续,将成正比地增大。我们不应丧失放在我们面前的重要机会。如果当致力于结束冲突的机会到来时,日本能对我们的善意与公正持有信任,而不是对我们怀着怀疑与怨恨的态度,它将更容易倾听我们的劝告。

8. 提倡发展对日友谊而以损害对华友谊为代价,这远非我们的本意。我们仅仅希望强调,在我们政府采取每一行动时,应常常考虑到本电中所提出的各点的重要性。我们觉得,单独或与其它大国共同呼吁,在一些危及外国人生命财产的特殊地区限制军事行动,也许会取得很多成就,但我们也觉得,在相持不下的僵局出现之前,或在任何一方取得军事胜利之前,大国的道义干涉可能将被视为对交战一方的偏袒,将不会产生任何良好的效果。

FRUS,1937,Vol. 3,pp. 485–488

赫尔致格鲁(节录)
1937 年 9 月 2 日

在当前的危机中,美国政府一直努力遵循绝对公正的方针。华盛顿当局认为,战争行动是不可能由道义和法律通不过的宣言来结束的。然而,在制订美国的方针时,有必要不仅经常记住为那个目标尽力,不仅考虑对日本或对中国或对他们两国可能起的影响与可能采取的步骤,而且要记住美国人民的愿望和态度,美国所信奉的原则,其他国家所遵循的方针与种种目前的、特殊的、总的和最终的目标。

我在 7 月 16 日的声明中,已把指导美国政府的原则阐述清楚。世界上 50 个国家随后都明确地表示支持这个声明。我随后在 8 月 23 日的声明中阐明这些原则也适用于太平洋地区。在许多秩序良好的国家,这些原则被认为是最基本的。很明显,在当前的行动中,无论日本还是中国,都不曾遵照这些原则行动。日本的方针是直接违背其中许多原则的。

我很高兴地知道,日本感到美国的方针旨在公正不偏。然而,美国首先关心的却是美国人民的利益,以及必须受法律、条约、舆论和其他制约事项所支配的美国总的政策和广泛利益,而并非交战的任何一方或双方想保持这种对美国不恰当的好意。我与你有同样的看法,即美国的基本目标应当包括:(1)避免卷入;(2)保护美国公民的生命、财产和权利。你建议第三个目标可与这两个目标同时追求,我对此有所怀疑,因而感到不应把巩固与交战各方的关系作为一个固定的目标。美国反对当前执行的方针,特别是日本的方针。我们不想伤害中国或日本。我们希望做双方的好邻居。但是,我们也不想让美国在作出决定时由于担心本国的行动将使战争的一方或另一方或双方不悦而受到妨碍。

我们不希望日本方面产生这样的印象:美国不及英国政府理解日本的方针,或者不赞同的程度超过英国政府,或者说,不管日本遵循什么样的方针,美国在任何意义上都不会宽恕。交战者,尤其是日本军队所采用的手法和策略,已激起美国舆论的义愤,舆论已逐渐趋向谴责日本。上星期的事件,特别是日本人枪击英国驻中国大使的情节,以及日本首相称列强的抗议没有多少重要或者根本就不重要的声明,加剧了公众背离原来感情和思想上不偏不倚的立场。当然,中国轰炸"胡佛总统"号班轮一事①,也起了一点抵消作用。

在同双方领导当局讲话时,我不想漫骂或者进行威胁。我衷心赞同你在与日本政府打交道过程中所表现的灵活而又庄严的姿态。然而,我希望日本当局能充分理解美国政府完全不赞同日本对外政策的宣言,以及日本军队在执行这个政策中所采用的方法。我认为,你最好不放过任何机会给日本官员留下这样的印象,美国政府十分强调我在

---

① 指1937年8月中旬"胡佛总统"号在上海遭中国飞机误炸事件。

7 月 16 日声明中制订的原则的重要性，以及我 8 月 23 日声明的意义的重要性。你要向日本官员示意：日本目前所奉行的政策正在毁灭世界的和谐，使自己逐渐在世界人民心目中作为不信任、猜疑、普遍憎恶并将被排斥的罪魁祸首。日本将不知要花费多少年的时间积德行善，才能洗清这一切。

罗斯福总统从未否定过美国政府在满洲事件发生时为了原则与和平的业已记录在案的所作所为。在当前的危机中，我们一直竭力劝阻日本不要同中国爆发战争，不要继续战争；但是没有人要求调停。我们是否愿意承担调停人的责任与作用，我无法肯定。至少在目前，我不想鼓励任何一方相信或期待，在他们普遍拒绝了美国多次要求他们克制以后，还可以在他们认为方便的时候想依靠美国政府充当一名友好的中间人。我们希望双方都感到，如果他们想从美国得到友好和任何形式的无偏见的帮助的话，现在是他们考虑美国的合法利益及主要担忧，以表明他们赞赏美国政策与方法的时候了。

《和平与战争》，第 337—380 页

罗斯福声明

1937 年 9 月 14 日

美国政府所拥有的商船在未接到新的通知前，即日起不准向中国或日本运输任何武器弹药或 1937 年 5 月 1 日总统公告中所列举的战争工具。其他任何飘挂美国国旗的商船若在接到新通知前企图向中国或日本运输任何公告所列举的物品，一切后果自负。

实施中立法问题维持现状。上述政府政策 24 小时后生效。

《和平与战争》，第 380 页

格鲁致赫尔

1937 年 9 月 15 日

……当我们作为最高国际道德和国际原则的最重要的倡导者而坚

定地维护我们在世界上的地位的同时,我们感到,如果我们不是将我们
与中国或日本的友谊弃之不顾,而是采取一切可行的办法,以避免不必
要地牺牲我们与中国或日本的现存关系,我们在全世界、特别是在远东
就能够具有更大的作用,我们就能够在现在和未来,在更为坚实的基础
上维护美国的利益。

　　日本人民也许比许多民族更能长久地记住感谢他们所认为的其它
国家对它所表示的友好态度,更能长久记恨不友好态度。不管我们如
何看待日本的军事机器,难道我们需要在日本人民中再次制造新的敌
视美国的情绪,从而危害我们自己的未来利益,以及我们未来可能为和
平而作的有益工作吗? 当我于 1932 年来到这里时,我亲身体验到这里
的敌对情绪是多么强烈,这是一种艰难的体验。

FRUS,1937,Vol. 3,pp. 527-528

詹森致赫尔

南京,1937 年 9 月 18 日

　　在今天上午拜访中国外交部长时,我介绍了总统命令的内容,并根
据国务院所表述的看法对有关情况作了解释。王博士说,中国政府对
物资海运的停止深感失望……

FRUS,1937,Vol. 4,pp. 535-536

王正廷致外交部

华盛顿,1937 年 9 月 18 日

　　南京。外交部。561 号。18 日。极密。今午谒美总统,详述我军
抗战绝无问题,及美国禁船载运军火影响。总统答称华军英勇,殊深敬
佩。禁运命令乃避重就轻办法,日方通知 WICHITA 抵华,日军将予搜
查,政府不能不采取折衷办法,深惧护送而引起战争,人民不许。美方
引用中立法令为政府所不愿,现在中国仍可在美采购军需等语。言词
之间,暗示中国似可先将军火运往香港、安南等处。廷即追问日军如有

留难,美政府如何应付。总统答政府当尽力保护,意甚坚决,并微露当设法助我之意,美外长亦在座。以上各节恳密呈院长。但切勿泄漏,藉免在野及主张实施中立法各派攻击。

《战时外交》,第 1 卷,第 409 页

王正廷致外交部
华盛顿,1937 年 10 月 12 日

　　南京。外交部。583 号。12 日。939、941 号电敬悉。美总统演说全国响应,中南美各国亦均赞助,六和平团体只反对其不引用中立法。自中日战起该团体无日不主张实行中立法,其与美政府之影响亦可见一斑。闻以后政策许以美政府先引用中立法,然后与各国合作维持和平云。目前最大病根乃在中立法,劝美政府不予引用暂达目的,本馆以后宣传方针拟使美人明了中国极不希望美国卷入漩涡,中立法不应适用于亚洲,有修改之必要,史汀逊及外交政策协会已均有此种建议。至国会孤立分子虽极力联络,仍未十分见效,当继续努力,幸国会于年初始行开幕,如总统召集特别会议亦在 11 月间,届时美人舆论当可改变议员态度……

《卢事前后》,第 446 页

　　(2)阻止美国飞行员来华

高斯致赫尔
上海,1937 年 8 月 15 日

第 487 号电

　　今天,中国政府航委会的飞行教练约翰 · 威廉森[①]向我透露,中国方面期望他和其他的飞行教练(都是美国人)在目前的中日冲突中在

[①]　John Williamson.

地面上充当顾问并进行指导(我曾听说哪些未婚的教练被期望担任飞行中队长,但威廉森没有证实这一消息)。

在回答他提出的这是否将违反美国有关法令的问题时,我表达了我的个人意见。我说确实是这样,因为实际上存在着一场近似于战争状态的武装冲突,他将服务于交战中的一方空军,而与之冲突的另一方与美国尚处于和平状态。

……

威廉森说,他将接受我可能给予他的任何建议,如果确实如上所说,一有机会他将尽快离开中国。但是,他要求向他提出的建议应同样向他在南京的同事提出。我将另外向我驻南京使馆通报与此有关的美国人的姓名。

我要求得到国务院关于妥善处理此事的指示。

FRUS,1937,Vol.4,p.520

赫尔致高斯

华盛顿,1937 年 8 月 17 日

答复 8 月 15 日第 487 号电。国务院认为你的电报第一节中所说的美国公民的行为理所当然地在修正法案? 第 4090 条款的管辖范围之内,它可以由美国在华法院依据 1906 年 6 月 30 日所立法案的第一款对该法院的授权予以禁止。

应向威廉森及其他有关的美国公民指出这一点。

FRUS,1937,Vol.4,p.521

多诺万①致赫尔

香港,1937 年 8 月 21 日

四名美国飞行员……已经抵达香港,准备乘坐中国国家航空公司

---

① William Donovan,美国驻香港总领事。

的飞机前往广州。尽管泛美航空公司在该公司有少量股份,但该公司是由中国人所控制,并在中国运营。因此,它就不能拒绝对其飞机的租赁,即使这种租赁是用于军事行动。它也不能抵制中国军事当局对其飞机的直接征用。总领事难以想象,如果允许美国飞行员前往中国,他们怎么能够避免直接的或间接的军事服务,尤其是在中国国家航空公司已经停止了它所有的日常飞行安排的情况下。

此外,一架蒋介石专机的飞行员和机械师(都是美国人)也临时到达香港。

总领事已经紧急要求香港机场当局不让这六个美国人乘飞机前往中国,在那里他们直接地或间接地、被迫地或自愿地服务于空军看起来是不可避免的。如果这些人无视我关于禁止其前往中国的指示,我可能要扣留他们的护照。请您对这一问题作出指示,并希望能赞成我已采取的行动。

FRUS,1937,Vol.4,pp.521-522

詹森致赫尔

南京,1937 年 9 月 1 日

我今天早些时候曾报告过与控制着中国航空事务的蒋夫人的谈话。在那次谈话中,她抱怨美国方面拒绝给美国飞行教练签发护照的举动,而中国政府对他们的邀请在目前的冲突发生之前就已发出。她还抱怨说,四名近来为政府工作的教练,因政府在上海的行动而被劝说放弃了他们的工作,她的专机的飞行人员前往香港检测飞机时,也被劝说放弃了工作。她指出,当德国和意大利的顾问仍在平静地继续其工作时,不让中国获得这种援助是"非中立"的,它使中国无法得到训练驾驶美国飞机的飞行人员所必需的教练,而这些美国飞机占中国空军飞机数目的90%。她还表示,中国政府现在极需得到已在中国飞行的美国飞机的替换零件,并希望美国政府不要采取任何阻止这些零件运往中国的措施。用蒋夫人本人的话说,"我希望在这件事情上美国将真正地中立,不要在中国为她的生存而战斗的道路上设置任何障碍"。蒋夫人指出,这不是一场战争,美国政府不应该阻止中国获得和雇佣她如此急需的从事飞行员训练的教练。她声明,并没有要求这些飞行员参加战斗。

FRUS,1937,Vol.4,pp.523-524

赫尔致詹森

华盛顿,1937 年 9 月 7 日

国务院提出以下看法供你考虑,以作为你斟酌决定如何就美国飞行教练一事向蒋夫人表明看法的基础:

如你所知,在美国人民中存在着一种强烈的感情和信念,即美国公民不应该参与或卷入发生在任何外国的战斗,美国公民应该从任何正发生大规模战斗的外国撤离而不是前往。这种信念是不考虑这类战斗正发生在哪个或哪些国家的。很明显,美国政府的态度必须顺应美国人民的信念。

尽管从技术的角度也许可以争辩说,前往中国的美国飞行员在中国的航校中担任教练,并不是在外国军中服役,但在中国和日本之间正发生严重的敌对行动之时,美国飞行员向中国军事飞行员提供军事性的指导这一事实,将使这些美国教练的行动仍处于美国人民通常所理解的军事服务的概念范围之内……

FRUS,1937,Vol.4,pp.524-525

(3)"帕奈号"事件

赫尔致格鲁

华盛顿,1937 年 12 月 13 日

今天,日本大使就"帕奈号"炮艇被炸沉一事来访,其声明内容大致如下:日本军官获得报告,说中国军队正乘船向长江上游撤退,便派

遣海军飞机去攻击他们,结果"帕奈号"被误炸沉没。由于美国有关方面已经事先向日本军官通报了"帕奈号"所在区域,因此,对该艇的轰炸被认为是一个非常严重的错误。外相指示他向美国政府转达深深的诚挚的歉意和遗憾⋯⋯

我向大使声明,从来没有一个事件使我们像听到对长江的第三国船只的这种不加区别的轰炸的消息时这样吃惊,我们正尽力搜集所有关键的证据,并将根据这些证据向日本政府表明我们的看法。随后,我宣读了总统的备忘录,其内容如下:

"总统对在长江的美国及其它非中国船只受到不加区别的轰炸的消息深感震惊和关注,他要求向天皇通报这一点。

所有的证据正在搜集过程中,不久将会提交日本政府。

在这同时,希望日本政府明确地考虑向本政府:

(1)深深地表示歉意并提供全部赔偿;

(2)提出保证在将来不再发生类似的攻击事件的方法。"

⋯⋯

FRUS,1937,Vol.4,pp.496–497

格鲁日记

1937 年 12 月 13 日

11 时半往见广田。日军正在炮击从南京经长江撤退的中国残余部队,不分中外船只,一律射击,据说这是司令部的命令。

据我们的消息,载有我国使馆人员的美舰"帕奈号"和 3 艘载有美国难民的美孚石油公司船只正从南京溯江而上,路上在至少有两英里长的一段路程中遭到炮击,炮弹正落在这些船只的四周。我提醒广田注意我 12 月 1 日提出的关于"帕奈号"的照会,把大使馆获悉的一切事实告诉了他,给他留下一份备忘录和詹森的 4 封电报的摘录,有一封讲得很清楚,日本炮兵队是奉有命令的,要不加区别地轰击一切船只。我向外相呼吁,这样滥轰我们的船舰,要设法制止,并向他指出,如果发生杀伤美国侨民的事件，就会在美国国内产生极坏的、严重的影响。广田只是说，已经预先通知过所有的外国人，要他们撤离南京一带的战区，不过他还是要请军事当局注意我的抗议。我这次行动是自发的，不是奉到训令，后来我觉得做得对，哪怕只是留下记录也好，所以很高兴。……

以后一直无事，到3点钟，艾丽斯告诉我，广田刚才来电话说，他就要来大使馆找我。我当即对她说，外务大臣亲自跑到使馆办公处来，这是没有先例的，一定是出了什么可怕的事。我自然立刻就想到"帕奈号"。当我走到我的办公室时，广田已经在那里了，一见面他就说，据报道，"帕奈号"和美孚石油公司的船已被日本飞机炸沉。他一点也没有试图抵赖，没有推说也可能是中国飞机炸的，并且表示，日本政府"深为抱歉和遗憾"。广田看来确实很激动，露出日本人在最激动时常有的那种表情；他说，"对这件事，我真说不出我们心里是多么难过"。我陪他下楼，送他上车。

今晨访广田的经过已于中午电告国务院，广田下午3时的来访也报告了。电中还报称，海陆两大臣也都分别向使馆海陆军武官表示了歉意。

这时国务院已发来"特急电"（12月12日夜11时45分发出，12月13日夜9时15分大使馆收到），说国务院已从汉口得到关于事件的报告，命我去见外相，探询消息，要求日本人立即采取适当的行动，要使广田认识到局势严重，亟需采取一切措施，以防美国船只和人员再遭袭击。我于晚间9时45分回电说，院方所示各节，已在预料之中，今晨已经先办了；我们迄今尚未接到只字关于"帕奈号"被击沉的美国官方消息，鉴于院方电报的传送须费时9小时，我建议凡属急讯，均用无线电拍发，不要用绕经马尼拉和上海的海底电缆。

《使日十年》，第236—238页

格鲁日记

1937年12月20日

又是好些日子没有记日记了，在此紧张而又劳累的时节，实难使日记跟上日期。我们已一直在艰苦地工作,不分昼夜,不计星期天,"帕奈号"事件造成的危机,更容易使人感到烦躁和气恼。这次事件,真是令人难以置信。战争从来就不是、也不可能是仁慈的事业,但是,对"帕奈号"先施轰炸,继而又用机枪近距离扫射,到伤员和其他幸存者爬进岸上树丛以后,仍继续扫射,必欲斩尽杀绝;日本海陆军的这种行为,简直是不可理解。

　　日本人历次轰炸医院、教堂、大学等非军事目标,总是拿"可见度小"和差误来作辩解,但就"帕奈号"事件来说,这种托词,再也不顶用了。情况很像是这样:飞机从一定高度炸沉该船后——炸时或许知道是美国炮舰,或许不知道(虽然船篷上清楚地画着或铺着美国国旗)——便俯冲下来,陆军的汽艇也开过来一齐扫射残存者。这就绝对不会看不见美国国旗。扫射的目的,很像是要消灭亲见炸船的证人。我们从可靠方面得知,至少陆军当局——很可能还有海军——曾下令,长江上的船舶,一概打沉,尽管他们早已获得确讯并且清楚地知道那里有我们的船——其实,连船的准确位置都是知道的。

　　我最初的想法是,结果可能会断绝外交关系,斋藤将领回他的护照,我将被召回,因为我想起了"缅因号"事件。当详情传到国内,国民开始了解到其残忍程度竟如此骇人听闻时,我更加认为可能会断交。倘若再发生类似事件,断交就是肯定无疑的了。但是,广田立即亲自来访,表示日本政府"深为抱歉和遗憾",日本海军当局亦采取类似步骤,此皆前所未有之举,且决无推卸责任之意:这一切,似又暂时平息了公愤。就这点来说,日本政府倒非常聪明。但本地报刊却至少还想否认有机枪扫射等情形;外务省发言人也有这种倾向。在此期间,亚内尔海军上将正在上海搜集证据,此间陆军亦已派专人前往上海调查。美国海军将开调查法庭,询问证人,录取证词。同时,我们还听说,那个应对轰炸负责的海军将领,日本海军当局已将他召回,命他退役。现在真是一个紧张而又关键的时刻……

　　事件会演变到什么地步,尚难逆料。到国内得知详情,国会和公众日益激愤时,我们或许不得不断交。但假如我们能够度过这次风浪,那么,经此事件,也许正可以把日本政府震醒过来,使它认识到,除非它能抑制陆海军,否则断交就必不可免——断交及其一切后果,肯定不是他们所希望的。因此,说不定正可以因祸得福。但还是那个问题:他们能够抑制吗?

《使日十年》,第238—240页

格鲁致"帕奈号"事件日方调查人员的声明

1937 年 12 月 22 日

今天承蒙诸位光临,并多承指教,非常感谢。感谢大家为查清整个事件的实况而出了大力……

现在来回顾一下吧——我只想略为追述一下我国政府的态度,也就是说,看看我们已经做了哪些工作。

12 月 1 日,我首次提出这个问题,告诉外相,那里停有"帕奈号",我国驻华使馆人员要坐那条船,请采取措施,以防不测。后来接到来自南京和上海的报道,谓炮弹正落在"帕奈号"周围,我又在 13 日早上 11 时 30 分往见外相,告以此类报道,请求采取措施,以免美国人的生命财产遭到危害。那天 3 点钟,广田先生来访,通知我发生了"帕奈号"被炸事件,为日本政府道歉,表示深感遗憾,陆海两相也这样做了。

随后日本各界人士来访或来信,向我表示歉意,这对平息由事件激起的美国人民的愤慨有很大作用。14 日,我接到训令,要送交一项陈述我国政府态度的照会,4 时,我求见外相,那时他没有空。到 8 时 30 分我才见到他,当即递上照会。

其间吉泽先生曾于 5 时送来日方照会,我方照会中有几点已在日方照会中得到回答,但不是所有各点都已得到答复,所以我们至今仍在等候回音。

17 日,我们的消息表明,事件要比我们最初想象的严重得多,因为我们陆续从上海得到证明材料,其中最重要的一条是,船被炸之后又遭机枪近距离扫射,避入苇丛逃生的人亦不能幸免。至少有一架飞机低飞下来扫射他们。又有证词说,"帕奈号"还被陆军汽艇扫射。这些证词,加上上海侦讯法庭得到的其他材料,说明事件要比最初想象的严重得多。

目前的情况就是这样。我国政府不想在枝节上同日本政府争论,因为这种争论只会淆乱主题,在主要问题上,基本事实是清楚的,无可争辩,亦无庸置疑。我国船舶在长江航行,合法合理;那里有我们的船,大概的位置何在,日本军事当局是知道的,船上标有美国国旗,横直都有,一目了然;船被日本海军飞机低空轰炸;日本水面舰艇驶近它们,射击它们,"帕奈号"载得有人,但人已逃离;逃生者被日本飞机扫射:这一切,都无可怀疑。日军犯了罪,根据这些罪行,我国政府提出抗议,要求十足赔偿,皆理所当然:这也是不容怀疑的。

我想再说一遍,你们赔礼道歉,尽力查究实情,向我报告调查结果,保证赔偿,我都非常感谢。不过我认为,采取最严厉措施,使这类事件决不可能再发生,这才是最要紧的事。再有一次类似事件,后果恐怕就不堪设想了。所以现在我们下一步就是等候对我们的正式照会答复,看上海侦讯法庭的调查结果如何,在那以后,才能确定我们该怎么办。

《使日十年》,第241—243 页

格鲁致赫尔

东京,1937 年 12 月 24 日

以下是日本外相下午 7 时交给我的关于"帕奈号"事件的照会的非正式译文。外相说,日本国内只发表这一照会的概要,但日本政府不反对美国立即予以全文发表。照会之后是我个人的评论。

"1937 年 12 月 24 日。

"大使先生:本月 12 日,在南京上游 26 英里的长江江面发生了一起不幸事件,日本海军飞机误炸了美国'帕奈号'炮艇及美孚石油公司的三艘商船,使其沉没或燃烧,并由此而造成了船上人员的伤亡。关于这一事件,我先前曾在 12 月 24 日向阁下送交了一份我的照会。但几乎在同时,我也收到了阁下根据美国政府的指示而提出的第 838 号照会。该照会描述了事件发生前的形势,然后得出结论说,日本军队的攻击行动乃完全无视美国的权利,它伤害了美国人的生命,毁坏了美国的公私财产。该照会声明:在这种情况下,美国政府要求并希望日本政府作出正式的书面道歉,提供全部赔偿,并保证采取明确的具体的措施以确保此后在华的美国国民、利益和财产将不会受到日本军队的攻击或任何日本行政机构和军队的非法干预。

"关于这一不幸事件的当时情形,我想声明,尽管阁下的照会认为事件是由于日本军队无视美国的权利而造成的,但它确实是一次失误,我在前述照会中曾说明过这一点。从那时起我们就开始了全面彻底的调查,采用各种可能的方法去寻找真正的原因。现在的调查结果完全可以表明,这一攻击是完全无意的。我相信,本月 23 日我陆海军有关当局向阁下所作的详细的解释,已相当清楚地向阁下表明了这一点。

"关于阁下的照会中所提的头两个要求,即书面道歉和赔偿,我在前述照会中已作了答复,现在不需要再作任何补充。关于对将来的保证,我希望通知阁下,日本海军已没有丝毫延误地发出了严格的命令,要求'在美国或其它任何第三国军舰和其它船只所在的一切地区,必须极为谨慎地行动,以避免再次发生类似的错误,即使这样做会牺牲对中国军队攻击的有利战略时机'。此外,鉴于目前的这一不幸事件,已向陆军、海军、外务省各机关发出严格的命令,令其比以往更加注意遵守过去曾一再提出的不得侵犯或不正当地干预美国或其它第三国的权益的指示……

"尽管对美国军舰和其它船只的攻击如上所述是一次失误,但与此有关的飞行部队的指挥官因为未能采取最谨慎的措施,已立即被撤职召回。此外,舰队的参谋人员、飞行中队长及所有其它负有责任者已根据有关法律受到了适当的惩处。日本政府正如此努力地坚决消除再发生类似事件的一切可能性。无需再强调指出,在日本政府所采取的上述措施中,召回飞行部队指挥官具有特别重要的意义。我热切地希望,这一事实将会得到美国政府的充分理解,日本政府之所以采取这一严厉措施,完全是出于它保护美国和其它第三国权益的真诚愿望。"

　　……

　　我对外相说,在我收到美国海军调查法庭所提出的证据和报告后,我将立即提交给他。我表示理解昨天晚上日本陆海军官员向我作的直接报告,并向外相重述了我对他们所作的最后声明中的部分看法,尤其是关于类似于"帕奈号"事件的另一次事件的危险性。广田相当悲伤地说:"我的日子很不好过,事情发生得出人意料。"他并没有再说明这句话。我猜想,他非常想以他的这份照会促成事件的最终解决。我说,我将立即向我的政府拍发这一照会。

FRUS,Japan,1931–1941,Vol. 1,pp. 549–551

格鲁致赫尔

东京,1937 年 12 月 26 日

　　今天下午向日本外相提交了照会。

　　在我大声读完照会之后,广田对我说:"听到这个决定,我衷心感谢贵国政府及您本人。我非常非常高兴。你给我送来了一件精彩的圣诞节礼物。"外相补充说,日本政府已经采取并将继续采取一切可能的措施以阻止这类事件的再次发生。

FRUS,Japan,1931–1941,Vol. 1,p. 552

格鲁日记

1937 年 12 月 26 日

　　今天是个大喜的日子,它显示了两国政府的明智和卓识,尽管一方几欲不惜任何代价"保全面子",尽管另一方横遭侮辱,两国政府仍没有感情用事,贸然准备诉诸武力。日本政府为击沉"帕奈号"谢罪,卑躬屈节;我方则立即接受道歉。我国政府的照会,我看是篇杰作;我们已满意地看到,日本政府自认有责,表示悔恨,提议赔偿,都做得很及时;我们承认日方的行动是对我方要求和期望的响应,在枝节问题上各自信赖本国的证据和结论;我方表示,切望日本政府采取的措施真能奏效,足以防止日本军政当局再攻击或非法扰害美国在中国的侨民、利益或财产。

日方办事也同样巧妙,他们把照会安排在圣诞前夕到达华盛顿,使其能在圣诞节日得到我们政府的处理(我方的答复于圣诞节下午 3 时自华盛顿发出)。日本人不会不知道,我国富于圣诞精神,"和睦处世、善意待人"的思想必定会浸染、影响我国的决策。不管怎样,有此结果,我也就万分庆幸了,以致中午去见广田时一进门就笑容满面(与 12 月 17 日往访时的姿态大不相同),告诉他我带来了好消息。当我向他念完我方照会时,他确实热泪盈眶,充分表露出日本人的激动之态;……想必他也是大大松了一口气,和我一样。我们又算暂时渡过了一关——很难的一关。

可是,瞻望未来,我丝毫也没有万事大吉之感。可以肯定,还会出现难关,也许还会更加艰险,美国人民的忍耐不是没有止境的。仅仅损害甚或摧毁我国在中国的有形利益,或侵犯条约权利,或破坏我们所维护的原则,尚不至于引起日美战争,但是,再有某种侵凌美国主权的行为,或者屡次三番的公开侮辱,战争就很容易挑起了。危险就在这里,这是现实的危险,日本军部与日本政府不同,他们并没有责任感,凡是知道这种情况的,在展望前景时都不能排除这种危险。我离开外相官邸的时候,心里非常明白,我们因"帕奈号"事件解决而感到满意,只不过是畅快一时,五年来我总是想建成一幢坚实的日美友谊大厦,但这幢大厦的基石已经崩解成流沙了。

《使日十年》,第 243—244 页

2. 中国呼吁援华与美国对华政策再思考

（1）中国要求美国援华

蒋介石致罗斯福

汉口，1938 年 1 月 31 日

罗斯福总统阁下：本月 24 日承贵国驻华大使转到本月 11 日复函电文，答复去年 12 月 24 日去函，捧读之余，曷胜欣慰。

阁下对于中正所要请之答词，热诚恳挚，深为感激。阁下切望此次战事能得一解决方法，附以合理条件，如来函所述者，实与吾人反抗日本侵略及暴行之血战所持之主义，正相符合。吾人不特维护本国之权利及国家之完整，抑且保持各关系国之权益。在尊拟之解决办法中，吾人即对于日本在中国之权利及正当利益，亦将予以相当之维持。

兹闻阁下对于增进和平及推进国际合作最有效之各种方法，无时不加注意，至深欣幸。贵国于世界各国之和平与秩序，更于远东国际之公平及和睦，向居领导之地位。就往事言，远东如有不稳之情形时，美国无不及时予以有效之援助，至今思之，仍感于怀。上世纪末，中国在外交上处最紧急之境遇，而发起各国商务上、实业上平等机会之原则，以后始终予以维持者，美国也；本世纪之初，远东发生战争，其居间调停而得结果者，美国总统之努力也；至华府会议时，太平洋问题得予讨论而解决，其发起及成功，皆有赖于美国，此则吾人迄今犹不忘怀者也。

贵国为伟大之国，对于远东之和平与融洽，曾有重大之贡献，且对于中国政府及国民亦曾屡次予以显著之援助，美国首先退还 1901 年美国部分之赔款；美国大学及学院培植无数之中国青年，既使其获得有用之学问，并传授美国高尚之思想，此种青年回国后，于中国之发展，有莫大之贡献；美国乐助之国民，遇有中国困难急要之时，辄予无量之救济；美国财政上之接济，如棉麦借款、助我整理及建设计划之成功者，殊非

浅鲜;美国政府首先与中国政府订立回复中国关税自主之条约。凡此种种及其他相类事件,足以证明贵国与吾国传统之友谊。

此次远东大难之应付,各国均盼望美国之合作,诚以美国政府对于共谋国际和平与安全,向已公认为各国之前驱。中国鉴于中美间之非常友谊,在此并力奋斗国家存亡一发千钧之时,其希望美国之援助,尤属势所必然。中正用敢重向阁下要请尽力设法,务使日本之侵略,能得从速终了,俾贵我两国所确信之主义,得以实现。吾人急迫之愿望,则美国即于此时在经济上及物质上予中国以援助,俾得继续抵抗。至其他美国所可采之有效办法,足使阁下意想中之最后解决,得以实现,则惟阁下之裁夺。吾人共同主张之国际和平与公道条约之尊严,及有秩序之友好邦交,必能操最后之胜券,此则中正始终所深信者也。蒋中正。

《战时外交》第 1 卷,第 78—79 页

蒋介石答《纽约时报》记者问(节选)
1938 年 7 月 24 日

问:委员长对于美国政府对中日战争政策之感想如何?

答:从根本上言,中美两国之国策完全相同,即两国志在竭力维持和平是也。美国之小心翼翼,不欲卷入战争漩涡,吾人充分了解。但就吾国言,和平已遭侵略者之魔手所破坏,而美亦已感受侵略者之影响。故在此种情形之下,以言维持和平,已成为事实上不可能之问题。中国经此一年之流血抗战,吾人确信妥协与规避,决不能维持和平。如须确树永久和平之基础,则用武力以击败侵略者,乃属必要之手段。余盼吾人之经验,可作美国有价值的参考。须知整个世界之和平基于远东的和平,而中国之独立自由不遭侵犯,实为远东和平之好保证。日本之阴谋,超出中国国界以外,实欲独霸太平洋,并进而支配世界。余知贵国人民中认识此点者,现在逐渐增加,余盼贵国迅速确定并执行其于世界和平确有实效之远东政策。

问:委员长以为美国及其他友邦可用何种特别方法援助中国?

答：日本之敢于扰乱和平，系已洞察与太平洋有关列强均不欲对该国采取集体行动所致。假如英、美、法各国能与其他太平洋有关国家，共同团结。以坚决切实之态度表示其意向，消除日本所认为不能采取共同行动之幻想，则不必诉诸武力，亦可使侵略者有所顾忌，而不敢悍然横行。至单独援助中国，则其方式甚多，余不欲一一加以叙述，因贵国及其他国家之贤达，早已彻底讨论及之矣。

《先总统蒋公思想言论总集》第 38 卷，第 110—111 页

孔祥熙致胡适[①]

1938 年 9 月 22 日

探转胡大使适之兄鉴：个电悉。启程莅任，至深欣慰。此次使美，国家前途利赖实深。列强惟美马头是瞻，举足轻重，动关全局，与我关系尤切。吾兄长才，自能应付裕如。此次国联开会，我方引用十七条，默察趋势，关键仍在美国。倘能赞助，必能使英法等国提高勇气，而国际安全可达到目的。务希设法运用促进。并复。熙。养。

《胡适电稿》，第 1 页

外交部致胡适

1938 年 10 月 1 日

急。胡大使鉴：密。该大使就职伊始，朝野期望甚殷。兹将政府对美方针列举于下：（甲）欧战发生时各问题：（一）英美对于远东合作素为我国所期待。欧战发生，英或倾向与日妥协，且必需求美国援助。我应与美成立谅解，请美严促英国勿与日本妥协，增我抗日之困难。（二）促请美总统实行其隔离侵略者之政策。对日采行远距离的封锁。（三）日本企图夺我主权、英法在华利益，望美勿置身事外，尤以维持上海公安局之地位及现状为要。（乙）美国实行中立法问题：（一）促成美

---

① 新任中国驻美大使。

国修正中立法,区别侵略国与被侵略国。(二)日本未对华实行战时封锁前,仍望美国避免施用中立法。(三)日本断绝中国交通时,应请美国将中立法中禁止军火及军用品之输出及财政援助等,对日切实尽量施用。(丙)财政援助问题:应继续重视,并努力促美政府于最短期间助成对华现金或信用之借款。(丁)军用品售日问题:美国现劝商民勿以飞机售给日本,应相机商请美国扩大其劝告范围,使美油、钢铁亦不售给日本。俾各国对于国联盟约第十六条之实施较易实现。(戊)情报问题:美国朝野之主张及活动应多方探采,随时报告。以上各节,仰切实注意,并将办理情形,随时电部为要。外交部。

《胡适电稿》,第 1 页

蒋介石对美联社记者谈话

1938 年 10 月 3 日

美联社记者本日单独谒见蒋委员长,承接谈 3 分钟,委员长常赴前方,顷视察归来,敏锐注意美国增加参预国际之事件,如最近在召集四强会议前所表示,渠强调声称,如欧亚危机均获解决,和平方可确保,美国于此,必须担当重要角色。记者叩以明兴会议既告成功,而国联又通过关于盟约第十六、十七两条之建议,渠是否相信对华之实质援助,此后将源源而来?委座当答称:

> 吾人观美国罗斯福总统于此次和平解决捷克危机中所表现之力量,大可证明和平如欲获得胜利,美国参与国际问题一事,殊为极重要之因素。余深感国联会员国于履行义务时,如欲获得成功,大半须依赖美国能与国联作有效的合作……

《先总统蒋公思想言论总集》第 38 卷,第 115 页

蒋介石致罗斯福

1938 年 10 月 15 日

自前此驰书于阁下迄今已八月有半。此数月中,日本对华之侵略

不独未尝稍减,抑且逐步进展,有加无已。日军初则越长城而侵入黄河流域,继则蹂躏扬子江流域,今且向华南开始进攻,凶焰所至,袭击掳掠,城市夷为丘墟。侵略者复目无法纪,绝灭人道,致令本国男女老幼,死于日军之手或成为终身残废者,不可胜计。人烟稠密之城市,虽远离前线,亦无时不遭日本空军投弹轰炸,即民用之交通工具,亦不获免。且日军遇有中国军队坚强抵抗时,最后辄使用毒气。当此战事渐趋扩大,日方虽渐知其困难日增,然决使用其所有力量,以期完全征服中国而后已,实属显然之事。

中国人民虽因日方以最新式之武器施行其中世纪之破坏主义,而遭受空前之浩劫,然犹显示足资矜式之毅力,而始终保持盛旺之士气。此固由于中国人民愈益坚信公理终将战胜强权,抑亦阁下及贵国人民对吾人所予之精神上援助有以致之也。阁下公开发表之言论以及私人之保证,咸使吾人深信阁下对于吾人具有重大意义之奋斗,所抱之观感,与吾人自身所抱者完全相同。吾人战胜日本,则国际间之法律与秩序均将恢复,否则太平洋全局之和平与安全将遭整个之破坏,而所有美国及其他爱好和平国家,所拥护关于国际关系之原则,亦必摧残无遗矣。因鉴于上述情形,故阁下曾向侵略者一再提出警告,而对被侵略者表示深切之同情,此乃毫无疑义者也。鼓励之言词与物质之协助,如白银之购买,惠然并至。凡此种种,对于中国人民之艰难困苦,慰藉良多,而中国人民深觉在此患难之时,至少美国总统可引为我之挚友。

鄙人兹代表中国无数流血之人民对阁下为吾人致力之一切措施再向阁下表示谢意。同时并代表此流血之人民,愿再声请阁下惠予吾人更大之援助,俾中国抵抗日本侵略,得告成功。吾人因急需抗战之资力,自渴望美国予以此项财政上与经济上之援助,俾能继续奋斗,以达最后之成功。如予以相当巨额之贷款,则吾国人民之信心将愈见壮励,而吾人抵抗日方之攻击,亦必获有更大之实力与效果。因此,现在美国进行中之商议,鄙人深愿赖阁下之助而得早告成。举凡阁下之措施,一方足以增加中国之实力,他方足以唤醒日本,俾恍然于其现行之政策之谬误,藉以迅速恢复远东之和平,鄙人自必竭诚感谢,此固无待赘言者也。

《卢事前后》,第465—467页

外交部致驻美大使馆

1938年10月22日

昨日部长约晤美大使,告以日侵广东形势紧迫,美政府对现局究取如何态度,我方切望美方予我更大之协助,并增强我抗战力量。同时并盼美方出而周旋,主张公道,以谋和平。英法苏联均惟美国之马首是瞻,美国若主张采取有效步骤,他国不难追随。美大使允即电政府,惟谓据彼所知,现日方尚无和意,且美亦不愿仅充一传话人,倘和平条件,显系违反《九国公约》者,亦非美国所愿与闻云云。特电接洽希于会晤美总统或外长时,力请一面加紧助我,一面运用其力量促成公平合理之和平。外交部。

《卢事前后》,第373页

蒋介石致罗斯福

1938年[①]3月25日

罗斯福总统阁下:上年12月中旬詹森大使休假返华府时,曾托其赍呈芜函,并面达关于远东局势之意见。在该函发出后之三个半月中,美国政府对于远东情形之发展,益形注意与关切,中正殊为感动。同时世界其他部分已连续发生重大事件,此种事件与日本对华之侵略已引起美国舆论之显著变化,因是对阁下为民主与自由而采行之政策,不啻予以有力的推进。

美国尝以正式公文否认日本创立所谓东亚"新秩序"之荒谬主张,为国际呼声之创导。美国政府曾指明东亚之变化大都由于日本自身之

---

① 日期有误,应为1939年。

行动,至为允当。美国又宣称任何国家无权在不属于其主权之地域内构成权力之渊薮及命运之主宰,遂听之余,欣佩无似。美国对于条约及基于条约之权利义务的不可侵犯原则,不惮严词重申,诚对于侵略者之一严厉警告。美国政府此项明白与及时之声明,已使其他同样关切之政府对于日本提出类似性质之表示,中正对此极为欣慰。阁下公开言论每严斥侵略行为,主张维护民主及国际信义,态度坚强,始终不渝,遥聆伟论,辄为神往。本年 1 月上旬阁下对贵国国会所致演词中,谓美国至少可以并应该避免任何行为或不行为,而致有鼓励、助长或造成侵略者之情事。中正闻之尤为动容。诚如阁下所指明,某种法案原为应付两国间某种事态而设,乃于实施时与立法者之初衷相反。在实际上竟助长侵略者而对被侵略者不予援助,未免有失平允。在阁下倡导之下,深信攻击者与防卫者必可加以区别,藉以消弭一种可能,即于无意中对于侵略者予以有利之待遇。

回忆去年 11 月间阁下曾向中正保证,谓阁下对美国财政家与中国代表所举行之谈判,当予以极端慎重与同情之考量。此事果于本年 2 月 8 日成立协定,对环球贸易公司给与商业信用贷款,总数至 2500 万美金之巨。日本现正痴想使中国于其军事征服之后处于其经济控制之下,上项财政上之援助,适于此时得之,除对中国予以巨大之物质助益之外,其在道义上,从各方观察亦发生最有利之影响,盖此事增加吾国人民之勇气与信念,使其他国家予吾人以类似之援助。抑更有甚者,又向日本确证以下之明显事实,即美国决不放弃中国为国际社会之一协同分子。余藉此机会表示吾人在此中国民族危机之中,对于阁下及美国人民之谢忱。

国际之无法纪已不复限于东亚一隅,因群力之不加阻制与抵抗而竟蔓延无止境,恍如吞噬弱者而脱然无虑之传染病。一侵略行动可激励并产生其他之侵略行动。世界一部分之法律与秩序如被推翻,必引起在其他部分之类似动作的企图。如在 1931 年日本侵略东北之时,各国协调行动予以有效之制止,则以后不只在中国并在世界其他部分之局势早已易辙更途,而人类当亦不致如今日之生活于畏惧、痛苦与失望之中。

日本之继续在华军事侵略,与在欧洲孕育世界大祸紧迫危机之发展,似对美国若干人民思想之倾向已供给一新背景。其结果,为阁下将能以更大之效力与成就,继续进行其保障民主及国际信义之政策。一切爱好和平之民族现方虔诚祷祝,咸愿美国居于领导地位以重建国际和平与秩序,而挽救世界文化于整个毁灭之中;而中国之所最切望者,则为美国之致力于此项事业,首将促省日本提早全然恍悟其放弃在华冒险行动之必要与得计。盖当远东气象清明之时,现在欧洲上空浮动之阴霾亦将随之而消散也。由此以观,国际关系究将恢复常态抑或命定将永受残暴势力之支配,端赖美国与其伟大贤能领袖之崇高的努力也。

《卢事前后》,第463—465页

(2)美国对中国抗战的重新思考

范宣德致亨贝克
华盛顿,1938年7月23日

……

我认为,并且我以为你也认为,中国的抵抗不致崩溃,不仅对中国而且对我们以及其它民主国家来说都是极为重要的。鉴此,我不能不极为认真地指出,在我们希望避免卷入冲突的限度内,我们现在不应放过任何增强中国的抵抗意志和抵抗能力以阻止日本征服中国的企图的机会。为了实现这些目标,我认为:1.应毫不含糊地重申不承认主义适用于目前的形势;2.作为不承认主义的必然结果,应采取有效措施劝阻向日本或日本控制下的任何中国政权及机构借债或提供物资信贷;3.应全面探讨向中国提供财政援助的可能性;4.应仔细审查我们与日本的贸易,通过对进出口的限制以制止对日本的援助;5.如果可能的话,应与其它有关国家政府就采取可行措施问题进行磋商和合作。

……最近几个月来,我密切地注视着全国的报刊评论的动向,我还与许多对远东问题并不特别感兴趣的人讨论了远东问题。我愿意妄作如此估计:尽管这个国家的很大一部分人继续希望我们避免卷入远东冲突,但相当数量的有影响的公众舆论机构也希望美国在中国的权益能得到尽可能的保护和保留,中国的完整和主权能得以保存,日本军国主义最终被彻底击败。根据这一估计,根据过去的经验,人们不难得出这样的结论,只有中国的主权得以保存,美国的权益才可能继续存在,而如果日本军国主义不被击败,中国的主权则无以保存。因此,从长远来看,除非日本军国主义被击败,美国在远东的卷入也许是难以避免的。

尽管我并非是无端地对日本将进攻美国怀有恐惧的人,但我相信,我们由于向中国提供援助而于现在卷入冲突的可能性,将比我们旁观日本军国主义的胜利后再与日本冲突的可能性要小得多。那种说如果日本在目前的军事作战中取得胜利,它将在未来许多年内完全被中国的事情所缠住的预言,并未为过去的经验所证明。当日本人占领满洲时,曾经有过同样的给人安慰的预言。我认为这一错误的想法正是当时英国及欧洲人的政策的基础。1931—1932 年时我正在满洲,我不记得有什么人(包括日本的文官们)竟然能够认为,日本的侵略将会在满洲停住脚步。因此,难以相信如果日本的侵略在征服取得胜利,它会在那里停住脚步。我重申我的观点:如果日本在中国的侵略成功,我们卷入的机会将显著地大于因我们现在向中国提供适当的援助而被卷入现时冲突中的机会。

FRUS,1938,Vol.3,pp.234-237

摩根索致罗斯福

1938 年 10 月 17 日

过去数周的时间使我们所有的人都认识到侵略性的力量的日益增长。自从 1931 年以来,我们已经看到,从满洲沦陷、入侵中国、征服埃塞俄比亚、在拉丁美洲和近东挑起骚乱、武装干涉西班牙、吞并奥地利到肢解捷克斯洛伐克，一件事件接着一件事件，其间隔越来越短，所有这一切都发生在短短的 7 年中。

我们无法指望侵略到此止步。日本起先只要求满洲，然后是华北，现在不得到整个中国它不会罢休……

为了使我们巨大的经济力量有助于保卫美国未来的和平，为了使你的"睦邻"政策真正卓有成效，我们应该立即提出一项在两条战线上（远东和拉丁美洲）采取和平行动的计划。在这两个地区，我们可以最为有效地采取行动而又最少引起麻烦。

现在，我们面前有两个机会：

一、扩大对中国贷款。这样的援助仍有可能成为对中国的决定性的帮助。虽然我希望形势是乐观的，但我仍不得不指出，如果不提供实质性的经济援助，中国的抵抗可能很快就会崩溃。只要承担不超过一艘战舰的风险，我们就能给中国人带去新的生命力和战斗力。我们所能做的要比这多得多。通过我们的行动，我们就能进一步推动世界各地民主力量反对侵略的斗争。

因为你曾多次要我提出援助中国的各种建议，我才怀着特别迫切的心情为中国的事业辩护。面对着那种主张不做任何可能被侵略国家所反对之事的僵硬的外交政策，我为确保给予中国实质性援助所作的种种努力，已被证明是徒然无效的。不必说，我尊敬那些认为不采取行动的方针才是正确方针的人们的正直和忠诚，但这一问题关系重大，不是我们任何个人的事，它不允许我保持沉默。还有什么比出现一个统一的中国更为伟大的和平力量呢？……

Donald B. Schewe ed., Franklin D. Roosevelt and Foreign Affairs, Second Series, Vol. 11, New York, 1969, pp. 390–392

格鲁致近卫文麿照会

东京，1938 年 10 月 6 日

阁下：

　　10 月 3 日承蒙接见时，我曾口头传达了敝国政府关于中国局势的意见和愿望，认为中国的局势是由于日本政府的代理人或代表所造成，并且违反并损害了美国在华权益。当时我曾应允于会谈后随即送来照会一件，列述并申论所陈各点。兹为实践上项承诺，曾经敝国政府之训令，谨向阁下陈述如下：

　　美国政府曾经几度向阁下政府提出关于日本人在华所采的行动及所推行的政策的意见。美国政府认为这种行动与政策是与在中国"门户开放"或机会均等的原则及条件相抵触的。为答复这种意见，并在其他公私的场合，日本政府曾完全保证维持中国门户开放或机会均等。但是美国政府被迫着不得不指出，虽有日本政府在这方面的保证，日本代理人对于美国权益仍一贯持续其侵害。

　　与美国政府所欲请求日本政府注意的局面有关的一件事，不妨作为例证。我们记得，当日本占领满洲时，日本政府曾保证维持满洲的门户开放。但是，在这一地区的主要经济活动现今已被日本国民控制下的特种公司所把持，而这种公司是根据特别特许状而设立，特许状中给予他们以优先或排他的地位。由于日本在满洲享受优先特惠的结果，以前在满洲开设的美国企业不得不被迫退出。日本与目前在满洲行使的政权间的安排，容许货物及款项在满洲与日本间自由流通，而严格地限制货物及款项在满洲与日本以外的国家间流通。

　　达到这种物资流动的管束，主要利用外汇的管制的办法。外汇管制是根据一些条例，而这些条例所根据的法律明文规定，在该法律的范围内，日本不被视为一个外国，日元不被视为一种外币。依照敝国政府的意见，虽然日本政府保证在满洲维持机会均等或门户开放，事实上机会均等或门户开放在满洲已失其存在。

　　美国政府现在担心，惟恐在目前军事冲突发生以来，日军武力占领下的中国其他地区，发展出如在满洲一样对美国商业竞争地位有不利影响的局面。

　　1938 年 4 月 12 日我曾请求阁下的前任注意，美国政府曾得到报告,其中指出有利日本对华北贸易的差别待遇,同样将采取外汇管制的方法。我曾要求保证,日本政府不支持或容许歧视美国利益的财政措施。当时外相虽然说明日本政府将继续支持在中国机会均等或门户开放原则,但日本政府对于所提出的问题迄未作任何确切答复。

合众国政府现在获悉,青岛的日本当局事实上已经设立了外汇的管制。他们在行使自由裁量的权利禁止货物出口,除非把出口单卖给横滨正金银行,而正金银行,除非按照他们任意订立远低于上海天津一般公开市场的兑换率折算,即拒绝购买这种出口单。在烟台仿佛也有类似的情形。更有进者,美国政府不断接获报告,说一个广泛的外汇管制制度即将迅速地在全华北建立起来。由外汇交易的管制即可得到贸易与商业的管制。日本当局如在华北无论直接或间接实行外汇管制,则日本当局势必可以阻挠日、美两国在该区的机会均等或自由竞争。在这种情形下,对美的进出口及华北经纪商的选择势将完全听从日本当局的分配。在青岛的外汇管制虽然施行的时间很短,已经有两件差别待遇的事件引起美国政府的注意。一件是:一个美国批发商因为当地日本当局坚持他的出口单必须以远低于公开市场的华币兑换率卖给日本银行,而无法把货物运到美国。如按日本所定的兑换率而成交,这笔生意非但赚不到钱还要蚀本。但是有一个日本竞争同业新近却完成一大批输出,出口单的美元价格系按照当时公开市场兑换率的当地市场价格计算。另一件是:一个美国公司被阻不能在山东购买烟草,如在山东购买烟草,便须以外币按照任意订立的低价兑换率,购取所谓联合准备券或日元,而这种条件并不强加于该公司的日本或中国的竞争者。

美国政府已经向日本政府指明,在日本武装部队占领的中国地区内行使的政权对于中国海关税率加以改变,而日本政府且正式支持这种改变,这种改变实为权力的专断与非法的僭越,对此日本政府有不可逃避的责任。不用说,如果管理、科税及禁止贸易的最后权力直接或间接地系由一"外"国的当局所行使以推进该国的利益,在中国机会均等或门户开放是不可能存在的。在中国门户开放或机会均等的一个基本先决条件就是在该国经济生活上没有优先或独占的权利，用来直接或间接偏惠于任何一个外国或任何一个外国的人民，这道理是不说自明的。7月4日我曾告诉宇垣将军，由于在华设置特种公司及独占企业之结果，美国贸易及其他企业受到限制及障碍，美国政府希望能够避免这种限制及障碍。承他惠告：中国的门户开放将予以维持，并谓美国政府可以坦然相信，日本政府会完全尊重机会均等原则。

虽然为了这些保证，北平的临时政权于7月30日宣布于次日成立中国电话电报公司，传闻这个组织的目的是在控制并独占华北电话及电报交通事业。7月31日上海有华中电信公司的组织，日军特务部已通知外国海电及电报公司，这个新公司准备管制一切华中的电信交通。据一个半官方的日本报纸的报道，7月28日在上海组织起来一个上海内河航行轮船公司，由日本人控制，据闻该公司的目的是要控制上海三角洲地带的水上运输。据敝国政府接获的情报，一向是公有并公营的青岛码头，准备由一个新组织成的日本公司接管。如果有这样一个发展，无论哪一国家的一切航运都要靠日本机关分配给它货运空间及装卸的便利。华北羊毛贸易刻传已归日人独占，该区的烟草独占据传已在组织中。并且依照敝国政府接获的许多报道，日本政府现正进行组织两个特种开发公司，该公司等已得日本政府特许并将由日本政府控制，目的在对中国经济企业的某些大部门投资并加以统一及规定其管理。

我已经提到的那些发展，说明日本在华政策的显明动向，而且清楚地指出日本当局现正寻求在日本军事占领地区内，为日本利益建立一般性的优先制度及卓越地位，其不可避免的后果就是要破坏门户开放原则的实际应用，和剥夺美国人民的均等机会。

我愿意唤起阁下的注意，日本军事当局加于美国在华侨民的无理限制——虽然有美国在华条约权利的存在，虽然日本政府一再保证，谓已采取措施可保美国的人民利益及财产不至遭到日本当局的非法干涉——更使美国利益遭受严重而持续的不便与苦难。所述限制特别是指被战事驱迫离开了他们的产业,而现在要想重回旧业,而产业尚被日军占据的美国侨民所受日军的限制。此外,还可以一提日人检查干涉美国在上海的邮电,限制美国人民贸易、居住及旅行的自由,包括铁道、船运和其他设备的使用。当日本商船在上海南京之间载运日本货品时,此等船舶拒绝载运其他国家的货品,而美国及其他非日本国的船运则以军事必要为理由,被排斥不得在长江下游行驶。美国侨民申请准许回到长江下游某些地区的通行证遭到拒绝,理由是治安秩序尚未十分恢复,但许多日本商人和他们的家属却大家都知道是住在这些地区内的。

由于直接可归咎于目前中日冲突的原因,美国侨民和他们的利益在远东已遭到严重的损失,即使在最有利的情况之下,对华的美国贸易,也难期望早日恢复旧观。因此,美国政府对于目前局面更觉难以隐忍。在这局面下,在华日本当局不断无理干涉美国侨民的权利,日本的行动与政策实行剥夺美国贸易及企业在华的均等机会,使得美国侨民不得不在这种干扰下挣扎。在这里也应该提到,由于日本对华的军事行动,日本政府强制施行工业、贸易、外汇及其他各种管制的结果,美国贸易及其利益在日本也受到严重的苦难。

虽然美国在远东的利益在日本当局手下遭到如此的对待,美国政府无论在它自己本土或在第三国的领土内,迄未谋求设立或诱使设立禁运、禁止入口、外汇管制、优先限制、独占或特种公司——企图淘汰日本贸易及企业或使之产生淘汰日本贸易及企业的结果。在对待日本人民及其贸易与企业时,美国政府一直不仅以1911年的日美商约的文字与精神为指导,而且以国际法及国际秩序的基本原则为依据,这种原则形成美国政府对于一切民族及其利益的政策之基础。日本人的商务和企业在美国仍继续享受机会的均等。

阁下不能不承认,在日本和中国的日本当局对待美国的侨民及其贸易和企业,与美国政府在其管辖地区内对待日本的侨民及其贸易和企业,其间有巨大并日在增长的差异之存在。

鉴于上述局势,美国政府请求日本政府实践其业已声明关于门户开放及不干涉美国权利之保证,采取迅速有效措施,俾:

(一)停止日本在中国占领区内强制施行的有歧视性的外汇管制与他种措施,这种措施之施行,直接或间接地歧视了美国贸易和企业;

(二)停止任何剥夺美国人民在华从事任何合法贸易或工业之权利的独占或优先制度——停止关于中国任何区域的商业或经济开发上给予日本利益以一般的卓越权利之任何办法;

(三)停止在华的日本当局对于美国财产及他种权利的干扰,包括下列形式的干扰,如检查美国邮电、限制美国人民的居住及旅行和限制美国的贸易和船运。

美国政府相信,为美日两国关系的利益起见,早日答复,将有助益。

《中美关系资料汇编》第1辑,第481—485页

格林①致美国飞机制造商和出口商
华盛顿,1938年7月1日

6月11日,国务卿在记者招待会上发表了关于空袭平民人口的声明,该声明的主旨似乎已引起了一些误解。就此,我向所有登记在册的从事飞机和航空设备制造或出口的个人和公司发出这封信。

考虑到国务卿的声明明确地谴责了对平民人口的空袭,这一点对所有有关人员来说应是十分清楚的,即美国政府强烈反对向任何从事那种轰炸的世界上任何地区的国家出售飞机或航空设备。因此,国务院将极不乐意签发任何授权直接地或间接地向那些正使用军队攻击平民百姓的国家出口任何飞机、航空武器、飞机引擎、飞机部件、航空设备附件或飞机炸弹的许可证。任何制造商和出口商,如已负有向任何从事空袭平民人口的国家出售或出口飞机或航空设备的合同义务,且发现难以中止其义务,无论其是否已有许可证或是一直在准备申请许可

---

① Joseph C. Green,美国务院军品管制司司长。

证,都希望在申请此类出口许可证之前或根据已获得的许可证出口之前,能向国务院通报其合同的内容。

《罗斯福与外交事务》第 10 卷,第 290—291 页

罗斯福致韦尔斯备忘录

华盛顿,1938 年 12 月 10 日

你能找到减少向日本出口飞机、飞机引擎、部件及附属器材的任何方法吗?

《罗斯福与外交事务》第 12 卷,第 289 页

韦尔斯致罗斯福

1938 年 12 月 13 日

为答复你 1938 年 12 月 10 日关于向日本出口飞机、飞机引擎、部件及附属器材的备忘录,我汇集了有关这些出口的最新资料,现陈述如下。

本年 6 月 11 日,国务卿在记者招待会上回答一位记者提出的问题时宣称,他已多次发表公开声明谴责对平民人口的空袭及对这种空袭的物质上的支持,他正在向美国的轰炸机制造商表达这一谴责,他相信,他的声明将会劝阻把这些飞机出售到那些将用它来轰炸平民人口的地区。根据这一政策,国务院依据中立法案,于 7 月 1 日向所有登记在册的飞机或航空器材制造商和出口商发出后附之信件。自 7 月 1 日以来,军品管制司就这一政策与许多飞机制造商和出口商进行了协商,发现他们中的大多数都相当愿意合作,并说服了其它的厂商予以合作。只有一家例外,它就是联合航空公司。尽管国务院一再提出劝告,但它仍在继续向日本大量出口。考虑到这一事实,为了对那些与国务院合作的制造商公平起见,为了避免出现由于这种合作继续受到破坏而将产生的政策的中断,我已决定在下一次例行的有关武器出口的新闻发布会上发布一个声明,披露这家公司的名字,以引起人们对它不执行国

务院有关这一问题的政策的关注。

下表显示了在最近 6 个月中批准的日本出口的飞机、飞机引擎及部件的价值。它清楚地表明,由于国务院努力执行这一政策,我们已经取得了极大的成功。

6 月	1710490.00 美元
7 月	1125492.65 美元
8 月	179249.00 美元
9 月	78720.00 美元
10 月	7215.95 美元

……

《罗斯福与外交事务》第 12 卷,第 289—300 页

3. 反击日本提出的"东亚新秩序"

(1)日本提出"东亚新秩序"

日本近卫内阁第二次对华声明
1938 年 11 月 3 日

今凭陛下之盛威,帝国陆、海军已攻克广州、武汉三镇,平定中国重要地区。国民政府仅为一地方政权而已。然后,如该政府坚持抗日容共政策,则帝国决不收兵,一直打到它崩溃为止。

帝国所期求者即建设确保东亚永久和平的新秩序。这次征战之最后目的,亦在于此。

此种新秩序的建设,应以日、满、华三国合作,在政治、经济、文化等各方面建立连环互助的关系为根本,希望在东亚确立国际正义,实现共同防共,创造新文化,实现经济的结合。这就是有助于东亚之安定和促

进世界进步的方法。

帝国所希望于中国的,就是分担这种建设东亚新秩序的责任。帝国希望中国国民善于理解我国的真意,愿与帝国协作。固然,如果国民政府抛弃以前的一贯政策,更换人事组织,取得新生的成果,参加新秩序的建设,我方并不予以拒绝。

帝国深信不疑,各国也将正确认识帝国的意图,适应东亚的新形势。特别是对各盟国的一贯厚谊,深表满意。

东亚新秩序的建设,渊源于我国的建国精神,完成这一建设是现代日本国民的光荣任务。帝国必须在国内各个方面坚决进行必要的革新,以谋扩充国家的整体力量,排除万难,为完成这一事业而迈进。

政府在此声明帝国一贯的方针和决心。

《日本外交年表及主要文书》下卷,第 401 页

有田八郎致格鲁

东京,1938 年 11 月 18 日

阁下:

兹奉告阁下,阁下 10 月 6 日致前外相近卫亲王关于美国在华权益的第 1076 号照会,我已将内容细阅一过。

在该照会内,阁下根据美国政府所有情报,列举日本当局歧视美国在华侨民,干犯美国权益的各种事例。

日本政府对于这些事例的见解,兹说明如下:

(一)依照帝国政府所有情报,采取如在青岛所执行关于出口汇兑的措施,措施前的环境和目前的局势如下文所述,我们相信,这些措施不能解释为构成对美国侨民的歧视。

……

为使使用旧法币而获取不正当的过分利得的人们与使用联合准备券的人们立于平等的地位,同时协助维持联合准备银行钞票的外币兑换价格,乃是在青岛采行的出口汇兑措施的一个目标。这些措施在适

用上既不因国籍而有不同，就完全不是有歧视性的。事实上，因为透过这些措施，前此在一种意义上被歧视的联合准备券使用者，才得与其他人们处于平等地位，所以这些人现在才第一次立于平等地位，而能在完全公平的基础上竞争。

（二）前些时候，华北及华中的新政权修改了海关税则，目的在对国民党政府所施行的过去海关税则作一个合理的改订。旧税则是过高的，不适于促进经济恢复和中国人民的一般福利。无论如何，所采用的课税表就是1931年列强所迅速赞同的课税表，不是设计来保证某一特殊国家的利益的。因此，我们从来没有听到在华任何国籍的侨民有何怨言。自然，日本政府赞成这次修改的目的，而且相信这次修改对于有效地促进一切国家对华的贸易是会有帮助的。

（三）至于在华某些开发公司之组织，随这次事变后，中国经济、金融和实业的活动之恢复与发展，对于中国人民的福利是一个最急切必要的事情。而且，为实现远东的新秩序起见，日本政府特别切望恢复与开发事业之迅速创始与进展，并尽一切建设性的努力以实现此目的。华北开发会社及华中振兴会社的设立，不过表示对于中国恢复工作贡献必要的协助，同时并协助开发中国的资源。这绝不损害贵国国民的权益，或歧视贵国国民的企业。因此，日本政府自然无意反对，毋宁衷心欢迎，愿意在新情势的基础上合作的第三国参加。

华北及华中的电讯公司、上海的内河航行轮船公司与青岛的码头公司，也都是为了应付早日恢复这次事变中破坏的交通运输及海港设备的迫切需要而创设者。电讯事业，不仅因系公用事业性质，而且由于这种事业与维持治安秩序及国防有关，由特种公司经营是应当的。不过，所有其他企业，只是通常的中国或日本法人，并无歧视贵国或第三国，或获取独占的利润的目的。至于羊毛贸易，虽然在蒙古地区对收购机关实行管制，现在管制已经停止。目前没有任何设立烟草专卖的计划。

（四）关于美国侨民返回占领区事，在华北除因迂回者个人安全会发生危险的特别情形外,并无限制返回的规定。阁下知道,在长江流域多数美国人业已迁回。迁回之所以尚不能普遍地准许,业已历次通知阁下,乃是由于秩序尚未恢复,而须顾及危险,或由于战略上的必要为保守军事机密,而不可能准许第三国人民进入。再者,占领区内所实行关于美国公民的居住、旅行、企业、贸易的各种限制,实为符合军事必要及地方治安秩序情况最低限度的规定。日本政府的意向是,在环境允许之下,尽早恢复正常状态。

(五)日本政府对于所称日侨在美国所受的待遇与美侨在日本所受的待遇有根本不同之说,感到惊讶。虽在这个紧急时期美国居住日本的侨民诚然受到各种经济的限制,但这些限制,不用说,不只是单独对美国人施行,而是平等地对于一切外国人施行,也对于日本人民施行。对于阁下照会中关于日本侨民在美国领土内所受待遇所述的意见,日本政府的看法暂时保留在另外的机会再作说明。

虽然日本政府怀着充分尊重美国在华权益的意向,如上所说,并在这方面已尽最大的努力,但鉴于目前在远东正进行着我们历史上规模空前的军事行动,我认为,贵国政府应该承认,有时故障偶尔发生,阻碍了尊重贵国权益的意向之贯彻。

目前日本正竭其全力,在真正国际正义的基础上,在整个东亚建立新秩序,并在到达此一目标上正有迅速的进展。这个目标的胜利完成,不只关系日本的生存,亦且为东亚持久和平与安定的基础。

日本政府坚决相信,目前在东亚新形势继续开展的时候,企图对于现在及将来的情势仍毫无变更地应用在这次事变前的情势下适用的观念和原则,并不能帮助解决目前的问题,而且更丝毫不能促进东亚持久和平的强固建立。

不过,帝国政府无意反对贵国或他国在一切贸易及工业部门内参加东亚建设的伟大工作,如果此等参加系对于上述声明具有了解;并且,我相信,目前在中国组成的政权,对于此等参加也准备欢迎

日本近卫内阁第三次对华声明

1938 年 12 月 22 日

日本政府本年曾一再声明,决定始终一贯以武力扫荡抗日的国民政府。同时,和中国同感忧虑、具有远见卓识的人士合作,为建设东亚新秩序而迈进。现已感到,中国各地复兴的气势澎湃而起,建设的趋势日盛一日。当此之时,政府向国内外阐明同新生的中国调整关系的总方针,以求彻底了解帝国的真意。

日、满、华三国应以建设东亚新秩序为共同目标而联合起来,共谋实现相互善邻友好、共同防共和经济合作。为此,中国方面首先必须消除以往的偏狭观念,放弃抗日的愚蠢举动和对满洲国的成见。换言之,日本直率地希望中国进而同满洲国建立完全正常的外交关系。

其次,因为在东亚之天地不容有"共产国际"的势力存在。日本认为,根据日、德、意防共协定的精神签订日华防共协定一事,实为调整日华邦交之急务。鉴于中国现实情况,为充分保证达到防共的目的起见,要求中国承认在防共协定继续有放期间,在特定地点驻扎日军进行防共,并以内蒙地方为特殊防共地区。

在日华经济关系上,日本既不想在中国实行任何经济上的垄断,对理解东亚新形势,并相应采取善意行动的第三国的利益,也不要求中国加以限制,始终只求日、华的提携和合作发生实效。即要求在日华平等的原则上,中国承认帝国臣民在中国内地有居住、营业的自由,促进日、华两国国民的经济利益,并且鉴于日华之间历史上、经济上的关系,特别在华北和内蒙地区在资源的开发利用上积极地向日本提供便利。

以上是日本对中国所要求的一个大纲。如能彻底了解日本出动大军的真意,就能理解日本在中国所寻求的,既不是区区领土,也不是赔偿军费,其理自明。实际上,日本只要求中国作出必要的最低限度的保证,为履行建设新秩序而分担部分责任。日本不仅尊重中国的主权,而且对中国为完成独立所必要的治外法权的撤销和租界的归还,也愿进一步予以积极的考虑。

《抗日战争》第 4 卷(上),第 305—306 页

（2）反击"东亚新秩序"论

亨贝克备忘录

华盛顿,1938 年 11 月 14 日

在考虑桐油贷款计划时,我认为,美国政府首先应该对这一问题及有关问题的政治层面予以深入细致的考虑。无论就我们的对外关系还是就我们的国内形势而言,这一计划的政治意义和可行性都远比它的经济方面更为重要。在本备忘录中,我将简要地只讨论该计划的一些政治方面。

美国的重要利益要求不让日本控制中国。因此,使中国对日本人谋求获得这种控制权的抵抗得以继续下去,将符合我们的利益。今天,激励着日本民族的观念和它所追求的目标,是与美国人民的观念和合法目标相冲突的。日本人正在进行着一项掠夺成性的帝国主义的计划。除非日本的进军被中国人或其它一些国家所制止,否则,美国和日本在国际政治舞台上面对面互相对抗的时刻就会到来。我们希望看到事态的这一发展将会得到阻止。因此,美国就必须为阻止这一发展而采取行动。

美国政府应该制定并执行一种行动计划(一种外交"作战计划"),以防止美日之间的武装冲突。在处理我们与日本和中国的关系时,我们不应采取无计划的和不相关的步骤。我们在语言领域所采取的行动,应与我们准备在物质压力领域所采取的行动(积极的或消极的,或两者都有)联系起来。让日本的掠夺性进军停止下来应该成为我们的目标。因此,我们的行动进程应该是与那种进军完全相反的进程。那种进军只能被物质的障碍和物质的压力所组成的抵抗力量所制止。任

何明确反对那种进军的国家,最终都应该准备在确有必要时使用武力。中国人已经感到了诉诸武力的必要性。中国的抵抗也许会被日本的武力所征服。其它国家将要采取的抵抗,从长远来看最终也要采取武力的形式。因此,美国在确定它的行动进程时必须将在必要时使用武力视为当然之事。

最近几年来,美国政府一直在使用语言(如对原则、法规、条约条款的诉求)反对日本,我们的国务院可能能在论战中比日本外务省要占据上风(即使是这一点,也不能完全肯定),但我们在那一领域的胜利,并不能阻止日本军事机器的前进。事实是,除非美国预见到并准备使用比论战更强大的武器,否则,如果我们继续过去的路线,它将必然要导致使局势发展到我们或是接受外交上的失败,或是不得不诉诸武力。我们谈论得越多,我们不让自己采取一些阻止日本夺取或摧毁我们在远东的权益的具有积极物质压力的实际措施越久,出现这样的局面就越有可能:当将来某个时候我们采取这些措施时,日本人将以武力来回答我们,这将迫使我们不得不报之以武力。

对我们来说,最切实可行的方针应是向中国提供援助,并阻止有助于日本的东西出口,以延长和增强中国的抵抗,削弱日本继续对中国进行军事作战的能力。但是,一旦我们采取了这条行动路线,我们就应该全心全意地坚决地去做。我们在采取一个步骤时,应预见、准备、并能够在同一方向上采取更进一步的措施及以后许多许多步的措施。这些措施应该综合使用外交的、经济的、潜在的军事的压力。如果美国政府采取这样的方针,它就应该准备认真地考虑采取以下这些措施,如中止1911年签订的美日商约、取消中立法、对日本采取报复性的关税措施、限制日本和美国之间的贸易和运输、向日本政府和日本全国显示我们的海军力量,让它们明白我们"不是开玩笑的"。……

FRUS,1938,Vol.3,pp.572–573

王宠惠致胡适

1938 年 11 月 15 日

适之兄：此间政府同人对美态度最为关心，每周集会二次，咸愿听闻兄处消息，每以缺乏直接报告为憾。近如美方 10 月 6 日致日照会，舆论是否一致？……复文想难满意，美政府有无第二步行动之准备？又美与英法除已同时向日要求开放长江外，有无采取其他平行动作之趋向？又选举结果，共和党国会席增加，虽其竞选分野在于内政，但现政府对远东态度究竟有无影响？中立法有无修改可能？兄最近与罗总统晤谈情形如何？凡类此问题，此间固有新闻电可供参考，但仍盼随时接到详尽报告，以便政府研讨。

《卢事前后》，第 430 页

胡适致外交部

华盛顿，1938 年 11 月 16 日

重庆外交部，825 号，15 日。

王亮畴兄：15 日电敬悉。（一）10 月 6 日发表时舆论一致赞许，但多数报纸论调以为此问题不值一战，然精明之观察者则谓门户开放与《九国公约》是一事。6 日照会与 10 月 4 日外部对三国宣言，实使美政府走上与日本正面敌对之路，其影响关系半个世界云。（二）此照会东京将于 18 日答复，闻其影响，美政府将有重要表示。又闻总统已亲草表示之文字，此讯无从证实。（三）三国同时要求开放长江，昨敌拒绝。此似为平行动作起点，闻下一步倾向经济报复。（四）国会选举结果，民主党在参议院占四分之三，众议院占五分之三，其对外政策上影响现难测，但政府在两月中对远东若取积极态度，则国会势不能不拥护政府。（五）最近美政府正对日有所表示，故选举后适未请见政府领袖。（六）顷与苏代办长谈，彼云除非日侵苏领土，苏不致有武装行动。（七）此电乞陈汪、孔诸公后，当续报。适。

《卢事前后》，第 438—439 页

外交部致驻美大使馆

1938 年 11 月 20 日

日政府复美照会,强辩未歧视美国利益,而末段竟谓如欲以过去不适用之观念与原则引用于现在及将来之情势,则于东亚和平及当前问题两无裨益。日方之欲撕毁《九国公约》已在此次外交文牍中明白表示,想美政府必用更强硬之语气驳复日方,对于条约尊严谅必重申其向来主张。惟日方蓄意并吞中国,排斥欧美,昭然若揭,决非依赖外交文字可以挽回。美方如不于此时采取有效报复行动,日本益将肆无忌惮。据郭大使电告,英方对拒绝长江复航,正在拟议报复办法,我方深望美国迅即单独或联合英法尽量实施报复,藉促日本之觉悟,希密商美政府进行。外交部。

《卢事前后》,第 439 页

王宠惠致蒋介石

重庆,1938 年 11 月 21 日

南岳。委员长蒋:使密。罗总统于本月 10 日答复本部代拟之钧座 10 月 15 日去电复文,于本月 19 日由国务院递送胡大使,兹据胡大使节电如下:罗氏首述彼与中国在官方尤其个人方面之关怀,此项关怀发生于早年与远东之联系,及与中国人民长期之情感。续称余之关怀,在总统任内,依然继续,在过去十五个月中,贵国人民所受之痛苦,激起余甚深之同情,而贵国人民之勇毅,尤足使余钦佩。余确知美国人民对于余之关怀、同情与钦佩,具有同感。至中日间现有之冲突,美国迭经表示反对不顾条约的权利义务而从事武力,并主张和平必须系于法律与公平。惟我国虽极度同情于中国,我方虽极愿和平与公平得在远东同时建立,美国政府之行动,究须符合美国法律与美国人民随时表现之公意,及美国对于可以实行事项之估量。在上述意见及考虑范围内,余对现在华盛顿举行之讨论,敢向阁下保证,对于提出之事项,当予以最慎重及同情之考量,且余始终切望远东早日得到公正的和平等语。全文

寄到后,当再译陈。王宠惠叩。马。印。

王宠惠就"东亚新秩序"发表谈话

1938 年 12 月 11 日

　　……此即表示该约(指《九国公约》)所包含尊重中国之主权独立领土与行政之完整,及维持门户开放或在华商业均等两大原则,实为列强对华事件所当忠实遵守之永久原则焉。换言之,该约之用意,在促成太平洋区域之永久秩序与和平,决不能由任何一国加以合法之废止。况日方所称东亚之新局势,乃完全由于日本违反《九国公约》所造成者,故欲因违反条约之行动所造成之事实,而修正或废止该约,此种主张,绝对不能容许。

格鲁致有田八郎照会

华盛顿,1938 年 12 月 30 日

阁下:

　　兹奉本国政府之命,敬以下列照会送达阁下:

　　关于美国在华权益问题,美国政府已收到 11 月 18 日日本政府对本国政府 10 月 6 日照会之复文,并已加以详细研究。

　　根据事实及经验所昭示,美国政府不得不对过去已表示之意见,重加申明:在中国从事慈善事业、教育事业及商业的美国侨民,在行动及活动上所受到的限制,已使得日本利益居于优惠的地位,这种限制如继续存在,更将增强这种优惠地位,因此对美国合法利益,不成问题地有歧视性的影响。不但如此,关于这类问题,如外汇管制、强制货币的流通、修改关税税则及在中国若干地区内独占事业的促进,日本当局的计划及做法,隐示在日本当局方面假定日本政府以及日本武装部队在中国所建立并维持的政权,有权利以主权者的资格行使其治权,而且在这

样行使其治权时,对于其他国家包括美国在内既有权益,可以漠视或径行否认或废除之。

美国政府相信,上述之限制及措施不但是不公平的、不应当的,而且违反了若干自动参加的具有约束性的国际协定,对这些协定日美双方都是签字国,有些协定中并有其他国家参加。

在前述日本政府照会最后部分中,日本政府声称,坚信"在亚洲迅速发展的新情势下,把不能适用的陈旧的原则和观念,应用到目前及将来的情势的任何企图,既不能对建立东亚真正的和平有所帮助,又不能解决眼前的问题",并称"只要能了解这几点,日本丝毫无意反对美国及其他国家,在工商业各方面参加建设东亚的伟大工作"。

鉴于日本政府屡次保证,日本愿意在对华关系上遵守机会均等之原则,又鉴于日本根据条约有此义务,美国政府在10月6日的照会中,请求日本政府遵守这些义务,并实现其保证中的诺言。日本政府在其复文中,似乎表示日本政府企图以美国政府及他国政府对于日本当局在远东所计划并扶植的"新情势"及"新秩序"的谅解,作为日本遵守机会均等原则的条件。

与远东情势有关的条约,对于若干问题都有规定,在缔结这些条约时,缔约各国间各有取予。有些条款的规定及同意,乃是为了使得别的条款可以执行,又为了在某些问题上获得保证的好处,每一缔约国在其他某些问题上答应约束他们自己。各种议定的条款,合起来可以说成为一种方案,为大家的利益来保障国家完整及经济机会均等这两个互有关联的原则。经验昭示,破坏了前一原则,必然的接着对后一原则的漠视。当任何政府在合法领域之外的区域中开始行使政权的时候,不可避免地会演成一种情势,这一政府的人民要求,并自他们政府手中得到优惠的待遇,因此机会均等便不能维持,歧视性的做法会普遍起来,从而产生种种摩擦。

本国政府认为,如谓美国在中国侨民不受歧视待遇——一个一般性并获得承认的权利——必须美国政府承认日本当局关于东亚"新情势"、"新秩序"的观念的效力,那种说法是十分矛盾的。

　　……

　　美国人民同政府不能同意设立一个由第三国所指使,且为着该第三国的目的而设立起来的政权,而这政权使得美国及其人民同他国人民共同向来享有的合法而公正的机会均等平允待遇之权利,受到武断的剥夺。

　　有些基本原则,例如机会均等原则,一向是被认为在本质上是明智公正的。这种原则被普遍接受与赞同,并在实施上是具有普遍性的,不容由一方片面行为所取消。

　　关于日本政府的照会所称,远东"今日与明日的情势"要求对于过去想法与原则的重新厘订,美国政府愿意提醒日本政府美国政府关于重新厘订协定问题所采的立场。

　　美国政府于1934年4月29日致日本政府的照会中曾表示:"条约可以合法地加以修改或终止——但必须依照缔约国所订定、或承认、或同意的程序。"

　　在同一照会中,美国政府又称:"依照美国人民同美国政府的意见,没有一个国家可以不得到其他有关国家的同意,而在一个牵涉别的主权国家的权利、义务及合法利益的情况中一意孤行。"1937年7月16日,美国国务卿在一个正式公开的声明中宣称,美国政府赞成"用和平谈判与协议的程序调整国际关系中的问题"。

　　数十年来,各国,包括日美两国在内,曾经多次关于远东情势与问题彼此照会往来及互相商讨。在这些文书及会议中,当事国均曾无例外地考虑过去与现在的事实,并能察觉改变现状的可能与必要。在订立条约时,这些国家所拟订而彼此同意的条款,都是意在便于有利的发展,同时并力求避免在这些地区中有利益关系因而不免关怀的那些国家间的摩擦。

　　有鉴于这些事实,并特别鉴于为上述确定的目的而屡次郑重订立的条约之目的与性质,美国认为,一个缔约国要想不顾条约的诺言及其

他有关国家的既得权利,而武断地依照该国自己选定的方法,创立一个
远东"新秩序"——这种行径可从其官员的行为及政府当局正式声明
中看出——这是难以赞同的。远东情势在过去无论如何改变,无论现
在情势如何,美国政府对这事情的关心并不下于对于过去情势的关心。
任何在远东所发生的变动,如"新情势"及"新秩序"的产生,现在同将
来,都同样为美国政府所关怀。美国政府知道情势已经改变了。美国
政府也知道许多改变是由于日本的行为所致。但是美国政府不承认,
任何一个国家有必要或有理由在一个不属于它的主权的地区内规定一
个"新秩序"的内容与条件,并自命为这"新秩序"的掌权者及司令者。

　　……

　　美国政府一直认为,凡协定都是可以改变的,不过它一直坚持,所
有改变必须按照缔约国间谈判协议的有秩序的程序才可以。

　　日本政府在许多场合中,曾经表示相似的见解。

　　美国在其国际关系中,许多的权利与义务是来自国际法,许多的权
利与义务是基于条约的规定的。于基于条约规定的权利与义务中,在
中国内及关于中国的权利和义务,一部分是基于美国和中国间的条约
规定,一部分是基于美国和其他几个国家,包括中国和日本在内的条约
规定。这些条约经诚意地订立,目的在保障及促进不止是一个,而是所
有签字国的利益。美国人民及政府不能同意任何美国的权利或义务被
任何别的国家的代理人或当局的武断行为所废止。

　　美国政府一向准备,现在仍然准备,对任何基于正义与理性的提议
予以适当而充分的考虑,只要这种提议考虑所有直接有关国家的权利
与义务,而用所有有关国家间自由谈判并成立新协议的程序以求问题
的解决。日本政府一向有机会,现在还继续有机会,提出这种提议。假
如这种提议提出来,并在其提出来的时候,美国政府一向愿意,现在还
继续愿意,同权利及利益有关的其他国家包括日本及中国在内的代表,
无论何时并在任何共同同意的地点,讨论这种提议。

　　直到那时候以前,美国政府保留美国现有一切权利,不同意对于这

些权利的任何损害。

《中美关系资料汇编》第 1 辑,第 487—491 页

胡适致外交部

1939 年 1 月 10 日

世电至感,贱恙今日医云已痊愈,不久即许出医院。

美政府世日复东京牒,态度之强硬坚决,为向来所未有,而后半明白宣示放弃中立条约修改,须经关系国用和平协商方式为之,日军人正疯狂必不肯采此和平协商方式。昨参院外交委员长毕特门宣言,日答复若不满意,美国应采取经济制裁。据毕所云,总统有权可禁日货进口,但禁美货运日则需国会通过;毕又言经济制裁必不致促成战祸,因日本必不敢对美宣战也。

总之,此三个月中,美政府对德、对日均表示最坚定态度,造成不易挽回之局势,使舆论与国会均不便公开反对政党外交政策,故以后发展应较顺利,英美合作更无可疑。最近有田宣言与近卫声明,美国舆论均不重视,介公俭日驳近卫语,美报有扼要登载。汪先生主和事,颇引起注意。元旦政府毅然处分,各报均极重视,认为抗战决心之最明表示。此电乞陈介公,并转庸之、亮畴两兄,至感!

《卢事前后》,第 432 页

胡适致陈布雷

1939 年 1 月 21 日

兹将最近国际形势综合报告如下,并请转陈介公。

(一)远东问题,经美国倡导,英、法均已追随。其方式同为维持《九国公约》各原则及其他条约之继续有效,并否认日本所谓新秩序。但同时又皆留一后步,谓有关各国可以和平协商讨论日本之主张。此方式似为三国平行动作之纲要。

(二)美国会曾委任专家作国防新设计,其报告中主张增设海军、

空军根据地 40 余处,国会集会后,罗总统提出国防增费 5.5 亿元。两院国防股依此提议先修筑海空根据地 12 处,其中 9 处均在太平洋。尤以关岛与韦克岛之修筑工事为最足威胁日本。日本《国民新闻》曾发表狂论,谓美若防筑关岛,日本将击破美海军云。然美府院领袖昨仍公然表示赞成关岛浚筑费 500 万元案。舆论界名人 Walter Lippman(李普曼)前日著论谓关岛浚筑案应即通过,但不必即实行,使政府可用此案为促进对日谈判之一种武器云。此论或可助此案之顺利通过。……

(五)至于原料禁售日本一事,须有国会明文。前外长史汀生等鼓吹此事最力,鄙意此点与中立法有关,两三个月中,当可见分晓。

(六)中立法案问题,另详致外部第 857 号电。

(七)总之,美之远东政策纲领已见除夕通牒。其实行方向有三:一为经济助我,二为对日经济制裁之各种方式,三为大增军备以威胁日本。三者皆足以激怒日本,使其发狂。亦皆足以促日本之觉悟猛省。敌若猛省回头,远东问题可有和平解决之望。敌若更发狂,则太平洋国际大战终难幸免。适。马。

《胡适电稿》,第 8 页

蒋介石致胡适

1939 年 1 月 30 日

全会今日闭幕。先后八日,全场精神贯注,意志团结,对抗战前途益坚自信,气象良好为前此所未有,堪以告慰。会议中检讨国际形势,对于英、美、法之日趋积极感觉兴奋。此皆兄等努力宣勤,善于折冲之所致。遥企海天,弥深欣佩,特电致意。并望继续努力,以策全功。中正。卅。

《胡适电稿》,第 10 页

（3）推动美国在远东发挥领导作用

外交部致驻美大使馆

重庆,1939 年 1 月 14 日

1278 号,14 日。

美政府对日军进攻海南,究取如何态度? 是否认为危及菲律宾,是否更将促成关岛之设防。闻法政府为海南事正与英方取得联络,美方态度法亦极关心,法之拒绝假道运输军火原为海南,今该岛既被侵占,法无所过虑,不应再示怯弱,除电顾、郭二使外,希密商美政府,劝请法方立即撤消军火通过越南禁令,仍盼电复。外交部。

《卢事前后》,第 450 页

罗斯福与美国参议院军事委员会会商记录

华盛顿,1939 年 1 月 31 日

……大约在三年前,我们得到了非常确切的情报,在德国、意大利和日本之间制订了一项统治世界的政策。那就是它们签订第一个反共产国际协定的时候。协定虽然公布了,但还有一份可以称为"君子协定"的附件没有包括在协定内,它规定三国在采取任何国际性行动之前都应该共同协商。它们将同时采取行动,或者它们将轮流对别的国家发动侵略。因此,这完全不是新的消息。然而这些年来,不仅通过侵略活动,而且通过它们三国之间更好的谅解,这一协定越来越得到加强。目前,毫无疑问存在着一个相当于攻守同盟的东西——当然,如果要求我证实此点,我无法做到……

考虑这个问题有两种方法。从我们的观点来看,第一种是期望有人谋杀希特勒,或德国从内部崩溃;期望墨索里尼被人杀死,或在早晨患了重感冒,并因此而死去,或者意大利从内部崩溃;期望日本军国主义分子走得太远,以致日本人民会说:"我们不能再忍受勒紧裤带的政策;我们必须采取行动;我们不愿行军打仗,不愿做别人叫我们做的事。"这是考虑这一问题的一种方法,相信一个暗杀者会杀死他们,或者事物会自我爆炸……

另一种态度是,我们必须防止有人统治世界——用和平的手段来防止。现在,情况可能会使你们大吃一惊,而且还不应该大声地谈论它,因为我们国家还不理解那些事情:美国的第一道防线是什么? 我们有能力不仅抵御对我们大陆的攻击,而且有权同世界上其它国家协商并防止在我们四周筑起高高的铁丝网吗?

美国在太平洋上的第一道防线是一系列岛屿,让我们十分坦率地说,我们希望通过海军、陆军和飞机阻止日本统治整个太平洋……

问题就是这样。我们绝不会遭到中国、菲律宾、泰国和缅甸的攻击。这完全是一个防御日本的问题。我们不能大声直说,这会被认为是不友好的。

……但是,阿瑟・克罗克曾经说过:"这不是非中立吗?"是的,可以这么说。作为陆海军统帅和政府首脑,我将尽我所能阻止任何军火进入德国、意大利或日本。为什么? 因为自我保护是美国政策的组成部分。我将尽一切可能,通过向世界上大约 40 或 50 个现在还保持独立的国家运送一切它们有能力支付的货物,以维护它们的独立。这就是美国的外交政策。(鼓掌)……

《抗日战争》第 4 卷(上),第 355—356 页

蒋介石对中外记者谈话

重庆,1939 年 2 月 11 日

日本侵占海南岛,实无异造成太平洋上的"九一八"。盖以海南岛在东亚为太平洋、印度洋间战略上主要之重心,敌若占领该岛,不仅可完全阻断香港与新加坡间之交通,切断新加坡与澳洲间之联络,而且使菲律宾亦受其控制,此不仅直接威胁法属安南,实为完全控制太平洋海权之发轫,向西可由印度洋以窥地中海,东即可断绝新加坡、夏威夷岛、珍珠港、英美海军根据地之联络。

故日军之进窥海南岛,即等于 1931 年 9 月 18 日之占领沈阳,地区容有海、陆之分,影响则完全相同。如任日军盘踞占领,其设计中之海军根据地必可完成,是则太平洋上之形势必将大变。

《先总统蒋公思想言论总集》第 38 卷,第 119 页

外交部致胡适

1939 年 4 月 10 日

极密。迩来英、法鉴于欧局之危急及日本之南进,正式筹划合作办法。我国拟乘机加入其关于远东之联锁关系。因拟就中、英、法合作原则,电顾、郭两使。嗣据复,已密达法、英政府。彼方对此计划,影响尚佳,正在考虑。法谓此类事,必须商之华府……希将上项计划,密达美政府,并请其分告英、法政府,美国赞助此项计划。密洽情形,盼电复。外交部。

《胡适电稿》,第 15 页

中国大使馆致美国国务院备忘录

华盛顿,1939 年 4 月 14 日

中国政府在反对入侵者的紧迫斗争中,怀着与民主国家团结一致的诚挚愿望,近日向英、法两国政府提出了远东地区合作的原则,原则如下:

1. 中、英、法三国对于远东之军事及经济合作,应于适当时期邀请苏俄参预并通知美国,请其作平行行动,以期对敌采取一致步骤,共同维持在远东之权益。

2. 参预对日作战各国,不得单独与敌停战或议和。

3. 在军事方面,中国允许尽量供给兵力人力及物力。其他各国允许尽量调遣海、空军至远东,为共同之作战,其详细计划及实施方法,由参预各国各派军事全权代表一人商议决定,分别执行。

4. 在经济方面,参预各国允许尽量共同维持各该国法币及商务。其详细计划及实施办法,由参预各国全权经济代表一人商议决定,分别

执行。

法国政府许诺考虑上述倡议,并建议任何这类计划都应与美利坚合众国政府讨论。

英国政府于 1939 年 4 月 12 日作出答复,英国政府并不认为远东目前的局势已发展到应认真考虑中国政府的这些倡议的程度。但是,在考虑全盘政治和国际关系的形势时,英国政府将对此保持密切关注。

大使奉命向美国政府通报这一有关合作的倡议以供研究。中国政府殷切地希望在形势需要时,美国政府发挥其巨大的影响来帮助实现远东地区的这项国际合作。

FRUS,1939,Vol.3,p.525

蒲立德致赫尔

巴黎,1939 年 4 月 18 日

今天上午中国大使顾维钧请求会晤,并作了下述说明:

3 月 29 日,遵照中国政府的明确指示,中国大使拜会了法国外交部长莱热,代表中国政府提出了系列口头建议。同一天,中国驻伦敦大使向英国政府提出了类似的建议。

莱热要求中国大使提出书面建议,后者于 4 月 4 日向莱热提交了一份包含谈话内容的机密备忘录。英国政府没有要求书面建议,但对中国驻英大使的话作了书面记录。

顾接着给了我一份他于 4 月 4 日递交莱热的备忘录的副本。

因为该文件似乎极为重要,必须保密,我不能以未加密的电码发给你,以密码翻译其他国家政府的书面建议也不太恰当。所以,我将于明天把这一备忘录的副本让信使送给你。这里先作如下简述:

备忘录中表达的观点认为,日本进攻中国不仅是为了征服中国,也是为了消除和摧毁其他国家在远东的利益和影响。中日之战应被视为极权主义国家试图战胜民主国家的全部企图的有机组成部分。

备忘录认为,如果发生欧洲战争,日本将进攻法国和英国在远东拥有的领地。

　　鉴于欧洲正面临战争威胁,中国政府建议立即在法、英与中国之间开展实质性的会谈,在远东采取一致行动抵御日本的进攻,并许诺在制订合作计划中通力合作。

　　为了促进会谈,中国政府向法国政府提出了四条具体建议①。

　　读了备忘录后,我告诉中国大使我对其中的一个重要问题感到困惑:备忘录似乎是以法国和英国已经对日本宣战这一假设为基础的。而事实不是这样,我想知道为什么备忘录写成了这样。

　　中国大使回答,整个备忘录基于这样一种预见:战争肯定会在欧洲爆发,随后,日本将会向英、法在远东的属地发起进攻。中国政府建议,在战争爆发之前订立此协议,它只是在一旦战争爆发时才生效。

　　中国大使还总结说,蒋介石将军和所有中国政府成员都怀着极大的希望,希望总统利用其影响力促使英、法政府认真考虑这一建议。他还说到,4 月 12 日他拜会莱热,询问了法国政府对 4 月 4 日备忘录中所提建议的意见。他得到的是,因忙于欧洲的紧急事务,法国政府目前尚不能对中国的建议给予应有的考虑。

　　中国驻伦敦大使只得到如下答复:英国政府对这一建议很感兴趣,并许诺认真研究它。

　　中国大使最后说,他是得到蒋介石给他的指示,命他要求我帮助推进这一计划后来见我的。

FRUS,1939,Vol.3,pp.526-528

（二）美国开始走上援华制日之路

　　说明:争取美国援助,一直是战时中国对美外交的一个重要方面。

---

　　①　关于此四条建议请见《美国外交文件》,1939 年第 3 卷,第 525 页。

由于对华贷款在美国国内被视为非中立,美国对中国经济上的支持最初是通过购买白银的方式进行的,即以略高于世界市场价格的定价收购中国白银,使中国获得购买军火物资的硬通货。从 1937 年 7 月至 1938 年 7 月,美国共分六批购买了 31200 万盎司白银,价值 1.38 亿美元。1938 年底,历经周折,中美终于达成了"桐油借款"协议。这一贷款数额虽有限,但作为战时美国对华提供的第一笔贷款,对于中国抗战具有相当的鼓舞意义。中立法是美国实施援华的一大障碍。1939 年春夏,美国国会对中立法问题进行了长时间的辩论,中国驻美人员积极展开活动,劝说提案人修正提案中对中国不利之处。美行政当局亦曾作出努力,希望国会能取消中立法中的武器禁运条款,但未能如愿。欧战爆发后,美国国会特别会议终于取消了武器禁运条款。在日本进口的战争物资中,来自美国的占有相当大的份额。中国努力推动美国禁止向日本输出钢铁、石油等战争物资。1939 年 7 月,美国通知日本,将于 6 个月后中止现行的美日商约,日美商约的中止,消除了对日禁运的法律障碍,给日本以重大打击。

1. 美国购买中国白银

王正廷致孔祥熙

华盛顿,1938 年 1 月 1 日

孔院长:密。极密。今午谒美总统,递委座电,详情已请亮畴兄转陈。总统态度仍极积极,弟询以英、法态度。渠答现正在商洽有效方法,扩大对方早日醒悟。谈及军实问题,彼意商人首重担保,我政府似可组织大规模进出口公司,将华货外输,同时并可采办军需。言词之间,似望我方稍加忍耐,继续抵抗。恳密呈委座及亮畴兄。再,财政部今日又购银 1000 万两,每两美金四角五分。弟廷。31 日。

赫尔、王正廷会谈备忘录

华盛顿,1938 年 1 月 3 日

中国大使请求会晤……

大使接着提出今天来国务院途中一路思考的问题,继续提起几周前在布鲁塞尔会谈中,顾维钧博士与英、法、美三国代表商谈的三国政府给中国贷款 5 亿美元用于购买军火、武器和战争用品的必要性。顾博士的印象是,美国政府对此将予以进一步关注,可能会作出比诺曼·戴维斯先生在布鲁塞尔所说的还要肯定的答复。在回答大使的问题之前,我询问关于中国黄金、白银储备的数量和地点。对于数量,他说得很含糊。他说,在中国的一些城市中有一定数量的储备,在伦敦、香港及美国也有一定数量的储备。我又询问中国政府靠自身的力量能坚持多久,顺便提到战争已进行了六个月之久。他回答依靠自身的力量还可以继续坚持六个月。然后他继续强调美国政府应有远见,并作出相应的计划,这是重要的,也是必要的。因此,他迫切希望搞清楚中国所要求的 5 亿美元贷款的可能性。对此我说,大使当然完全晓得我们的整个武器、弹药及军需品市场是开放性的;运输也不成问题;我们继续从中国购买白银;进出口银行对火车机车等某些商业票据贴现等等。大使代表中国政府对此表示赞赏。

随后,我回到他提的问题。我说,我相信他一定还大致记得在布鲁塞尔开会时的谈话,其时诺曼·戴维斯曾说,只有国会有权决定美国政府的贷款数额,而当时及此后英国人一直表示他们正全力以赴生产他们自己所需要的军火。我接着说:自从布鲁塞尔会谈以来,有关这一方面的事情并无进展;我本人亦不能代国会说明有关通过立法授权贷款的可能性;而且在此形势下我也不可能在布鲁塞尔会谈内容以外坦然提出什么个人的看法(像我平常总爱做的那样),只能说此事属于国会裁决及授权范围。王大使表示他理解我这种观点,并提出总统和行政主管部门是否可以设法影响国会提出类似他的建议的一项计划。我回答说,在某些(甚至颇多)情况下,这种意见也许是现实的,但现在国会本身正日益注意我国外交事宜特别是太平洋地区的情况,他们对有关贷款问题是会有一定的见解的,因而不会接受行政首脑或政府主管部门的影响而改变主张。我并说,在考虑所有有关情况下,无论如何我既不能也不愿对这一问题的未来作任何评论,而只能遵守以前所说过的,只有国会才有决定权,必须期待国会的必要立法活动。王大使企图诱我说出此事仍在商讨建议的过程之中,将来还可能有不同的决定的话。对此我再次立即提醒他我刚作过的上述说明。我并进一步明确表示:除目前所说的之外,我不会再发表什么意见;我目前所说的已经够明确了;至于未来的事要视未来的发展本身而定。对此,大使似并不出乎意料之外。

FRUS,1938,Vol.3,pp.519–521

王正廷致孔祥熙

华盛顿,1938 年 2 月 25 日

孔院长:密。极密。顷晤毛财长,酌告国内情况,并商定由美再购5000 万两,3 月 1 日起一切仍照以前价格及办法。至所余 10000 万两,愚意因借款事正在洽商,拟暂勿出售,银团已派代表面商,美总统因事昨始返京,故稍迟延。又,毛财长对我国情形极为注意,并允竭力协助,兄倘能将最近各方军情及财政状况,作一报告,电弟转交财长,当表欢迎。今日谈话结果堪称乐观,此间接洽情形,务请严守秘密,免生枝节。廷。25 日。

《战时外交》第 1 卷,第 223—224 页

亨贝克谈话备忘录

华盛顿,1938 年 3 月 24 日

汉密尔顿[①]先生昨天通报了当日上午与许世廉[②]先生就银团可能

---

① 时任美国务院远东司司长。
② 中国驻美工业委员。

向中国提供贷款问题进行的商谈(见汉密尔顿先生备忘录)。随之,今天下午中国大使为此来访。

大使说,正如亨贝克先生所知,他正致力于使中国的财政资源,特别是中国白银储备发挥最大效益,使中国政府在美国建立信用,进行可能的采购。他正设法使每一美元价值的中国白银储备起二美元的作用。美国财政部对此给了极大的帮助。目前他正在与银团谈判,要求一笔1000万到2500万美元的贷款。这笔贷款以50%的白银存于银团或他处作为担保,50%由中国银行以其资产担保,贷款3(?)年,年息3厘至4厘。目前谈判已处于谋求"国务院同意"的阶段。此事已与汉密尔顿先生商议过,现在,他非常想知道国务院的意见。

亨贝克先生说,这一问题需要考虑若干因素。根据中日两国处于敌对状态的事实,以及美国已正式通过"中立法"①的事实,美国政府一直在寻求一条符合美国人民首要愿望的、避免使美国卷入武装冲突的途径。若有武装冲突发生,美国将不会鼓励或怂恿、拖延战争。亨贝克先生说,美国政府为了国家的利益,试图坚持和维护中立立场。美国人民原则上反对提供款项、提供军火等。看起来总统有充分适当的理由不宣布实行中立法条款;但是政府要遵行该项法令的精神。虽然本国市场对那些参加战争并试图筹措资金购买军火等物品的外国政府开放,但是,政府对这种交易并不予以鼓励。在日中战争爆发之前,美国国务院已不再同意向国外贷款。关于赞同向国外贷款计划的问题,我们变得相当保守。

亨贝克先生以颇为友好的态度继续说,出于对中国利益的关心,他想知道大使是否已充分考虑到目前在美国可能使中国失去贷款机会的各种影响力。他说,诸如日本代理商的经办人为日本获得贷款及信贷十分活跃;美国金融界可能从美国经济利益出发,更倾向于对日本的投资而非中国;他们已非正式接触美国政府经办单位试图摸清楚政府的

① 1937 年 5 月 1 日修正通过。

态度;一般而言,政府为了美国利益并不赞成这类投资计划。如果中国政府成功地在美国筹集到一笔或多笔贷款,那么原来对向日本人贷款感兴趣的人们会不会更加起劲活动,并且很可能使这件事比迄今的状况更有成就?

大使说,他认为日本在获取大量的财政援助、特别是美国的信用贷款方面已经取得了成功。他说,他已经考虑到亨贝克先生提到的可能性。

亨贝克先生说,日本最明显成功的交易是出售黄金。他对中国为什么不简单地出售更多的白银感到奇怪。他没有忽略大使所述要以一美元起二美元的作用的想法,但是这种作法获得的利益是暂时的。大使考虑的只是短期贷款,这种贷款的偿还期限很快就到。大使说,他还在筹措其他贷款,如能按洽商条件如期取得,则定能按期支付应还款项。

在对上述问题进行进一步的讨论后,亨贝克先生最后说,大使应该对上面所说的有所理解,国务院目前的态度是对银团贷款问题既不赞成也不反对。大使问这是否意味着国务院"不反对",亨贝克先生说并不完全是这一意思。他重申,政府对此没有明确的"否定"态度……

FRUS,1938,Vol.3,pp.526-528

亨贝克谈话备忘录

华盛顿,1938 年 3 月 29 日

查尔斯·E.C. 弗雷沃格尔先生①

出席者:　奥·派克·麦克马斯先生②　　　均为纽约银团副总裁

菲斯先生③

亨贝克先生

---

① Charles E. C. Freyvogel.

② O. Parker MaComas.

③ Herbert Feis,美国务院国际经济事务顾问。

应中国大使之邀约,会见了弗雷沃格尔先生和麦克马斯先生。

麦克马斯先生提到国务院已有所知悉的银团向中国政府贷款计划一事。他说,他与弗雷沃格尔先生是就这一计划的政治方面问题来与国务院会商的。在会谈中,他提到银行向中国提供 1000 万美元贷款的计划。中国应交存价值 500 万美元的白银作为担保,中国银行交存有价证券作其余一半的担保并外加 20% 左右的风险担保。如有必要还可承担追加适当比率的保证。麦克马斯先生推测,中国想把这笔贷款用于"宣传目的"。他解释说,这意味着中国政府希望能对其国民,也对全世界说,中国在财政方面得到了美国的支持。

亨贝克先生说,他认为就向外国政府贷款而言,在经济和政治之间不可能划一条清晰的界线。因此,他想询问一些关于该项计划的经济或商业方面的问题。他询问关于提供保证金问题,特别是中国银行提供的那一部分;询问关于银团及纽约其他银行为中国财政和日本商业所做的或与之有联系的金融活动(无论公开的还是私下的),以及美国向中国和日本出口的资金融通情况。麦克马斯和弗雷沃格尔先生坦率地回答了这些问题。大家明白,考虑中的计划如果得以实施,将是自中日冲突爆发以来,美国银行对冲突一方的第一笔直截了当的贷款。

亨贝克先生问菲斯先生是否要询问一些问题或发表意见,菲斯先生表示获得这种方式的贷款对中国毫无益处。

中国寻求贷款"用于宣传目的"的话题又提了出来。大家认为,中国大使把这笔贷款看作是获得其他的、更大的贷款的楔子或台阶。

亨贝克先生说,中国大使对他说过这一计划,该计划要求贷款1000 万到 2500 万美元。麦克马斯先生说,中国大使最初提出借贷时,提出的数额是 2500 万美元,但在随后的谈判中又提出以贷款 1000 万美元作为起点。

亨贝克先生问弗雷沃格尔和麦克马斯先生是否还有什么问题想向国务院提出来。麦克马斯先生说,如果实施这一计划,将会有政治影响,并涉及国家政策问题,因为该计划不同于平常的商业资助。因此,他们来到国务院,想知道国务院的态度。

亨贝克先生说,中国大使就该计划已经向国务院进行了相同的询问并谋求赞同,他已将美国政府的态度和政策告诉大使,并告诉大使如果和银行代表会见时他也将说内容相同的这一番话。然后他就中立法及与之相关的公众意见作了有关政策和程序方面的说明。他说,以往国务院对外国贷款计划加以考虑并以“不反对”或相反的方式表示自己意见的作法已经停止。他说,对这一可能的计划感兴趣的有关各方要理解他上述诸点,认识到国务院对这一事情不准备表明态度,并鉴于这种情况,各当事人必须由他们自己来决定他们的行动。

麦克马斯先生说,很显然这一计划是有明显的政治色彩的,很大程度上涉及国家政策,菲斯及亨贝克先生一定能够理解他和弗雷沃格尔先生的态度(他暗示将不赞成进行这一计划);他补充说,他将对他在银行的同事们解释整个这一事情。亨贝克先生说,他要求确保不报道国务院对该计划曾表示过任何赞成与否的态度:我们既不能说赞成这一计划,也不愿说反对这一计划。麦克马斯和弗雷沃格尔先生表示理解。

FRUS,1938,Vol.3,pp.528-530

孔祥熙致蒋介石

华盛顿,1937 年 7 月 8 日

牯岭。邹次长、徐次长:密。译呈蒋委员长钧鉴:弟昨晨返美京,午承美总统招宴,谈甚洽,今日与财长协定:(一)我国所有在美存储之银计 6200 万两,按每两 0.45 元售与美方;(二)同时我国以售银之所得,按每两 35 元买进赤金 3000 万两,存储联邦储备银行,作为发行准备,美联邦储备银行以上存之金为我担保,抵用美币 5000 万元。以上各端,明日下午在此,以美财长及弟名义公布,谨电奉陈。弟熙叩。齐。

《战时外交》第 1 卷,第 221 页